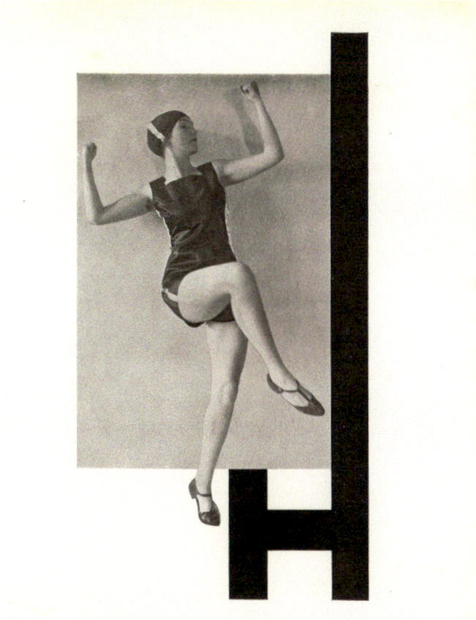

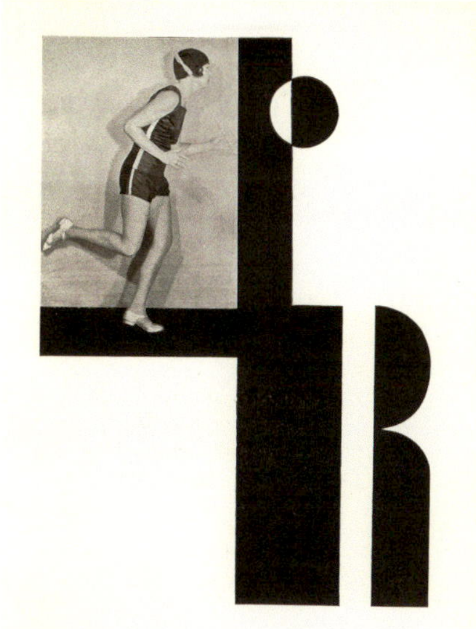

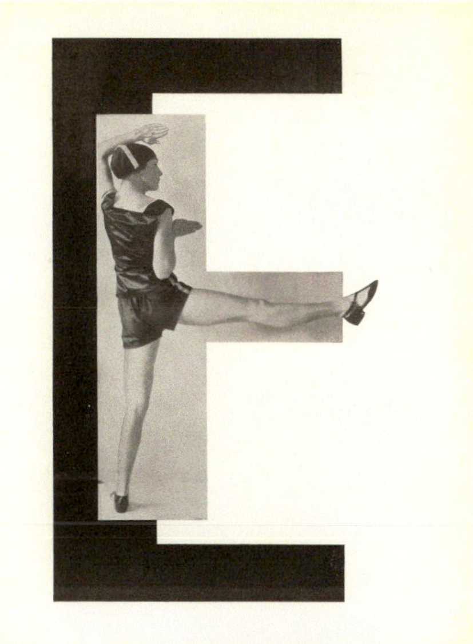

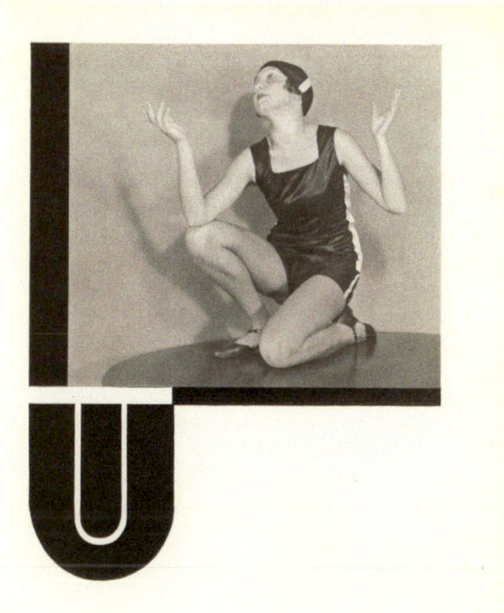

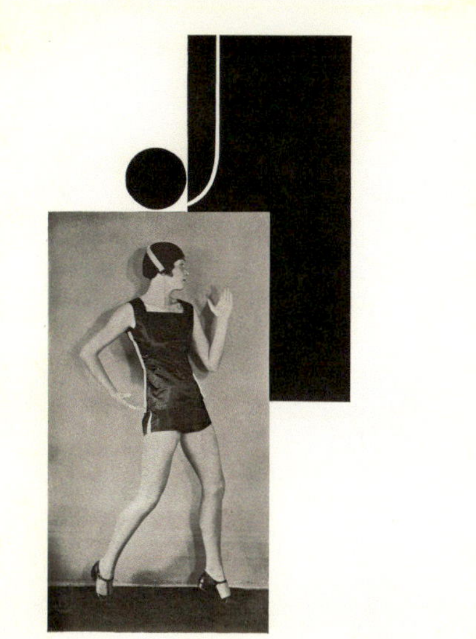

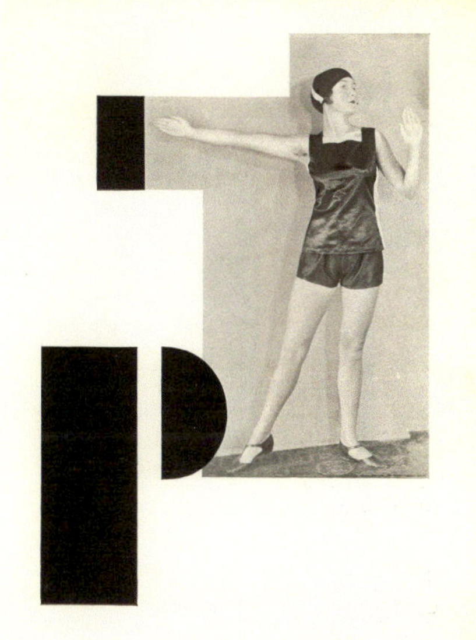

Hej rup! Die Tschechische Avantgarde im Kontext der Europäischen Moderne

Herausgegeben von
Tobias Hoffmann
und Julia Meyer-Brehm
—
Bröhan-Museum,
Landesmuseum
für Jugendstil, Art Deco
und Funktionalismus

Deutscher
Kunstverlag

Inhalt

Karel Teige, Manifest des Poetismus (1928), zitiert nach: Karel Teige, Liquidierung der „Kunst". Analysen, Manifeste. Frankfurt a. M. 1968, S. 70.

„Im Augenblick, als das letzte Aufflackern der Ismen, des Dadaismus, Expressionismus, Futurismus, Kubismus, Suprematismus erlosch, in einer Zeit der finsteren Verwirrung und peinlichen Stagnation in allen Ateliers und Arbeitszimmern, mitten in einem unappetitlichen und peinlichen Eklektizimus, der auf verlorenen Wegen und Umwegen herumirrte, in Prag, dessen Tore wir den gesunden Zuglüften der Welt und den Golfströmen der globalen schöpferischen Aktivität öffnen wollten, [...] wurde der Poetismus proklamiert."

Tschechische Avantgarde — Die Generation Teige[1]

1 Diese Charakterisierung der tschechischen Avantgarde geht wohl auf Karel Teiges Freund, den Schriftsteller Jaroslav Seifert, zurück.

2 Leitung: Schriftsteller Vladislav Vančura, Karel Teige als Theoretiker und Maler Adolf Hoffmeister als Sekretär.

Und immer wieder Teige — zu dieser überraschenden Feststellung kommt man, wenn man sich die Entwicklung der tschechischen Avantgarde betrachtet. Bei nahezu allen wichtigen Ereignissen der tschechischen Avantgarde war Karel Teige beteiligt und wenn nicht beteiligt, dann zumindest als Kommentator tätig. 1920 war er Mitbegründer der Künstlervereinigung Devětsil (Umělecký svaz Devětsil) im Kaffeehaus Union in Prag.[2] Devětsil war geradezu die Keimzelle der unterschiedlichsten Stränge der tschechischen Avantgarde, von der bildenden Kunst über Literatur, Grafikdesign bis hin zum Theater, Musik und Film. 1922 waren es Teige und Jaroslav Seifert, die Kontakte zur französischen Avantgarde, zu Amédée Ozenfant, Man Ray, Tristan Tzara und Le Corbusier knüpften. Die tschechische Avantgarde wurde damit eng an die französischen Entwicklungen gekoppelt, und Teige sorgte für den einen wichtigen Bezugspunkt für die tschechischen Entwicklungen. Im Jahr darauf, 1923, wurde Teige Mitglied der Redaktion der neu gegründeten Architekturzeitschrift „Stavba“ [Bau], womit seine intensive Auseinandersetzung mit der Architektur begann. In diesem Zusammenhang knüpfte er auch Kontakte nach Deutschland, wo er 1929 auf Einladung des Bauhausdirektors Hannes Meyer eine Vortragsreihe über die Soziologie der Architektur, Typografie und Ästhetik in Dessau hielt und am zweiten CIAM-Kongress in Frankfurt am Main teilnahm. Und er kritisierte auch gleich die Entwicklungen in Deutschland und Frankreich. Gropius warf er vor, am Bauhaus zu sehr am Handwerk festzuhalten, und der eigentlich bewunderte Le Corbusier bekam in Teiges Buch „Nejmenší byt“ [Die Kleinstwohnung] 1932 ordentlich sein Fett weg:

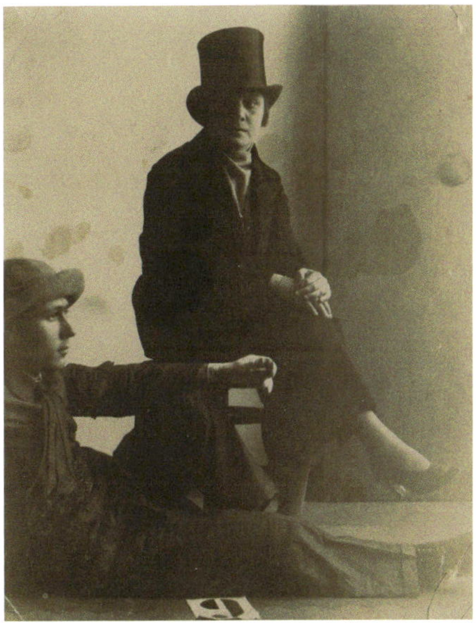

Toyen (mit Zylinder) und Karel Teige. Fonds Teige Karel, Literarisches Archiv des Museums für tschechische Literatur, Prag

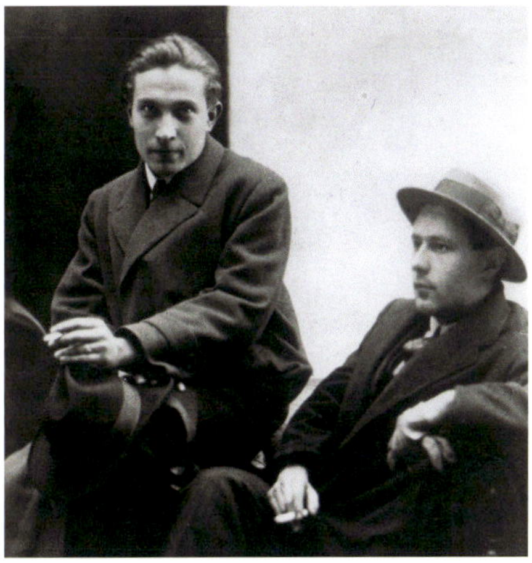

Jaroslav Seifert und Karel Teige in Paris, 1923/24. Fonds Fotoarchiv, Literarisches Archiv des Museums für tschechische Literatur, Prag

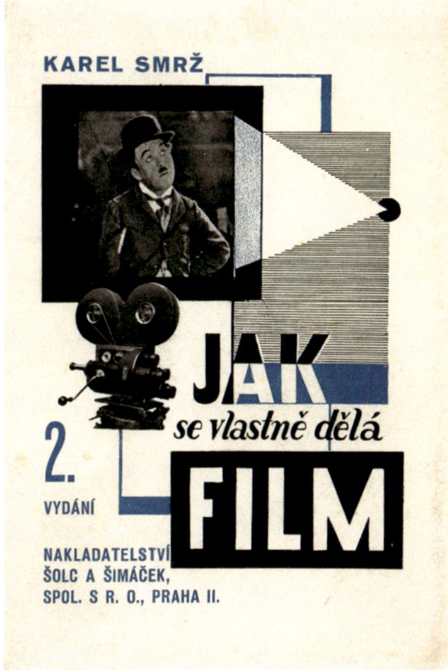

Otakar Mrkvička, Umschlagillustration für Karel Smrž, „Jak se vlastně dělá film" [Wie entsteht eigentlich ein Film?], Prag 1928. Private Collection NL

„Obgleich auf Pfeilern gebaut, obgleich mit Flachdach und Garten ausgestattet, obgleich schmucklos, erinnern uns Le Corbusiers Villen in ihrer Gesamtkonzeption dennoch an Paläste und Herrenhäuser, die sich in heutige Residenzen für den Finanzadel verwandelt haben. [...] Die von Le Corbusier entworfenen und gebauten Luxusvillen sind die Lieblingsmodelle der heutigen Architektur der Moderne geworden. Seine fünf Thesen sind so wichtig geworden wie die neuesten Schnittmuster von Konfektionskleidung und Maßanzügen, die in den aktuellen Modemagazinen beworben werden. Das Flachdach, die Terrasse, das Fensterband, konstruktiver Beton, Stahlrohrstühle, Glasplatten für Tische und so weiter sind Fetische der Moderne geworden und haben den Status einer obligatorischen Stilformel erlangt."[3]

So wichtig Frankreich als geistiger Partner für die bildende Kunst der tschechischen Avantgarde war, so wichtig waren die deutschen Entwicklungen für Design und Architektur. Der Deutsche Werkbund mit dem Projekt der Werkbundsiedlung am Stuttgarter Weißenhof 1927 und der Ausstellung „Film und Foto" (FiFo) 1929 ebenfalls in Stuttgart war entscheidender Impulsgeber für das tschechische Design und die Architektur sowie die äußerst lebendige Fotografenszene. Und natürlich spielte auch das Projekt „Das neue Frankfurt" vor allem für die eher links gerichteten Designerinnen und Designer und Architekten eine wichtige Rolle. Teiges Buch „Nejmenší byt" von 1932 [Kat. 115] und die 1931 von der Levá fronta [Linke Front][4] organisierte Ausstellung „Proletarisches Wohnen" kann man als unmittelbare Reaktion auf das Neue Frankfurt und vor allem auf

3 Teige, Karel: The Minimum Dwelling, Cambridge, MA 2002, S. 180–181 (Übers. TH).

4 Die Levá fronta wurde 1929 gegründet und Teige zu ihrem ersten Vorsitzenden gewählt.

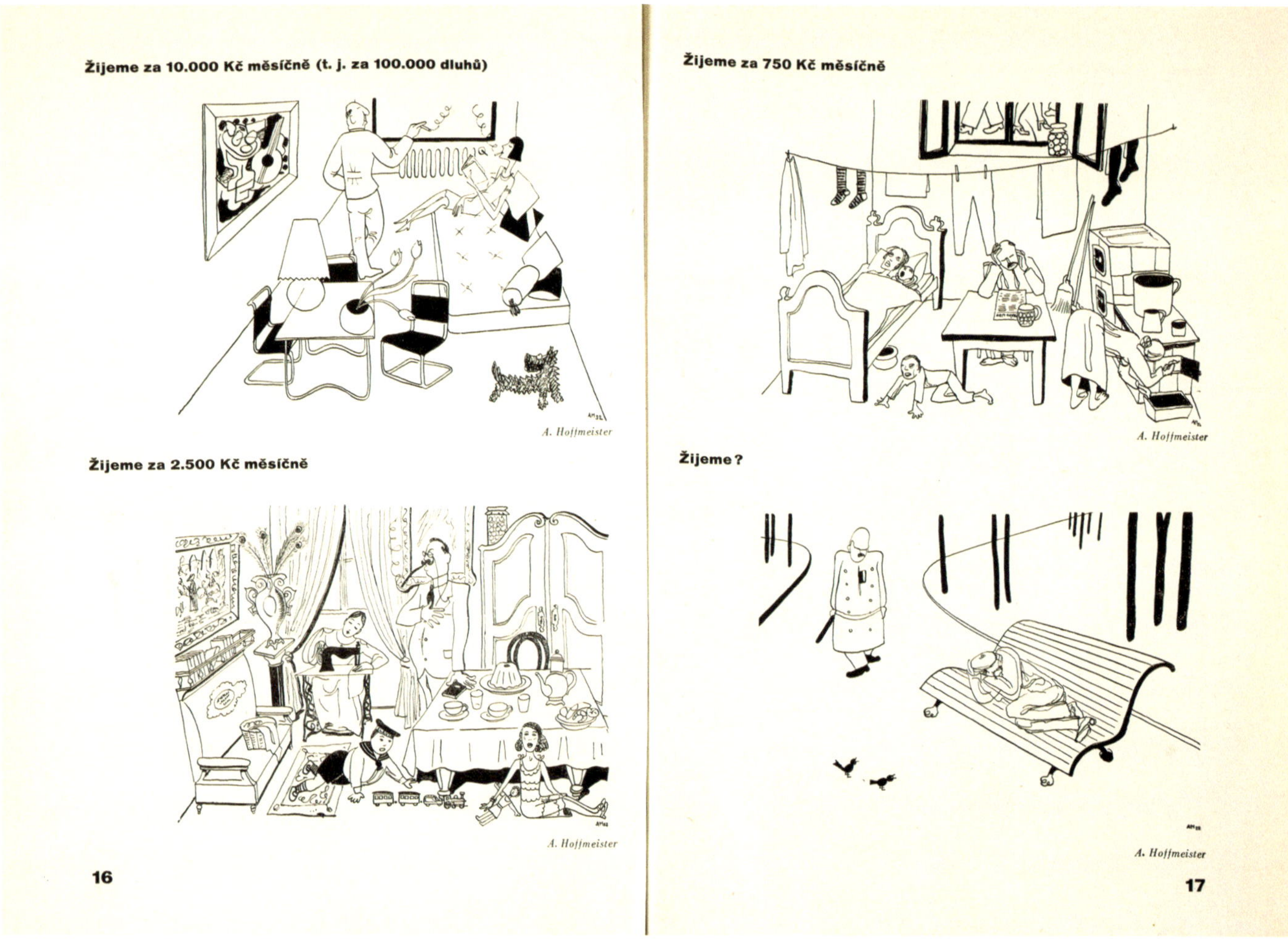

Adolf Hoffmeister, Karikatur unterschiedlicher Wohnformen [Leben von 10 000 Kronen im Monat / Leben von 2500 Kronen im Monat / Leben von 750 Kronen im Monat / Leben?], in: Žijeme, Jahrgang 2, Heft 1, 1931. Private Collection NL

Josef Chochol, Entwurf für das Prager Osvobozené divadlo [Befreites Theater], 1927, in: Devětsil: Czech Avant-Garde Art, Architecture and Design of the 1920s and 30s, Ausstellungskatalog des Museum of Modern Art Oxford / Design Museum London, Oxford 1999, S. 22

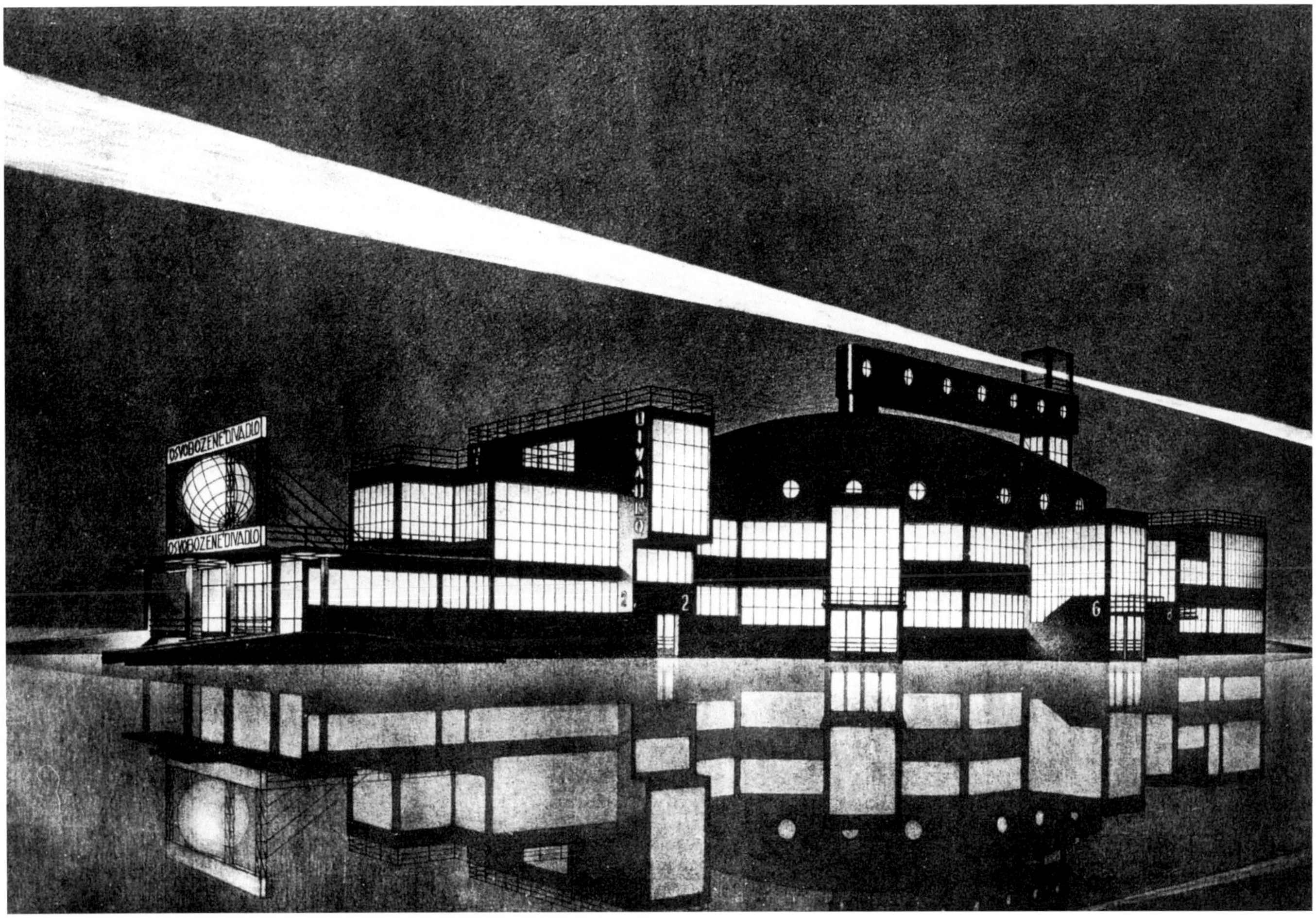

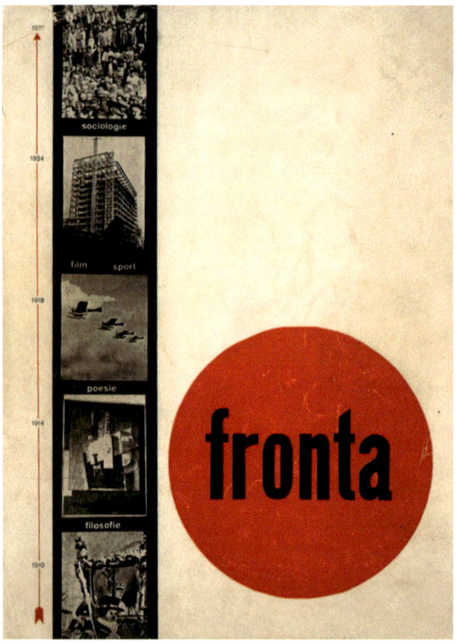

Zdeněk Rossmann, fronta, internationaler almanach der aktivität der gegenwart, édition fronta, Brünn 1927. Private Collection NL

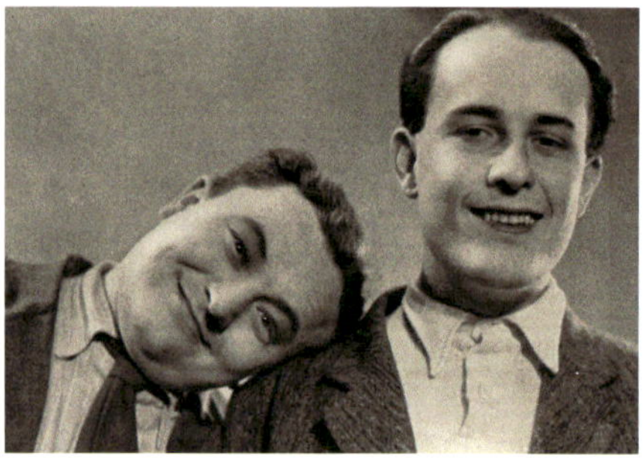

Jan Werich und Jiří Voskovec, Darsteller im Film „Hej rup!“ (1934), in: Žijeme, Jahrgang 2, Heft 5, 1932. Private Collection NL

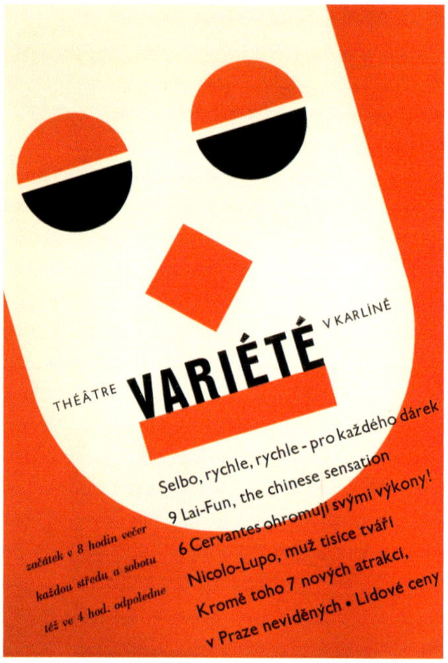

Reklame für ein Varietétheater in Karlín, in: Typografia, Fachzeitschrift der tschechoslowakischen Buchdrucker, herausgegeben vom Verband der Typografen in Prag, Jahrgang 42, Heft 5. Private Collection NL

den 1929 dort stattfindenden zweiten CIAM-Kongress mit dem Thema Bauen für das Existenzminimum interpretieren.

Auch bei einer Revolution des Theaters mischte Teige mit. 1926 wurde die Theaterabteilung von Devětsil gegründet, die schon bald unter dem Begriff „Osvobozené divadlo“ [Befreites Theater] unter der Leitung von Jiří Frejka (1904—1952) von sich reden machte. Die großen Stars des Befreiten Theaters waren die Schauspieler Jan Werich (1905—1980) und Jiří Voskovec (1905—1981), für deren Stücke Jaroslav Ježek (1906—1942) vom Jazz inspirierte Musik komponierte. Voskovec und Werich sind auch die Protagonisten der 1934 von Martin „Mac“ Frič (1902—1968) gedrehten Filmkomödie „Hej rup!“ [Auf geht's], die dieser Ausstellung den Namen gab.

Das vielleicht schönste Geschenk machte Teige der tschechischen Avantgarde mit seinem zweiten und wesentlich ausführlicheren Manifest des Poetismus, das er 1928 in der von ihm herausgegebenen Zeitschrift „ReD“ (Revue Devětsilů) veröffentlichte. Er versuchte damit einen philosophischen Überbau für die tschechische Avantgarde zu kreieren, die bei aller vom Kommunismus geprägten Ideologie bei Teige doch auch humorvoll und poetisch sein sollte. Gerade durch den Poetismus sollte sich die tschechische Avantgarde von den anderen Avantgarde-Bemühungen Europas unterscheiden:

„Wir geben den Begriff der ‚Kunst' auf und begreifen das Wort ‚Poesie' in seinem ursprünglichen griechischen Sinn: poiésis, das supreme Schaffen. Die Poesie legt man heute nicht nur in Büchern nieder, man kann mit Farbe, Licht, Ton, Bewegung, mit dem Leben selbst dichten. Die Poesie als Epiphänomen der Harmonie der materiellen, vitalen, spirituellen Tatsachen, Poesie als höchste menschliche und künstliche Ordnung. Eine Poesie, die auch dort strahlt, wo es keine Spur von ‚Kunst' gibt. [...] Poetismus als Kunst zu leben, Poetismus als Funktion des Lebens und zugleich dessen Erfüllung, Poetismus als modus vivendi."[5]

5 Teige, Karel: Manifest des Poetismus. In: Ders.: Liquidierung der ‚Kunst'. Analysen, Manifeste, Frankfurt a. M. 1968, S. 110 und 75.

So omnipräsent Teige gewesen sein mag, so unfair gegenüber den vielen exzellenten Künstlerinnen und Künstlern, Designerinnen und Designern und Architektinnen und Architekten wäre es, die tschechische Avantgarde nur auf Teige zu fokussieren. Die Ausstellung „Hej rup! Die Tschechische Avantgarde" und dieser Katalog versuchen deshalb auch ein möglichst vielseitiges Bild dieses im Zusammenspiel der europäischen Avantgarden manchmal etwas übersehenen, höchst individuellen und höchst qualitätvollen Beitrags aus unserem Nachbarland zu zeichnen. Aus der Konkursmasse des österreichisch-ungarischen Kaiserreichs 1918 hervorgegangen, war die Tschechoslowakische Republik zwischen 1918 und 1938 ein sehr ungewöhnlicher Staat. Nicht nur geprägt durch die beiden großen Landesteile Tschechien und Slowakei, sondern vor allem durch das Miteinander, aber oft auch Gegeneinander der tschechischen und slowakischen Bevölkerung und der Minderheiten im Staat. Für Kunst und Kultur war es eine höchst produktive Situation, die 1938 mit dem Münchner Abkommen unwiederbringlich zerstört wurde.

Für das Zustandekommen der Ausstellung und des Kataloges danke ich unseren Prager Partnern, dem Literaturmuseum Prag, dem Kunstgewerbemuseum Prag und der Nationalgalerie Prag. Auch dem Museum für Südostmähren und der Regionalen Galerie für bildende Kunst in Zlín gilt mein ausdrücklicher Dank. Zwei weiteren großen Leihgebern möchte ich explizit danken, der Berliner Galerie Kicken und der Arkudes Foundation, von denen wir den Großteil der Fotografien bekommen haben, und einem holländischen Privatsammler vermittelt über die Berliner Galerie Derda, der uns die meisten Vintage-Zeitschriften und -Bücher zur Verfügung stellte. Allen weiteren Leihgeberinnen und Leihgebern danke ich natürlich auch herzlich sowie den Autorinnen und Autoren des Kataloges Alena Janatková, Lenka Kerdová, Anna Pravdová, Julia Meyer-Brehm, Thomas Edelmann und François Burkhardt. Ein großer Dank gilt auch dem Produktionsteam des Kataloges, den Fotografen Martin Adam und Colya Zucker, dem Lektor Markus Zehentbauer, der Übersetzerin Kathrin Janka und dem Grafiker Gerwin Schmidt sowie dem Team des Deutschen Kunstverlags. Für die Ausstellungsgestaltung danke ich der Szenografin Katleen Arthen, für Art Handling gilt der Dank der Registrarin Nadine Pfessdorf-Raif, der Restauratorin Anna Adam und dem Ausstellungskoordinator Julian Breuer und dem Hängeteam. Ich danke außerdem dem Tschechischen Zentrum Berlin für den regen Austausch und das abwechslungsreiche Begleitprogramm, das auf diesem Wege entstanden ist. Ein besonderer Dank gilt abschließend noch meiner Co-Kuratorin Julia Meyer-Brehm für ihre unermüdliche Arbeit an Katalog und Ausstellung. Auf ein weiteres Hej rup!

Tobias Hoffmann

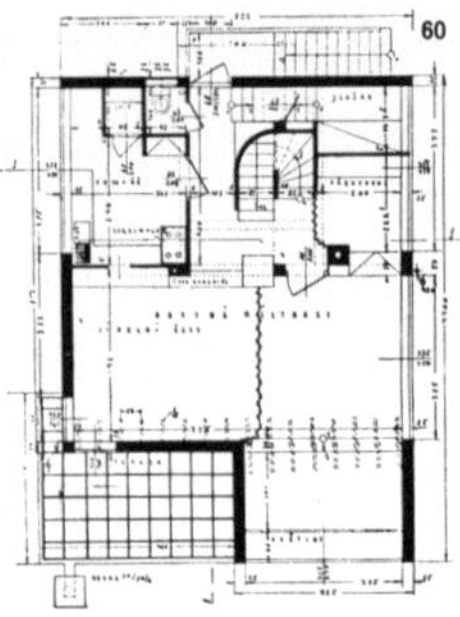

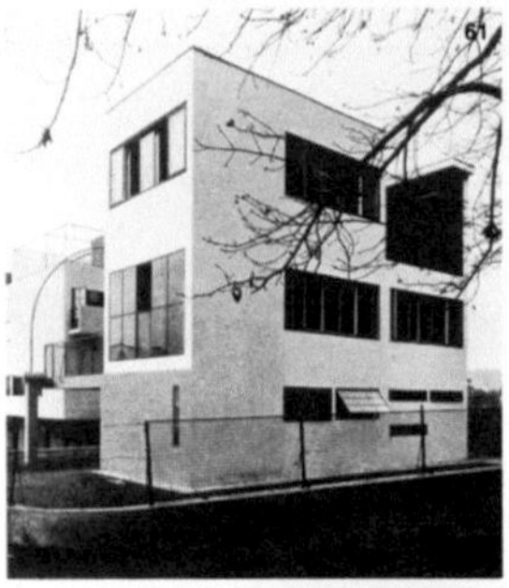

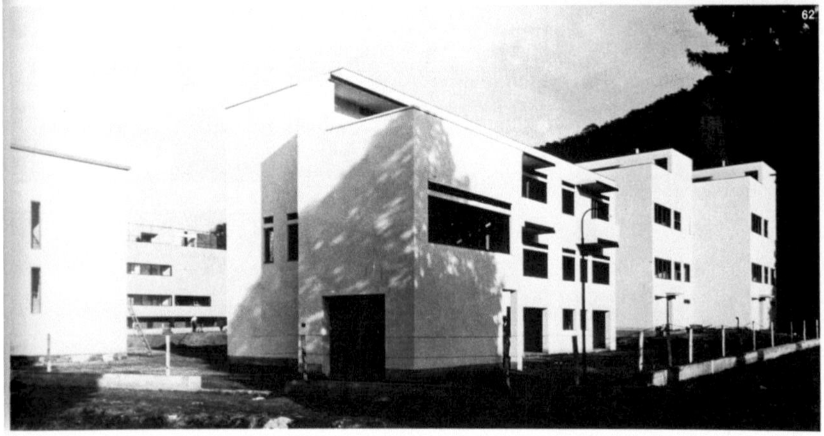

Kat. 1 Werkbundsiedlung „Nový dům“ in Brünn, 1928, Häuser von Jiří Kroha (oben), Bohuslav Fuchs und Josef Štěpánek. Sammlung K, Berlin

Kat. 2 Schematische Darstellung von „Nový dům“ (oben). Häuser von Hugo Foltýn, Miroslav Putna, Jan Víšek. Sammlung K, Berlin

58—68
Tsekkoslovakian Werkbundin näyttelyalue "Uusi Talo 1928"
The exhibition colony of the Czechoslovak Werkbund "The New House 1928"

58
Bohuslav Fuchs, Jaroslav Grunt
Alueen yleissuunnitelma
Masterplan of the colony
Talot:
Houses:
1—3, Bohuslav Fuchs
4—5, Josef Štěpánek
6—8, Jaroslav Grunt
9, Jiři Kroha
10, Hugo Foltýn
11, Miroslav Putna
12—13, Jan Višek
14, Jaroslav Syřiště
15—16, Arnošt Wiesner

59, 62
Yleisnäkymä alueelta
Overall view of the colony

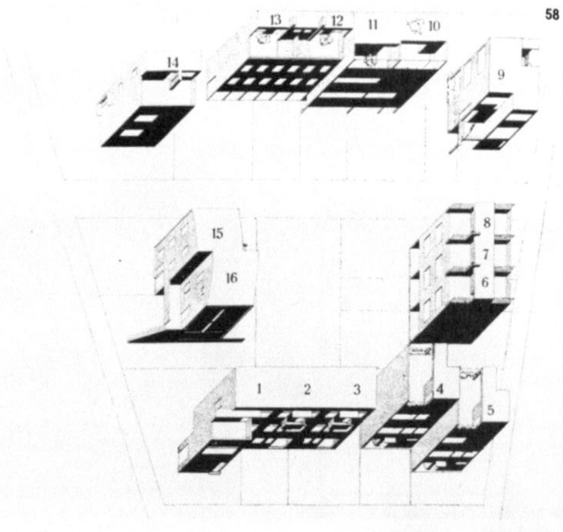

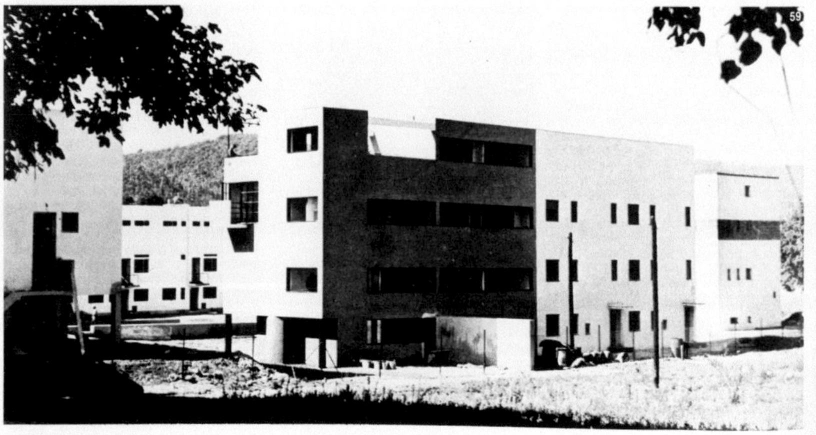

1926–8 NOVY DUM EXHIBITION, BRNO **65**

The ground-plan of the modern flat is the ground-plan of modern life, which is now more dynamic, open and hygienic than ever before. The new plan has necessitated new methods of construction and new structural materials. No longer are there loadbearing walls; the modern house is built on concrete or iron piers and the thick outer walls have been replaced by thin breeze blocks with a high insulation capacity. The pier-based construction system allows a maximum width of windows, which are mostly framed in iron, moveable and double-glazed to allow 100 per cent of the light to pass through, and sunshine means health. An important contribution to modern architecture is the flat roof converted into a garden-terrace. The focal point of the modern house plan is today's democratic man, whose vital needs are light and air.

Zdenek Rossmann and Bedrich Vaclavek, 1928

1. Jiri Kroha, One-Family House **2.** Jaroslav Grunt, Three-Family Houses **3.** Bohuslav Fuchs & Josef Stepanek, One-Family House **4,5.** Hugo Foltyn, One-Family House **6.** Jan Visek, One-Family House

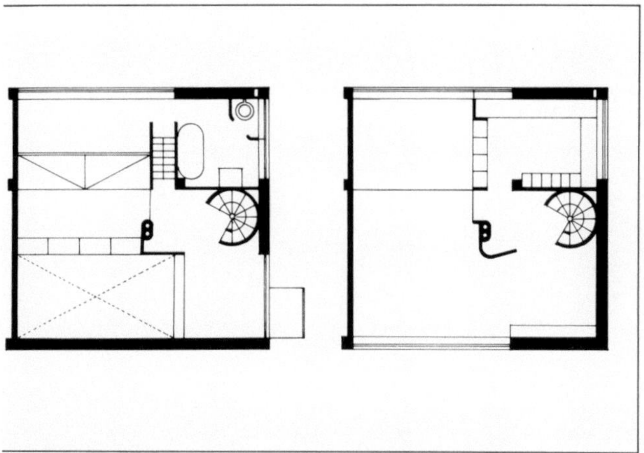

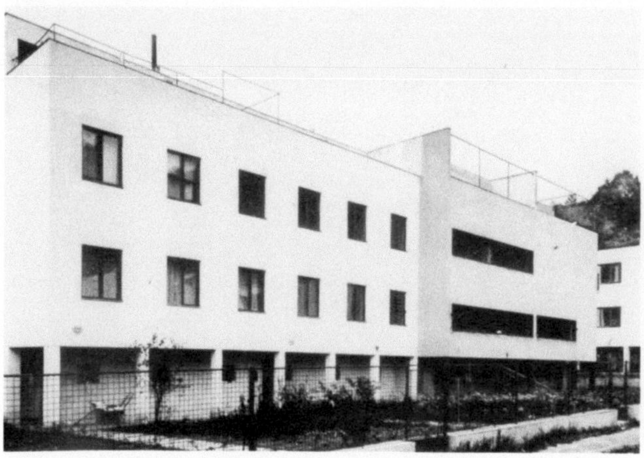

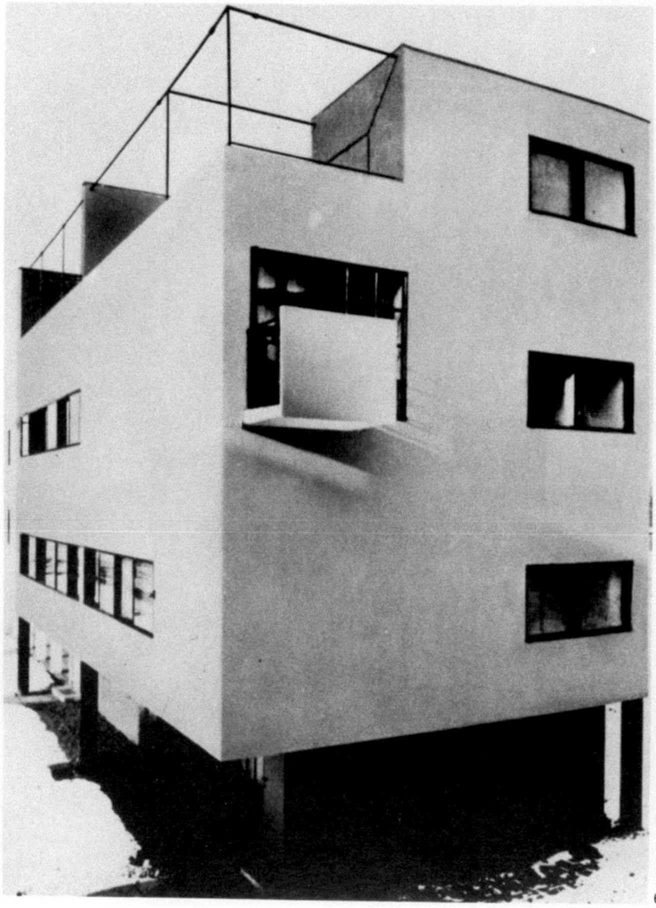

6

Kat. 3 Häuser in „Nový dům" von Jan Víšek, Miroslav Putna, Hugo Foltýn (links), Haus Foltýn (rechts). Sammlung K, Berlin

Kat. 4 Augustin Tschinkel, Zeměpisné rebusy [Geografische Bilderrätsel], 1936. Galerie Berinson, Berlin

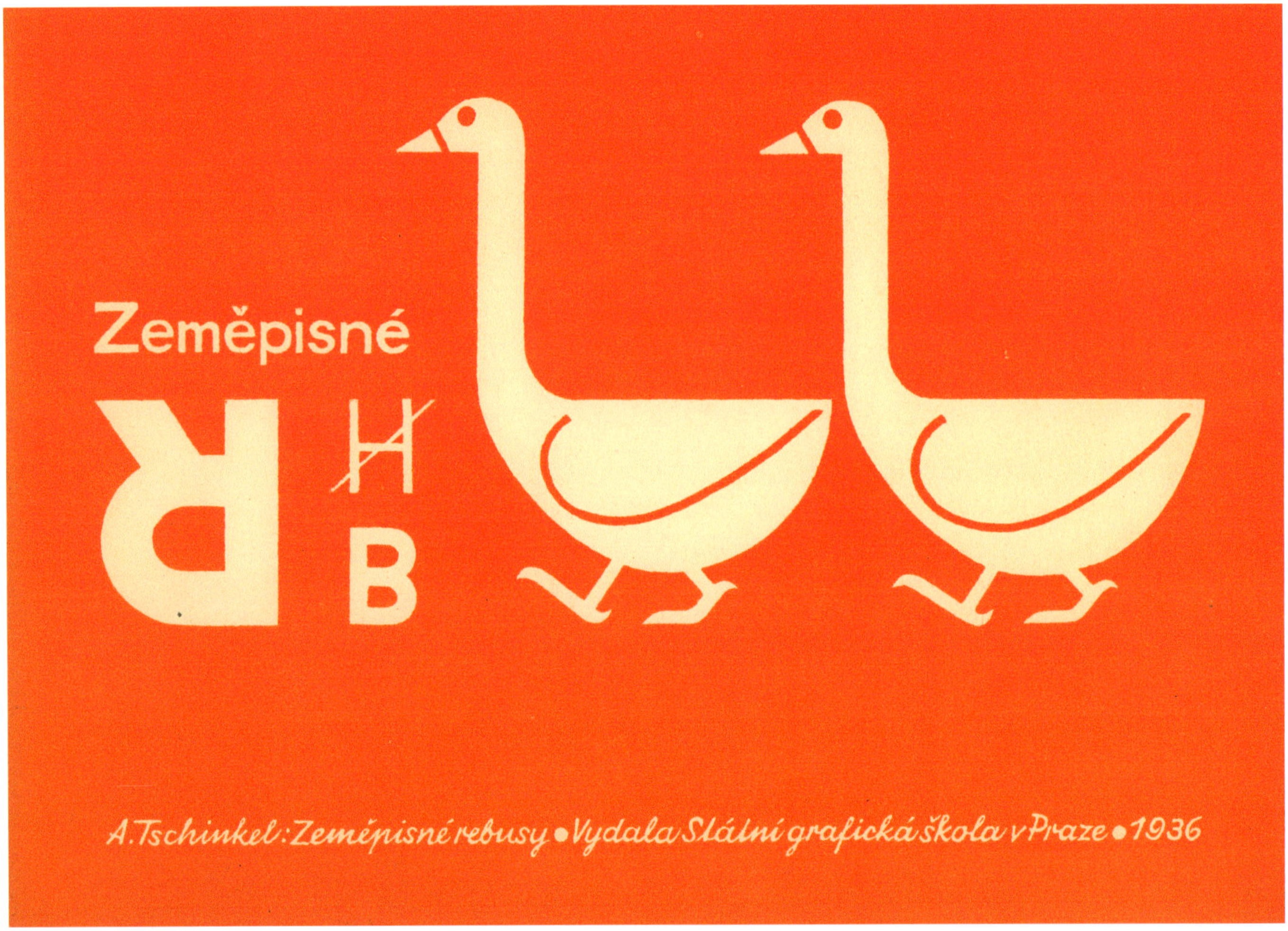

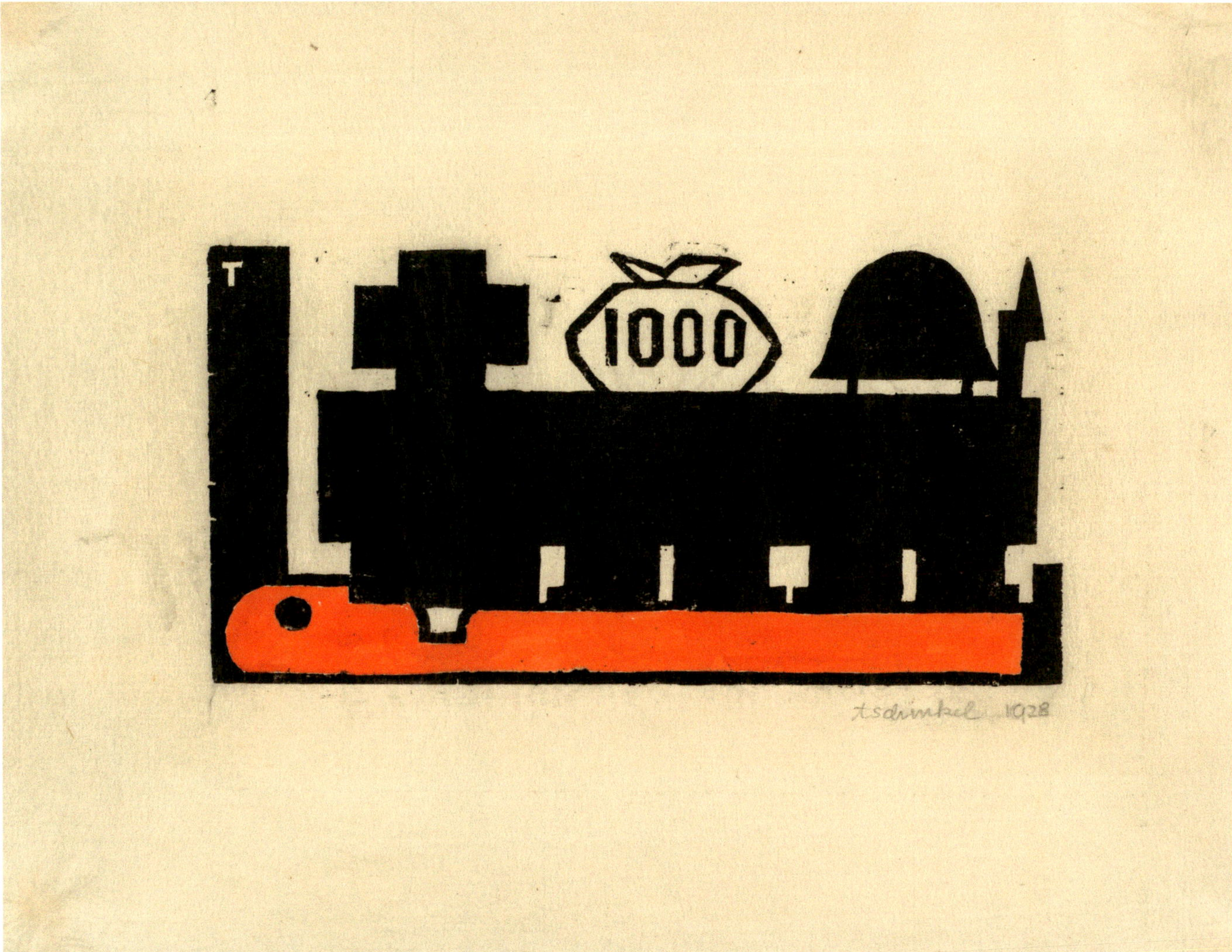

Kat. 5 Augustin Tschinkel,
Ohne Titel, 1928.
Galerie Berinson, Berlin

Kat. 6 Jan Štursa,
Der Verwundete, 1916/17.
Privatsammlung

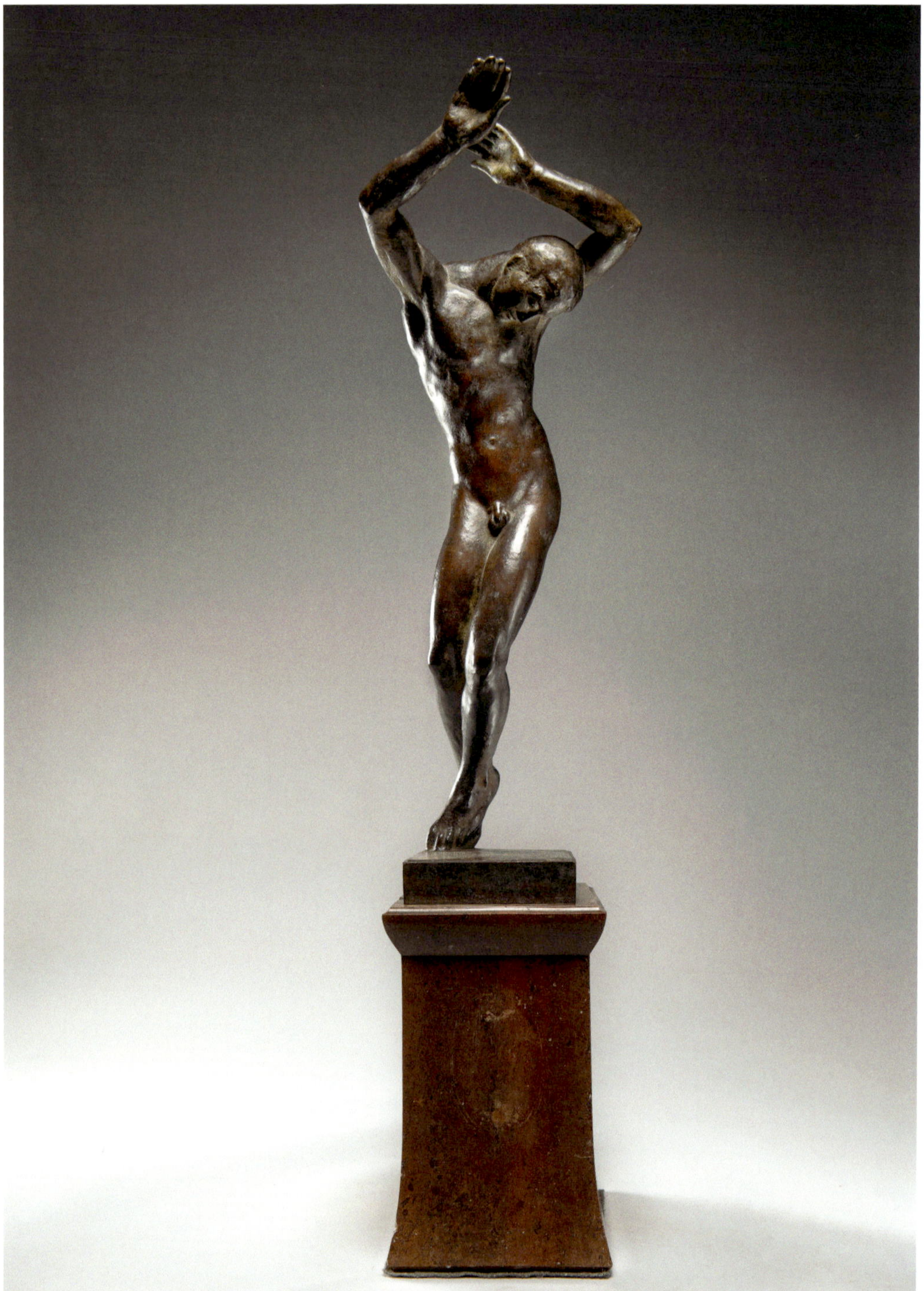

Kat. 7 Umbo, Umschlag-illustration für Egon Erwin Kisch, „Zuřivý reportér“ [Der rasende Reporter], 1929.
Private Collection NL

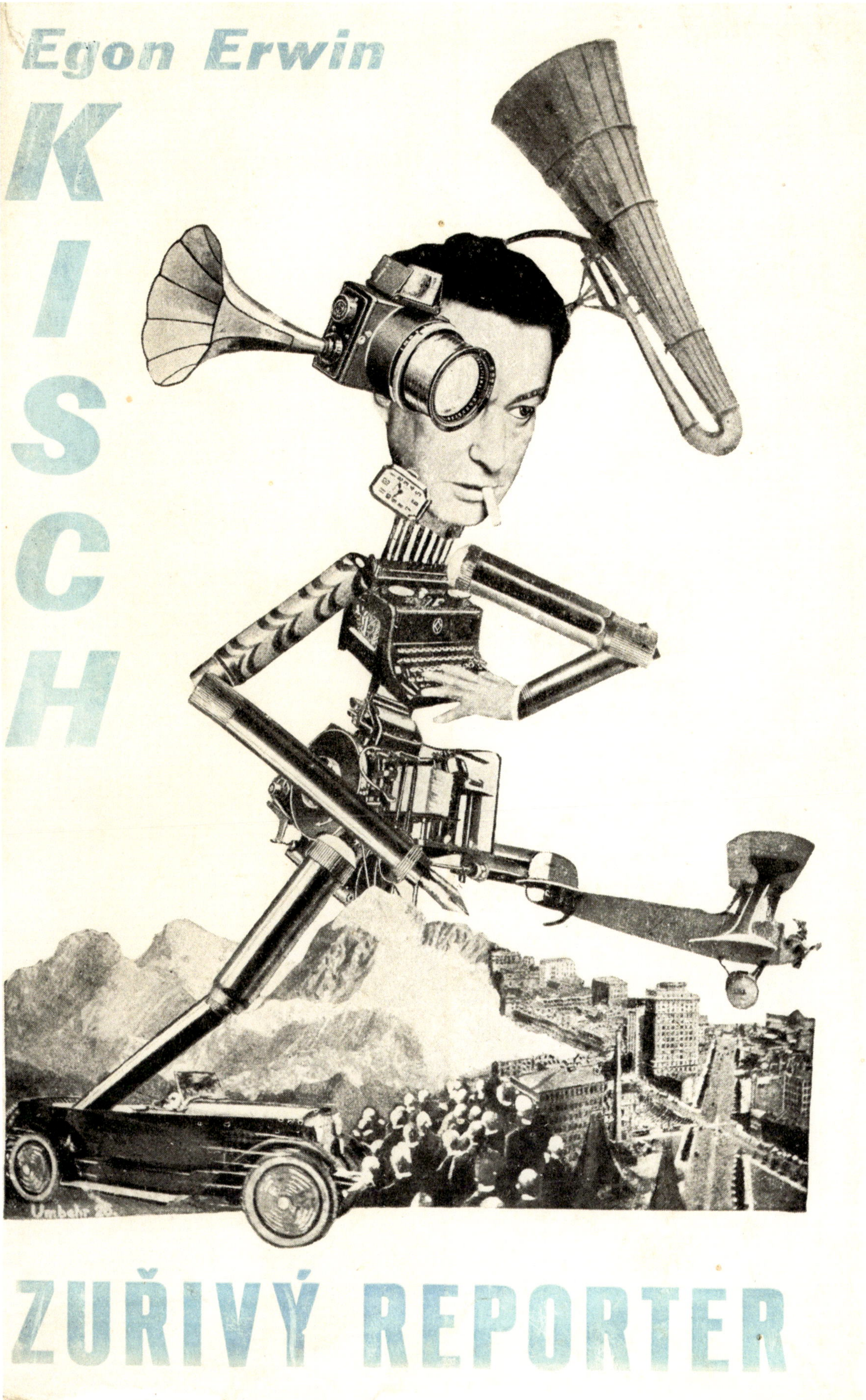
Egon Erwin
KISCH
ZUŘIVÝ REPORTER

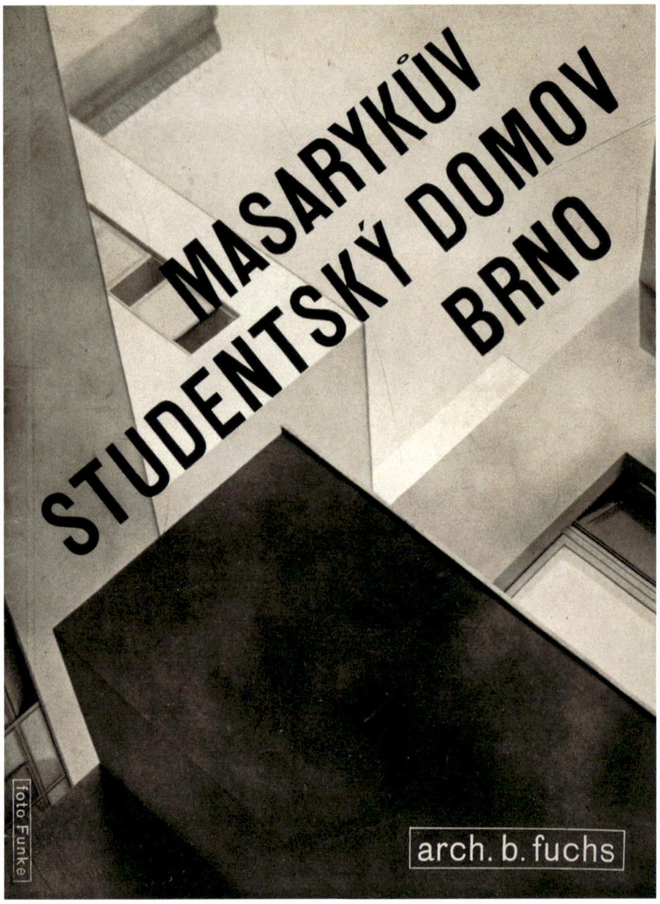

Kat. 8 Bohuslav Fuchs, Masarykův studentský domov Brno [Masaryk-Studentenwohnheim in Brünn], Umschlagfoto Jaromír Funke, 1930. Private Collection NL

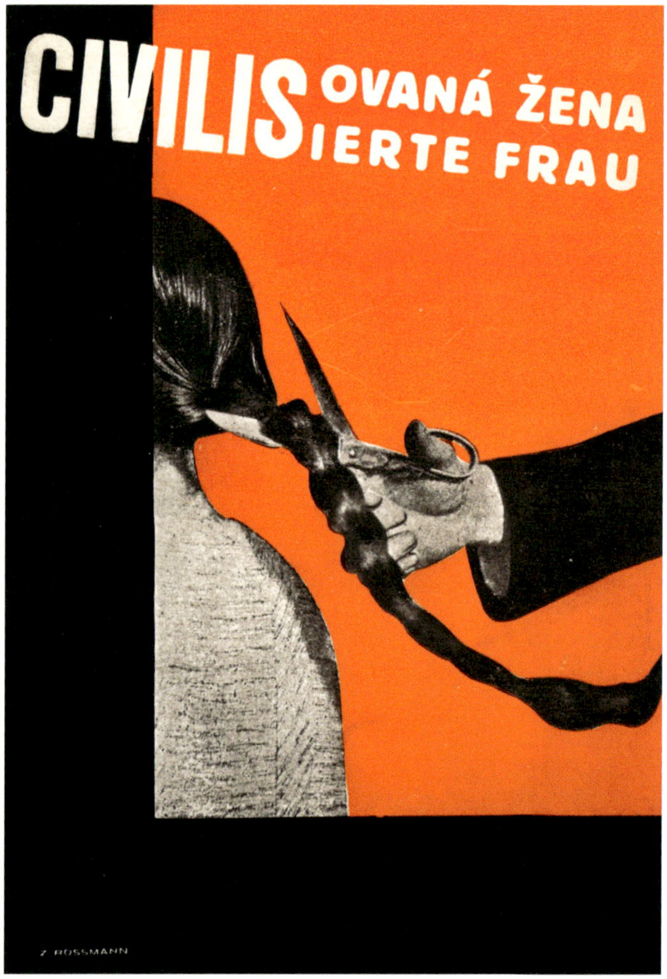

Kat. 9 Zdeněk Rossmann, Umschlagillustration für „Civilisovaná žena" [Zivilisierte Frau], Brünn 1929. Private Collection NL

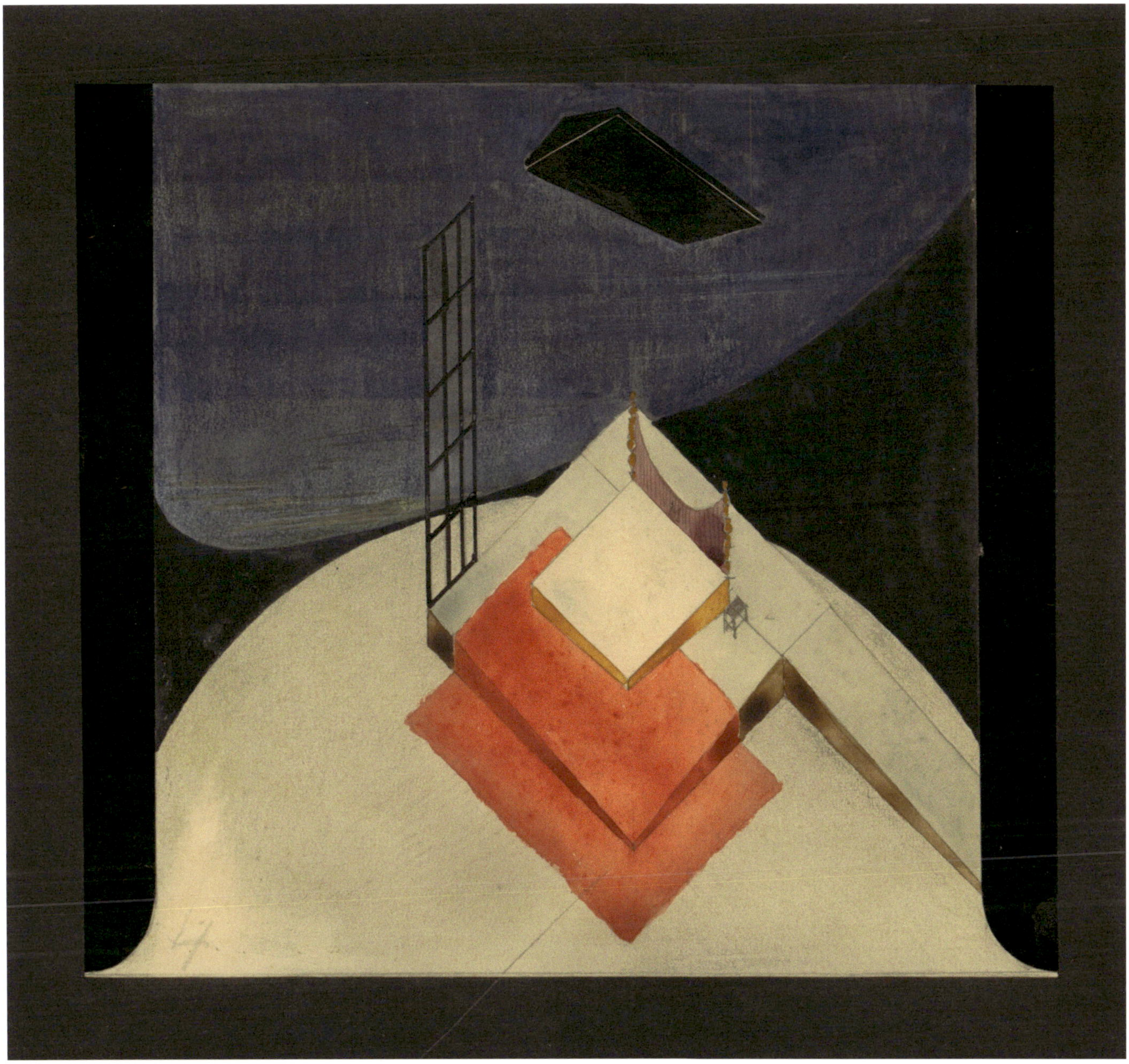

Kat. 10 Zdeněk Rossmann, Ohne Titel (Entwurf für ein Bühnenbild), ca. 1929. Arkudes Foundation

Karel Teige, Manifest des Poetismus (1928), zitiert nach: Karel Teige, Liquidierung der „Kunst“. Analysen, Manifeste, Frankfurt a. M. 1968, S. 75.

„Unsere Vorgänger haben die Fenster zu Europa geöffnet. Wir haben aus dem vollkommen internationalen Charakter der modernen Zivilisation die Konsequenz abgeleitet, daß wir die provinziellen und regionalen Horizonte der nationalen und staatlichen Zugehörigkeit verlassen müssen, wir haben uns der Geschichte der tschechischen Literatur entfremdet und auf das Erbe der tschechischen Malerei verzichtet.“

Dem Freund Jiří Šetlík, Pionier der Wiederbelebung des böhmischen Kubismus, gewidmet.[1]

Der böhmische Kubismus, ein erster Schritt zur Architektur der nationalen Einheit

Eine der grundlegendsten Aufgaben des Kubismus war die Neugliederung der dargestellten Volumen, die der Geometrie ihre eigentliche Flächendimension nahm, um ihr eine plastische Darstellungsstruktur zu verleihen. Es war das erste Mal seit der Renaissance, dass eine Kunstbewegung auf die Abbildung eines Gegenstandes von einem einzigen Blickpunkt aus verzichtete und sie durch eine von den einzelnen Teilen ausgehende Darstellung ersetzte, aus denen sich der Gegenstand zusammensetzte. Durch diese neuen strukturellen Eigenschaften wird eine Dynamik entfesselt, in der ein neues Element, die Zeit, denselben Stellenwert erhält wie Breite, Höhe und Tiefe, daher auch der Gedanke der vierten Dimension.

— Die Errungenschaften des tschechischen Kubismus waren, dass er nach einer theoretischen Basis suchte und dass er die vierte Dimension auf die Bereiche Architektur, Innenarchitektur und Alltagsgegenstände übertrug. Der Kubismus ist sicherlich eine der bekanntesten Avantgardebewegungen der Moderne. Man könnte meinen, dass nach hundert Jahren Studium und Forschung dieses Thema erschöpft sei. Aber die Forschung hat den böhmischen Kubismus (böhmisch, weil er vor der Gründung der Tschechoslowakischen Republik entstand) fälschlicherweise mit der expressionistischen Bewegung[2] in Verbindung gebracht, was dazu geführt hat, dass er nicht als Teil der Entwicklungsgeschichte des Kubismus angesehen und somit aus der Geschichte gelöscht wurde. Die Prager Historikerinnen und Historiker, Kuratorinnen und Kuratoren rund um das Museum für angewandte Kunst in Prag (UPM Praha), das die größte Sammlung kubistischer Objekte besitzt, versuchten zwar, den böhmischen Kubismus in den 1970er Jahren wieder zu integrieren. Doch verhinderte die damals geltende offizielle sowjetische realistische Linie die Wiederbelebung des Prager Kubismus, da er mit einer bürgerlichen Weltanschauung assoziiert wurde und somit im Gegensatz zur kommunistischen Ideologie stand.

1 Jiří Šetlík (1929—2023) war bis 1964 Mitarbeiter der Nationalgalerie in Prag, dann Chefredakteur der liberalen und westlich orientierten Zeitschrift „Výtvarná pracá". 1968 wurde er Direktor des Museums für angewandte Kunst Prag (UPM). Er baute in dieser Zeit die Sammlung kubistischer Möbel und Alltagsgegenstände auf. 1971 verlor er dieses Amt wegen „Spionage für den Westen" und wurde sechs Monate inhaftiert. Er unterschrieb das Manifest Charta 1977. Von Staatspräsident Havel wurde er rehabilitiert und arbeitete danach als kultureller Attaché der US-Botschaft in Prag. Šetlík war mit Marie Benešová und Miroslav Lamač einer der größten Kenner der kubistischen Bewegung in Prag.

2 Pehnt, Wolfgang: Die Architektur des Expressionismus, Stuttgart 1973, S. 62. Die Arbeiten der Prager Kubisten werden darin abwertend als „frühe Beispiele von Zacken und Dreieckmode" dargestellt.
3 Gemeint ist hauptsächlich SVU Mánes, die Vereinigung der bildenden Künstler zwischen 1911 und 1914.

— Erst nach dem Zusammenbruch des sozialistischen Systems wurde die Bewegung durch zahlreiche Ausstellungen und Publikationen im Ausland rehabilitiert und wieder in die offizielle Geschichte des internationalen Kubismus aufgenommen. In den 1980er Jahren wurde der Prager Kubismus sogar zu einem Phänomen mit großer touristischer und wirtschaftlicher Anziehungskraft, was die große Zahl von Reeditionen beweist.
— Die aus Paris stammende kubistische Bewegung im ersten Jahrzehnt des neuen Jahrhunderts beeinflusste auch die böhmischen Architekten. In den lokalen Künstlerkreisen wurde eine intensive Debatte über die kubistischen Theorien geführt.[3] Die Theoretiker fragten sich, wie die kubistischen Theorien, die die Malerinnen und Maler, Bildhauerinnen und Bildhauer in Paris in die Praxis umsetzten, auch auf die Gestaltung von Architektur, Möbeln und Gebrauchsgegenständen übertragen werden könnten.
— Der Blick nach Paris entsprach in erster Linie dem politischen Willen zu einer Neuorientierung. Dies ist ein deutliches Zeichen für die Suche nach einer nationalen Identität, die zum Ziel hatte, ein autonomes, von der österreichisch-ungarischen Abhängigkeit befreites Land zu schaffen. Trotz der Schwierigkeiten, die bei der Anwendung der kubistischen Theorien auf die Funktion ihrer Objekte auftraten, war der politische Wille zu einer neuen nationalen Identität stärker als die Nachteile, die beim Entwerfen von kubistischen Objekten auftraten.
— In morphologischer Hinsicht ist der böhmische Kubismus der Jahre 1910 bis 1912, seine Betonung der plastischen Qualität und die Auflösung der Zentralperspektive, mit der analytischen Phase des französischen Kubismus vergleichbar. Die böhmischen Kubisten sahen sich allerdings mit einer Reihe von zu lösenden Problemen konfrontiert. Denn trotz aller Freiheitsbehauptungen sollte die Gestaltung von Architektur, Möbeln oder Gebrauchsgegenständen funktionale Anforderungen erfüllen.

Die Schwierigkeiten waren folgende:

- Darstellung des Objekts in seiner räumlichen Gesamtheit, das heißt gleichzeitige Darstellung von Außen- und Innenraum, Grundriss und Schnitt, wie in der Malerei und Skulptur möglich;
- Zerlegung des Volumens in Facetten: Dies hätte eine Verfremdung des Objekts zur Folge gehabt;
- Vervielfältigung und Durchdringung von Objekt und Hintergrund, um den Bezug des Körpers zum Raum zu überwinden;
- Verschmelzung von Objekt und Hintergrund, um das Verhältnis der Körper zum Raum ins Gleichgewicht zu bringen.

Diese grundsätzlichen Problemstellungen machen klar, dass Architektur, Möbel und Gebrauchsgegenstände kaum in der Lage sein konnten, sowohl das theoretische Konzept als auch den funktionalen Anspruch zu erfüllen. Und dennoch widmete man sich leidenschaftlich dem Versuch, diese Prinzipien zu verwirklichen.
— Die Analyse der Grundrisse realisierter kubistischer Gebäude zeigt, dass sie einer traditionellen Ordnung entsprechen. Die vorgeschlagenen Lösungen für einen kubistischen Innenraum werden durch die Kombination traditioneller Grundrisse mit kubistischen Möbeln und Gegenständen des täglichen Lebens erreicht und nicht durch deren Integration in die Architektur selbst. Es ist unwahrscheinlich, dass Mieterinnen und Mieter in einem Mehrfamilienhaus mit integrierten kubistischen Innenräumen

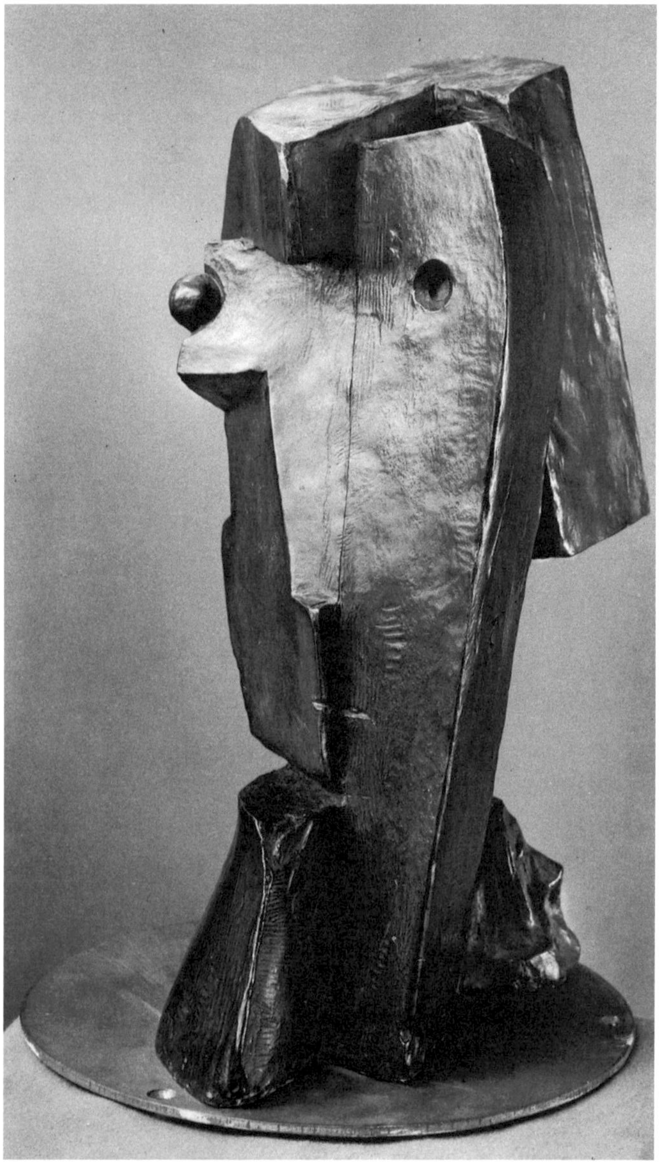

Otto Gutfreund, Frauenkopf, 1913. Archiv François Burkhardt

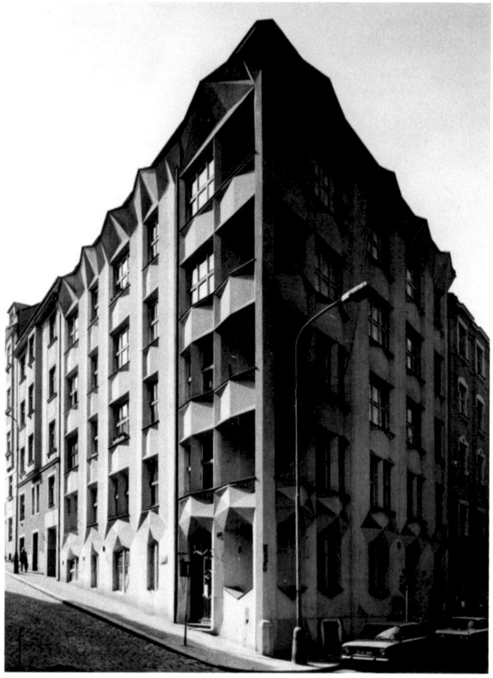

Josef Chochol, Mehrfamilienhaus in Prag, 1914. Archiv François Burkhardt

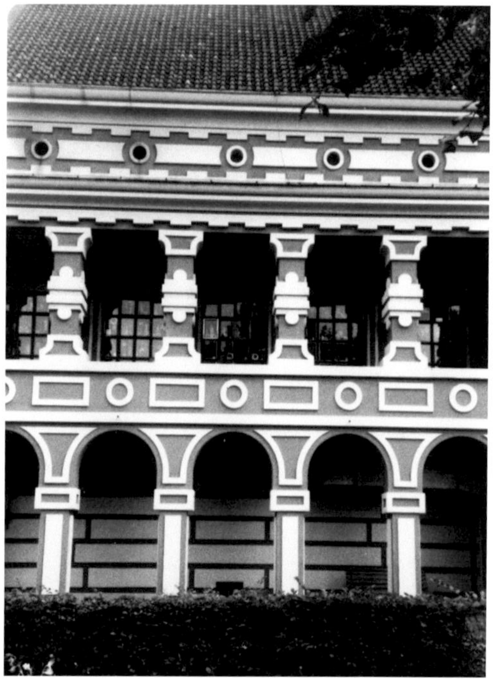

Pavel Janák, Krematorium Pardubice, 1923, Detail der Fassade. Archiv François Burkhardt

wohnen hätten wollen. So war es auch bei Kurt Schwitters (1887—1948), der als einziger bereit war, in seiner 1937 in Hannover gebauten und Merz-Bau genannten Wohnung zu leben.

— Die einzigen realisierten kubistischen Experimente mit integrierten Innenräumen waren das „Cabaret Montmartre" von Jiří Kroha (1893—1974) von 1918, das zerstört wurde, und ein Teil des Mehrfamilienhauses in der Neklanova-Straße von Josef Chochol (1880—1956) von 1913. Für den tatsächlichen Bau eines integrierten kubistischen Innenraums musste man bis zum Wettbewerbsentwurf für das Krematorium in Pardubice 1919 von Kroha warten.

— Diese Schwäche des kubistischen Konzepts führte die Kritik dazu, in den kubistischen Architekturen nur eine Freude an der Modulation der Außenfassaden zu sehen und diese manieristische Kunst auf das Konzept des Expressionismus zurückzuführen. Die Kunsthistorikerin Marie Benešová[4] verteidigt diese Architektur der Fassaden, indem sie auf deren Bedeutung für die alltägliche Akzeptanz hinweist. Sie hält eine Architektur der Fassaden für gerechtfertigt, da sie sich aus der optischen Wahrnehmung der Architektur selbst herleiten lässt. Dies gilt auch für das Interesse an den neuen Theorien der Wahrnehmungspsychologie.

— Václav Vilém Štech (1885—1947) betonte 1915 die Bedeutung der kubistischen Suche nach der Verwandlung des Blocks durch Plastizität:[5]

> **„Zur Struktur, zum Zweck, zum Material setzte er es in ein tägliches Verhältnis mit dem Material, setzte es in Bewegung. Die Bewegung wurde als Aktivität des Geistes interpretiert, der die Materie umwandelt, als Bejahung des schöpferischen Willens in Bezug auf das reine Sein, als Aneignung der organischen Welt und ihre Unterwerfung durch den Ausdruck. Der Architekt dringt in die Materie ein, während er zuvor an ihren Oberflächengrenzen stehen geblieben war, und wie die Malerei, die ebenfalls einen neuen Raum für sich geschaffen hat, entdeckt der Architekt die durch die Bewegung erzeugte Tiefe der dritten Dimension. Die alten Grenzen der Materie werden aufgebrochen, der Block wird zunächst durch Unterbrechungen als Zeichen der Plastizität belebt, dann als bezeichnendes und offensichtliches Ausdrucksmittel der historischen Tatsache durch die schräge Ebene, die endgültig und systematisch eingesetzt wird, zerstört."**

Dieses Zitat fasst die Verbindung der kubistischen Ausgangspositionen und wissenschaftlichen Theorien zusammen, wie sie von den Protagonisten in den späten 1910er Jahren formuliert wurden. Die Dynamik der kubistischen Fassaden basiert im Wesentlichen auf folgenden Elementen:

- prismatische Körper und kristalline Formen;
- Systeme von schrägen Flächen und schiefen Ebenen;
- Zersetzung der Flächen durch Gliederung in andere, die nur durch eine minimale Neigung davon abweichen;
- Versuche, die Zentralperspektive zu brechen.

Für Pavel Janák (1882—1956), den Theoretiker der Kubistengruppe, liegen die Grundsätze des „neuen Stils" in der Auflösung des Blocks, dessen statische Natur in der kubistischen Fassade durch horizontale und vertikale Rhythmen zerstört werden soll. Horizontale und Vertikale waren für Janák die beiden Kategorien, die aller natürlichen

4 In dem Artikel „Architettura cubista in Boemia", erschienen in der Nummer 314 (1967) der Zeitschrift „Casabella" in Mailand, S. 62—67, erklärt Marie Benešová, dass sie sich an der Theorie der Psychologie für experimentelle Ästhetik des Philosophen Theodor Lipps (1851—1914) in München orientiert. Dort vor allem an „Ästhetische Faktoren der Raumanschauung" (1891). Es war bis Anfang der achtziger Jahre des letzten Jahrhunderts der einzige Artikel, der zum böhmischen Kubismus in Italien erschienen ist.

5 Štech, Václav Vilém: Tschechische Experimente für ein modernes Interieur, Prag 1915.

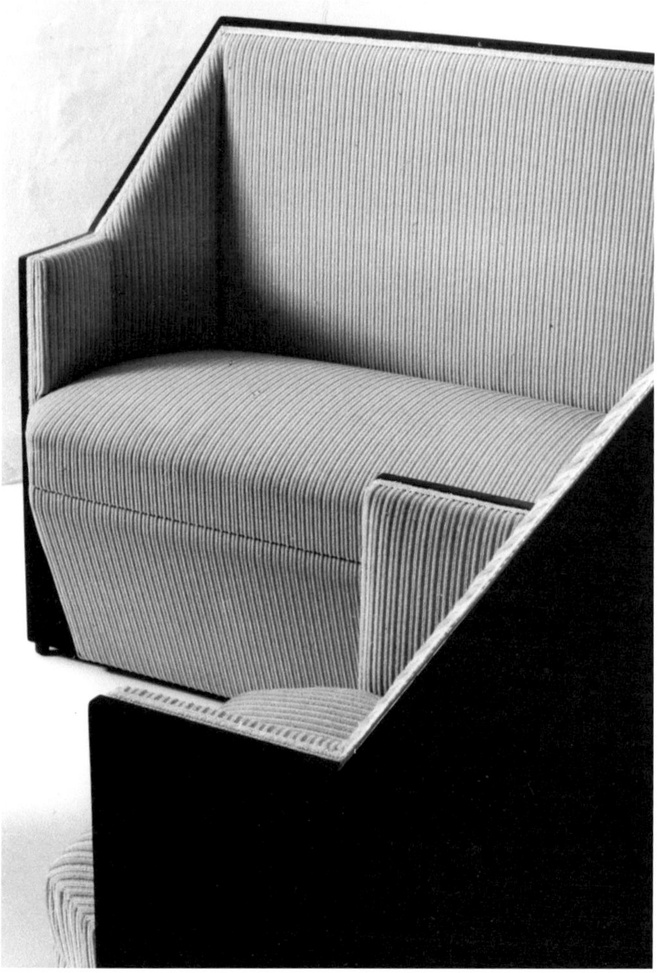

Josef Chochol, Sitzgruppe, 1911.
Archiv François Burkhardt

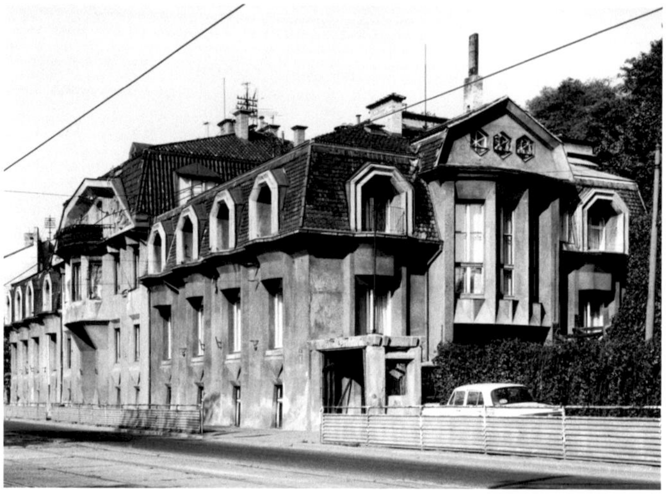

Josef Chochol, Dreiteiliges Wohnhaus in Prag, 1913.
Archiv François Burkhardt

Pavel Janák, Toilettentisch, 1912.
Archiv François Burkhardt

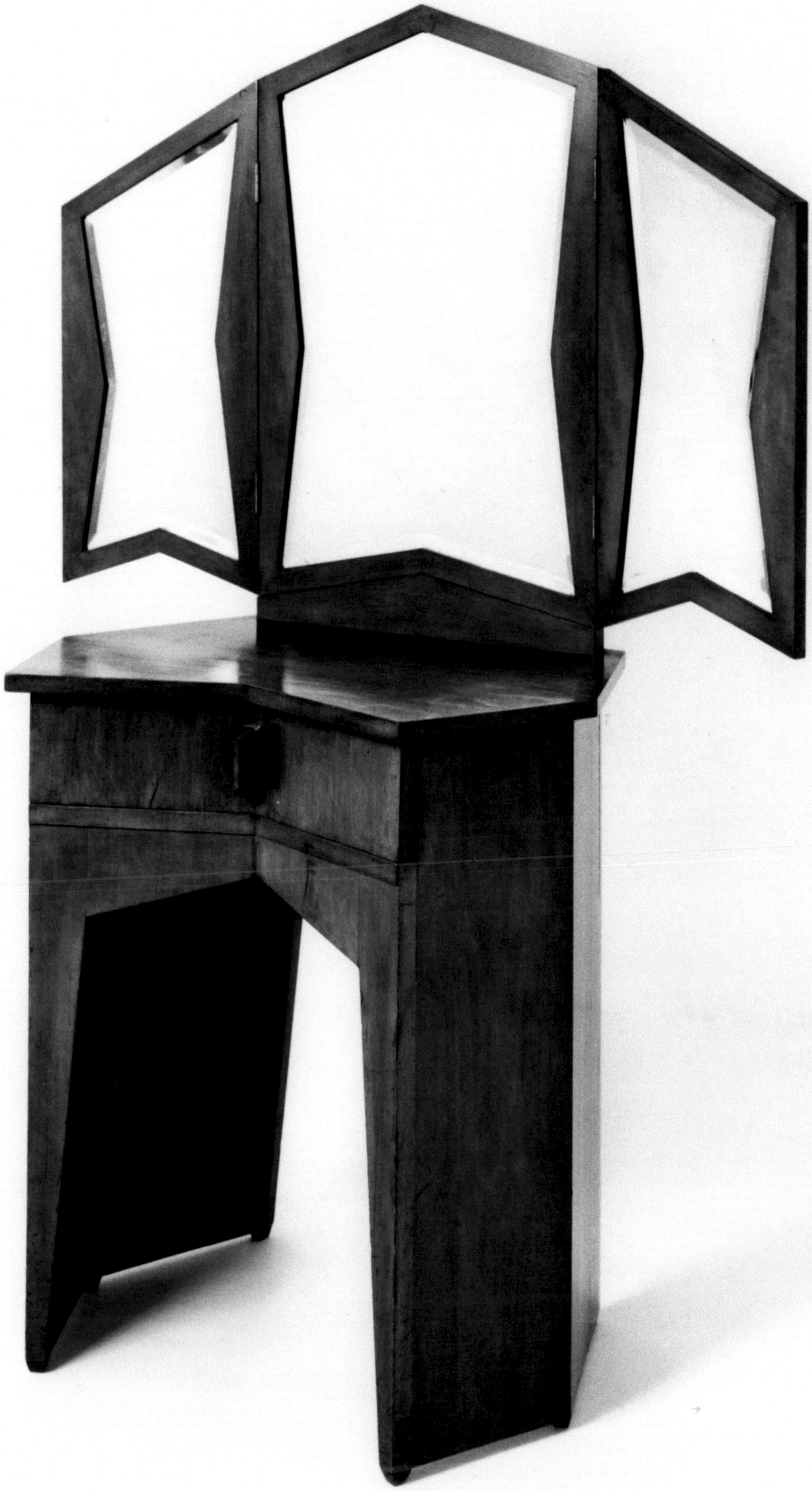

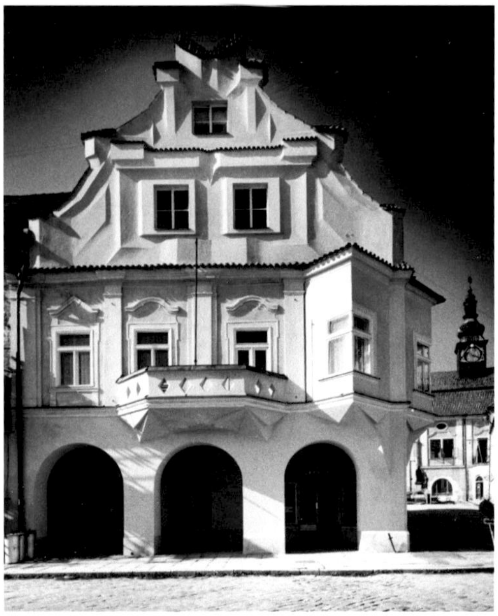

Pavel Janák, Umbau eines Barockgiebelhauses in Pelhřimov, 1913. Archiv François Burkhardt

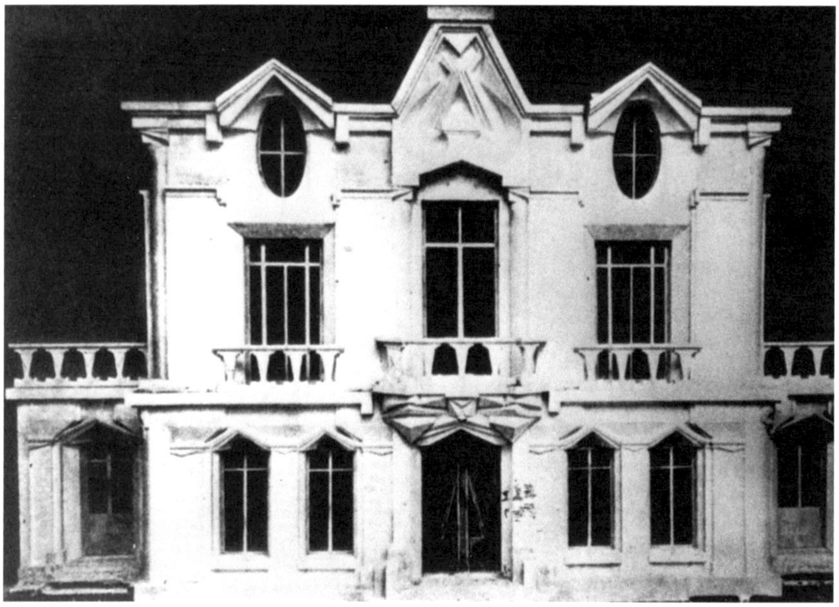

Raymond Duchamp-Villon, Maison cubiste, 1912. Archiv François Burkhardt

Materie zugrunde liegen. Diese galt es künstlerisch zu überwinden, was durch die Einführung einer dritten Ebene, der schiefen Ebene, geschehen konnte. Diese schrägen Ebenen treffen aufeinander und ermöglichen so den Ausdruck von Bewegung, schaffen winklige Kurven und Schnitzereien, in denen sich Licht und Schatten treffen, und betonen die angestrebte Dynamik.[6]

6 S. Janák, Pavel: Prisma und Pyramide, 1911, und Die Erneuerung der Fassade, 1913.

In der klassischen Darstellung des Kubismus wird ein einziges Bauwerk erwähnt, das „Maison cubiste" von Raymond Duchamp-Villon (1876—1918) aus dem Jahr 1912. Es sollte nicht aus dem Kontext der Prager Forschung isoliert werden. Wir wissen, dass in jenen Jahren ein reger Austausch zwischen Prag und Paris stattfand, und es ist anzunehmen, dass Duchamp-Villon über das, was in Prag gemacht wurde, informiert war. Wahrscheinlich lernte er die Werke Janáks dank der Zeitung „Umělecký měsíčník" [Monatsschrift für Kunst] kennen, die in der Pariser Galerie Kahnweiler auslag. Kahnweiler war auch der Galerist des Prager Sammlers Vincenc Kramář, der unter anderem Picasso sammelte. Außerdem befand sich das Pariser Atelier von Jacques Villon direkt neben dem von František Kupka, was Kontakte und Austausch förderte. Duchamp-Villon verwendet im Gewölbe Gitterzellenelemente, die von den Prager Kubisten eingeführt worden waren und aus Mitteleuropa stammten. Man denke dabei insbesondere an die von Pavel Janák verwendeten Fassadenmotive.

— Ein weiteres Merkmal der böhmischen Kunstbewegung wurde vom Schriftsteller Karel Čapek (1890—1938) beschrieben: „Wenn es möglich wäre, eine Demarkationslinie zwischen West- und Osteuropa zu ziehen, verliefe sie ungefähr durch die Mitte unserer Republik“, der Tschechoslowakei. Wir müssen beachten, dass dieses Mitteleuropa, das nach dem Zweiten Weltkrieg in die Peripherie abgedrängt wurde, nun erneut seine Daseinsberechtigung als Zentrum des kulturellen Austauschs fand. Um noch einmal auf Čapek zurückzukommen: Es wird auf dieser „kleinen Insel sein, wo sich alle großen Strömungen der europäischen Entwicklung kreuzen und manchmal zusammenprallen“, wo es erneut dazu kommen könnte, dass die auf dieser Erde sich kreuzenden Konzepte aufgenommen und neuerlich bereitgestellt werden, um „keinen anderen Anspruch zu erheben, als auf einige allgemeine Eigenschaften der tschechoslowakischen Kunst hinzuweisen“.[7]

7 S. Čapek, Karel: L'art tchecoslovaque. In: L'art vivant, Nr. 78 (1928), S. 201.

— Zu allen Zeiten wurde in Böhmen Kunst rezipiert, um sie zu transformieren. Dies geschah auf eine autonome Weise, die die progressiven Aspekte anderer Kulturen aufnahm, um aus ihnen eigenständige Werke zu gestalten, wie es nach Parler, Ried, Dientzenhofer oder Santini-Aichel auch die Kubisten zu vollbringen verstanden, die sich so in diese Tradition einreihen.[8]

8 S. Benedikt Rieds Interpretation des Gewölbes über dem Kirchenschiff der Kirche zur Heiligen Barbara in Kutná Hora, die Übertragung des piemontesischen Barocks von Santini-Aichel in die Wallfahrtskirche von Žďár oder die Übernahme von Diamantenschnittgewölben durch Pavel Janák.

9 S. dazu die Kirche Maria Himmelfahrt von Kloster Bechyně, dessen Diamantenschnittgewölbe im Jahr 1500 entstand, und die Kirche der Hl. Peter und Paul in Soběslav, entstanden zwischen 1499 und 1501.

— Der tschechische Kubismus liefert hierfür mit dem spätgotischen Zellengewölbe, das im 18. Jahrhundert unter der Bezeichnung Diamantenschnittgewölbe bekannt war, ein wunderbares Beispiel. Dieses mitteleuropäische Spezifikum hat uns in Südböhmen erstaunliche Werke hinterlassen.[9] Pavel Janák war von den formalen Leistungen dieses Bausystems besonders beeindruckt, das eine der kubistischen Ästhetik analoge Konzeption beinhaltet, die er in seinem berühmten Text „Prisma und Pyramide“ von 1910 beschreibt. Beherrscht vom Ausdruck der geometrischen Anordnung, den spitzen Graten, den sich ständig streifenden Schräglinien, sind die Zellengewölbe vom Standpunkt einer formalen Analogie am ehesten mit den kubistischen Konstruktionen zu vergleichen, mit ihren prismatischen Körpern und kristallinen Formen, ihrem System der geneigten Flächen und schrägen Ebenen. Die Technik der historischen Montage finden wir in vielen Projekten Janáks wieder, der sich um eine einfühlsame Eingliederung der traditionellen Barockfassade in die kubistische Konzeption bemühte. Der Umbau des barocken Wohnhauses auf dem Hauptplatz von Pelhrimov ist in dieser Hinsicht ein Beispiel einer geglückten Ehe, die der Verbindung zweier Stile zustimmt, ohne die Konzeption des gesamten Stadtbilds zu beeinträchtigen.

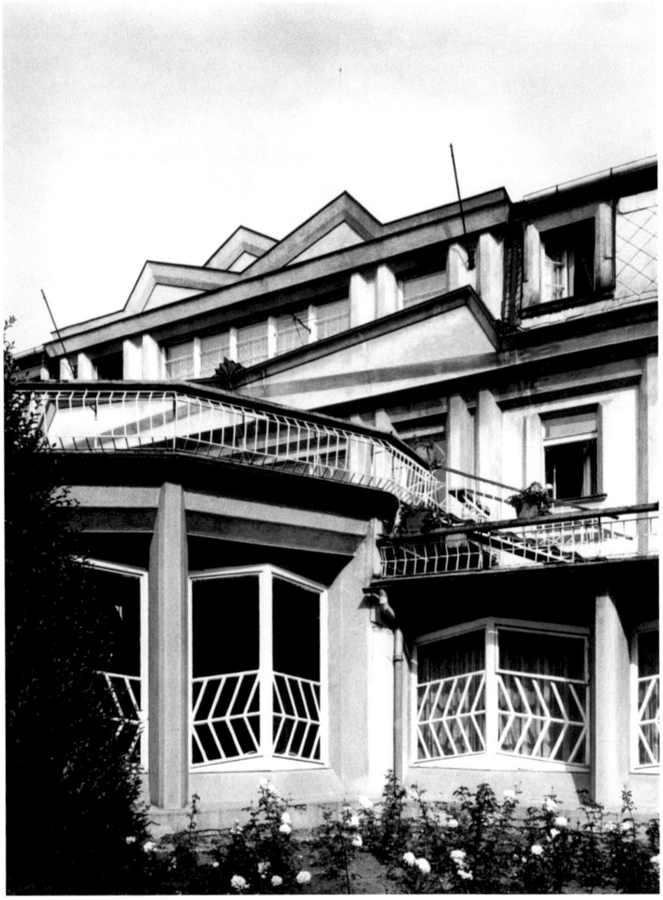

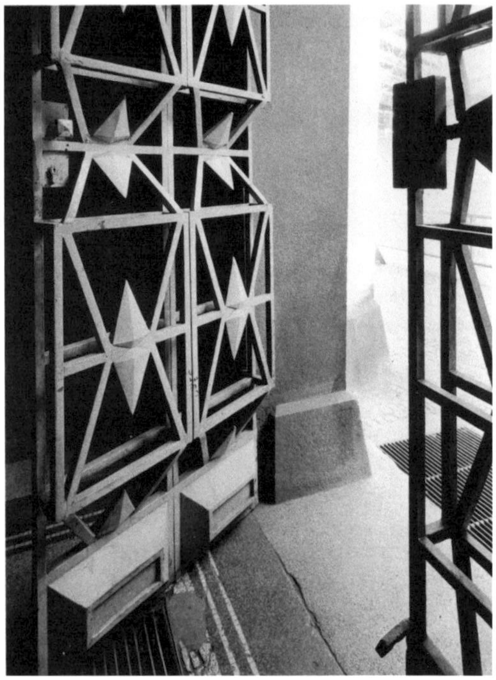

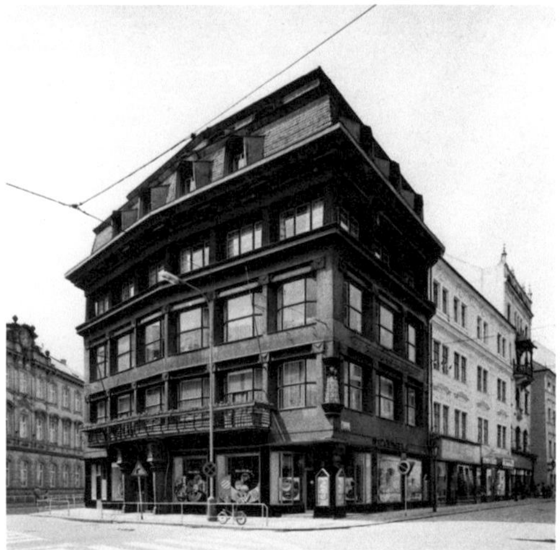

Josef Gočár, Thermalbad in Bad Bohdaneč, 1912. Archiv François Burkhardt

Josef Gočár, Haus der Schwarzen Madonna in Prag, 1912, Detail des Eingangstores. Archiv François Burkhardt

Josef Gočár, Haus der Schwarzen Madonna in Prag, 1912. Archiv François Burkhardt

— Ein Beispiel für den Verzicht auf die Zentralperspektive ist die Therme von Bohdaneč, wo Josef Gočár (1880—1945) 1912 die Fensterseite der Gänge rechts und links des Haupteingangs so auflöst, dass die an sich traditionellen Fenster aussehen, als wären sie aus mehreren schrägen Ebenen zusammengesetzt. Wenn man diese Korridore von der Eingangshalle aus betrachtet, sieht man eine Reihe falscher Nischen, die durch die Bearbeitung der Fensterkreuze entstehen.

— Denselben Effekt erzielte Chochol 1913 in dem Mehrfamilienhaus in der Neklanova-Straße mit der formalen Behandlung des Eckbalkons. Ein weiteres Beispiel für das kubistische Perspektivspiel ist die Eingangstür des Prager Hauses „Schwarze Madonna“ von 1912, ebenfalls von Gočár. Das Gitter der Tür besteht aus doppelten Reihen von Metallstäben, die so angeordnet sind, dass durch die Bewegung des Betrachters immer neue Figurationen entstehen und illusorische Tiefen erzeugt werden.

Man muss berücksichtigen, dass das Interesse an einer kulturellen Erneuerung unmittelbar mit den Bestrebungen um die nationale Befreiung verbunden war, die sich in den ehemaligen Gebieten der österreichisch-ungarischen Monarchie ausbreiteten. Böhmen, Mähren und die Slowakei erlebten einen Ansturm von Forderungen nach Freiheit und Unabhängigkeit, die nur durch die Autorität des Kaisertums unterdrückt werden konnten: Das Spektrum reichte von den Forderungen, die für ein industriell entwickeltes Land wie Böhmen typisch waren, über Forderungen nach sozialen Reformen im Zusammenhang mit dem gravierenden Problem der Landflucht aus den ärmsten landwirtschaftlichen Gebieten bis hin zum Kampf für eine eigene Sprache und Kultur. Die Tschechen sammelten mit der Zeit politische Erfahrungen in Wien, und in Prag entfaltete sich ein intensives intellektuelles Leben. Dort blühte eine Kultur auf, die reich war an Kontakten nach Deutschland und vor allem nach Frankreich.

— Man muss in der Leidenschaft der Prager Kulturzirkel dieser Zeit mehr sehen als nur ein Interesse an der Entwicklung der kubistischen Bewegung — in der Orientierung an einer fortgeschrittenen und wenig konservativen Nation offenbarten sich der Widerstand gegen die österreichisch-ungarische Monarchie und die Suche nach einer offenen und freien kulturellen Opposition.

— In den ersten Jahren der neuen Republik versuchte man, eine vereinende nationale Ästhetik und einen adäquaten künstlerischen Ausdruck zu finden. Das Ergebnis war eine neue Architektur und ein Stil, dessen Keime man allerdings schon in einigen Arbeiten von Gočár und Janák aus den Jahren 1914 und 1915 finden kann. Er wurde als Rondokubismus bezeichnet und hat theoretisch nichts mehr mit dem Kubismus zu tun, obwohl die Protagonisten dieselben waren: Sie verwendeten jetzt nur plastische Elemente, die nicht mehr auf Drei- und Sechsecken beruhten, sondern auf Kreisen und Zylindern. Die Kunsthistorikerin Marie Benešová sieht darin einzig und allein ein dekoratives Vorhaben. Diese Fehleinschätzung führte dazu, den Kubismus und Rondokubismus alleinig als dekorative Künste zu sehen, was sie nicht primär waren.

— Man muss das Streben des Rondokubismus nach Inhalten beachten. Er versuchte, die traditionellen, volkstümlichen Architekturelemente der drei nun in der neuen Republik vereinten Gebiete zu integrieren. Das Krematorium von Pardubice (1921) von Janák bleibt in dieser Hinsicht ein symptomatisches Werk: Er nutzte bestimmte Zitate und Techniken, um eine Einheit zu erlangen, und verwendete dabei eine verständliche, nicht mehr abstrakte Sprache. Es ist der Übergang von einer avantgardistischen Einstellung zur populären Mundart, mit dem Ziel, dem Volk näher zu sein.

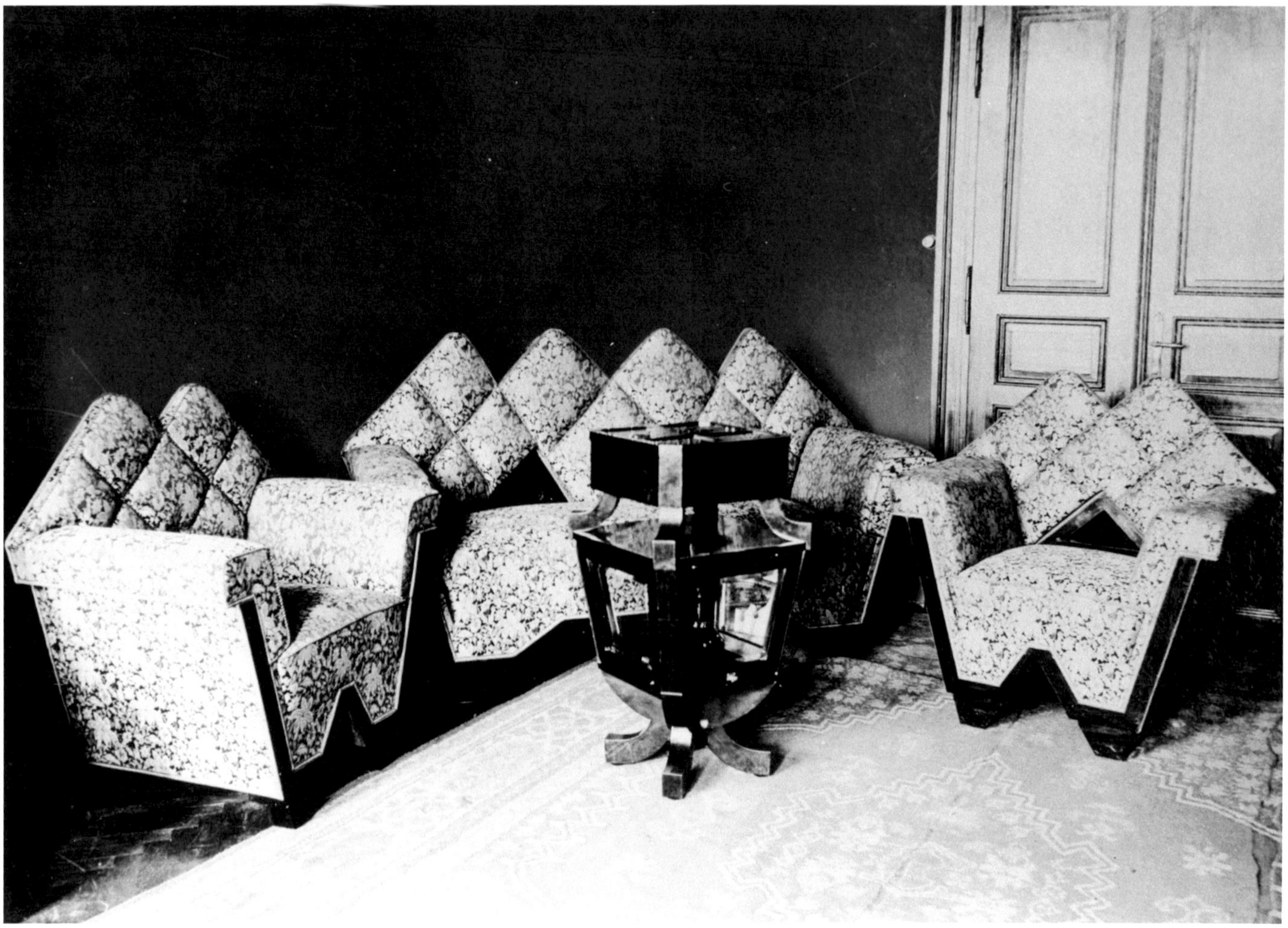

Josef Gočár, Einrichtung der Wohnung von Jarmil Krecar, 1915. Archiv François Burkhardt

Josef Gočár, Schrank, 1913. Archiv François Burkhardt

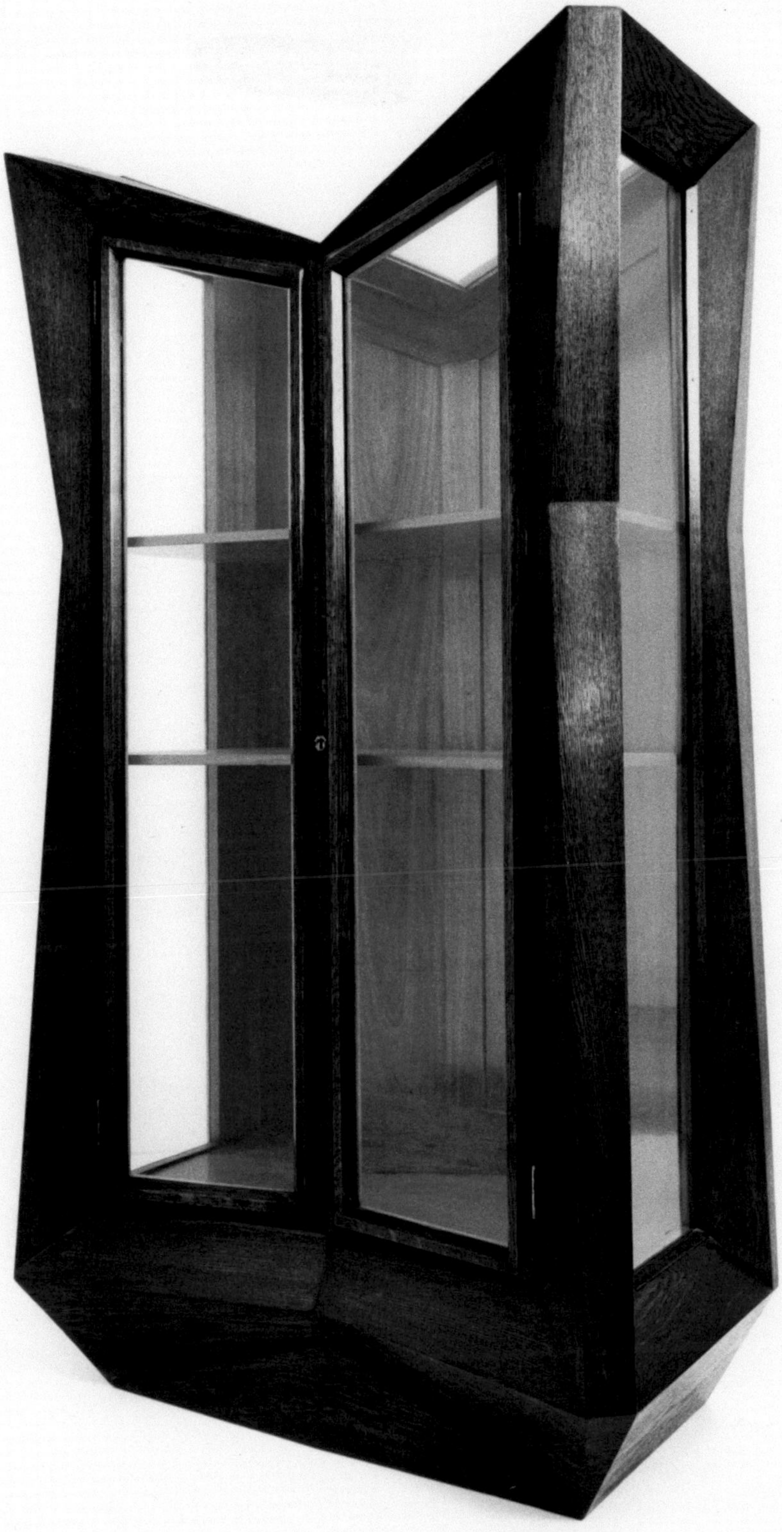

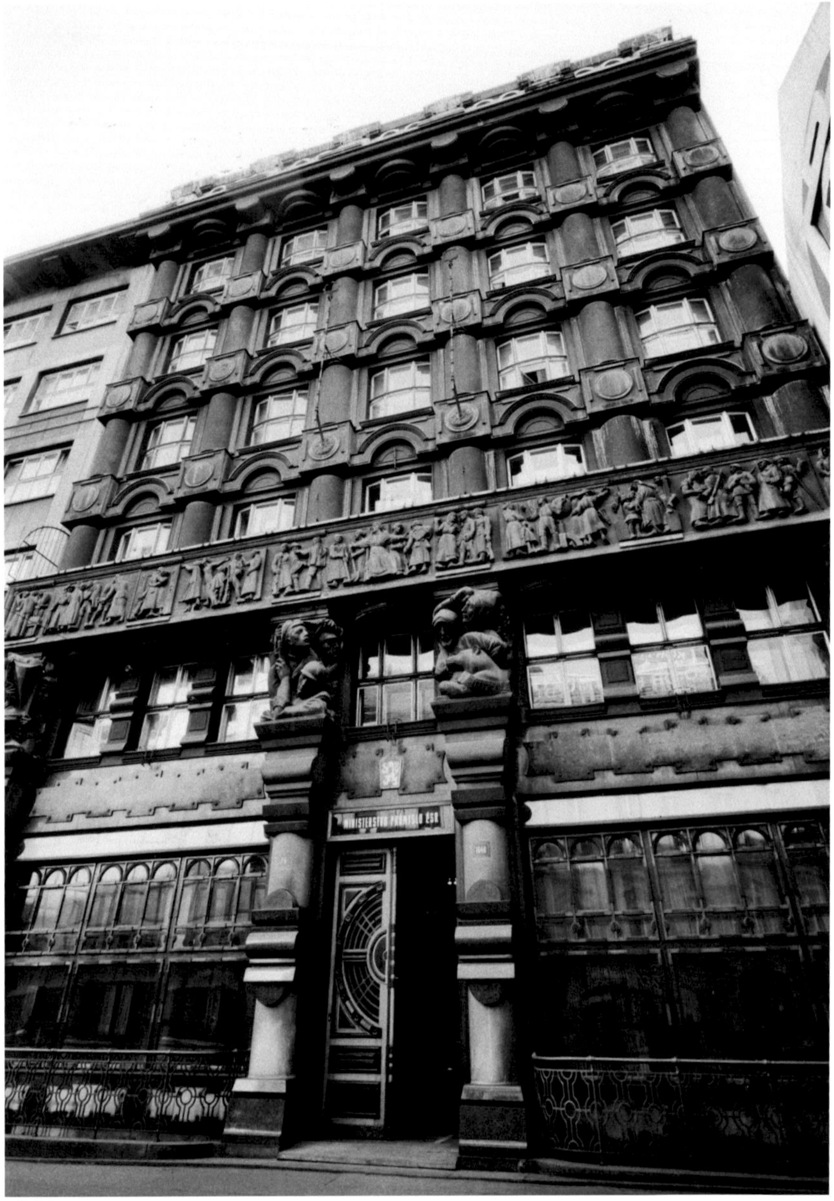

Josef Gočár, Legiobank in Prag, 1923. Archiv François Burkhardt

— Der Rondokubismus erlebte Phasen, die sehr gut zeigen, womit sich seine Protagonisten, hauptsächlich Josef Gočár, Pavel Janák und Otakar Novotný, vorrangig beschäftigten, und die sich ganz anderen Fragen zuwendeten: zunächst der Suche — wie noch im Kubismus — nach Elementen der figürlichen, plastischen und abstrakten Transfiguration; dann dem Bestreben, im Volkstum den populären Ausdruck für die nationale Einheit zu finden, um schließlich zu viel weiter entwickelten, überschwänglichen, monumentalen und heroischen Resultaten zu gelangen, in denen sich klassizistische Tendenzen vermischen, die durch eine überraschende Vergrößerung von bestimmten Elementen im Verhältnis zu anderen mit symbolischem Gehalt realisiert werden. Es entsteht ein üppiger, fantasievoller Eklektizismus, der mit ungewöhnlichen Elementen arbeitet, wie uns die Legiobank von Gočár in Prag von 1923 beweist.

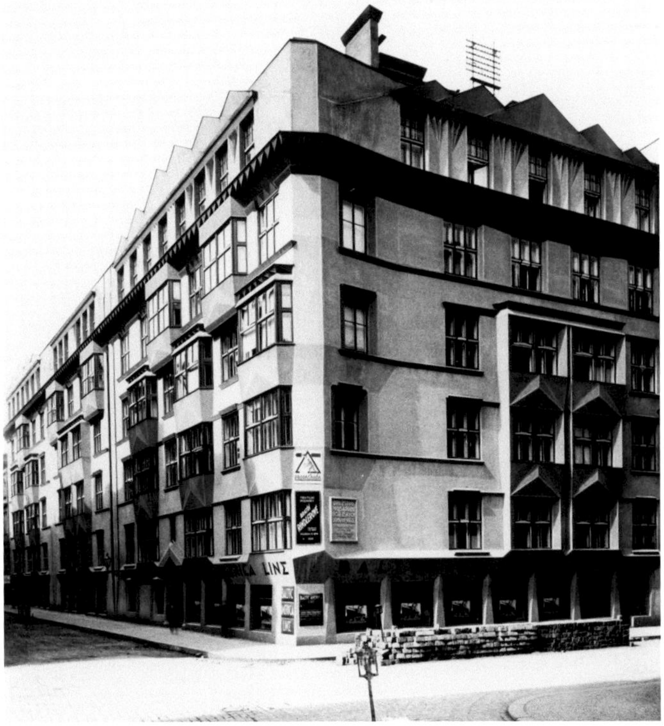

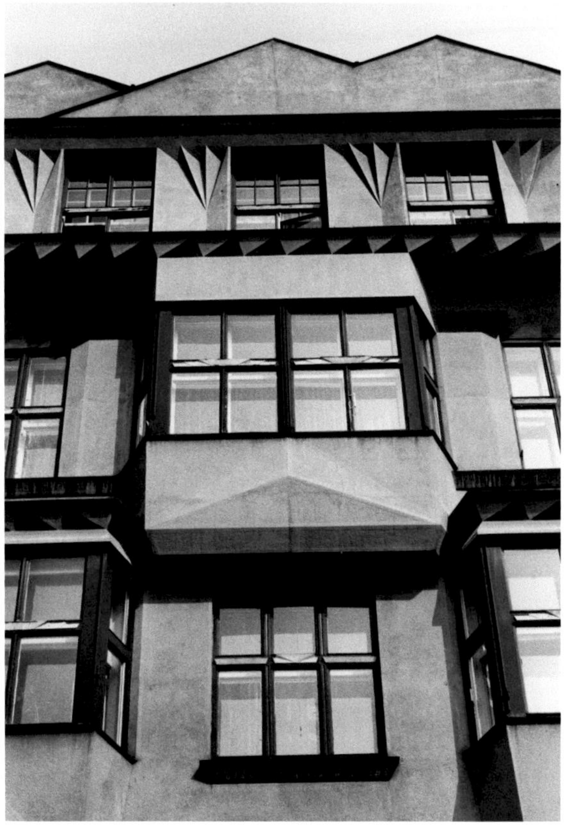

Otakar Novotný, Mehrfamilienhaus in Prag, 1921. Archiv François Burkhardt

Otakar Novotný, Mehrfamilienhaus in Prag, 1921, Detail der Fassade. Archiv François Burkhardt

Die vielfältigen Kontakte zum Ausland ermöglichten nach einer Periode der Konsolidierung den Zugang zum Rationalismus und internationalen Funktionalismus. Mit der Werkbundsiedlung Baba in Prag von 1932 demonstrierten die tschechischen Architekten ihre führende Position in der Architektur. Diese Offenheit für Einflüsse von außen war ein logisches Ergebnis einer nationalen Bestrebung, die versuchte, sich zu internationalisieren, und Weltoffenheit als Zeichen eines aufblühenden, industriell expandierenden und kontaktfreudigen Landes empfand. Damit war die Suche nach einer nationalen Identität, die mit dem Kubismus anfing, abgeschlossen.

— Vor allem faszinieren zwei einzigartige Aspekte aus den Biografien der Protagonisten der tschechischen modernen Architektur: auf der einen Seite ihre Fähigkeit, die Ästhetik als Instrument im Dienst eines kollektiven Ausdrucks aufzufassen, getragen von dem Willen, mithilfe ihrer Architektur Änderungen, Fortschritt und Freiheit zu vermitteln — je nach den Ausdrucksmitteln, die der Zeitgeist und die eigene Geschichte anboten. Auf der anderen Seite, dass sie nacheinander ausgezeichnete Architekten der Sezession, des beginnenden Modernismus, des Kubismus, des Rondokubismus und des Funktionalismus gewesen sind. Das sollte, wie im Fall eines Janák, Gočár oder Novotný, keineswegs als Zeichen der Unterwerfung oder Schwäche gedeutet werden, sondern als Stärke. Es waren gerade diese Protagonisten, die die Geschichte dieser Bewegung bestimmten und je nach Zeit und Gebiet ihre Änderungen und Neuorientierung festlegten — und das ohne akademische Doktrin.

Das Interesse für die kubistische Bewegung, ihre erneute Aktualisierung und die daraus resultierende Ästhetik fanden nicht zufällig in den siebziger und achtziger Jahren des 20. Jahrhunderts einen fruchtbaren Boden. Zuerst durch die Postmoderne, später den Dekonstruktivismus lässt sich am Ende des letzten Jahrhunderts eine Renaissance beeindruckender neo-kubistischer Designobjekte feststellen. Alessandro Mendini (1931—2019) in Italien[10] oder Milan Knížák (*1940) in der Tschechoslowakei[11] haben durch die Anknüpfung an die historische Bewegung eine neue Quelle entdeckt. Die Unterrichtsmethoden scheinen ebenfalls diese neu entdeckte Ästhetik in Betracht zu ziehen und dabei bereits in der Ausbildung den Antifunktionalismus zuzulassen.

— Wenn wir die Arbeiten von Zaha Hadid (1950—2016) oder der Gruppe Coop Himmelb(l)au betrachten, so scheinen sie dem Willen nach einer Deformation der Zentralperspektive zugunsten von Simultanperspektiven mit mehreren Zentren untergeordnet zu sein. Ihre Studien konzentrieren sich auch auf das gegenseitige Durchdringen der Räume, auf ihre Zerlegung in Facetten, um das Objekt seiner gewohnten Wahrnehmung zu entfremden und die Referenz auf die repräsentierten Körper zu eliminieren, ja sogar um eine Anspielung auf schwebende Ebenen zu erreichen. Diese Architektur und die korrespondierenden Objekte des Wohnens wiesen in ihrer Einstellung zum Objekt, beispielsweise in der Komposition, gewisse Analogien zu den Arbeiten tschechischer Kubisten auf.

— Durch das gleiche Bestreben, die Regeln der Statik zu destabilisieren, fordern Kubistinnen und Kubisten, Neokubistinnen und Neokubisten die Gesetze der Konstruktion und der Materie heraus. Bevorzugt wird eine Dynamisierung des Ausdrucks, um die Schwere und die Unbeweglichkeit der Materie mittels ihrer formbaren Vielfalt in eine Erscheinung umzuwandeln, ermöglicht heute durch virtuelle Simulation der digitalen Technologie.

— Ähnlich wie bei den Kubisten wird der psychologische Ansatz mit Materie kombiniert, die den Eindruck erweckt, durch die Schwerkraft in Bewegung gesetzt und dann von einer frei angeordneten Geometrie gestoppt worden zu sein, die die Machbarkeit der Konstruktion bestimmt.

Die Verdienste der tschechischen kubistischen Bewegung sind dreierlei Natur:

1. Über eine lange Tradition hinweg die spezifischen Eigenheiten der böhmischen Kultur wiederbelebt zu haben — durch ihre Fähigkeiten zur Assimilation, Adaptation und Transformation —, bevor sie sich in eine originäre Strömung verwandelte und mit neuen und spezifischen Werten zur Bereicherung der großen Stilbewegungen beitrug.
2. Eine Theorie des kubistischen Konstrukts aufgestellt zu haben, die den neuesten Forschungen und Gedanken der Zeit entsprach.
3. Der Architektur eine Rolle als Vermittlerin von Inhalten zugeschrieben zu haben, die über die Existenz der Architektur als Disziplin und über ihre geläufigen Funktionen hinausgeht.

François Burkhardt

10 Alessandro Mendini schuf das Sofa „Kandissi" 1980, nachdem er eine Abbildung des Sofas von Gočár für die Wohnung des Schauspielers Otto Boleška von 1913 gesehen hatte.

11 Milan Knížák ist ein tschechischer Maler und Musiker, bekannt für seine Happenings und Mitglied der Fluxus-Bewegung. Er leitete zwischen 1990 und 1997 die Akademie der Bildenden Künste in Prag.

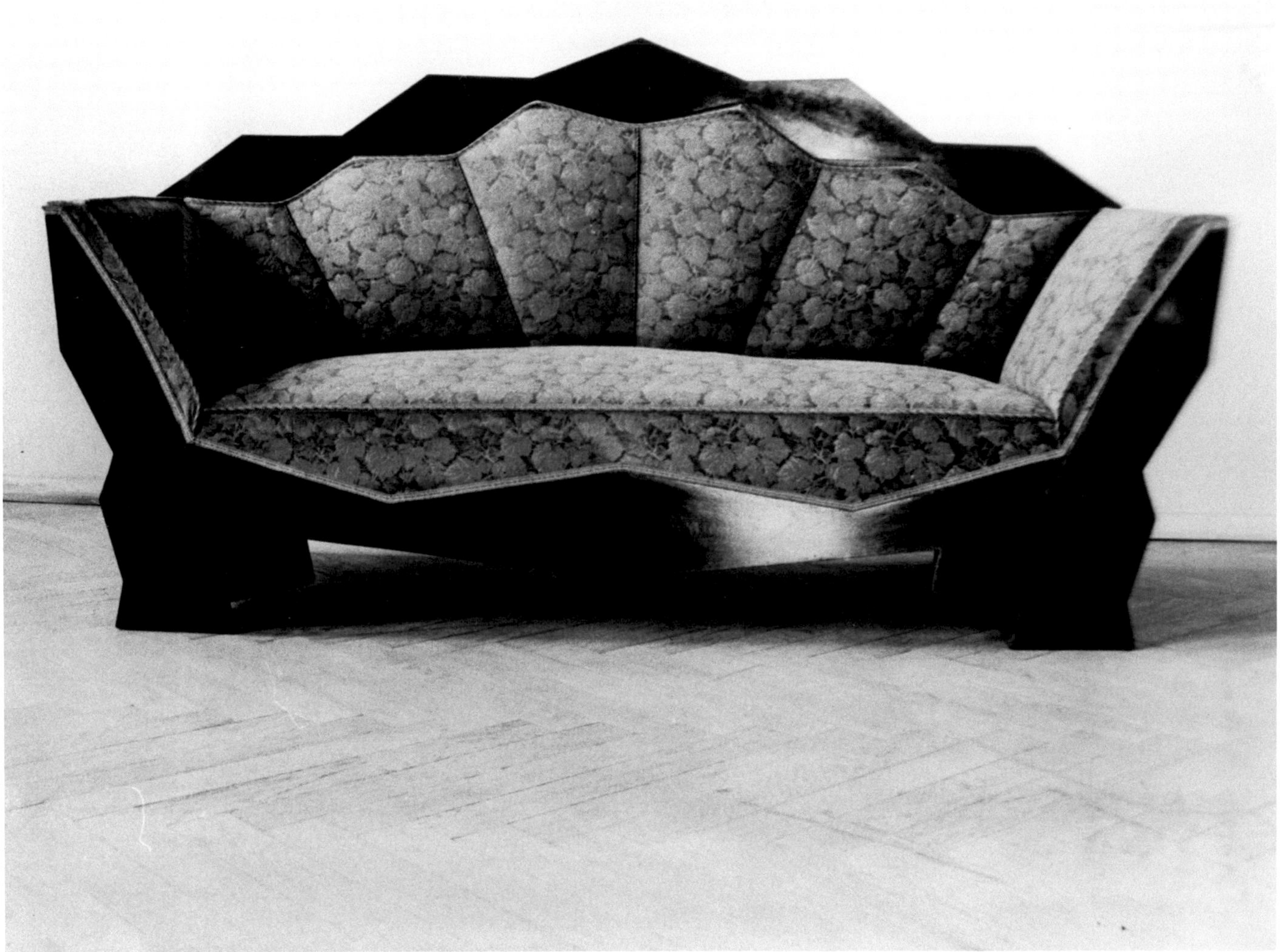

Josef Gočár, Sofa für die Wohnung des Schauspielers Otto Boleška, 1913. Archiv François Burkhardt

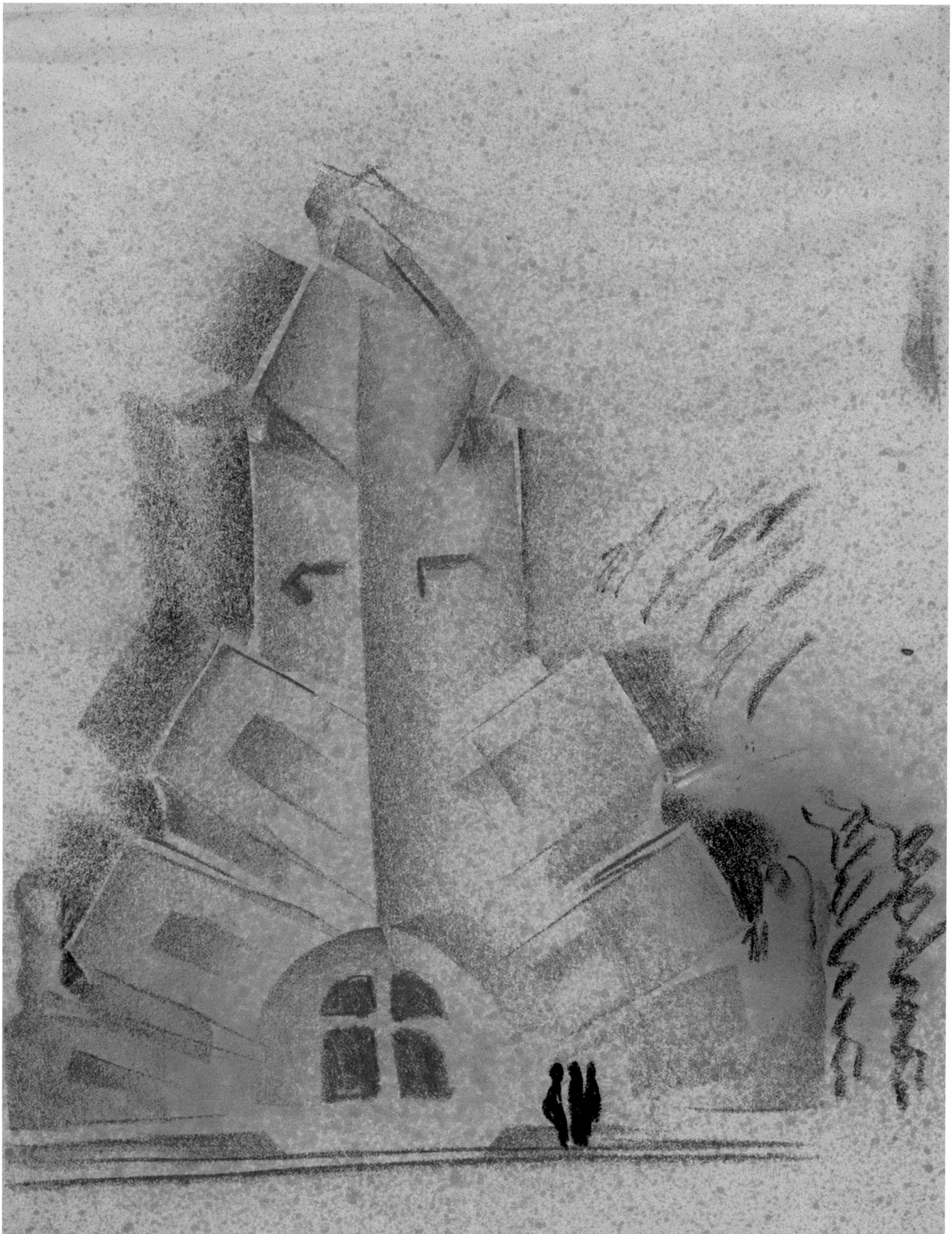

Kat. 12 Jiří Kroha, Axonometrische Studie für das Krematorium Pardubice, 1919. Arkudes Foundation

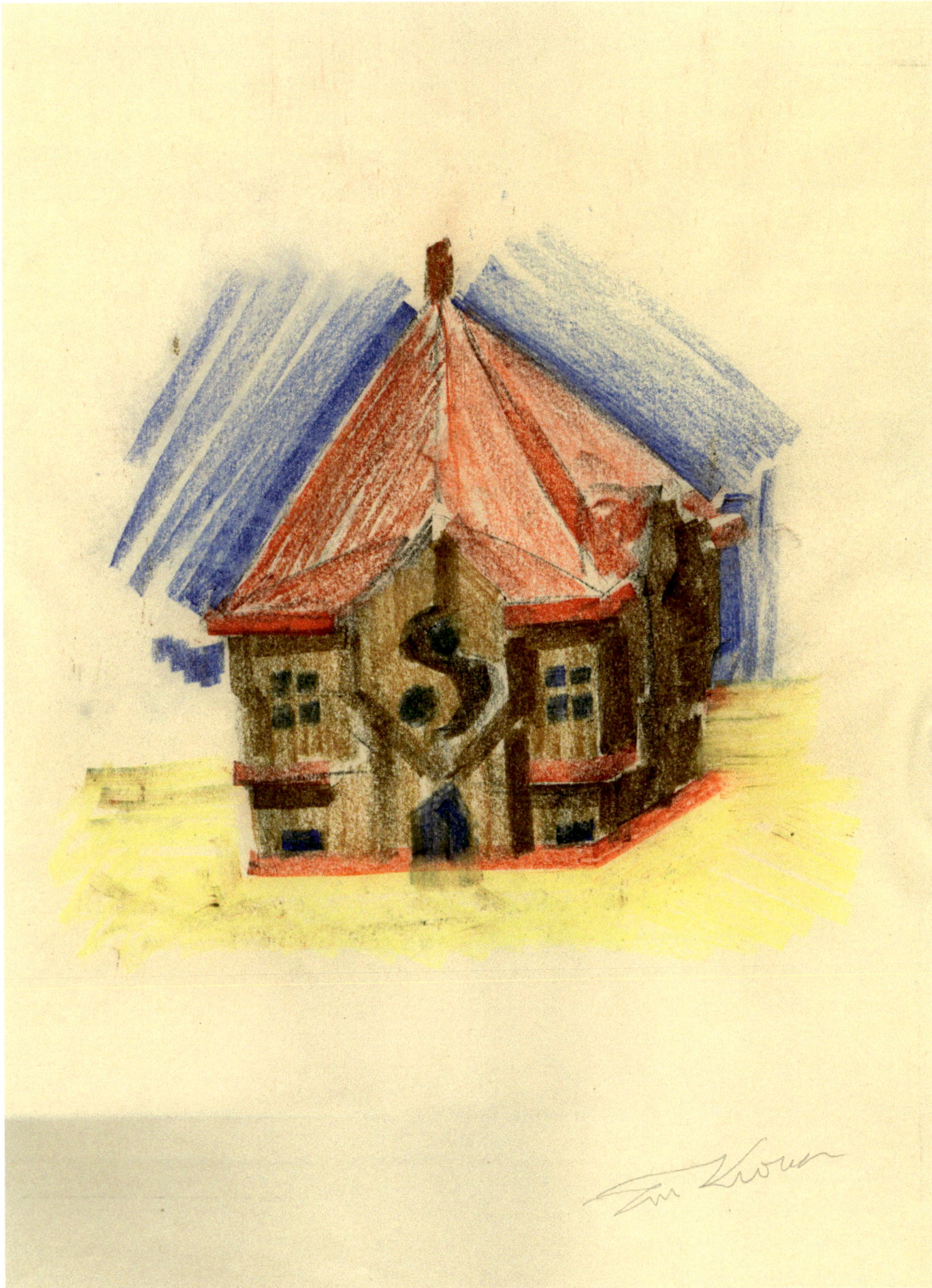

Kat. 11 Jiří Kroha, Entwurf für eine Kapelle, 1919. Arkudes Foundation

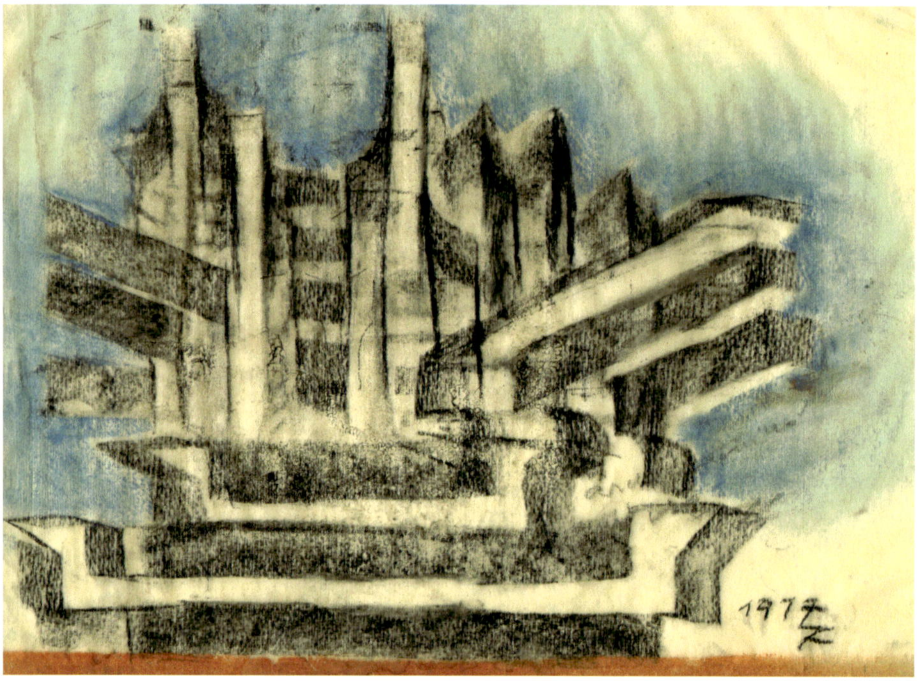

Kat. 13 Jiří Kroha, Architektur-studie, 1917. Arkudes Foundation

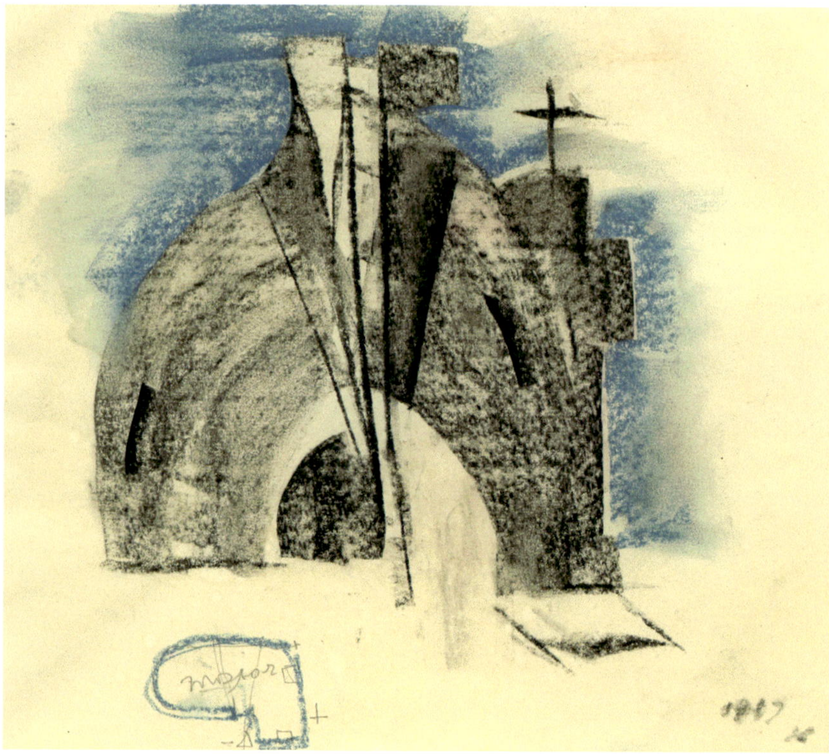

Kat. 14 Jiří Kroha, Entwurf für eine Kapelle, 1917. Arkudes Foundation

Kat. 15 Jiří Kroha, Plakat-entwurf für das Cabaret Červená Sedma, 1918. Arkudes Foundation

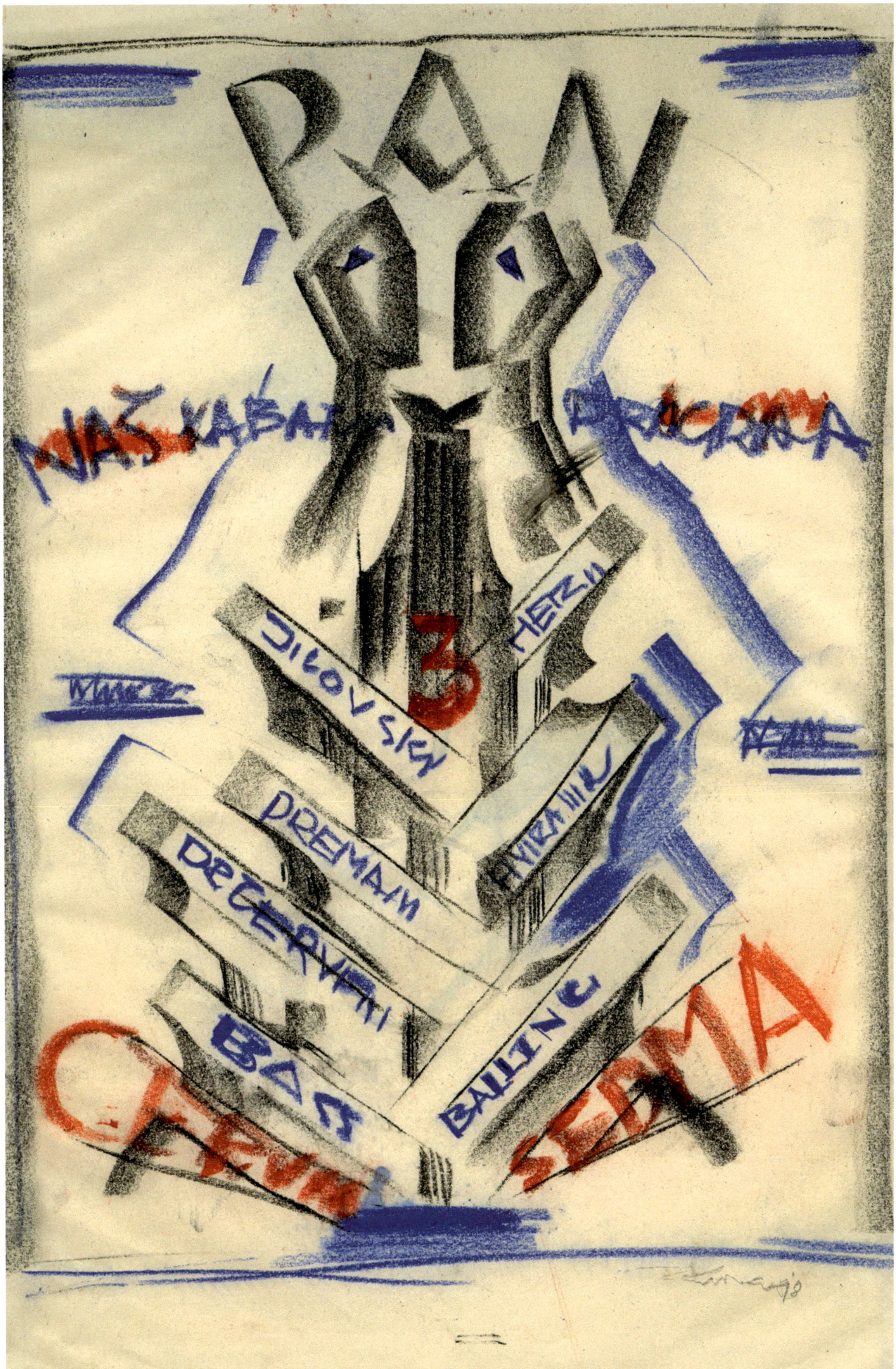
PAN
3
SEDMA

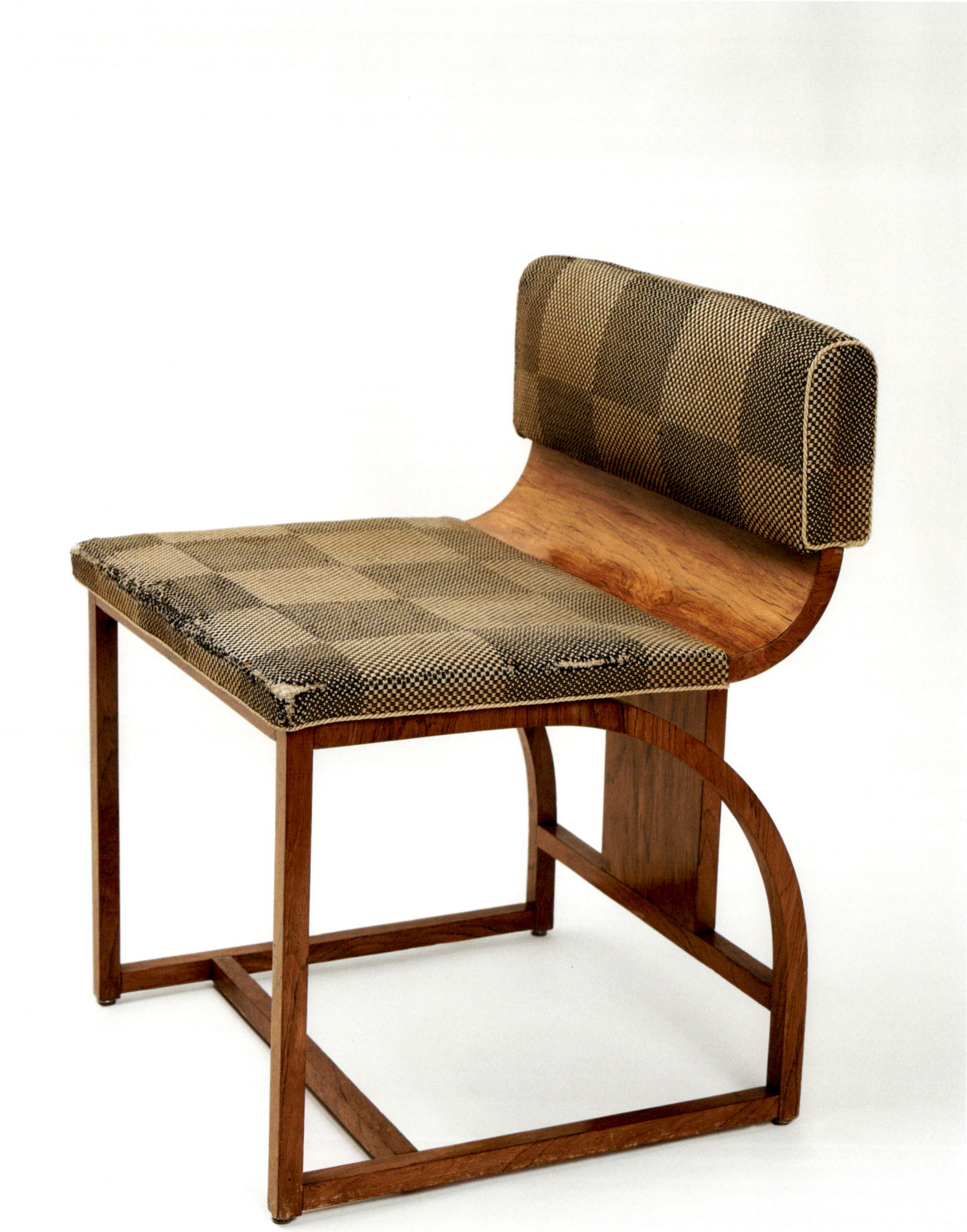

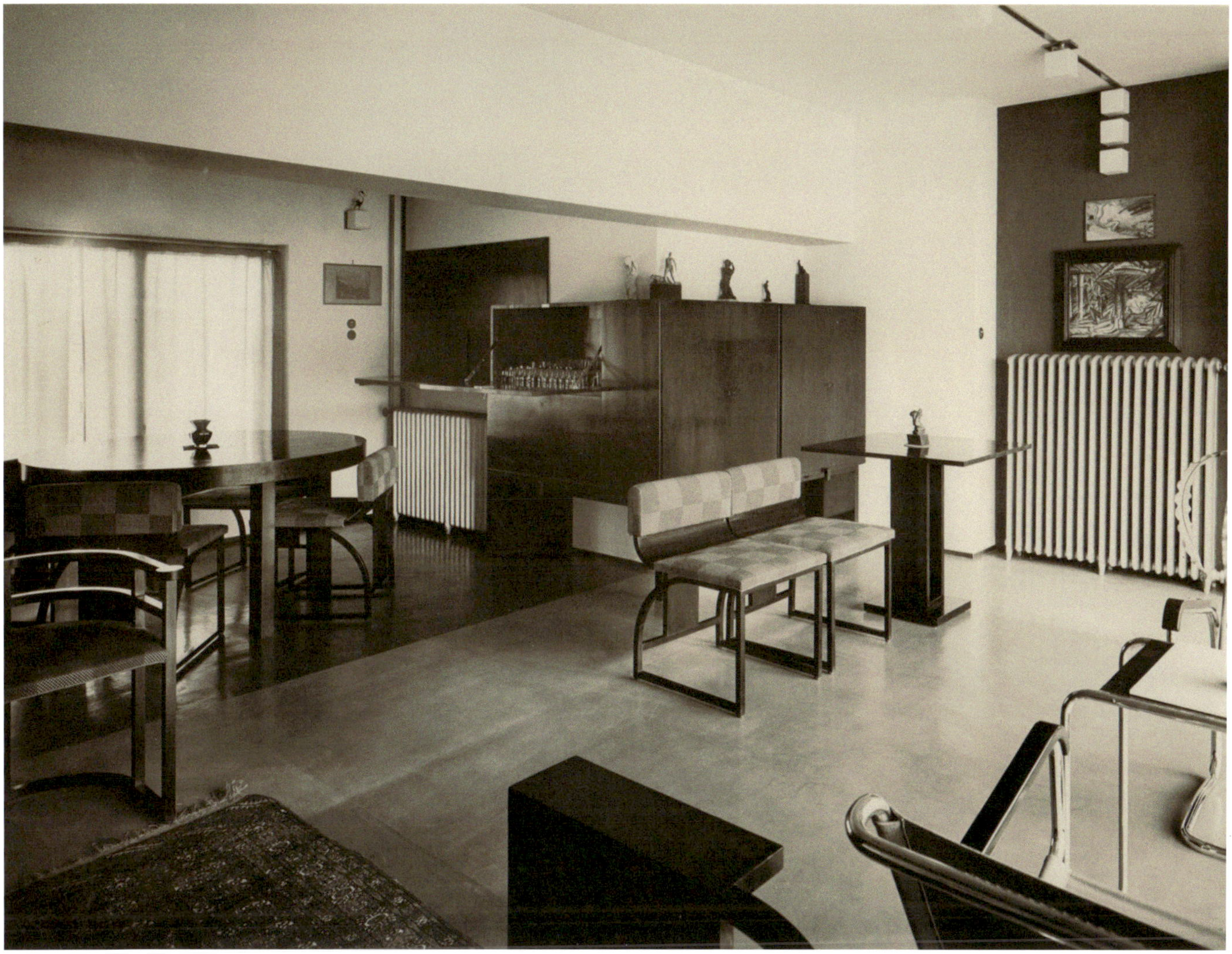

Kat. 17 Jiří Kroha, Ohne Titel (Wohninterieur mit Blick zum Essbereich, Haus Kroha, Brünn), ca. 1931. Arkudes Foundation

Kat. 16 Jiří Kroha, Gepolsterter Stuhl, 1927. Kicken Berlin

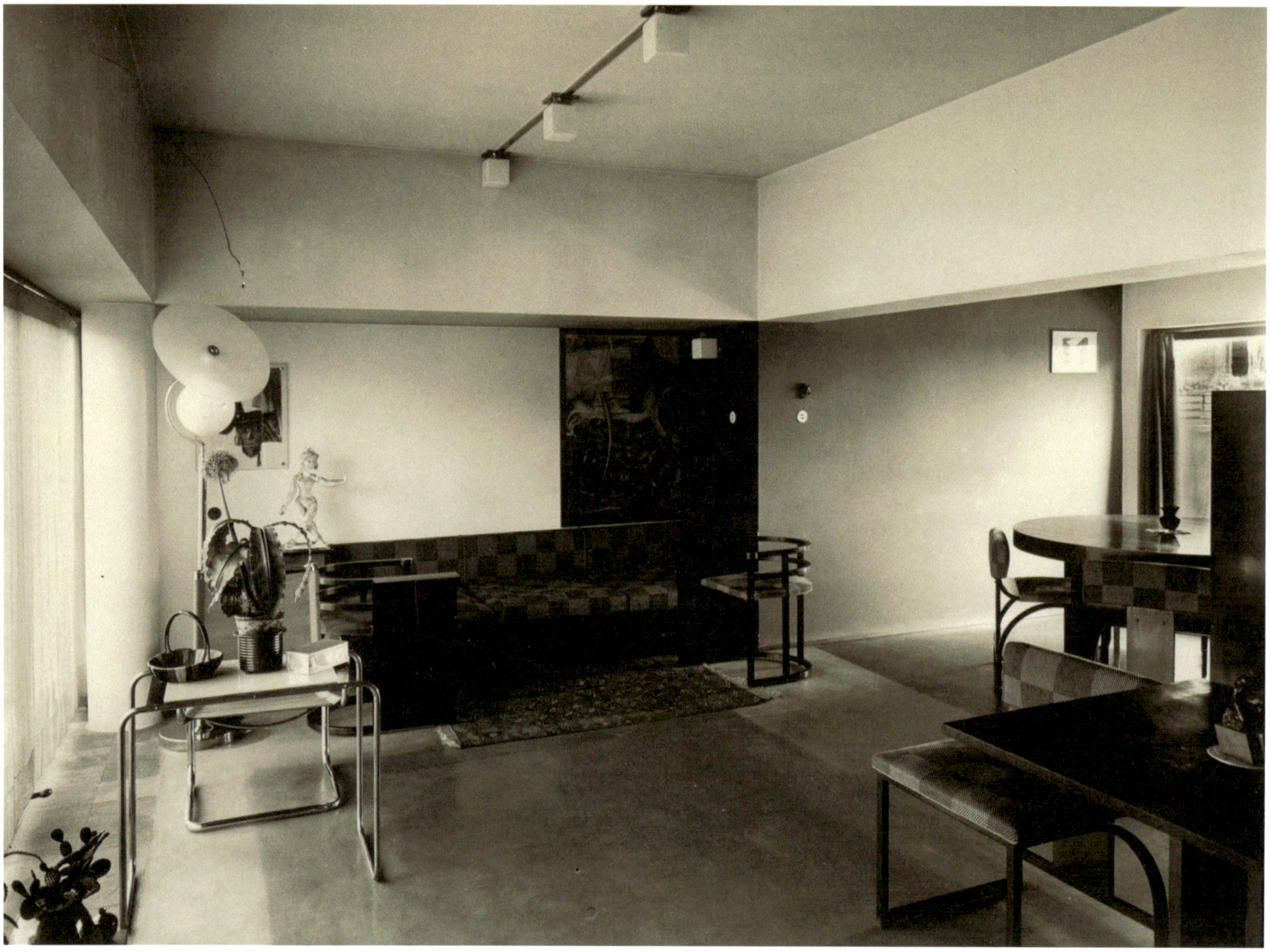

Kat. 18 Jiří Kroha, Ohne Titel (Wohninterieur mit Stühlen und Leuchte), Haus Kroha, Brünn, ca. 1931. Arkudes Foundation

Kat. 19 Jiří Kroha, Stehleuchte, 1928—29. Kicken Berlin

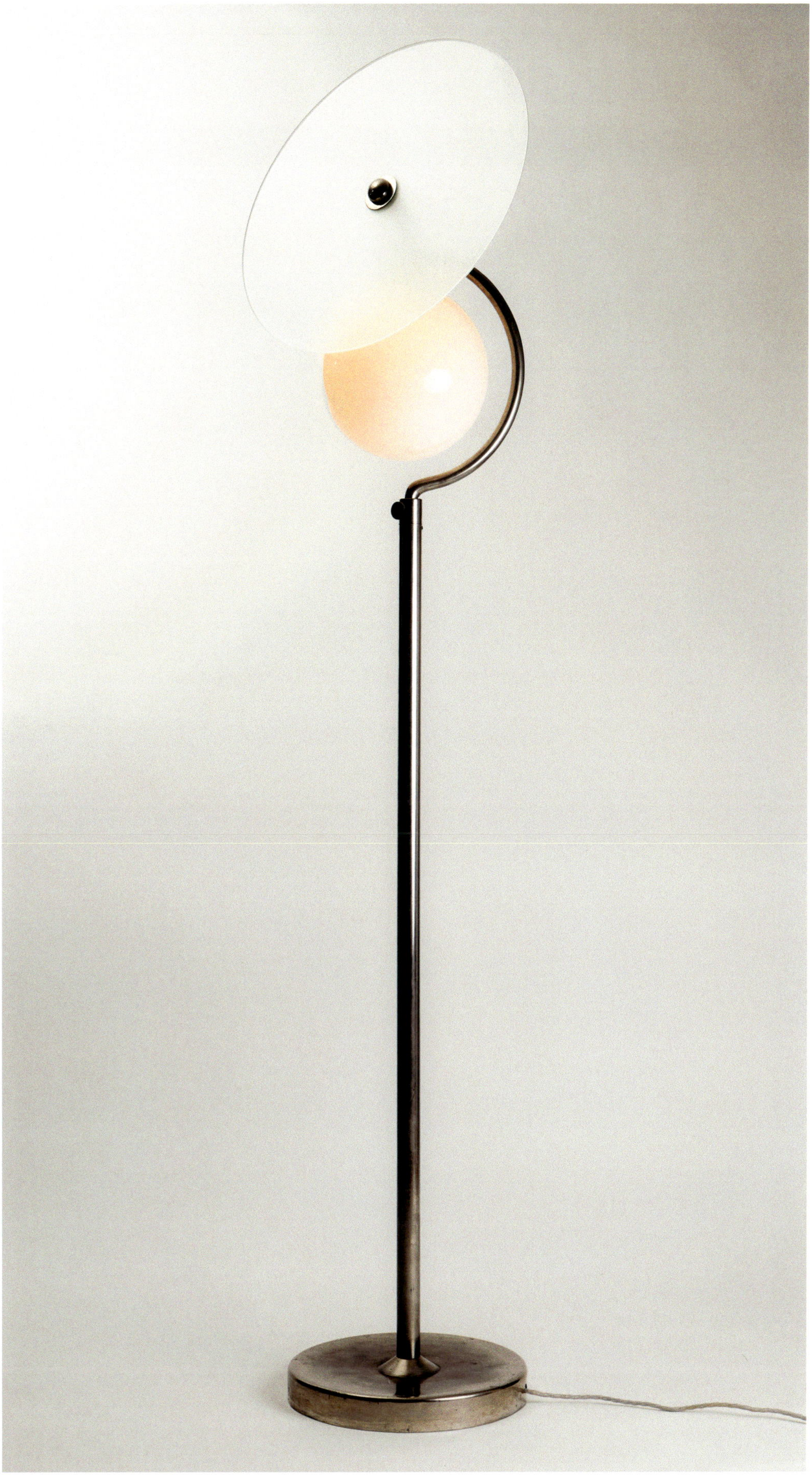

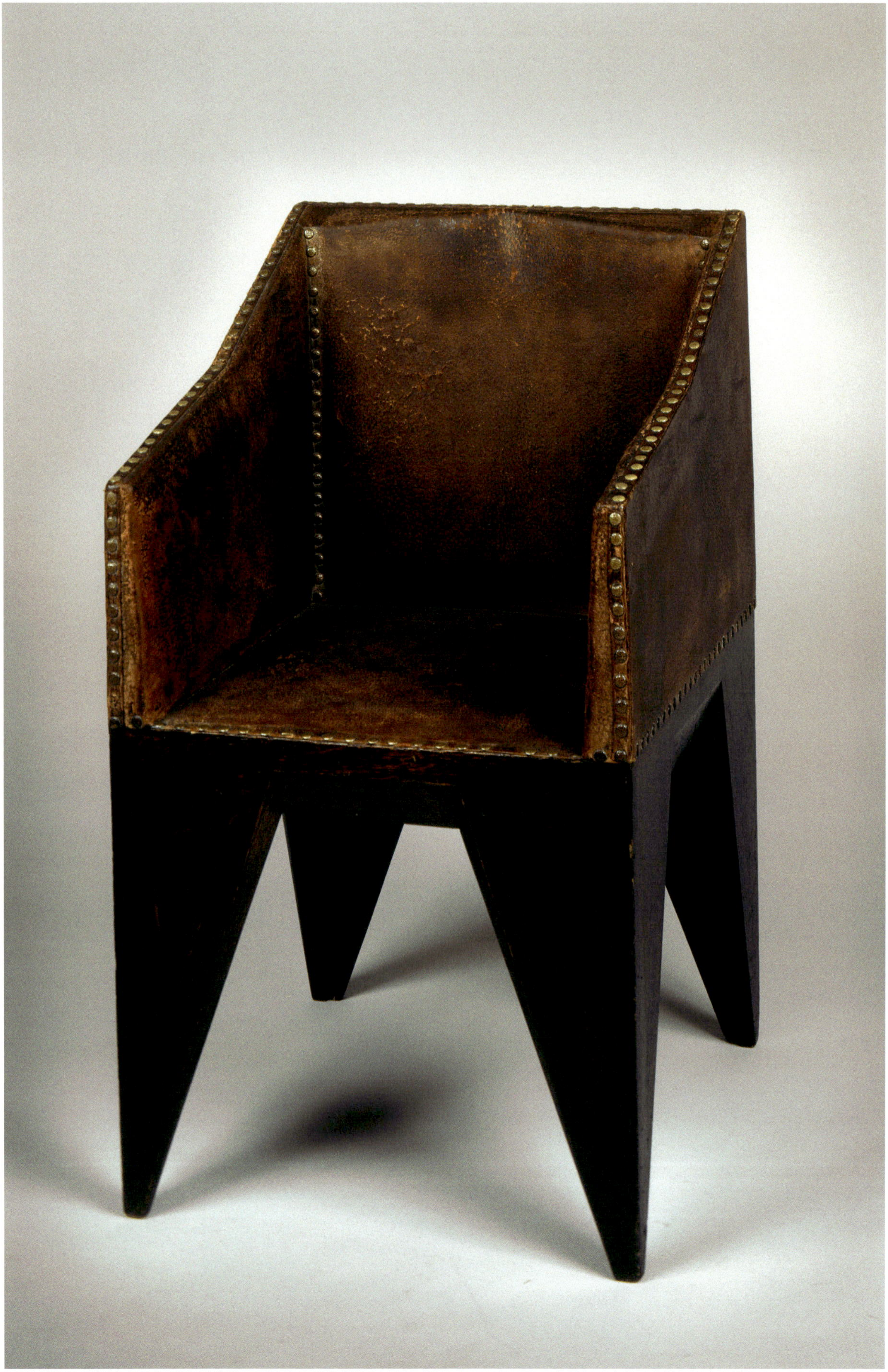

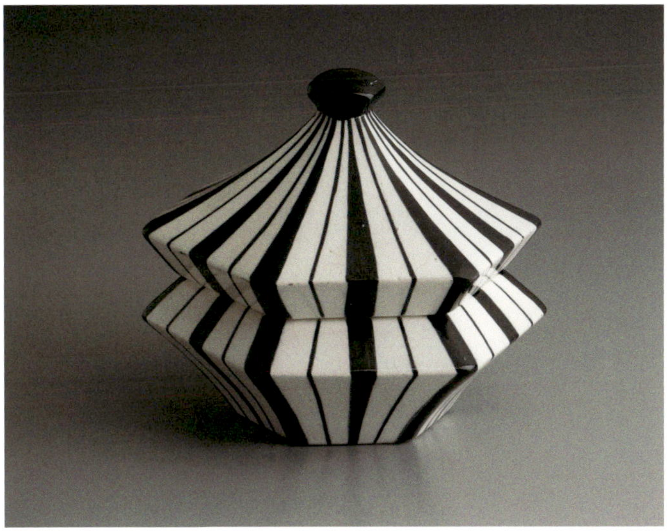

Kat. 21 Pavel Janák, Hexagonale Deckeldose, 1911. Ausführung: Graniton, Rydl & Thon, Svijany-Podolí für Artěl, Prag. The Museum of Decorative Arts in Prague

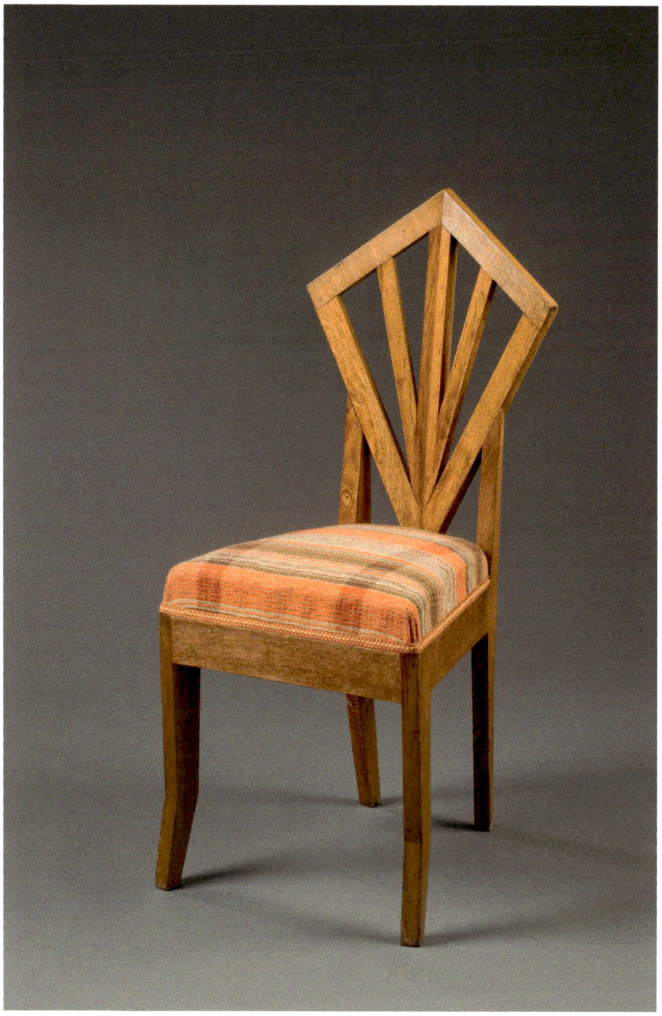

Kat. 22 Pavel Janák, Gepolsterter Stuhl, 1912. Ausführung: Prager Kunstwerkstätte (PUD). The Museum of Decorative Arts in Prague

Kat. 20 Vlastislav Hofman, Sessel, Teil der Esszimmereinrichtung des Bildhauers Josef Mařatka, 1912. The Museum of Decorative Arts in Prague

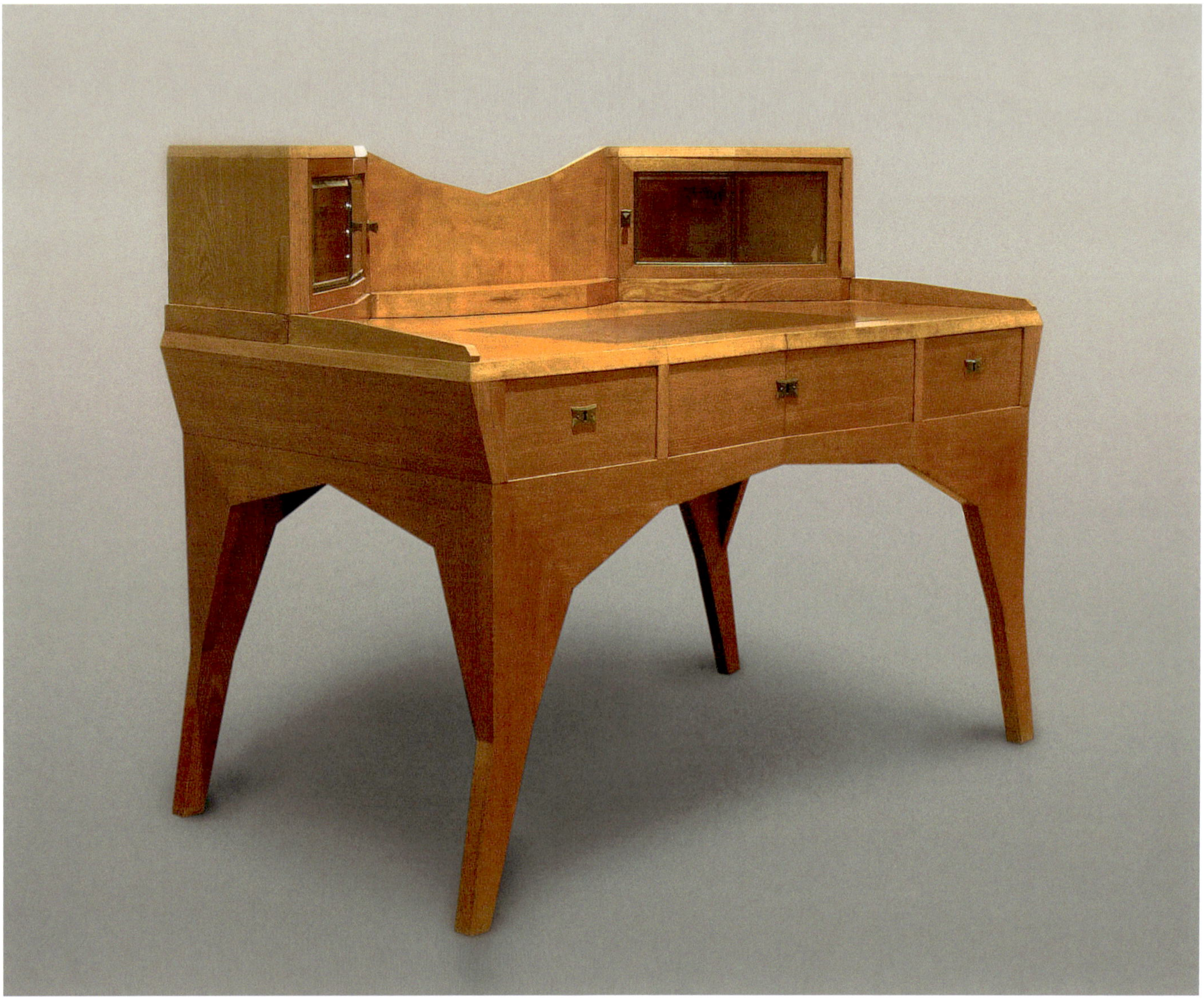

Kat. 23 Josef Gočár, Schreibtisch aus dem Mobiliar des Ophtalmologen Jan Deyl, 1913. Ausführung: Prager Kunstwerkstätte (PUD). The Museum of Decorative Arts in Prague

Kat. 24 Josef Gočár, Schreibtischstuhl aus dem Mobiliar des Ophtalmologen Jan Deyl, 1913. Ausführung: Prager Kunstwerkstätte (PUD). The Museum of Decorative Arts in Prague

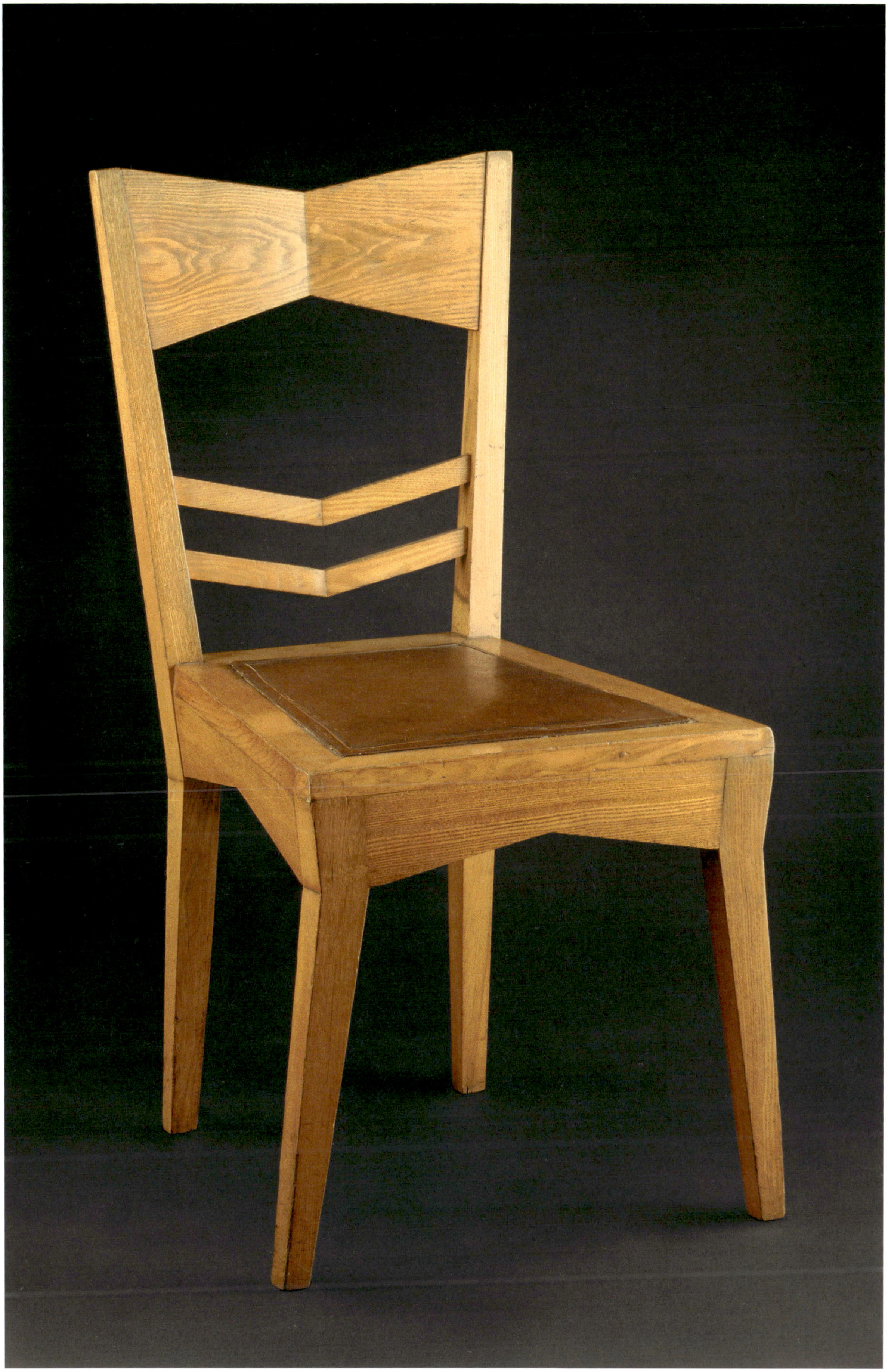

Kat. 25 František Muzika, Landschaft, 1929. National Gallery Prague

Folgende Doppelseite:

Kat. 26 Antonín Procházka, Vase mit Blume, 1917. National Gallery Prague

Kat. 27 Antonín Procházka, Frauenbüste, 1915. National Gallery Prague

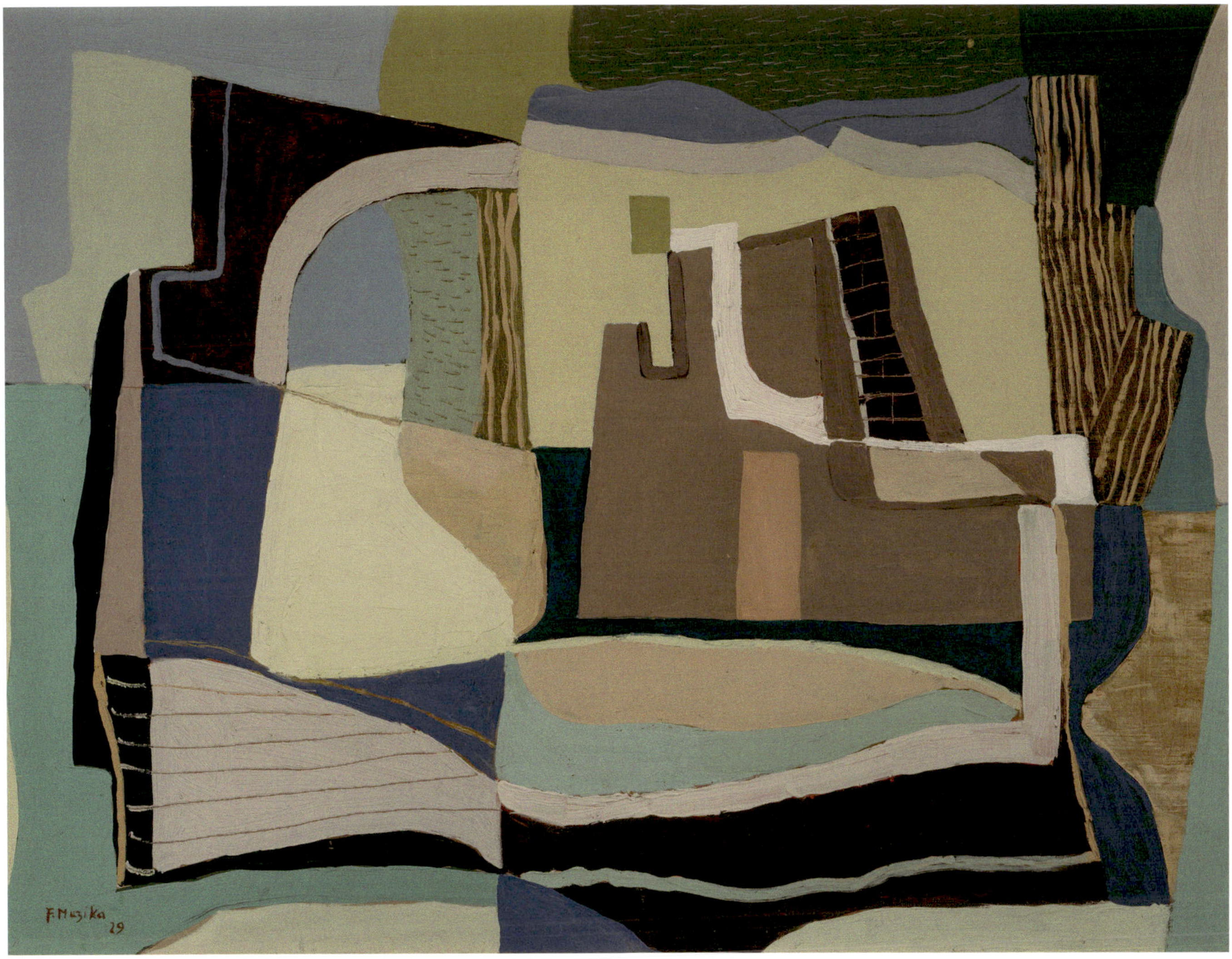
F. Muzika
29

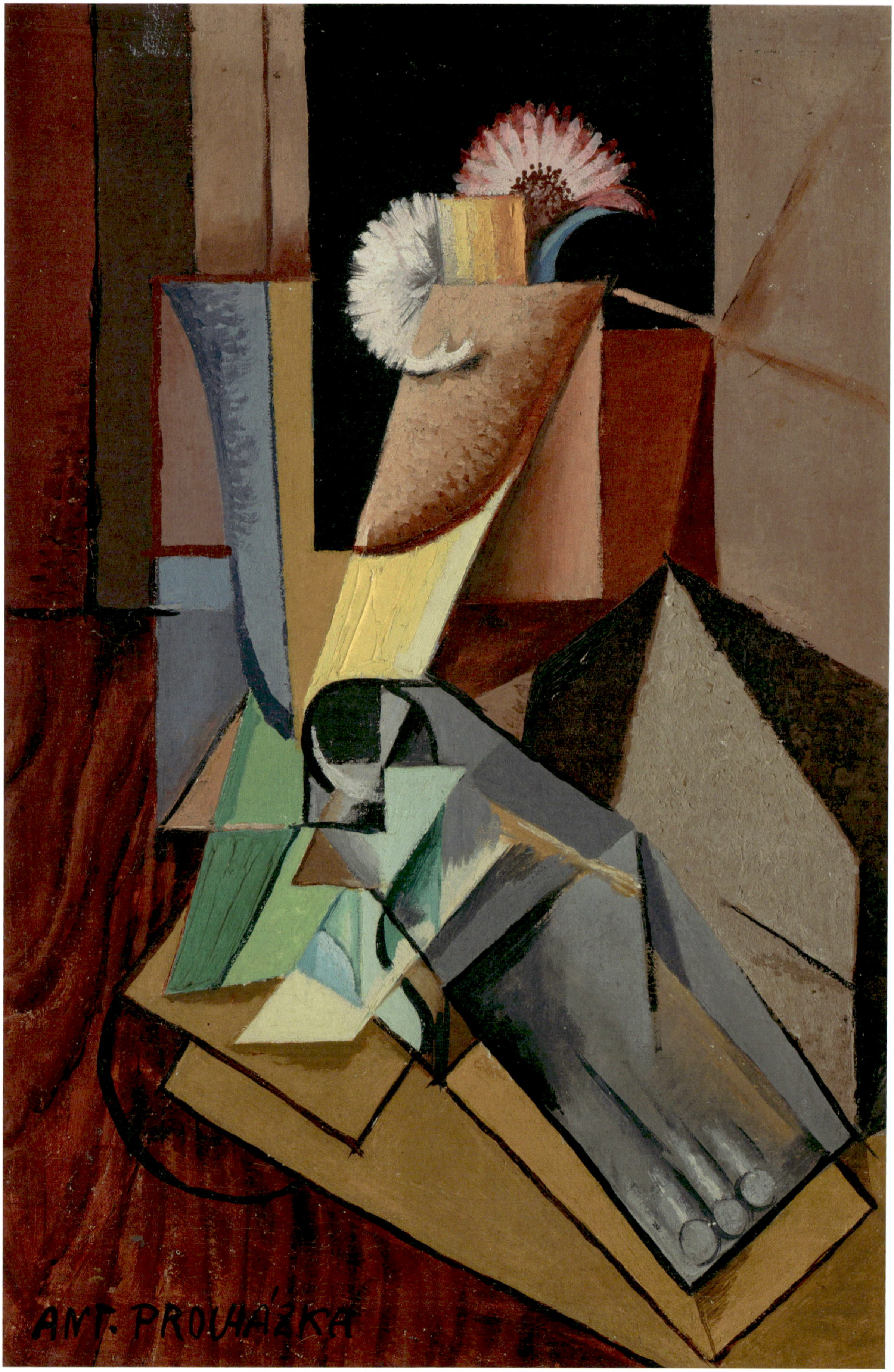
ANT. PROCHÁZKA

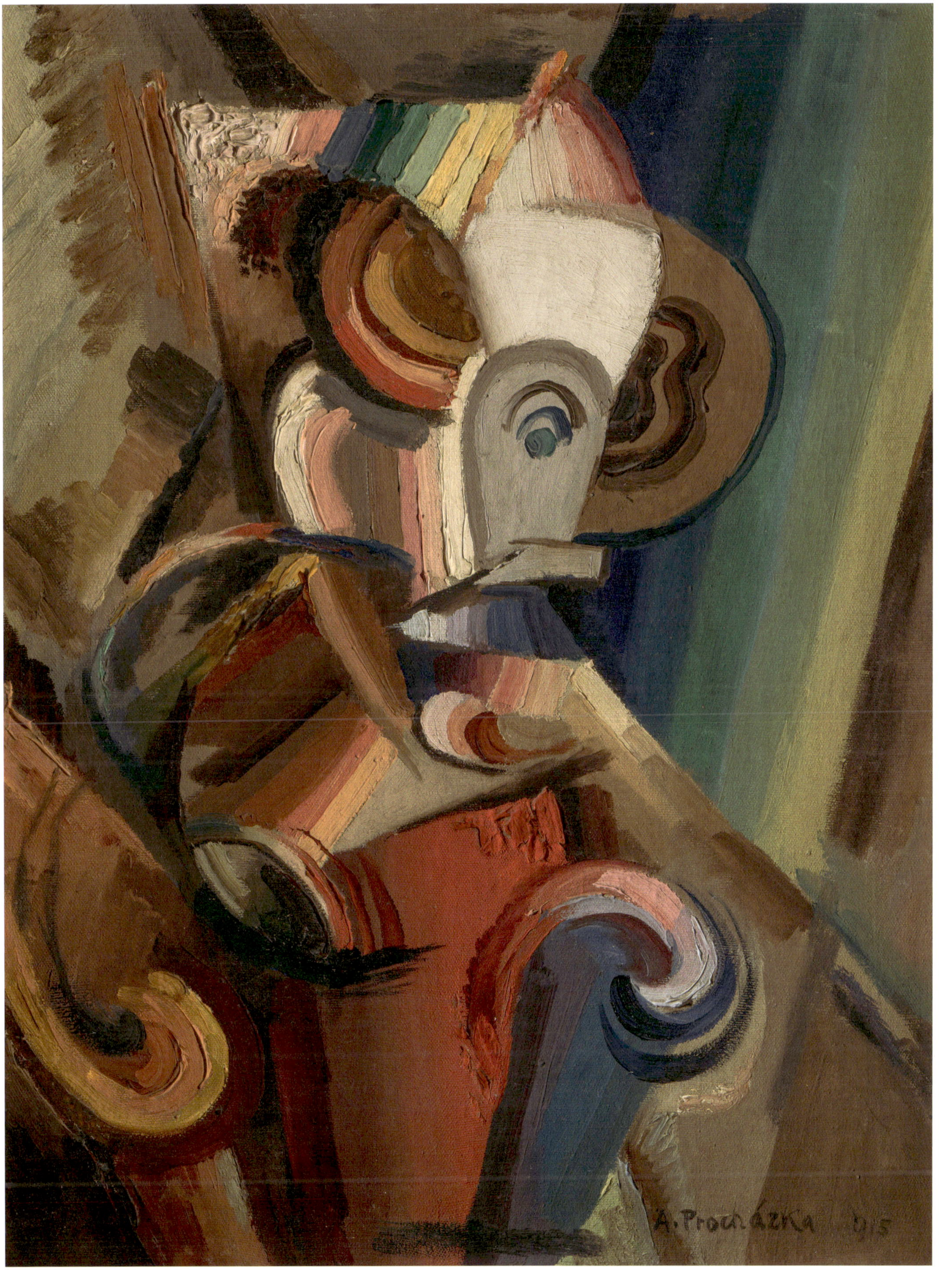
A. Procházka

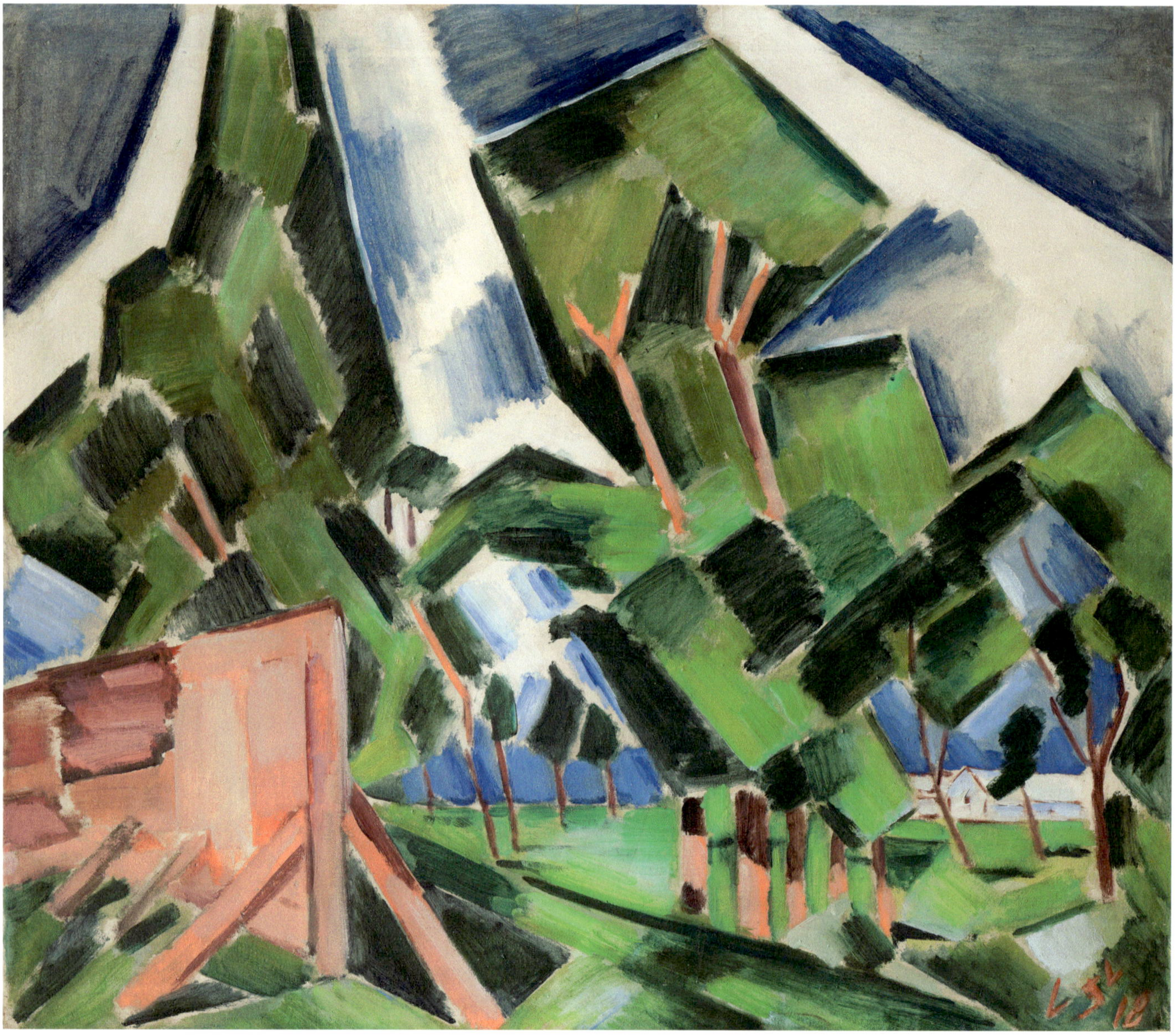

Kat. 28 Václav Špála,
Ungarische Landschaft, 1918.
National Gallery Prague

Kat. 29 Václav Špála,
Badende, 1920.
National Gallery Prague

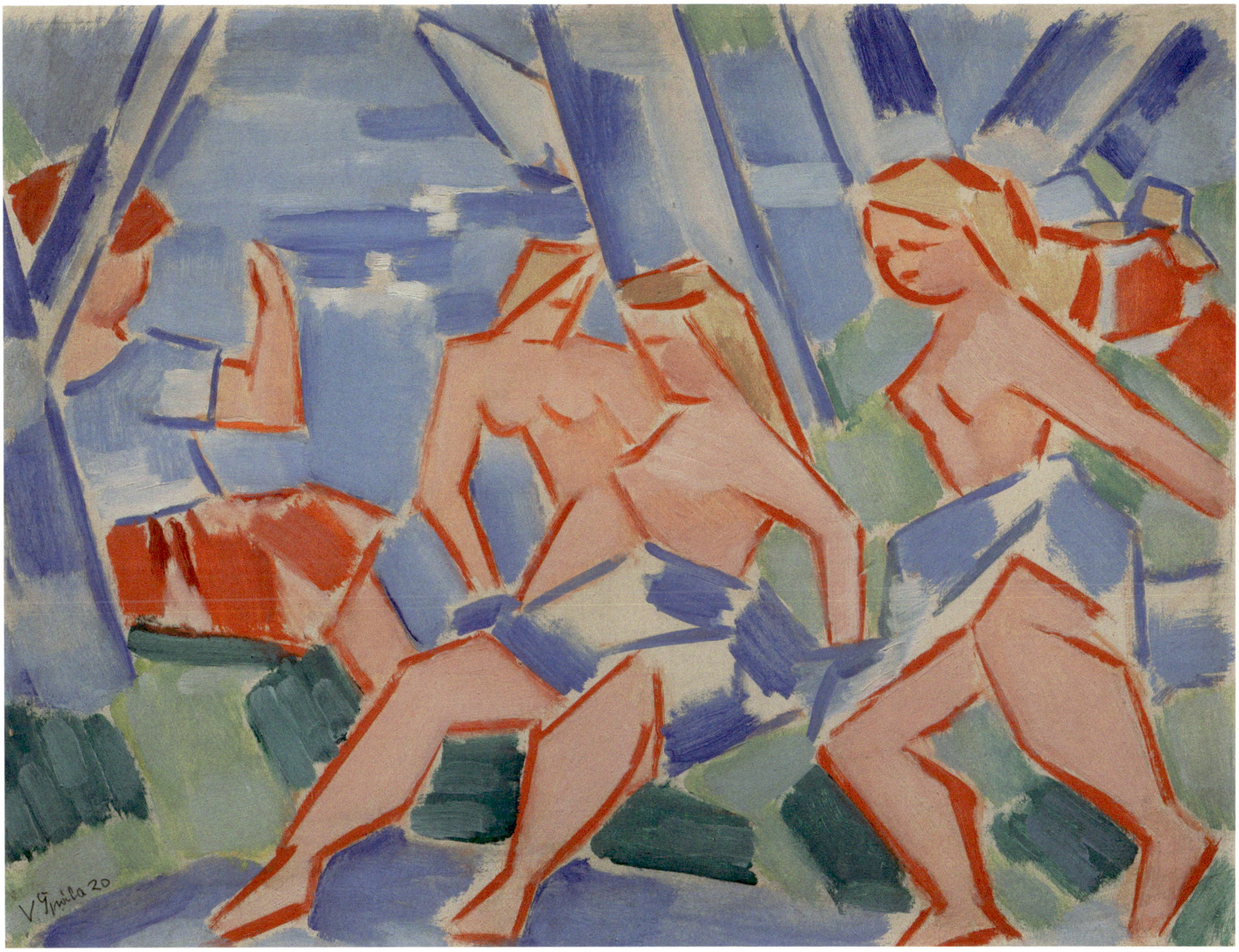

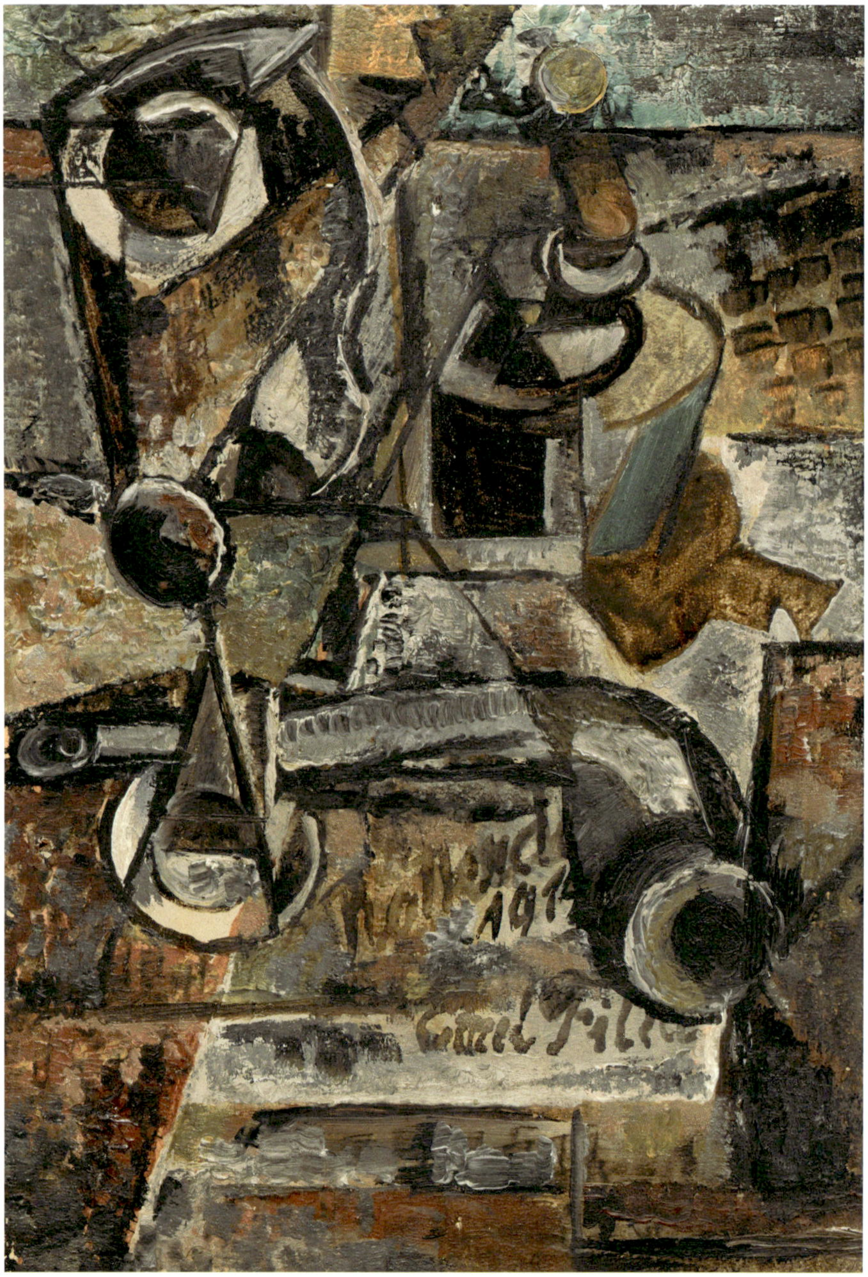

Kat. 30 Emil Filla, Stillleben
mit Pfeife und Glas, 1914.
Kunsthalle Praha

Kat. 31 Emil Filla, Leser, 1913.
National Gallery Prague

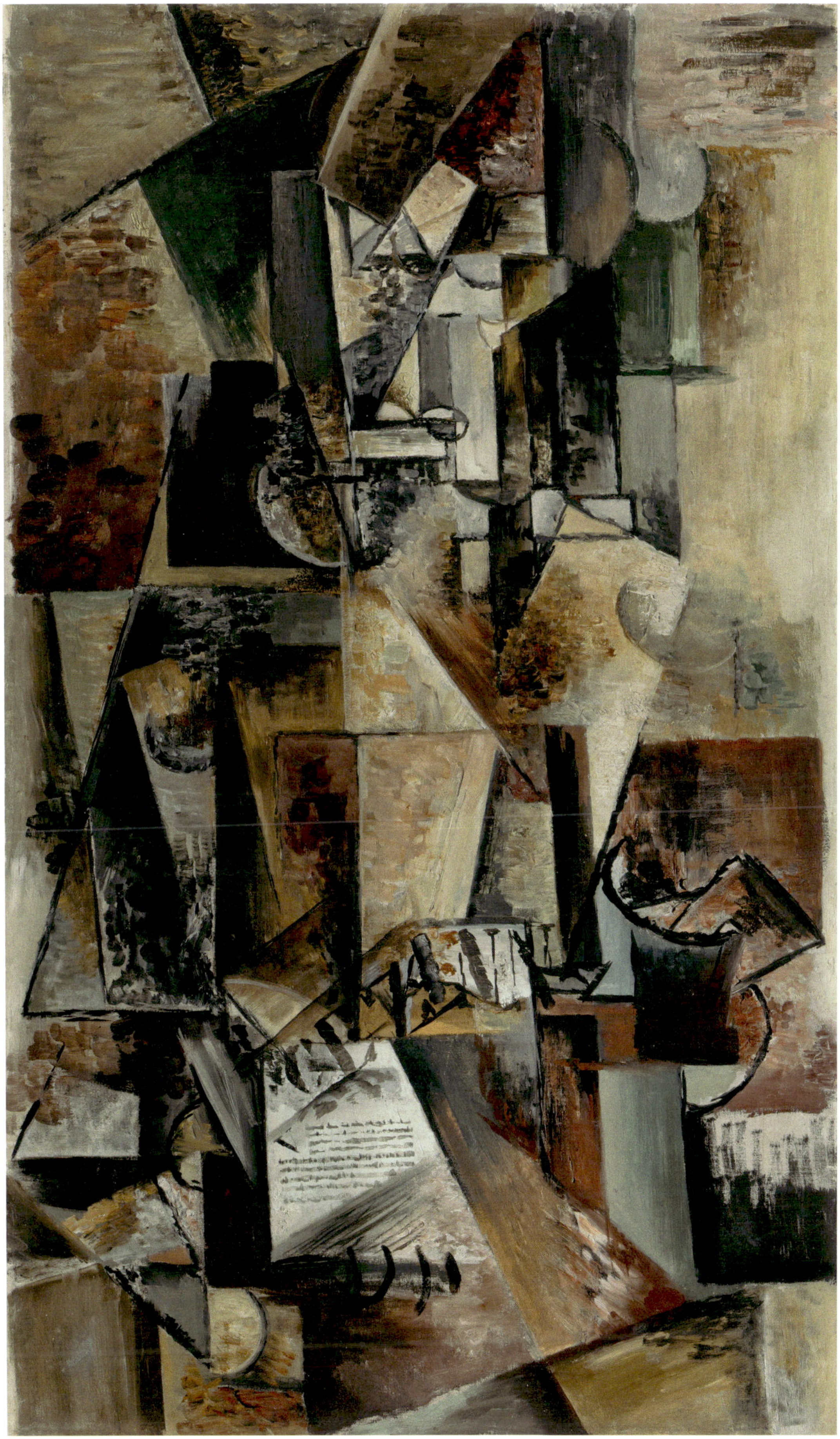

Kat. 32 Stefan Bedřich,
Sitzende II, 1930.
National Gallery Prague

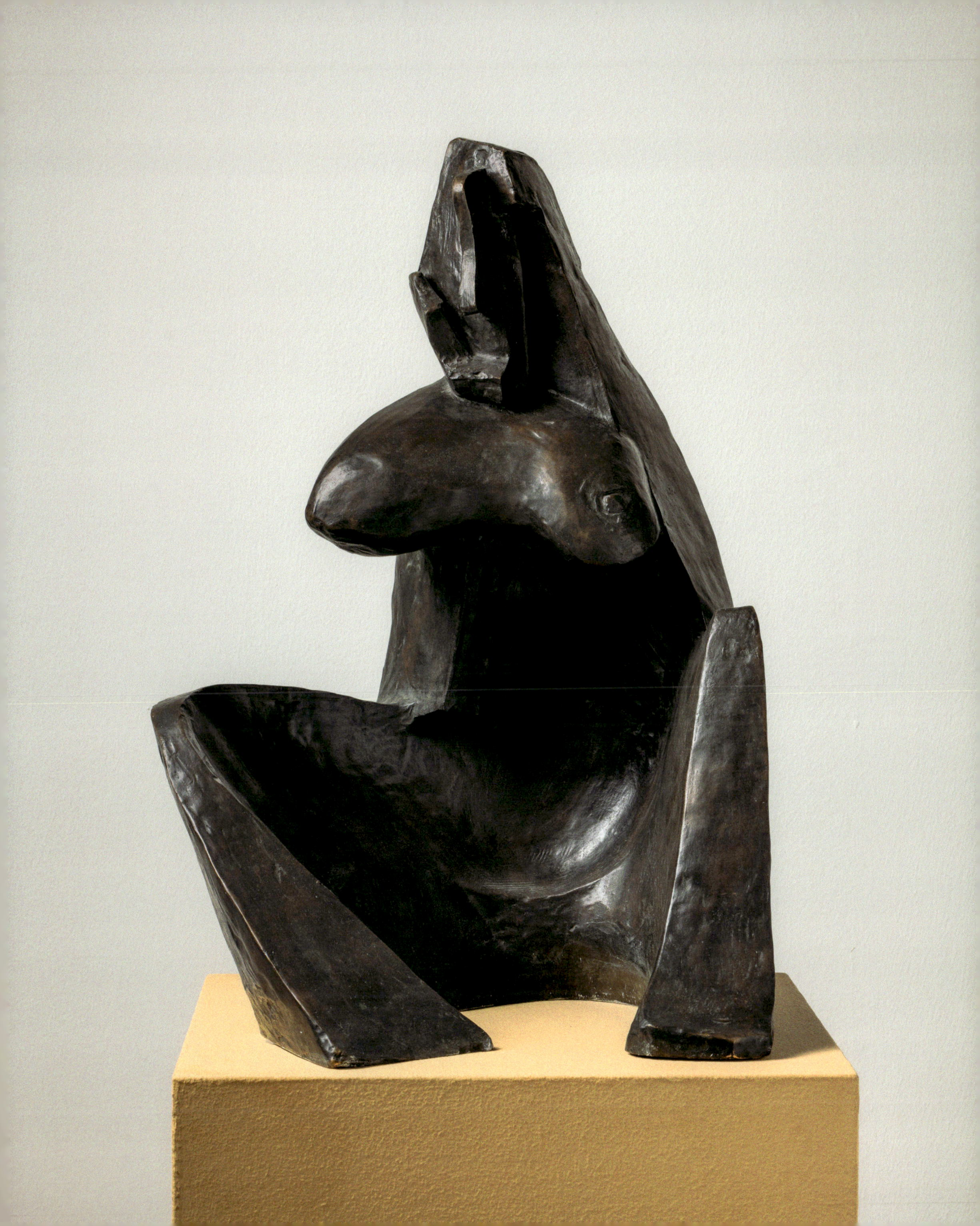

Karel Teige, Manifest des Poetismus (1928), zitiert nach: Karel Teige, Liquidierung der „Kunst“. Analysen, Manifeste, Frankfurt a. M. 1968, S. 110.

„Wir geben den Begriff der ‚Kunst‘ auf und begreifen das Wort ‚Poesie‘ in seinem ursprünglichen griechischen Sinn: poiésis, das supreme Schaffen. Die Poesie legt man heute nicht nur in Büchern nieder, man kann mit Farbe, Licht, Ton, Bewegung, mit dem Leben selbst dichten. Die Poesie als Epiphänomen der Harmonie der materiellen, vitalen, spirituellen Tatsachen, Poesie als höchste menschliche und künstliche Ordnung. Eine Poesie, die auch dort strahlt, wo es keine Spur von ‚Kunst‘ gibt.“

Von Ideologien und praktischen Lösungen — Möbel und Einrichtung im Tschechoslowakischen Funktionalismus 1925 bis 1938

Was unterscheidet Produkte, Möbel, Typografie und Grafikdesign in der Tschechoslowakei von vergleichbaren Gegenständen des Funktionalismus, die an anderen Orten entstanden? Was man den Resultaten nicht auf den ersten Blick ansieht: Hier nahmen Gestalterinnen und Gestalter an einem theoretischen Diskurs teil, der Gruppen, Clubs und Vereine hervorbrachte, durch gemeinsame Kaffeehausbesuche sowie durch Zeitschriften und Buchpublikationen forciert wurde. So gelang es den Jüngeren, auch ihre Lehrenden für den Funktionalismus zu begeistern, darunter Protagonistinnen und Protagonisten des tschechischen Kubismus. Nirgendwo war die kulturelle Szene so eng miteinander verflochten wie während der kurzen Zeitspanne zwischen 1925 und 1938. Auch gibt es kaum ein anderes Beispiel, wo Akteurinnen und Akteure der funktionalen Moderne derart politisiert und organisiert waren.

— Neu war der demokratische Staat mit Institutionen, die sich nach Ende des Ersten Weltkriegs herausbildeten. Kultur spielte eine herausgehobene Rolle, was nicht allein daran lag, dass der Initiator der Staatsgründung und erste gewählte Präsident Tomáš Garrigue Masaryk Philosoph war. Die heterogene Gesellschaft des Vielvölkerstaates erschien aufgeschlossen gegenüber Veränderungen. Sie stand nun nicht mehr unter der deutschen, sprich Wiener kulturellen Hegemonie. Aspekte tschechischer Kultur traten in den Vordergrund. Rasch erwiesen sich Versuche, einen Nationalstil zu entwickeln, als absurd. Anstatt sich identitär abzuschotten, setzte die junge Republik auf internationalen Austausch. Denn um bestehen zu können, muss man wissen, womit die anderen sich beschäftigen, wie sie zu ihren Lösungen finden. Wirtschaftliche Krisen, wie die Hyperinflation in Deutschland, gab es in der Tschechoslowakei zunächst nicht.

1 Lamarová, Milena: Zwischen Ornament und Funktion. In: Tschechische Kunst der 20er + 30er Jahre. Avantgarde und Tradition, Ausst.-Kat. Mathildenhöhe Darmstadt, Darmstadt 1988, S. 125.

— Viele der um 1900 Geborenen bildeten nun eine neue Avantgarde. Für sie stand keineswegs allein die Befreiung vom Ornament auf der Agenda: In Prag hatte sich 1920 die „revolutionäre künstlerische Vereinigung" mit dem Namen Devětsil [Neunkraft, Pestwurz] gegründet. Mit Devětsil formierte sich, wie die Kunsthistorikerin Milena Lamarová feststellte, die „theoretische Basis für die spätere Entwicklung und den Siegeszug des Funktionalismus"[1] [Kat. 33—36].

— Die „Mehrheit der damaligen jungen Künstler glaubte",[2] schrieb 1963 der Architekt Karel Honzík (1900—1966), „dass ein gesellschaftlicher Wandel eintreten würde. Die große Oktoberrevolution stand im Hintergrund ihres Bewusstseins. Und viele von ihnen vereinigten sich sogar aktiv zur kommunistischen Partei." Die KPČ erlangte nach ihrer Gründung 1921 sofort großen Einfluss in Politik und Gesellschaft, auf Kosten sozialdemokratischer Parteien, als deren Abspaltung sie sich entwickelte. In manchen der stark industrialisierten Regionen der Tschechoslowakei war die Arbeiterschaft eine relevante Basis. Viele Devětsil-Mitglieder traten der KPČ sofort bei.[3] Die Gruppe blieb kein Phänomen der Hauptstadt, in Brünn gründete sich 1924 ein Ableger mit eigenen Zeitschriften und Aktivitäten.

Zunächst machte Devětsil mit Gemäldeausstellungen von sich reden. Nicht nur Malerinnen und Maler, die noch studierten, griffen zum Pinsel, sondern auch Juristen, Architekten, Literatinnen und Literaten. Vermeintliche Grenzen zwischen den Künsten schienen zu verwischen. Motive und Malweise wirkten optimistisch, „als sei die Welt beschienen von außergewöhnlichen Strahlen".[4] Zu sehen waren meist Motive einer friedvollen Zukunft. Der Schriftsteller Jaroslav Seifert (1901—1986), der ebenfalls Devětsil angehörte, erblickte darin Visionen und Träume einer künftigen Welt des Sozialismus, „poetische Urbilder",[5] wie er sagte.

Hier kamen Intellektuelle unterschiedlichster Hintergründe zusammen, Kritiker, Künstlerinnen und Künstler, Architektinnen und Architekten, Literaten, Theaterleute und Fotografinnen und Fotografen. Immer wieder kooperierten sie über Grenzen hinweg. Herkömmliche Trennungen zwischen angewandt und frei, zwischen Kunst, Bau, Einrichtung und Lebenspraxis sollten keine Rolle mehr spielen. Auch damals neue Medien wie Kino und Film wurden genutzt. „Unsere Vorgänger haben die Fenster zu Europa geöffnet", schrieb Karel Teige (1900—1966) in seinem „Manifest des Poetismus".[6] Und weiter:

„Wir haben aus dem vollkommen internationalen Charakter der modernen Zivilisation die Konsequenz abgeleitet, daß wir die provinziellen und regionalen Horizonte der nationalen und staatlichen Zugehörigkeit verlassen müssen […]. Das historische Vermächtnis der heimatlichen Werte hat uns übrigens nichts geboten, was Gültigkeit für den gegenwärtigen europäischen Zeitpunkt hätte."[7]

Es galt, neue Beziehungen zur Gegenwart zu knüpfen. Wer wäre dafür besser prädestiniert als Karel Teige? Der Theoretiker, Maler und Kritiker gehört zu jener neuen Generation, die mit vereinten Kräften auf die Welt einwirken wollte. Teige war ein gut gebildeter junger Mann, suchend und doch bestimmt auftretend. Einige Semester hatte er Kunstgeschichte an der Karlsuniversität studiert. Bereits als Jugendlicher begann er internationale Kontakte zu spinnen, reiste mit 22 nach Paris, wo ihn die Avantgarde-Szene empfing, bis hin zu den Architekten Auguste Perret und Le Corbusier. In

2 Honzík, Karel: Aus dem Leben der Avantgarde. Erinnerungen eines Architekten, Dresden 2019, S. 28. Honzíks Erinnerungen erschienen in der Tschechoslowakei erstmals 1963. Das Buch erwähnt viele Protagonistinnen und Protagonisten aus Kunst und Architektur, auch etliche, die für die Innenraum- und Möbelgestaltung relevant wurden. Zudem gelingt es Honzík, atmosphärische Eindrücke zu vermitteln, aus der Perspektive eines langjährigen KPČ-Mitglieds.

3 Vgl. zum Verhältnis von Devětsil und KPČ: Fabian, Jeanette: Devětsil, Proletkult und frühe Entwicklungsformen der tschechischen Avantgarde. In: Dies.: Poetismus. Ästhetische Theorie und künstlerische Praxis der tschechischen Avantgarde, Wien/München/Berlin 2013, S. 113—133, sowie Pfaff, Ivan: Stalin und die tschechische Linkskultur. Die Kampagne gegen den „Formalismus" in der Kunst 1936—1938. In: Vierteljahreshefte für Zeitgeschichte, Jg. 36 (1988), Heft 3, S. 437—482.

4 Honzík 2019 (wie Anm. 2), S. 16.

5 Ebd., S. 28.

6 Teige, Karel: Manifest des Poetismus. In: Ders.: Liquidierung der ‚Kunst'. Analysen, Manifeste, Frankfurt a. M. 1968, S. 75.

7 Ebd.

Berlin stand er mit Herwarth Walden und Adolf Behne in Kontakt, mit Futuristen, Dadaistinnen, später mit Surrealistinnen tauschte er sich aus, zu Theo van Doesburg und De Stijl unterhielt er Verbindungen. Walter Gropius kritisierte er 1924 für das Festhalten des Bauhauses am Handwerk, wo Gestaltung sich doch mit Industrie zu befassen habe. Spätestens nach einer Moskau-Reise 1925 war für ihn der russische Konstruktivismus die bestimmende Größe der weiteren Entwicklung. Architektur rückte für Teige in den Fokus, da dies ein Feld war, wo Gestaltung auf wissenschaftlicher und zugleich marxistischer Basis praktiziert werden konnte, wofür ein von allen künstlerischen Ambitionen bereinigter Konstruktivismus die Basis bilden sollte. Anders als viele Devětsil-Mitglieder schloss sich Teige nie der Kommunistischen Partei an, nahm jedoch auf deren Debatten publizistisch Einfluss.

Erst nach und nach begann das moderne Bauen, womit zugleich ein Bedarf nach neuartiger Möblierung entstand. Insbesondere die inzwischen auch heute wieder populären Stahlrohrmöbel datieren erst in die Zeit nach 1927, eher nach 1930. Pionierarbeit auf diesem Gebiet leisteten bekanntlich Mart Stam, Marcel Breuer und Ludwig Mies van der Rohe anlässlich der Werkbundausstellung auf dem Stuttgarter Weißenhof. Erst als Prototypen in kleinen Stückzahlen produziert wurden, als Thonet-Mundus schließlich 1929 die Serienfertigung begann, erlebten Stahlrohrmöbel ihre erste Blüte. Die erste Hälfte der 1930er Jahre dauerte diese an, bis zur deutschen und europäischen Aufrüstung. Stahl war von da an kein sinnvolles Material mehr für die Einrichtung. Möbel mussten wieder hölzern werden.

— Im ersten Boom entstanden auch etliche Nachahmerprodukte. So nahm die Prager Firma SAB die geplante Produktion in einem Katalog abgebildeter Modelle, die zu nah am Vorbild Mies van der Rohes[8] waren, gar nicht erst auf. Dagegen rückte der originelle Entwurf eines Freischwingers mit Gestell aus Stahlrohr und einer Armauflage aus Stahlband, den der Architekt Josef Havlíček (1899—1961) entwarf, auf den Titel eines SAB-Möbelkatalogs [Kat. 37—41].

— Hersteller wie Mücke-Melder in Fryštát fertigten Stahlrohrmöbel in Lizenz und entwickelten ein umfangreiches Programm [Kat. 43]. An einem der ältesten Standorte von Thonet-Mundus, im mährischen Bistritz am Hostein, produzierte auch Robert Slezák ab 1931 ebenfalls mit Lizenz des Produktionsnachbarn [Kat. 44—46]. Hynek Gottwald fertigte in Brandýs nad Orlicí und arbeitete hauptsächlich mit drei Entwerfern zusammen: mit dem Architekten Karel E. Ort (1881—1936), der 1910 in Hamburg studiert hatte, sowie mit dem Architekten Ladislav Žák (1900—1973) und der Architektin Hana Kučerová-Záveská (1904—1944) [Kat. 47—49]. Aus Koryčany, einem weiteren frühen Thonet-Standort, stammte der Tischler Jindřich Halabala (1903—1978).[9] Nach einem Studium an der Akademie der Bildenden Künste in Prag bei Pavel Janák begann Halabala als Leiter des UP-Geschäftes in Prag, wechselte 1930 in die Firmenzentrale in Brünn, wo er die Möbelentwicklung leitete. Besonders eindrucksvoll sind seine vorderbeinlosen Stühle, die er während dieser Zeit entwarf [Kat. 65—68]. Auch in Berlin unterhielten die Vereinigten UP-Werke Brünn, so der deutsche Firmenname, ein Ladengeschäft. Mit Outline-Zeichnungen dokumentierten die UP-Werke während der 1930er Jahre die umfängliche Produktpalette, von geschwungenen Stahlrohrmöbeln bis zu eher gediegenen Sofas und furnierten Kastenmöbeln.

— Einrichtungen, die man vorbehaltlos als funktionalistisch bezeichnen würde, das heißt, die funktionsorientiert, sachlich und serientauglich gestaltet sind, finden sich in den

8 Vgl. Máčel, Otakar: Vom Serienmöbel zum Designklassiker. Die Metallmöbel von Ludwig Mies van der Rohe. In: Vegesack, Alexander von (Hg.): Mies van der Rohe. Möbel und Bauten in Stuttgart, Barcelona, Brno, Ausst.-Kat. Vitra Design Museum, Weil am Rhein 1998.

9 Kuodelková, Dagmar und Anežka Šimková (Hg.): Jindřich Halabala and UP závody Brno, Prag 2018.

neu entstehenden Bauten der tschechoslowakischen Moderne keineswegs regelmäßig. Bugholzstühle und ortsbezogene Einbauten dominieren meist. Woran lag das?

— 1934 erschien begleitend zu einer Ausstellung des Tschechoslowakischen Werkbunds (SČSD) in Prag eine Veröffentlichung namens „Byt" [Wohnung] [Kat. 50, Abb. S. 91]. In der Einleitung[10] schreibt Hana Kučerova-Záveská, dass die Möbelindustrie noch immer zu wenig gute Serienprodukte anbiete, Bugholzstühle seien die Ausnahme. Der Rückgriff auf Modelle neuerer Art, Entwürfe von Josef Hoffmann,[11] Josef Frank oder Adolf Schneck, erschien im Land der damals umfassendsten Thonet-Produktion so zeitgemäß wie angemessen.

— Zugleich kritisierte Kučerova-Záveská, dass Architekten oft keine andere Wahl hätten, als Wohnungseinrichtungen individuell zu gestalten. Es fehle das nötige Angebot: „Wir betonen die Leichtigkeit, die Tragbarkeit, die Wandelbarkeit, die Faltbarkeit und die Flexibilität der Einzelteile; wenn jedes von ihnen auch perfekt für seinen Zweck geeignet ist, können wir leichter eine Anordnung in jedem Raum erreichen, die auch für die Nutzung geeignet ist."[12] So sind auf vielen Abbildungen zeitgenössischer Interieurs in der Tschechoslowakei höchst individuelle, auf den spezifischen Raum hin entwickelte Sofas und Möbelkonstellationen zu sehen.

— Aufschlussreich sind in diesem Zusammenhang die Bauten und Inneneinrichtungen der Siedlung Baba[13] des Tschechoslowakischen Werkbunds. So finden sich im Haus für den Komponisten Karel Balling (Architektin Hana Kučerova-Záveská) Interieurs mit Stahlrohrsesseln von Ladislav Žák, kombiniert mit Thonet-Stühlen von Josef Hoffmann. Im Haus für Ladislav Sutnar (1897—1976) hingegen (Architekt Oldřich Starý), hat Žák spezifische Einbauten mit Stauraum hinter Klappen, Galerie und beweglicher Leiter fürs Atelier des Grafikdesigners geschaffen. Auch das von Mart Stam entworfene Gebäude richtete Žák ein.

— Als Konzept mit praktischer Umsetzbarkeit hat Žák eine Reihe solcher Raum-im-Raum-Settings geschaffen, die zum Teil das Material Stahlrohr und seine konstruktiven Möglichkeiten feiern und stolz zur Schau stellen, dann wieder kaum sichtbar unter Polstern verstecken. Dem stehen Lösungen gegenüber, die heute zwar gemütlich, aber im Vergleich zu den kühnen Linien der umgebenden Architektur etwas bieder wirken.

— Ein Spezifikum, dessen Ursprünge zu erforschen wären, sind die eigentümlichen Kombinationen aus zum Teil beweglichem Beistelltisch mit integrierter Leuchte [Kat. 80]. Nahezu alle tschechoslowakischen Möbelhersteller hatten sie zeitweise im Programm, gern mit herabhängenden Seidenschirmen oder Lampions versehen, oftmals mit in einer eher sachlichen Milchglaskugel ausgestattet, was heutige Interessentinnen und Interessenten „Bauhaus!" ausrufen lässt. Doch mit dem Bauhaus haben diese praktisch-gemütlichen Hybridmöbel vermutlich eher wenig zu tun. Ebenfalls ungewöhnlich: Die Modernen in der Tschechoslowakei unterhielten vor allem zum hierzulande wenig populären Bauhaus Hannes Meyers[14] intensive und vielschichtige Beziehungen.

Noch einmal zurück zu den Anfängen: Zum Bezugspunkt vieler weiterer Publikationen wurde „Život II", der „Almanach der neuen Schönheit" [Sborník nové krásy], der 1922 in Prag erschien. Herausgeber war die traditionsreiche böhmische Vereinigung Umělecká beseda [Künstlerisches Gespräch]. Redaktion und Gestaltung überließ man jedoch den Architekten Bedřich Feuerstein (1892—1936) und Jaromír Krejcar (1895—1950), dem Maler Josef Šíma (1891—1971) sowie dem Autor und Kritiker Karel Teige. Sie alle waren bei Devětsil aktiv und hatten anderes als Traditionspflege im Sinn.

10 Kučerová, Hana: Úvod [Einführung], in: Petr, Václav (Hg.): Byt, Prag 1934, S. III.
11 Vgl. das Kapitel „Zwischenkriegsdesign" in: Uhlíř, Jiři: Vom Wiener Stuhl zum Architektenmöbel, Wien/Köln/Weimar 2005, S. 188—201, das die meisten der hier verwendeten Möbel dokumentiert.
12 Ebd.
13 Vgl. Templ, Stephan: baba. Die Werkbundsiedlung Prag, Basel/Boston/Berlin 1999.
14 Eine Beziehung, die vielfach dargestellt wurde. Etwa von Vladimir Šlapeta: Das Bauhaus und die tschechische Avantgarde. In: Lüder, Dagmar: Das Schicksal der Dinge. Beiträge zur Designgeschichte, Dresden 1989, S. 215—230; Svobodová, Markéta: Bauhaus a Československo 1919—1938. Studenti, koncepty, kontakty, Prag 2016. Über das Schicksal auch von tschechoslowakischen Bauhaus-Architekten in der UdSSR berichtet Andreas Schützke: Mission ohne Rückkehr. Architekten des Bauhauses im sowjetischen Exil. In: Thöner, Wolfgang, Florian Strob und Andreas Schätzke (Hg.): Linke Waffe Kunst. Die Kommunistische Studentenfraktion am Bauhaus, Berlin/Basel 2022, S. 214—232.

15 Spechtenhauser, Klaus: Jaromír Krejcar 1895–1949. Ein Architekt im Kontext seiner Zeit, Diss. Universität Zürich 2013, S. 65. Diese Dissertation ist eine der umfangreichsten und schlüssigsten deutschsprachigen Darstellungen des tschechoslowakischen Funktionalismus.

16 Teige 1968 (wie Anm. 6), S. 52.

17 Ebd., S. 46–47.

18 Ebd., S. 50.

19 Ebd., S. 49.

20 Chatrný, Jindřich (Hg.): Jan Vaněk 1891–1962. Civilizované bydlení pro každého, Ausst.-Kat. Muzeum města Brna, Brünn 2008 mit weiteren Nachweisen.

— Nach dem Vorbild von Le Corbusiers Zeitschrift „L'Esprit Nouveau" präsentierten sie ein vielschichtiges Tableau aus Architektur, Kunst und Gestaltung. Selbst Charlie Chaplin wurde als Mitarbeiter genannt.[15] Nicht alles, was da zu sehen ist – Dampfer, Autos, Flugzeuge und amerikanische Wolkenkratzer –, ist tatsächlich neu. Aktuell sind Visionen künftiger Hochhäuser für Prag, wie sie Krejcar vorschlägt, und einige der abgebildeten Kunstwerke. Bildauswahl, Typografie und der Aufbau der Seiten, nicht zuletzt die Titelgestaltung sind von Le Corbusier und dessen Zeitschrift „L'Esprit Nouveau" inspiriert, der mit einem eigens verfassten Textbeitrag über Purismus vertreten ist.

Die erste Entwicklungsphase von Devětsil prägte eine spezifisch tschechische Zutat zur Entwicklung der Moderne wie des Funktionalismus, der Poetismus. Dieser wurde, wie Teige festhielt, „in der gegenseitigen Zusammenarbeit einiger Autoren [...] geboren".[16] Noch war „die Kunst, die der Poetismus bringt, [...] leger, ausgelassen, fanatisch, verspielt, unheroisch und erotisch".[17] In einem ausführlichen Text beschreibt Teige den Poetismus unter anderem als einen modus vivendi. Er sei „eine Funktion des Lebens und zugleich Erfüllung seines Zwecks. [...] Das Glück besteht aus einer komfortablen Wohnung, einem Dach über dem Kopf, aber auch aus Liebe, ausgezeichneter Unterhaltung, Lachen und Tanz."[18]
— Wie sich Poesie zum Tanz verhält, zu Fotografie und Buchgestaltung, zeigt eines jener grenzüberschreitenden Projekte, die für die Avantgarde in der Tschechoslowakei besonders typisch waren: Im April 1924 kam in Prag im „Osvobozené divadlo", dem „Befreiten Theater" (noch so ein Devětsil-Projekt), eine poetische Tanzinszenierung zur Aufführung. Die Tänzerin Milča Mayerová (1901–1971) brachte in freier Paraphrase die einzelnen Buchstaben des Gedichts „Abeceda" von Vítězslav Nezval (1900–1958) zur Aufführung, inszeniert von Jiří Frejka (1904–1952). Aus dem Gedicht wird eine Bewegungskomposition. Später hielt der Fotograf Karel Paspa (1899–1979) die Darstellung Mayerovás in Einzelbildern fest, Karel Teige verarbeitete Text und Bild zu einer eindrucksvollen Typo-Fotomontage. „Das poetische Bild", verkündete er, „ist ein buchhaftes, photographisches, photomontiertes Bild"[19] [Kat. 104].

Einflüsse auf die Entwicklung nahmen nicht nur Künstlerinnen und Künstler, Architekten und Intellektuelle. Zur maßgeblichen Figur in Brünn und Prag wurde der Handwerker, Unternehmer, Architekt und Publizist Jan Vaněk.[20] 1891 in Třebíč, 50 Kilometer westlich von Brünn, geboren, trat er mit 20 Jahren in die elterliche Schreinerei ein, später entstand daraus eine der größten Möbelfirmen. Vaněk gehört zu den Wegbereitern und Förderern, die die Grundlagen der neuen gestalterischen Strömung legten. Nach dem Besuch einer Gewerbeschule für Holzbearbeitung absolvierte er Wanderjahre in Deutschland, bei damals prägenden Möbelproduzenten in München, Dresden, Stuttgart und Heilbronn. So kam er mit Bruno Paul, Adelbert Niemeyer, Richard Riemerschmid und Karl Bertsch und anderen in Kontakt.
— Mehrmals erweiterte Vaněk das Unternehmen, das er als Generaldirektor leitete. Durch Zukäufe und Fusionen entstanden daraus 1922 die Vereinigten UP-Werke, ein Zusammenschluss von Werkstätten der Kunstindustrie. Im gleichen Jahr wurde in Třebíč die Fabrik im rondokubistischen Nationalstil nach Entwürfen von Josef Gočár (1880–1945) fertiggestellt. Doch bald darauf galt dieser offensiv dekorative Stil bereits als überholt.
— Architekten und Kritiker setzten sich zunehmend mit dem auseinander, was anderswo auf der Welt geschah. Frank Lloyd Wright oder die amerikanische Fabrik- und Hochhaus-

architektur kamen auf die Agenda, Hendrik Petrus Berlage, J. J. P. Oud und De Stijl in den Niederlanden rückten ebenso in den Blick wie aktuelle Tendenzen in der Sowjetunion und am Bauhaus in Dessau oder im Neuen Frankfurt. Auch Vaněk aktivierte internationale Kontakte und arbeitete mit Pionieren der Moderne zusammen.

— 1924 ermöglichte er Adolf Loos den Umzug von Wien nach Paris. Dort wurde er für die UP-Werke tätig und sollte Möbel verkaufen. Eine Vortragsreihe 1925, bei der Le Corbusier, Adolf Loos und Walter Gropius in Brünn und Prag auftraten, wurde ebenfalls von Jan Vaněk und der Firma UP ermöglicht. Bald darauf beauftragte Le Corbusier UP damit, für seinen Pavillon L'Esprit Nouveau 1925 in Paris variable Kastenmöbel herzustellen, die unter der Bezeichnung „Les Casiers" bekannt wurden. Zunächst sollten sie aus Blech[21] gefertigt werden. Le Corbusier verlangte, dass die Produktion auf Kosten von UP in Brünn erfolge und sich die Firma an weiteren Kosten des Pavillons beteilige. Schließlich fand sich ein anderer Hersteller. Auch publizistisch wurde Vaněk mit UP tätig, denn 1924/25 gab er die Zeitschrift „Bytová kultura" [Wohnkultur] heraus, zeitweise auch auf Deutsch, geleitet von dem Schriftsteller, Journalisten und Loos-Anhänger Bohumil Markalous (1882—1952). „Bytová kultura" berichtete über UP-Produkte sowie über Pioniere der Architektur. In der ersten Ausgabe schreibt Vaněk den Beitrag „Das Recht auf Wohnen — eine Pflicht der Industrie".

— Die Banken, die UP Kredite gaben, akzeptierten diese Art strategischer Unternehmenspolitik nicht. Sie setzten Vaněk ab und verklagten ihn wegen der Zahlungen an Adolf Loos. Die Zusammenarbeit mit Le Corbusier blieb unrealisiert, nachdem ihm die Firma ein Angebot mit einer Kostenaufstellung übersandt hatte. Karel Honzík berichtete in seinen Erinnerungen, was Vaněk zum Mitglied von Devětsil machte. Der „Konflikt mit den Finanzmännern",[22] so Honzík, hatte „Einfluss auf seine politische Gesinnung und führte ihn zur radikalen Linken. Deshalb treffen wir ihn später in der Levá fronta." Die Designgeschichte der Firma UP war damit keineswegs zu Ende, wie das Beispiel Jindřich Halabala zeigt.

— Vaněks Bedeutung kann kaum hoch genug eingeschätzt werden. Im Rahmen des Tschechoslowakischen Werkbunds (SČSD) beteiligte er sich an den Vorplanungen für das Siedlungsprojekt Nový dům [Neues Haus] in Brünn, das 1928 nach einem städtebaulichen Konzept von Bohuslav Fuchs (1895—1972) und Jaroslav Grunt (1893—1988) entstand, unter Mitwirkung weiterer Brünner Architekten.

— Ab Mitte der 1920er Jahre übernahm die Brünner Avantgarde die Führungsrolle. Es schien, „als beginne Mähren, Böhmen an avantgardistischem Elan zu überbieten",[23] stellt Karel Honzík fest. Er erklärt dies damit, dass in Prag ehemalige kleinstädtische Beamte das Sagen hätten, die von Vorurteilen aus der k.k.-Monarchie geprägt waren. In Brünn dagegen sorgten städtische und Landesprojektierungsbüros für Impulse.

— Schon kurze Zeit nach seiner Entlassung als Firmenchef konnte Jan Vaněk mit einer Neugründung reüssieren, er experimentierte mit Wohnungsbauprojekten. Seine Ideen verbreitete er in regelmäßigen Radiosendungen. Später war er die treibende Kraft hinter der von Zdeněk Rossmann (1905—1984) gestalteten Zeitschrift „Index". Seine neue Firma hieß S. B. S. Standard Bytová společnost [Standard Wohnungsgesellschaft] und bot Möbel und ganze Interieurs an. So entwickelte er Typenmöbel, etwa modular gestaltete Bücherregale, aber eben nicht nur. Vaněk setzte sein Know-how in Zusammenarbeit mit Architekten für anspruchsvolle Individuallösungen ein. Die beweglichen Möbel, die Ludwig Mies van der Rohe und Lilly Reich für das Haus Tugendhat in Brünn entwarfen, sind lange erforscht. Gleiches gilt für die Produzenten. Erst 2008 im Zuge einer

21 Vgl. Rüegg, Arthur: Le Corbusier. Möbel und Interieurs 1905—1965, Zürich/Paris 2012, S. 255. Ob UP in Brünn als Entwicklungspartner Anteil am „epochalen Entwurf eines horizontal und vertikal addierbaren Behältermöbelsystems" (Rüegg) hatte, muss offen bleiben. Vgl. Rüegg, Arthur: Der Pavillon de L'Esprit Nouveau als Musée Imaginaire. In: Moos, Stanislaus von (Hg.): L'Esprit Nouveau. Le Corbusier und die Industrie 1920—1925, Berlin 1987, S. 142—143.

22 Honzík 2019 (wie Anm. 2), S. 139.

23 Ebd., S. 140.

monografischen Ausstellung über Jan Vaněks Leben und Werk, wurde bekannt, dass dessen Firma S. B. S. 1930 die Innenausbauten ausführte, darunter Einbauschränke, Tische und Regale. Auch für Innenausstattung der Villa Müller von Adolf Loos in Prag wurde S. B. S. 1929 aktiv und realisierte Halle, Treppenhaus, Bibliothek, Küche und Damenzimmer.

— Auch für viele Architektenkollegen war Vaněk tätig, etwa für Bohuslav Fuchs, Jiří Kroha, Jaroslav Grunt, Hugo Foltýn, Jan Víšek oder Ernst Wiesner. So schuf S. B. S. die ursprüngliche Einrichtung des legendären Hotel Avion von Fuchs. Dazu gehörten Art-déco-artige Metallmöbel aus gebogenen Profilen wie etwa Betten, kleine Tische und Beistellmöbel. Zu den verbreiteten Sitzmöbeltypen jener Zeit gehören Varianten des Morris Fauteuils mit stufenweise verstellbarer Rückenlehne, auch hier bot Vaněk stimmige und ausgereifte Produkte.

Nicht alle sozialistisch-utopischen Projekte bewegten sich wie Devětsil und ab 1929 Levá fronta direkt im Spannungsfeld der KPČ und ihrer sich radikalisierenden Kulturpolitik. Aus der genossenschaftlichen Bewegung erwuchs Družstevní práce [Kooperative Arbeit], abgekürzt DP, ein außergewöhnliches Unternehmen, angesiedelt zwischen Kultur, Industrie und Lebensstil. Ursprünglich 1922 als genossenschaftlicher Buchverlag von Václav Poláček (1898—1969) gegründet, weitete das Unternehmen seine Aktivitäten beständig aus. Nicht nur das gute, zeitgemäß gestaltete Buch spielte in der Genossenschaft eine Rolle — für die Gestaltung war Ladislav Sutnar als Art-Direktor tätig, den Mitgliedern wurden Bücherregale, Buchstützen, Leuchten und Textilien offeriert. Porzellan-, Besteck- und Glasserien entwarf Sutnar selbst [Kat. 51 + 52]. Für die Möbelkollektion war der Architekt Jan E. Koula (1896—1975) zuständig, der Neuheiten und ihre Anwendung in der Firmenzeitung vorstellte.

— Damit nicht genug, entstand 1927 mit dem Tochterunternehmen Krásná jizba[24] [Schönes Zimmer] eine Kette, die all diese Gegenstände in eigenen Läden anbot. Gestaltet wurden diese von Jan Vaněk. Ziel war nicht wachsender kommerzieller Erfolg, sondern die Verbesserung persönlicher Lebensverhältnisse der DP-Mitglieder. Wieder wurden besondere Zeitschriften gegründet: „DP“ und die Literaturzeitschrift „Panorama“ erschienen zunächst in Eigenregie, zeitweise kam „Žijeme“ [Wir leben] hinzu, gemeinsam mit dem Tschechoslowakischen Werkbund herausgegeben [Kat. 53—58, Abb. S. 97]. Sutnar verwendete sichtbar verzerrte Raster, betonte Diagonalen und Weißraum, um dreidimensionale Bildwirkungen zu erzielen.

In der Národní třída 36 in Prag bezog 1936 der Tschechoslowakische Werkbund sein neues Geschäftshaus, das Oldřich Starý (1884—1971) entwarf und für das Karel E. Ort die Glasfassade realisierte. Hier erhielten auch Krásná jizba und DP großzügige Räumlichkeiten.

So wie Teige, der dem „Ring neue Werbegestalter“ angehörte, mit seiner Buch- und Zeitschriftengestaltung 1930 an der Ausstellung „Gefesselter Blick“ teilnahm, so gestaltete Sutnar den Stand der Tschechoslowakei 1928 auf der Pressa in Köln. Sutnar war, wie Eckhard Neumann festhielt, „von 1926 bis 1939 offizieller Vertreter der Tschechoslowakischen Regierung und bereiste in dieser Funktion alle wichtigen Ausstellungen und Kongresse und war häufig auch als Gestalter beteiligt“.[25] Als Professor der Staatlichen Schule für grafische Künste gab er die Zeitschrift „Výtvarné snahy“ [Künstlerische Bestrebung] heraus, die er auch gestaltete.

24 Vlčková, Lucie und Alice Hekrdlová (Hg.): Krásná jizba DP. Design pro demokracii 1927—1948, Ausst.-Kat. Uměleckoprůmyslové museum, Prag 2018 mit weiteren Nachweisen.

25 Neumann, Eckhard (Hg.): Bauhaus und Bauhäusler, erw. Neuausg., Köln 1985, S. 302.

Für Družstevní práce fertigte die Kunstgießerei von František Anýž (1876—1934) im Prager Stadtteil Holešovice unter anderem kleine Skulpturen an, die Krásná jizba anbot. Františeks Sohn Jaroslav Anýž (1902—1985) entwickelte die Leuchtensparte des Unternehmens [Kat. 77—79, Abb. S. 116]. Zu seinen Erfindungen gehören Kugelgelenke für Leuchten, die er zum Teil in Zusammenarbeit mit dem Ingenieur und Lichtexperten Miloslav Prokop [Kat. 69—75] schuf und die ebenfalls in Läden und Zeitschriften der Genossenschaft verkauft wurden. Ein Beispiel ist die bewegliche verchromte Schreibtischleuchte mit angeschrägtem Aluminiumschirm. In deren Licht signierten Schriftstellerinnen und Schriftsteller ihre Bücher, was wiederum die DP-Literaturzeitschrift „Panorama" dokumentierte. Sach- wie Porträtfotografie stammte dabei meist von Josef Sudek (1896—1976).

— Auch mit der Künstlerkooperative Artěl, einst nach dem Vorbild der Wiener Werkstätte entstanden, arbeitete Krásná jizba zusammen. Die Textildesignerin Jaroslava Vondráčková (1894—1986) leitete Artěl von 1927 bis 1930. Während dieser Zeit richtete die Kooperative ihr Angebot stärker am Funktionalismus aus. So präsentierte sie handgewebte Stoffe, die zum Teil aus den Bauhaus-Werkstätten stammten. Vondráčková schuf Textilien nach zeitgenössischen Methoden und interessierte sich für neue Materialien. Dabei stand sie mit Otti Berger am Bauhaus Dessau in intensivem Kontakt. Was heute nach genialem Marketing klingt, zeigt, wie viele persönliche und thematische Berührungspunkte die Akteurinnen und Akteure der tschechoslowakischen Szene jener Jahre hatten und auf wie vielen Spielfeldern sie aktiv waren.

Die Debatten der Levá fronta und anderer linker Architektengruppierungen galten nun dem Bau von Kleinstwohnungen und von Kommunehäusern. Karel Teige veröffentlichte 1932 sein umfangreichstes Architekturbuch über die Kleinstwohnung. Gezeigt wurden darin bespielhafte Innenraumlösungen etwa von Antonín Heythum (1901—1956), Oldřich Starý und Jan Vaněk. Auf dem Umschlag, den Teige gestaltete, collagiert er Wohnungsanzeigen aus der Zeitung mit einem verkommenen Abbruchhaus und einem leuchtend weißen Bau der Moderne. Mangels besserer Beispiele aus dem Geschosswohnungsbau bildet er von Jaromír Krejcar das Sanatorium Machnáč der Krankenversicherung für private Beamte ab, das 1929 bis 1932 im slowakischen Trenčianske Teplice entstand. Architekten wir Karel Honzík und Josef Havlíček entwickelten vielbeachtete Pläne für „Koldomy", ausgedehnte Kollektivhäuser, die unrealisiert blieben [Abb. S. 79].

Ein letztes Ausrufezeichen der Moderne, vor dem Ende der Tschechoslowakei durch den Verrat des Westens und die Okkupation durch Deutschland, setzte 1937 der Tschechoslowakische Pavillon der Weltausstellung. Die Stahlkonstruktion mit Aluminium- und Glasfassade hatte eine auskragende Terrasse über die Seine und bot einen selbstbewussten und gegenwartsbezogenen Kontrast zu den starren Gesten der Pavillons, die Boris Iofan und Albert Speer in Blickweite und Konfrontation errichtet hatten. Noch einmal arbeiteten am Tschechoslowakischen Pavillon viele Gestalter zusammen, Architekten wie Jaromír Krejcar, der das Gebäude entwarf, Antonín Heythum, der die Glasausstellung betreute, Ladislav Sutnar, der für die Ausstellungskonzeption und grafische Gestaltung zuständig war.

Karel Teige veröffentlichte 1947 ein letztes Buch über Architektur, das den Pavillon von Paris auf dem Titel zeigt. Nach den Moskauer Schauprozessen, denen auch Architekten

aus der Tschechoslowakei zum Opfer fielen, löste er sich vom Vorbild der Sowjetunion, wandte sich wieder dem Surrealismus zu und schuf ein umfangreiches Werk erotischer Collagen. Nach dem kommunistischen Putsch 1948 wurde er bedrängt, in Veröffentlichungen als Trotzkist bezeichnet. 1951 starb er an einem Herzinfarkt.
— Der nächste Pavillon-Auftrag führte Ladislav Sutnar nach Chicago, wo er aufgrund der europäischen Verhältnisse blieb und eine zweite Karriere als Designer anschloss.

Thomas Edelmann

Kat. 33 Zeitschrift ReD (Revue des Devětsil), internationale Monatsschrift für moderne Gestaltung, Jahrgang 1, Heft 1, 1927. Schriftleiter: Karel Teige, Herausgeber: Verein für moderne Kultur „Devětsil", Prag. Private Collection NL

Kat. 35 Zeitschrift ReD (Revue des Devětsil), internationale Monatsschrift für moderne Gestaltung, Jahrgang 2, Heft 10, 1928. Schriftleiter: Karel Teige, Herausgeber: Verein für moderne Kultur „Devětsil", Prag. Private Collection NL

Kat. 34 Zeitschrift ReD (Revue des Devětsil), internationale Monatsschrift für moderne Gestaltung, Sonderheft „Sowjetische Werke der Kultur", Jahrgang 1, Heft 2, 1927. Schriftleiter: Karel Teige, Herausgeber: Verein für moderne Kultur „Devětsil", Prag. Private Collection NL

Kat. 36 Zeitschrift ReD (Revue des Devětsil), internationale Monatsschrift für moderne Gestaltung, 1. Bauhaus-Sonderheft, Jahrgang 3, Heft 5, 1930. Schriftleiter: Karel Teige, Herausgeber: Verein für moderne Kultur „Devětsil", Prag. Private Collection NL

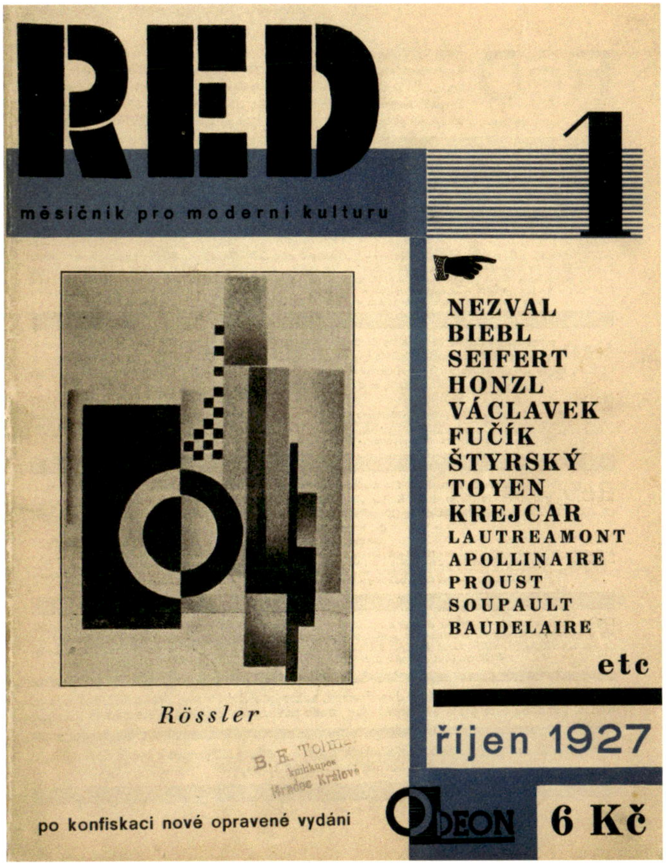
RED
1
měsíčník pro moderní kulturu
NEZVAL
BIEBL
SEIFERT
HONZL
VÁCLAVEK
FUČÍK
ŠTYRSKÝ
TOYEN
KREJCAR
LAUTREAMONT
APOLLINAIRE
PROUST
SOUPAULT
BAUDELAIRE
etc
Rössler
říjen 1927
po konfiskaci nové opravené vydání
ODEON
6 Kč

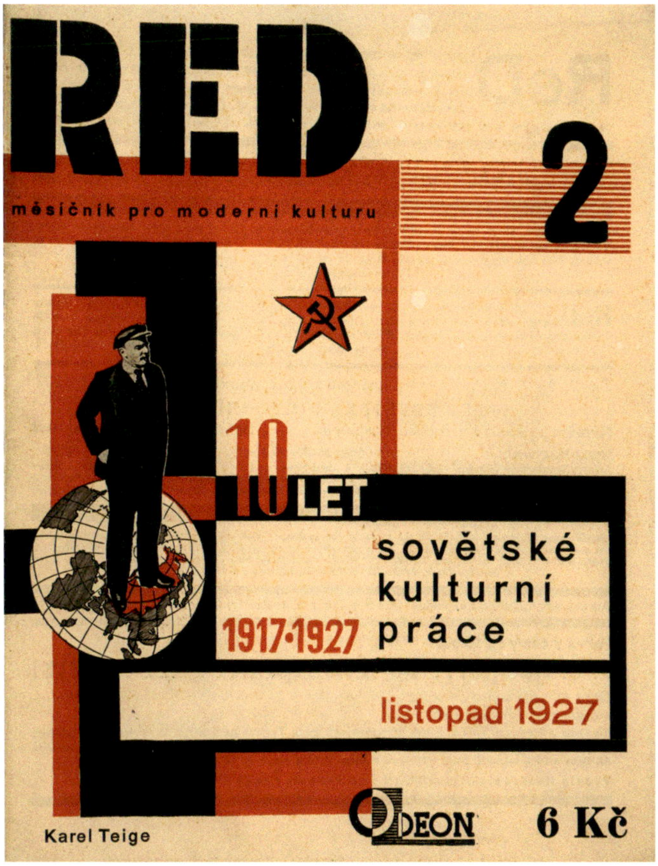
RED
2
měsíčník pro moderní kulturu
10 LET
sovětské
kulturní
1917-1927 práce
listopad 1927
Karel Teige
ODEON
6 Kč

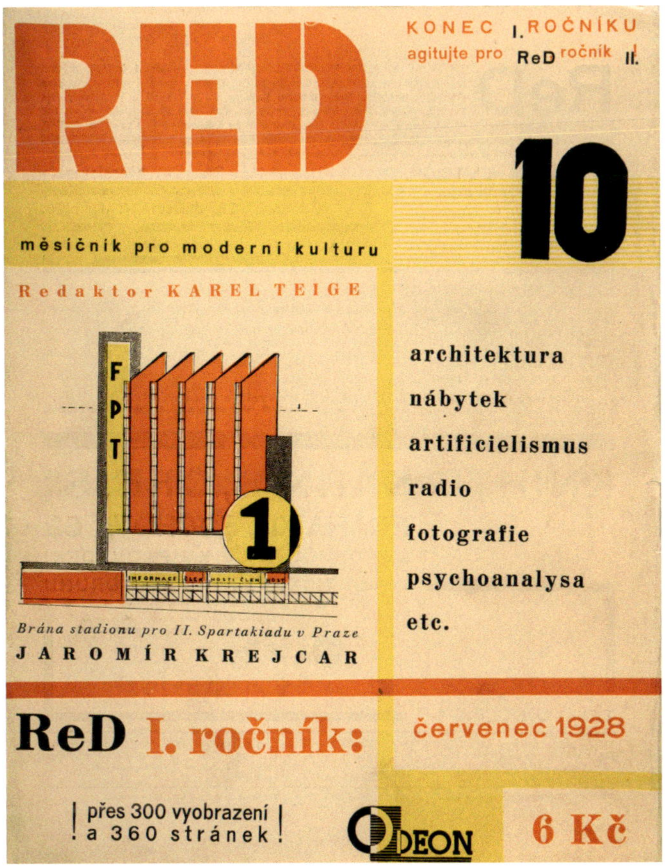
RED
KONEC I. ROČNÍKU
agitujte pro ReD ročník II.
10
měsíčník pro moderní kulturu
Redaktor KAREL TEIGE
architektura
nábytek
artificielismus
radio
fotografie
psychoanalysa
etc.
Brána stadionu pro II. Spartakiadu v Praze
JAROMÍR KREJCAR
ReD I. ročník:
červenec 1928
přes 300 vyobrazení
a 360 stránek
ODEON
6 Kč

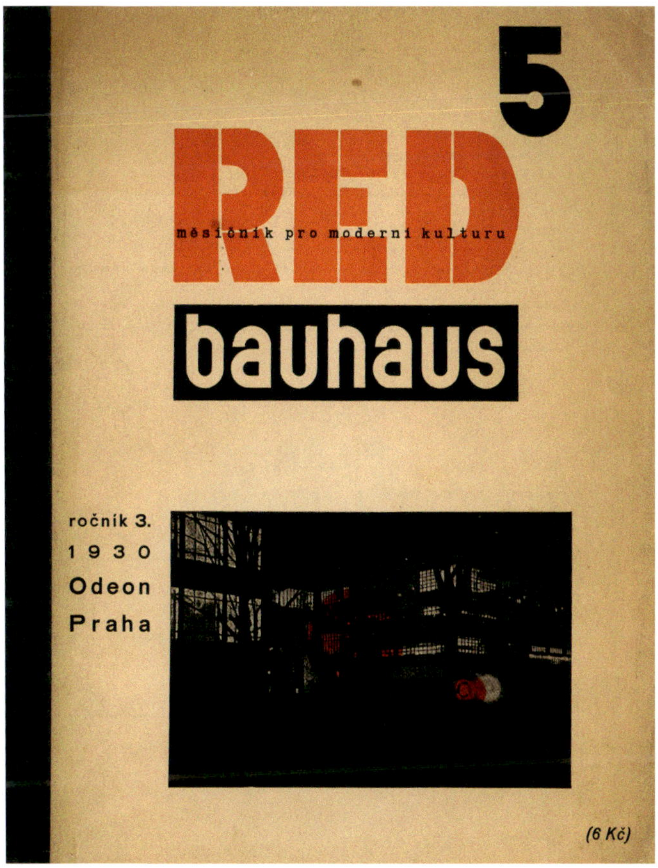
5
RED
měsíčník pro moderní kulturu
bauhaus
ročník 3.
1930
Odeon
Praha
(6 Kč)

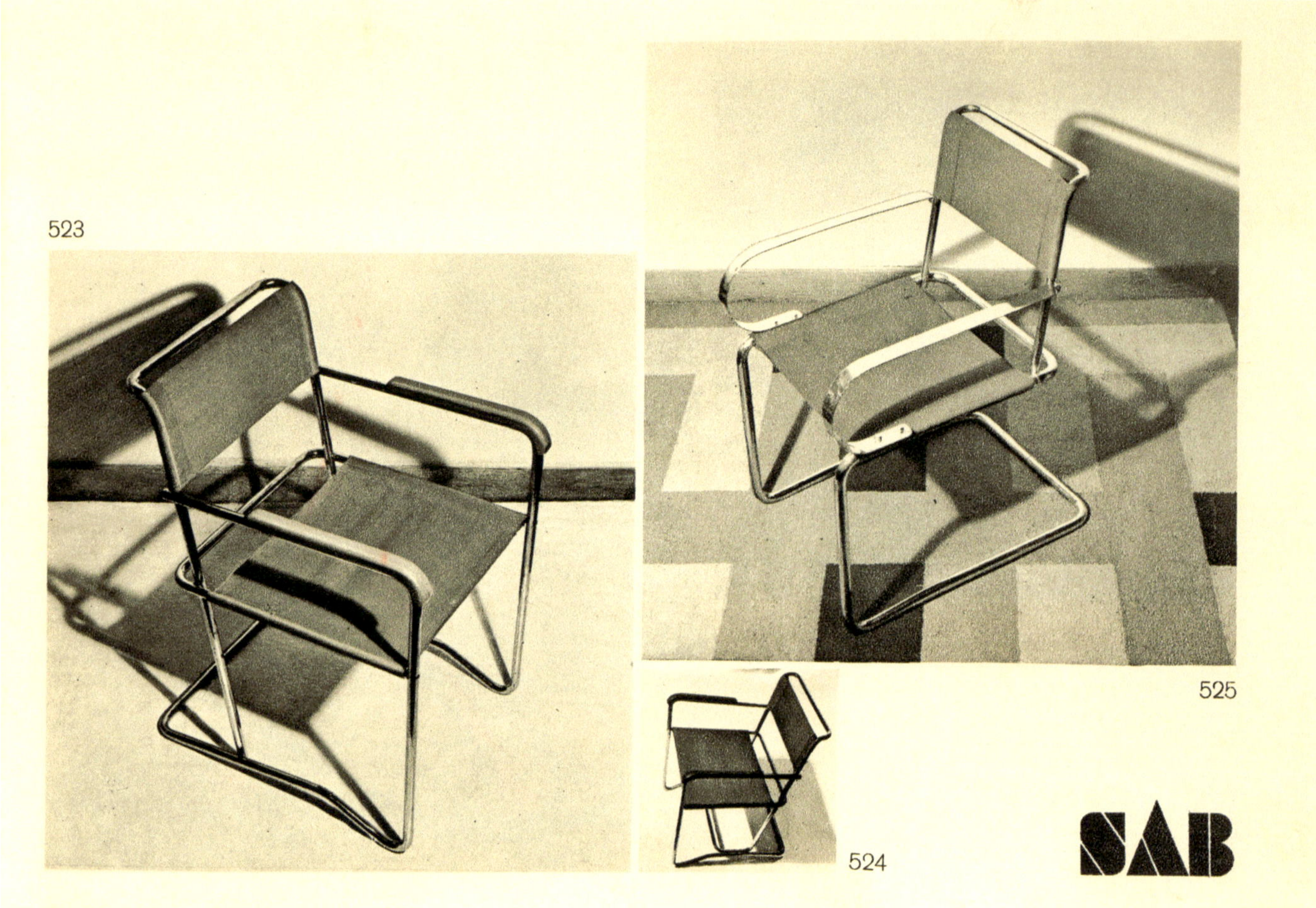

Kat. 37 Firmenkatalog des Messing- und Sanitärmöbelherstellers SAB, Prag, um 1933. Archiv Bröhan-Museum, Berlin

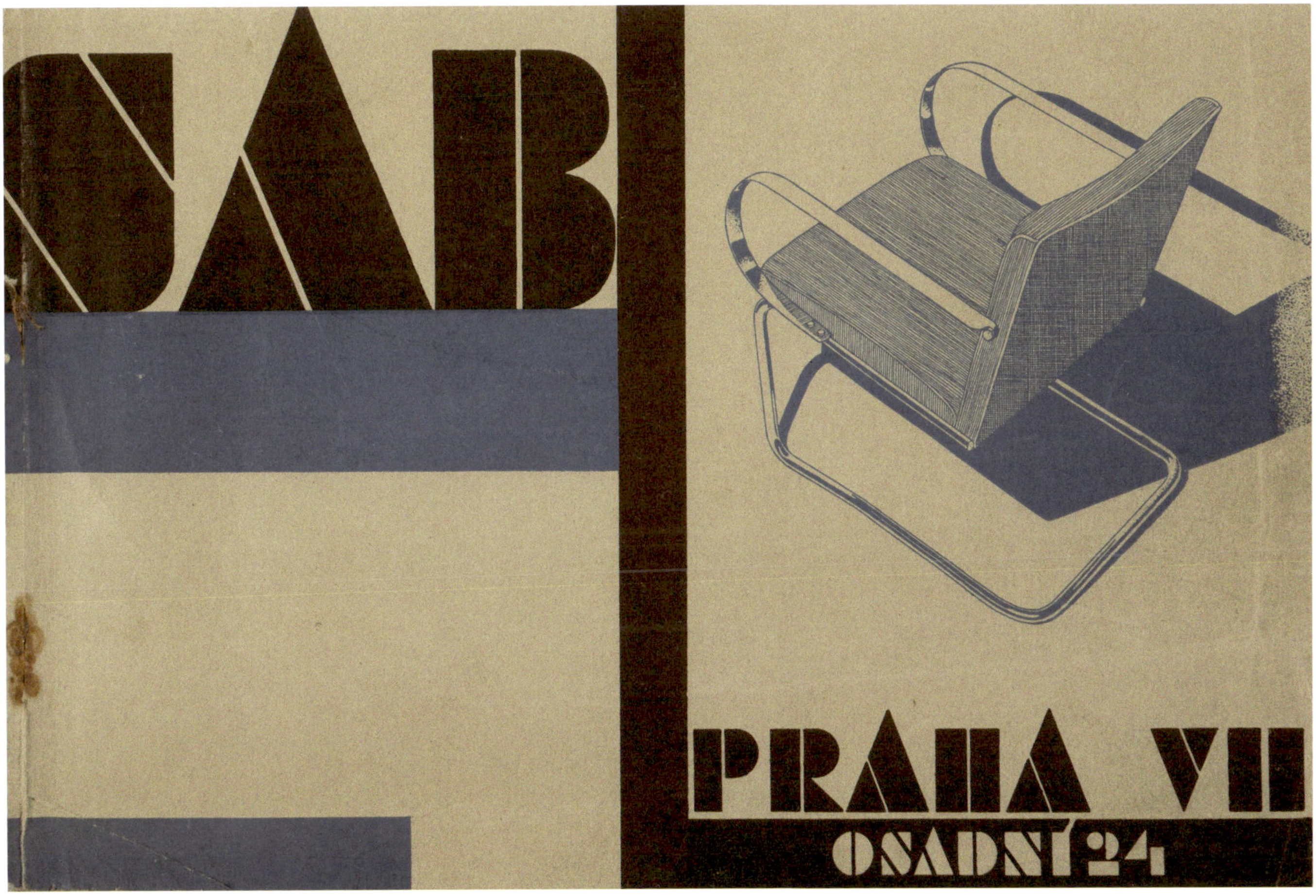
SAB
PRAHA VII
OSADNÍ 24

Kat. 38 Links: Josef Havlíček, Armlehnstuhl, Modell 525, um 1932. Ausführung: SAB Messing- und Sanitärmöbelhersteller S.R.O., Prag. Bröhan-Museum, Berlin. Rechts: Ladislav Žák, Beistelltisch, 1931. Ausführung: Metallmöbelfabrik Hynek Gottwald und Robert Slezák, dort als Modell D14, Prag. Bröhan-Museum, Berlin

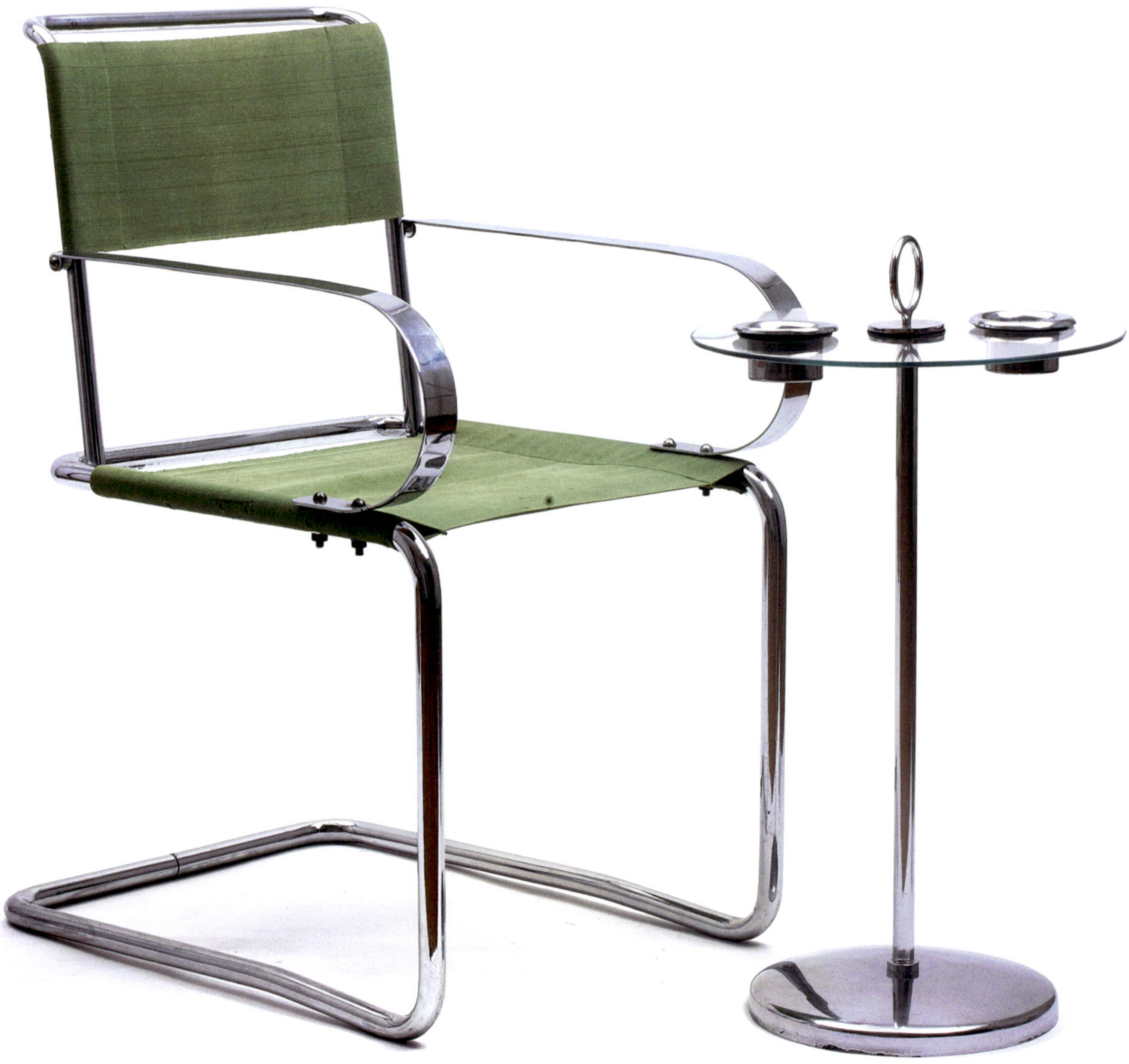

Kat. 39 Werkentwurf, Armlehnstuhl, Modell 524, um 1932. Ausführung: SAB Messing- und Sanitärmöbelhersteller S.R.O., Prag. Bröhan-Museum, Berlin

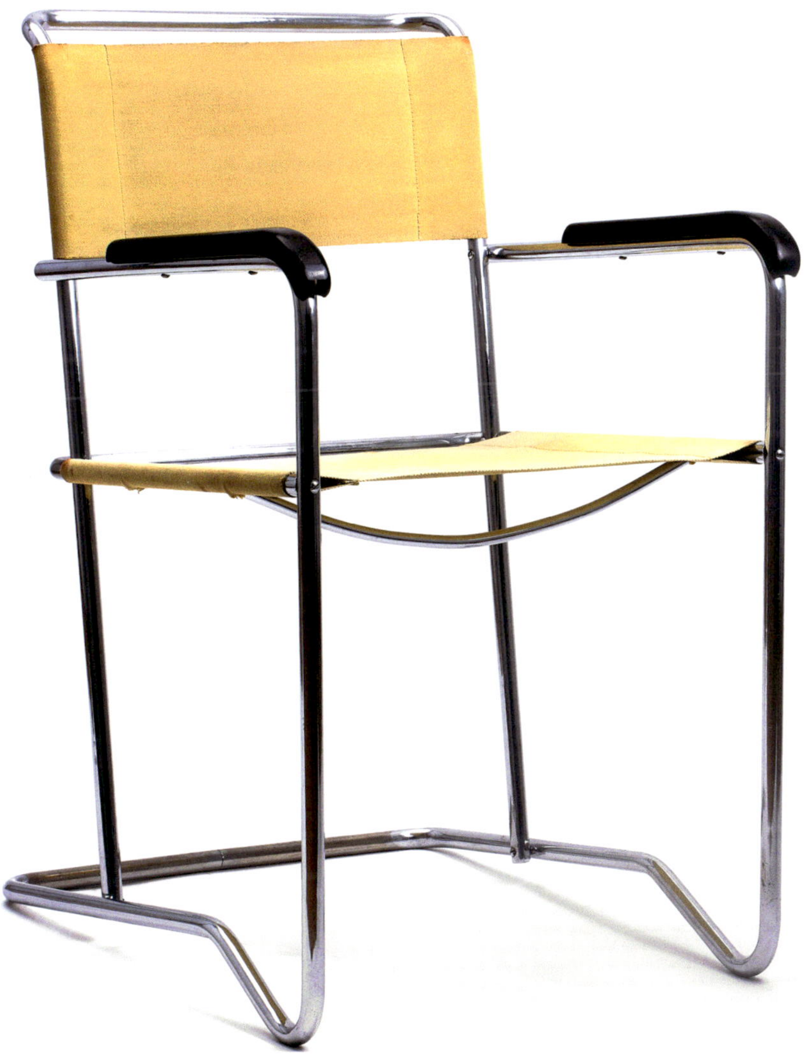

Wettbewerbsentwurf von Karel Honzík für Kleinstwohnungen mit integrierten Möbeln, 1927, in: Karel Teige, MSA 2, Prag 1930. Private Collection NL

Karel Honzík (1927)

Nejmenší byt

Logement minimum

Kleinstwohnung

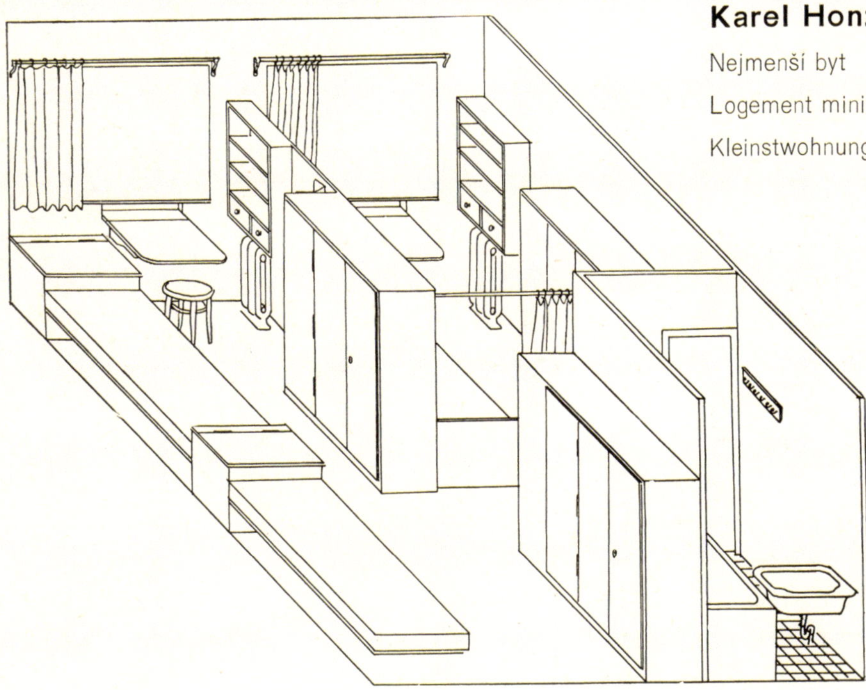

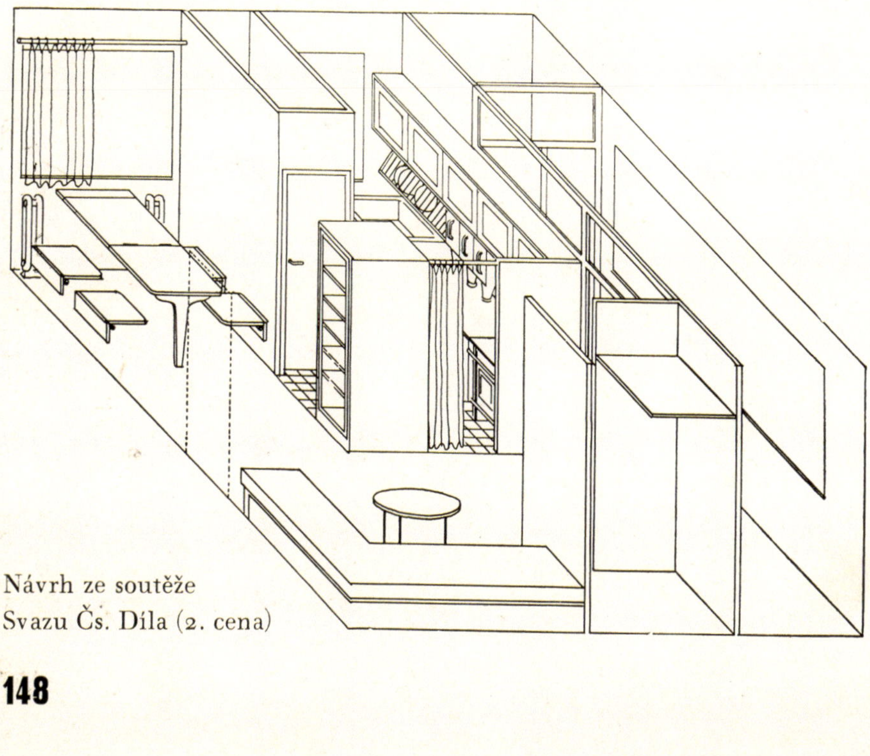

Návrh ze soutěže
Svazu Čs. Díla (2. cena)

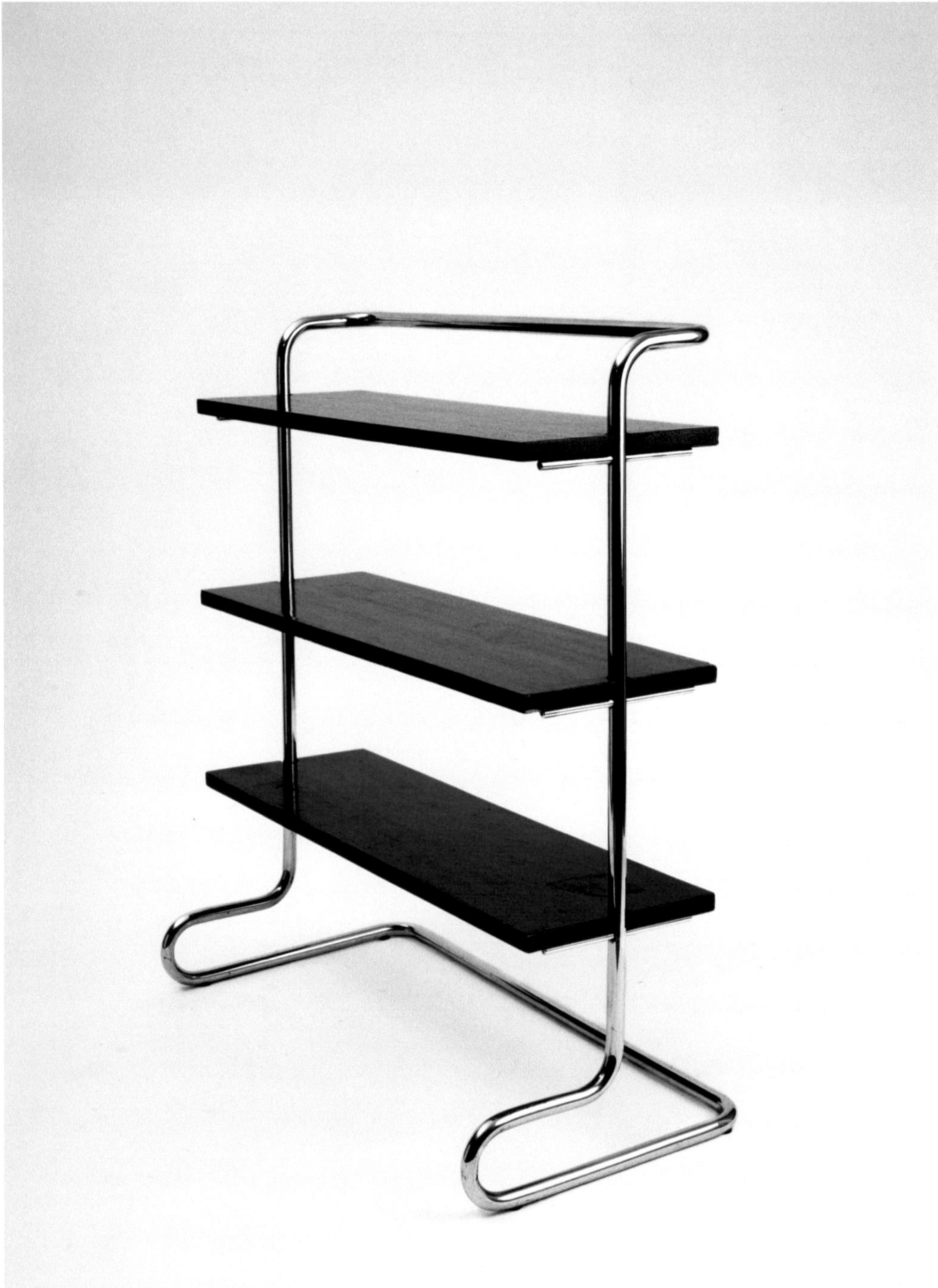

Kat. 40 František Langer, Stahlrohrregal, Modell 610, 1930. Ausführung: SAB Messing- und Sanitärmöbelhersteller S.R.O., Prag. Bröhan-Museum, Berlin

Kat. 41 Werkentwurf, Stahlrohrtisch, Modell 580, um 1932. Ausführung: SAB Messing- und Sanitärmöbelhersteller S.R.O., Prag. Bröhan-Museum, Berlin

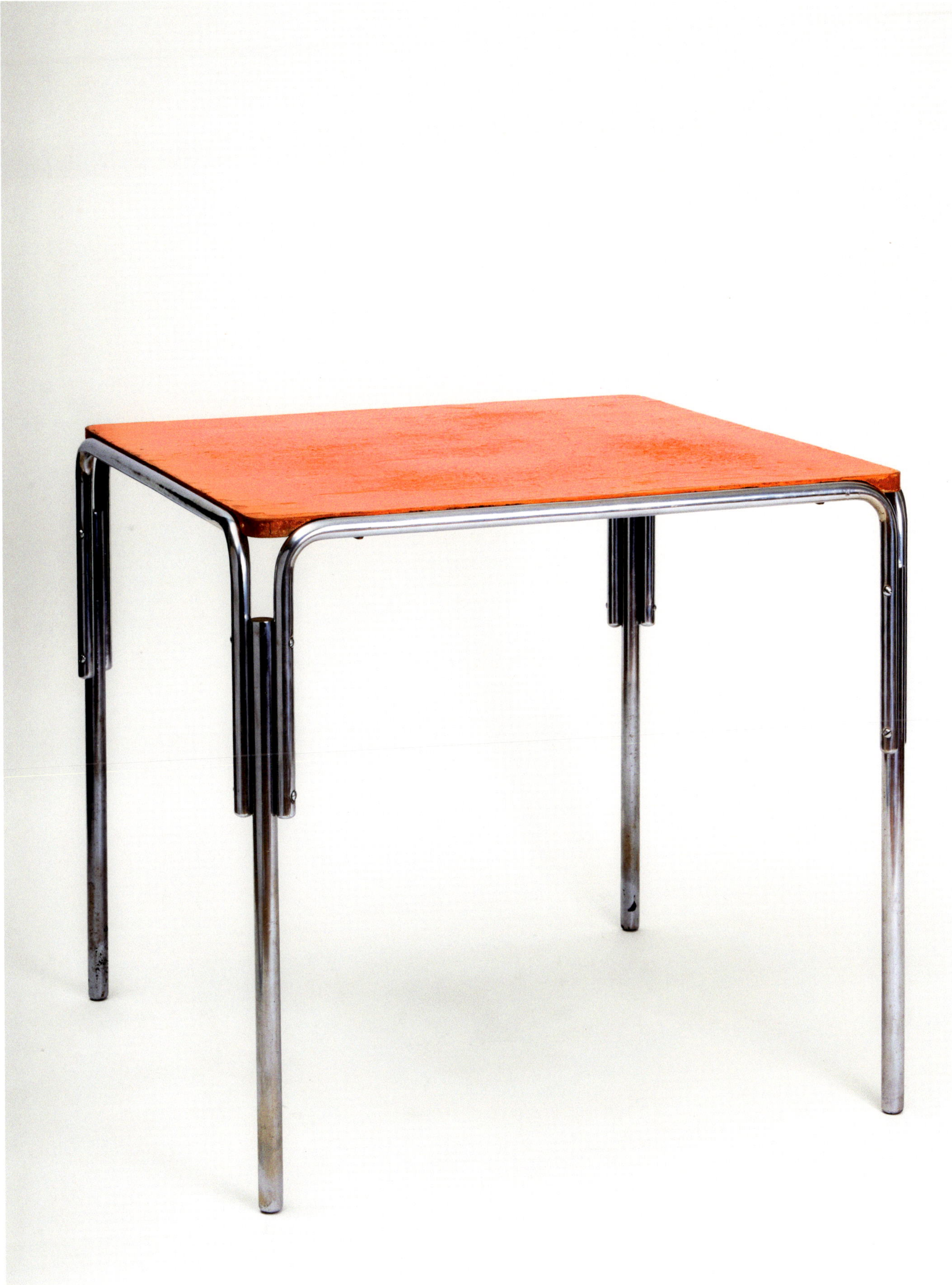

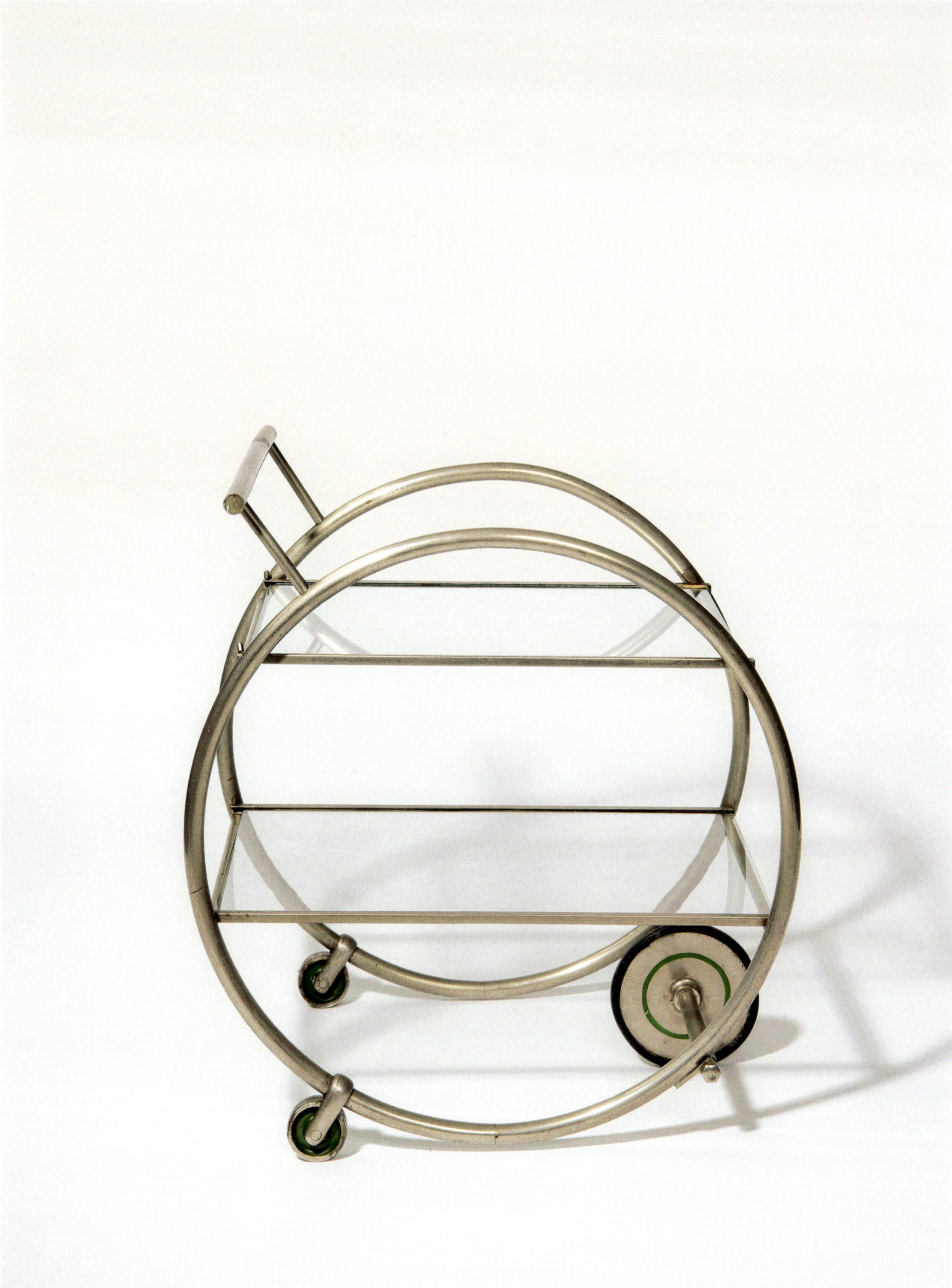

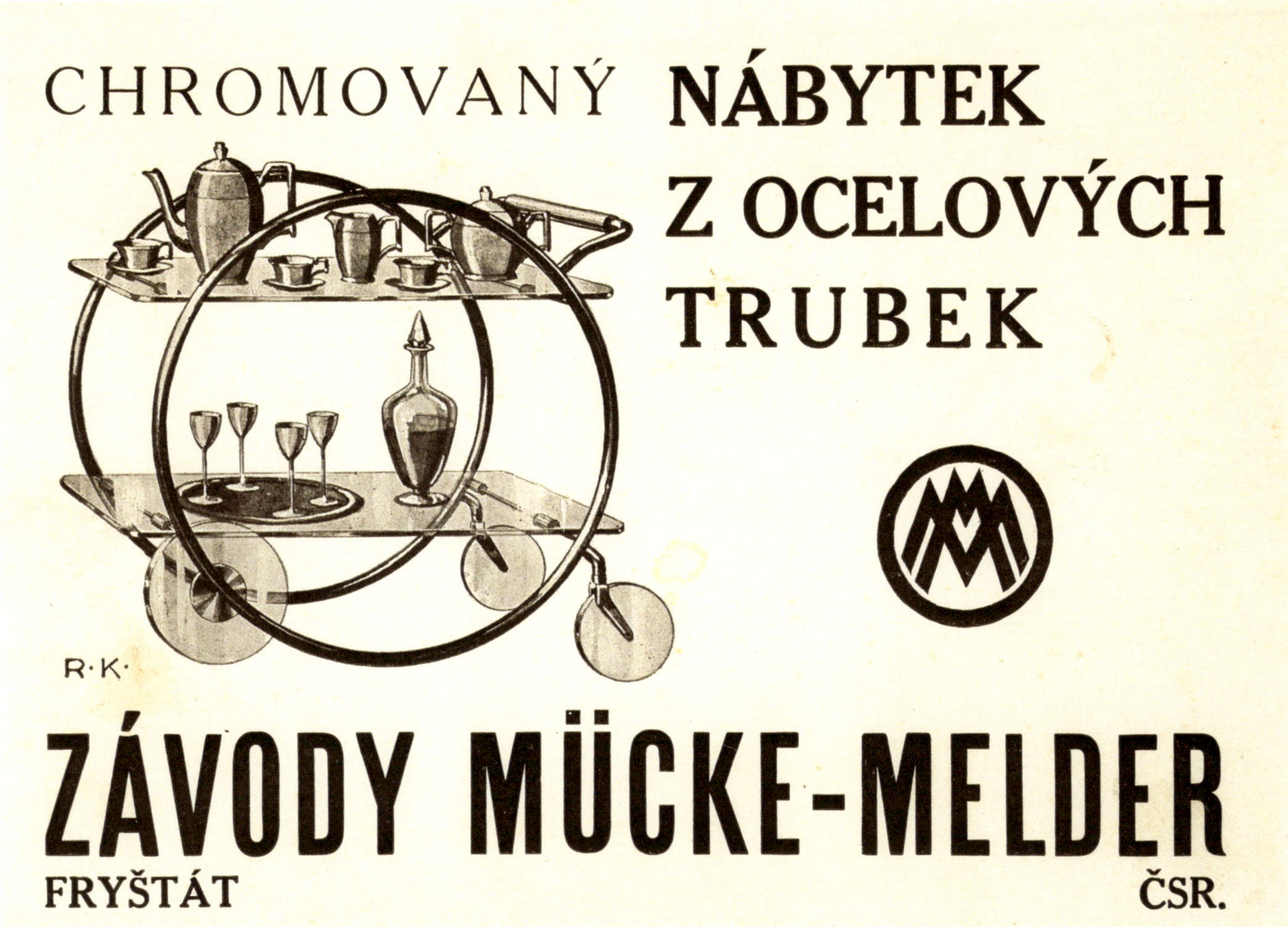

Kat. 43 Firmenkatalog von Závody Mücke-Melder, Möbel aus verchromtem Stahlrohr, 1930er Jahre. Archiv Bröhan-Museum, Berlin

Kat. 42 Servierwagen, um 1935. Ausführung: unbekannt. Private Collection NL

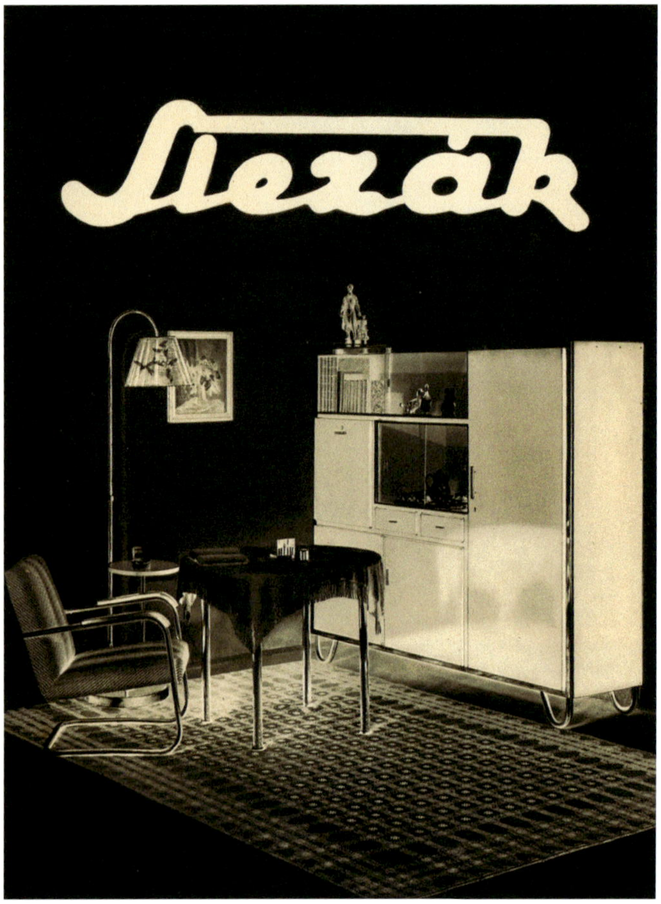

Kat. 44 Firmenkatalog der Metallmöbelfabrik Robert Slezák, um 1934. Archiv Bröhan-Museum, Berlin

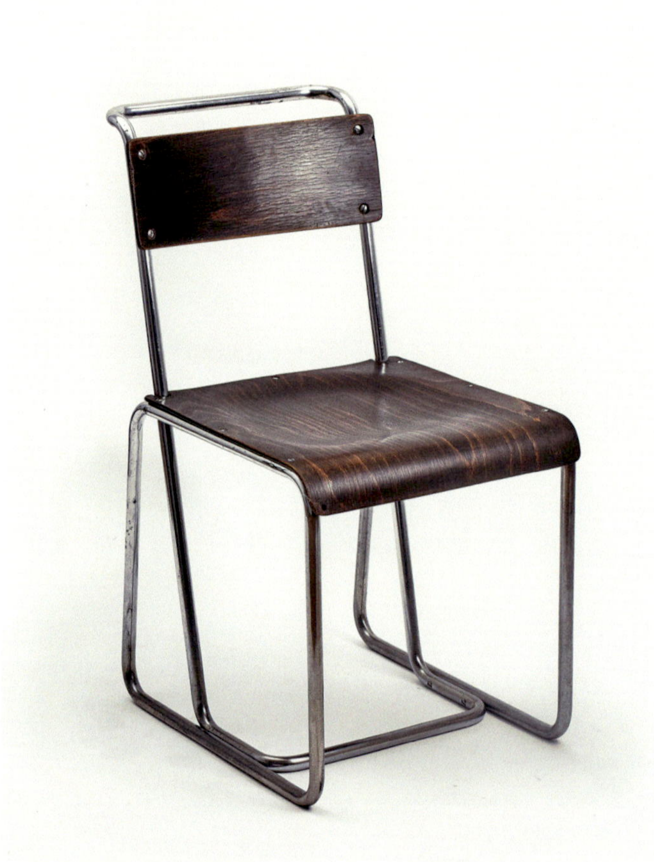

Kat. 45 Werkentwurf, Stuhl „1931“, 1931. Ausführung: Metallmöbelfabrik Robert Slezák, Bystřice pod Hostýnem. Bröhan-Museum, Berlin

Kat. 46 Werkentwurf, Armlehnsessel „1931“, 1931. Ausführung: Metallmöbelfabrik Robert Slezák, Bystřice pod Hostýnem. Bröhan-Museum, Berlin

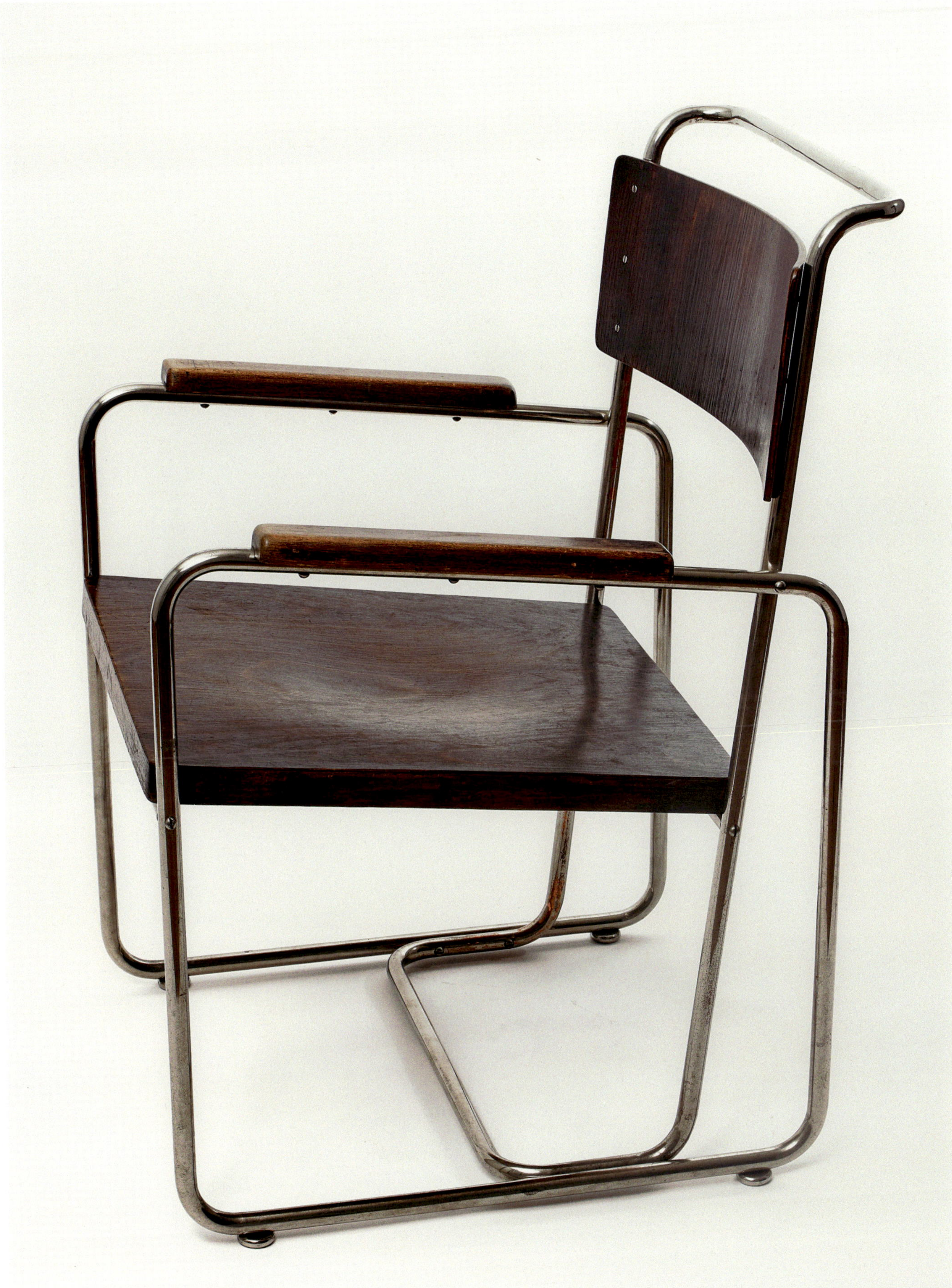

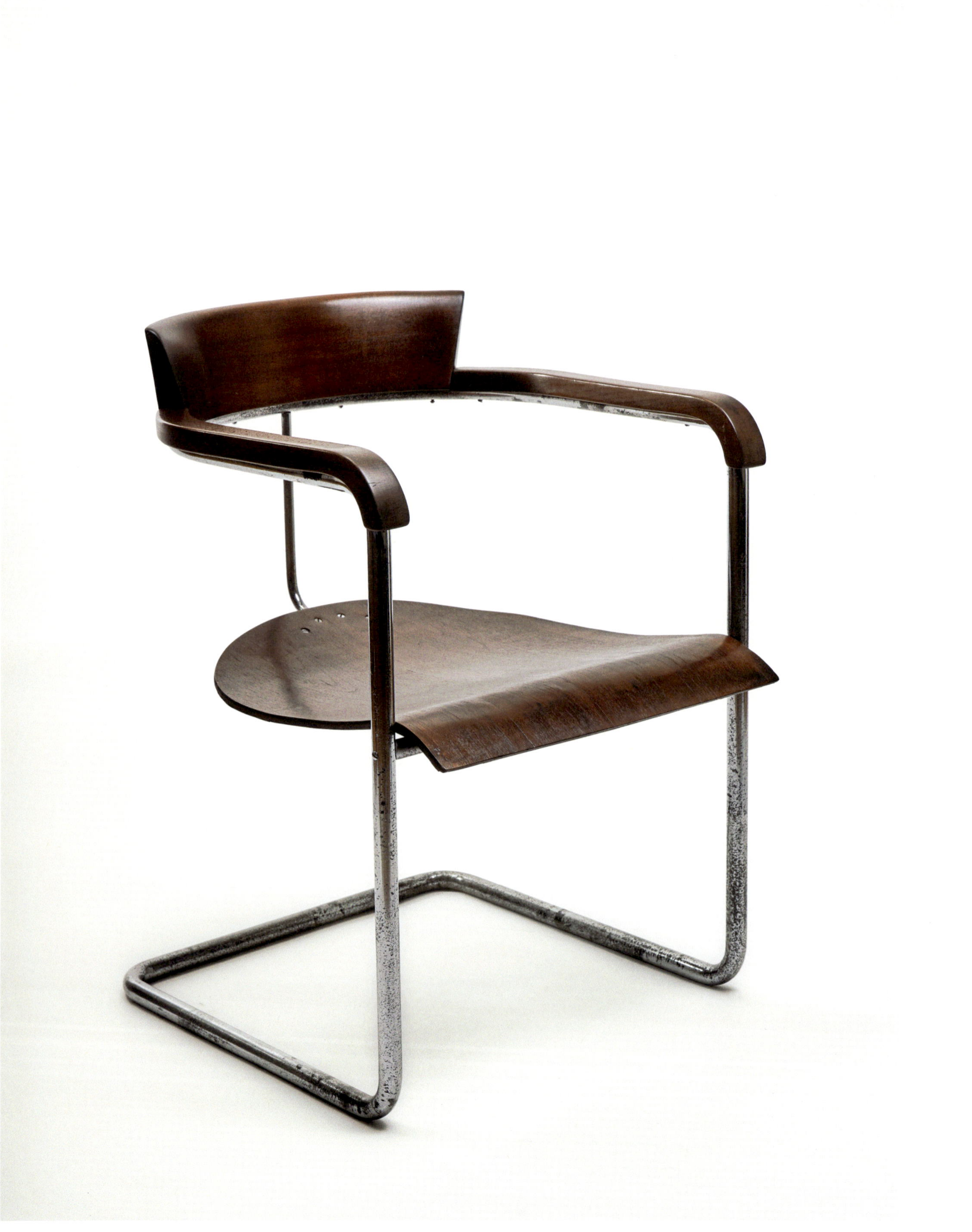

Kat. 48 Karel E. Ort, Armlehnstuhl, um 1931. Ausführung: Metallmöbelfabrik Hynek Gottwald, Prag. Bröhan-Museum, Berlin

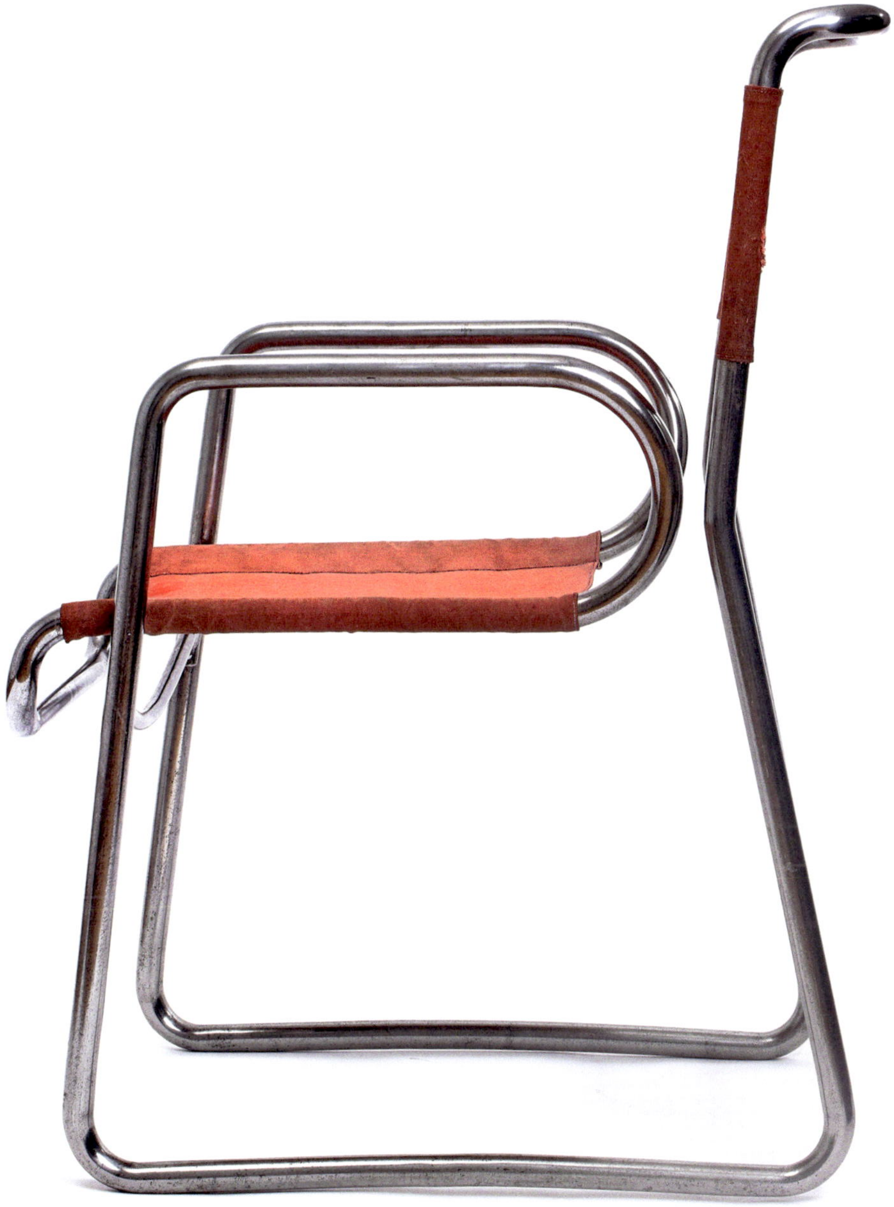

Kat. 47 Karel E. Ort, Armlehnstuhl, Modell 1610, 1930. Ausführung: Metallmöbelfabrik Hynek Gottwald, Prag. Bröhan-Museum, Berlin

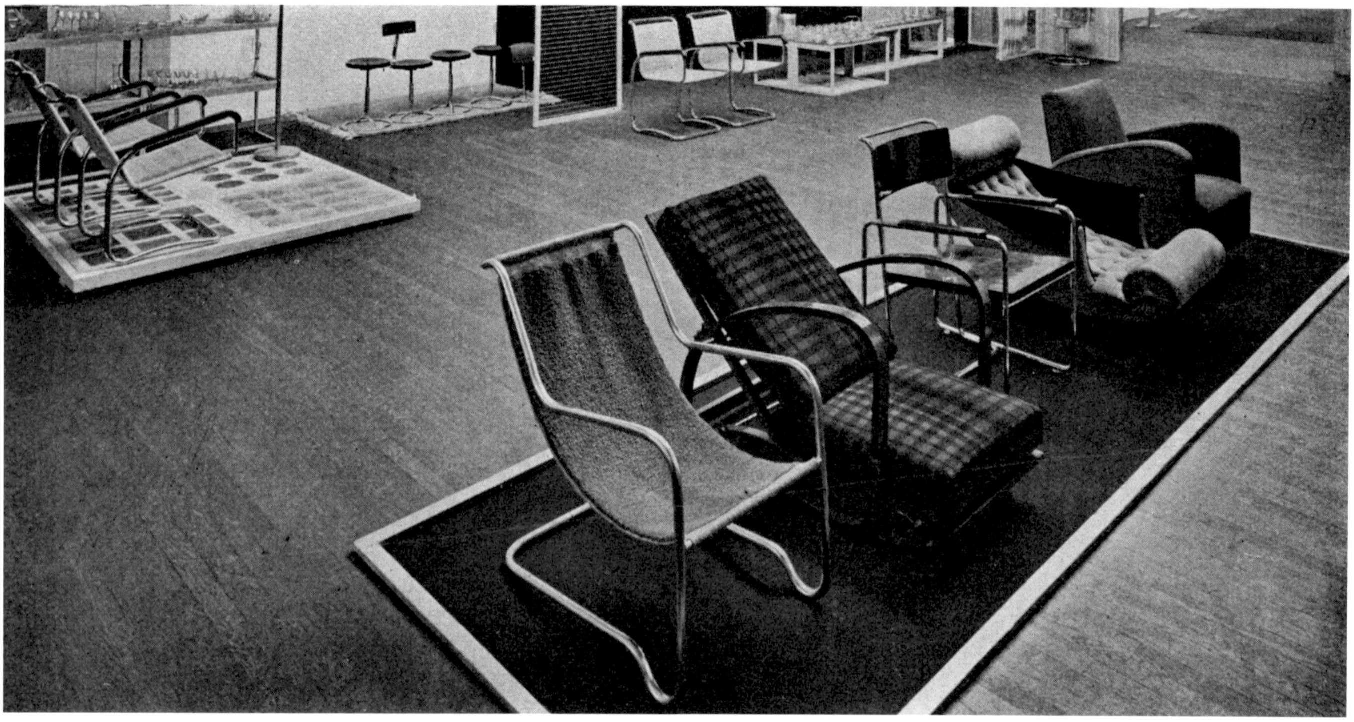

Tschechoslowakische Möbel in Stockholm, 1931: Sessel von Ladislav Žák, Jindřich Halabala, Robert Slezák, Adolf Loos und Josef Grus, in: Žijeme, Jahrgang 1, Heft 8, 1931. Private Collection NL

Kat. 49 Ladislav Žák, Stahlrohrsessel „Siesta", 1931. Stoffentwurf: Antonín Kybal. Sammlung Gerald Fingerle

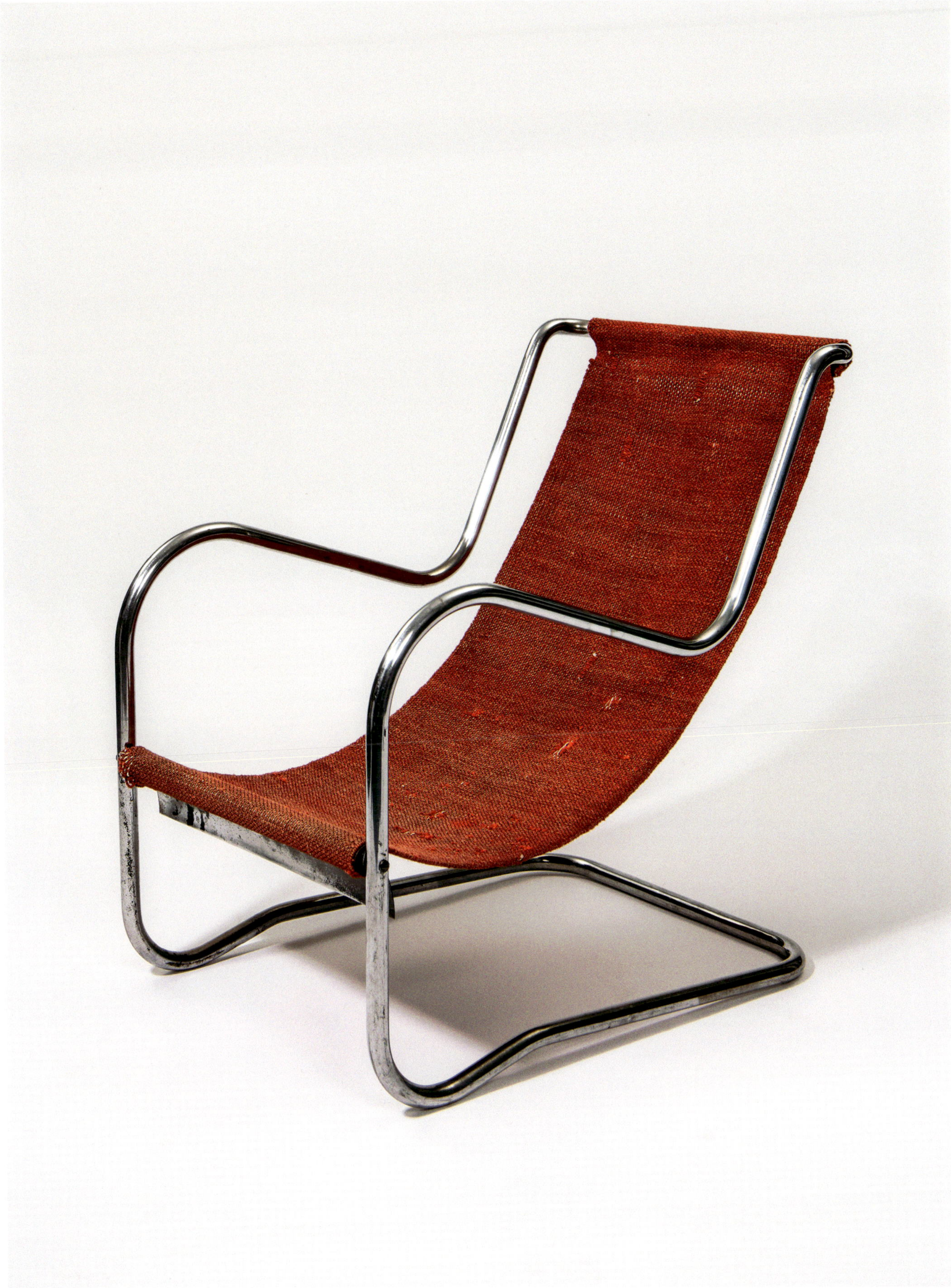

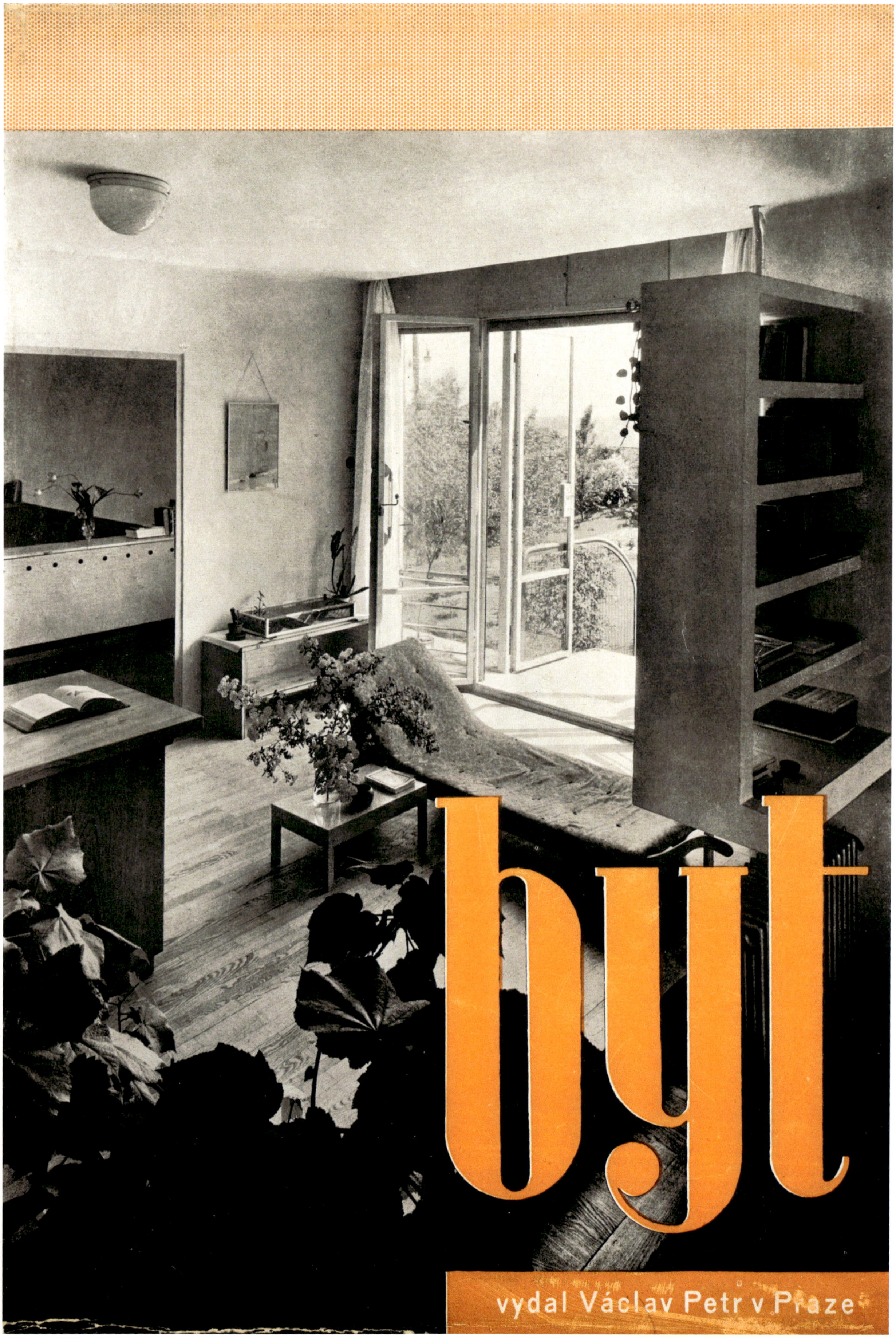
byt
vydal Václav Petr v Praze

Ladislav Žák, Lösungen für Kleinstwohnungen der 1930er Jahre, in: Byt [Wohnung], herausgegeben von Václav Petr, Prag 1934. Private Collection NL

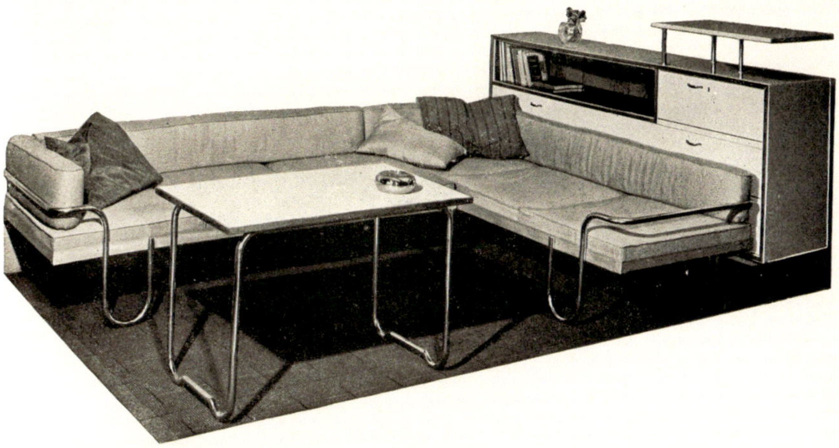

84 L. Žák *Obývací a spací pohovkový kout. Nábytek je volně sestaven v celek, skříň stojí kolmo ke zdi, je s obou stran přístupná, obsahuje oboustranně zasklenou knihovnu, dvě sekretářové sklapky a dvě podélné schránky se sklapkami na ložní prádlo a jiné předměty.*

85 L. Žák *Přenosná pohovka, křeslo a lampa. U pohovky je použito tvaru spací pohovky (obr. 79), konstrukce je však ještě zjednodušena, kov je spojen s textilií (vázaný koberec A. Kybala) jednoduchým ovinutím trubky provazovou šňůrou. Křeslo má volně připevněnou provazovou textilii (A. Kybal), na dolní hraně je textilie současně s pružným ocelovým poloválcem přišroubována ke trubce. Lampa má skleněnou stolní desku.*

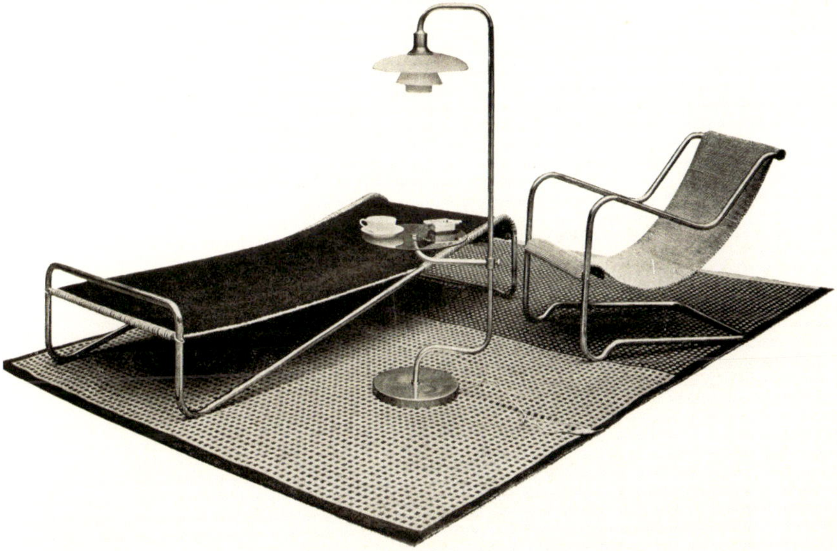

21

Kat. 50 Ladislav Sutnar, Umschlagillustration für „Byt“ [Wohnung], herausgegeben von Václav Petr, Prag 1934. Private Collection NL

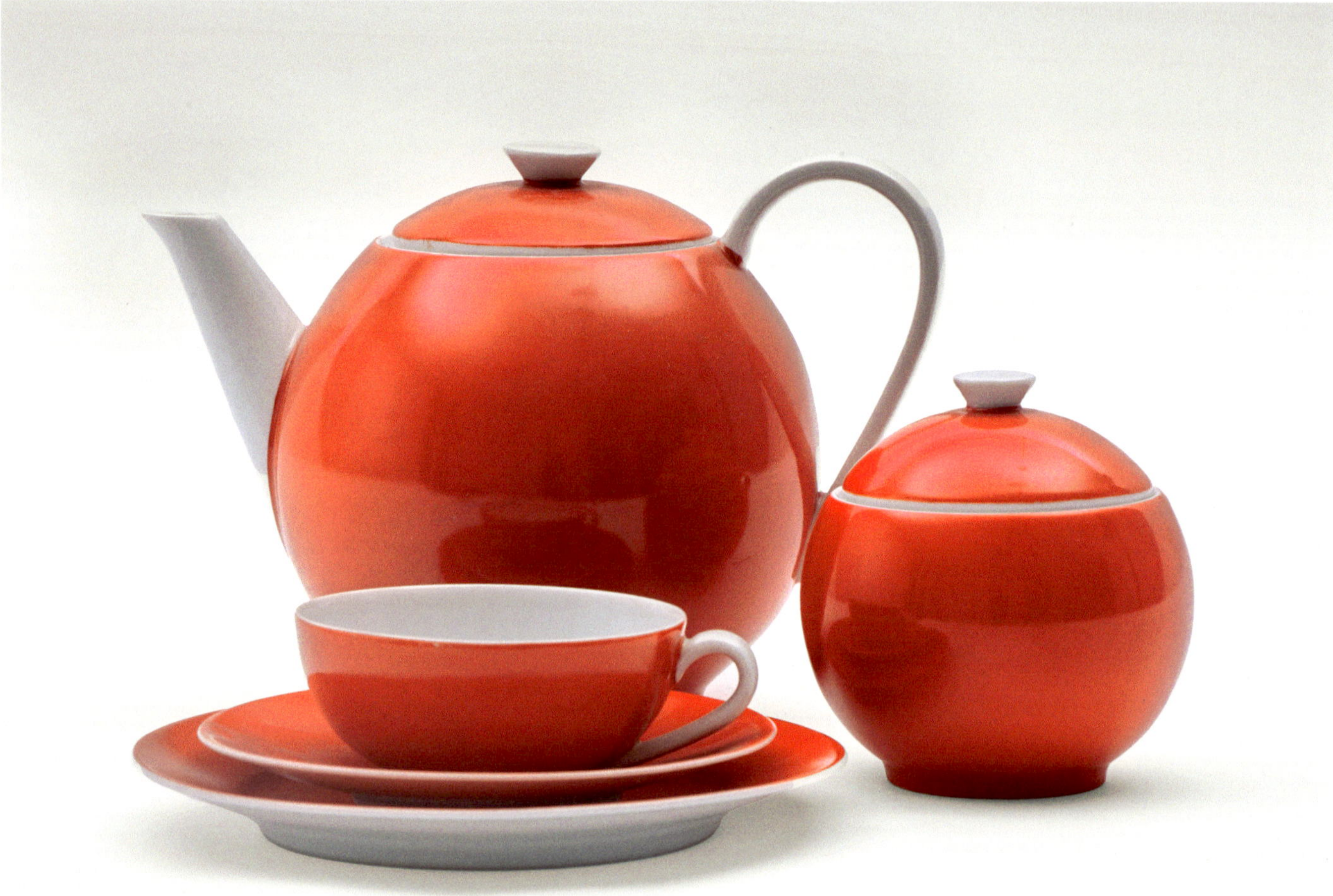

Kat. 51 Ladislav Sutnar, Teeservice, 1928. Ausführung: EPIAG (Erste Porzellan-Industrie AG), Loket. Bröhan-Museum, Berlin

Kat. 52 Ladislav Sutnar,
Teeservice, 1931. Ausführung:
Kavalierglass a.s., Sázava.
Vertrieb: Krásná jizba, Prag.
Bröhan-Museum, Berlin

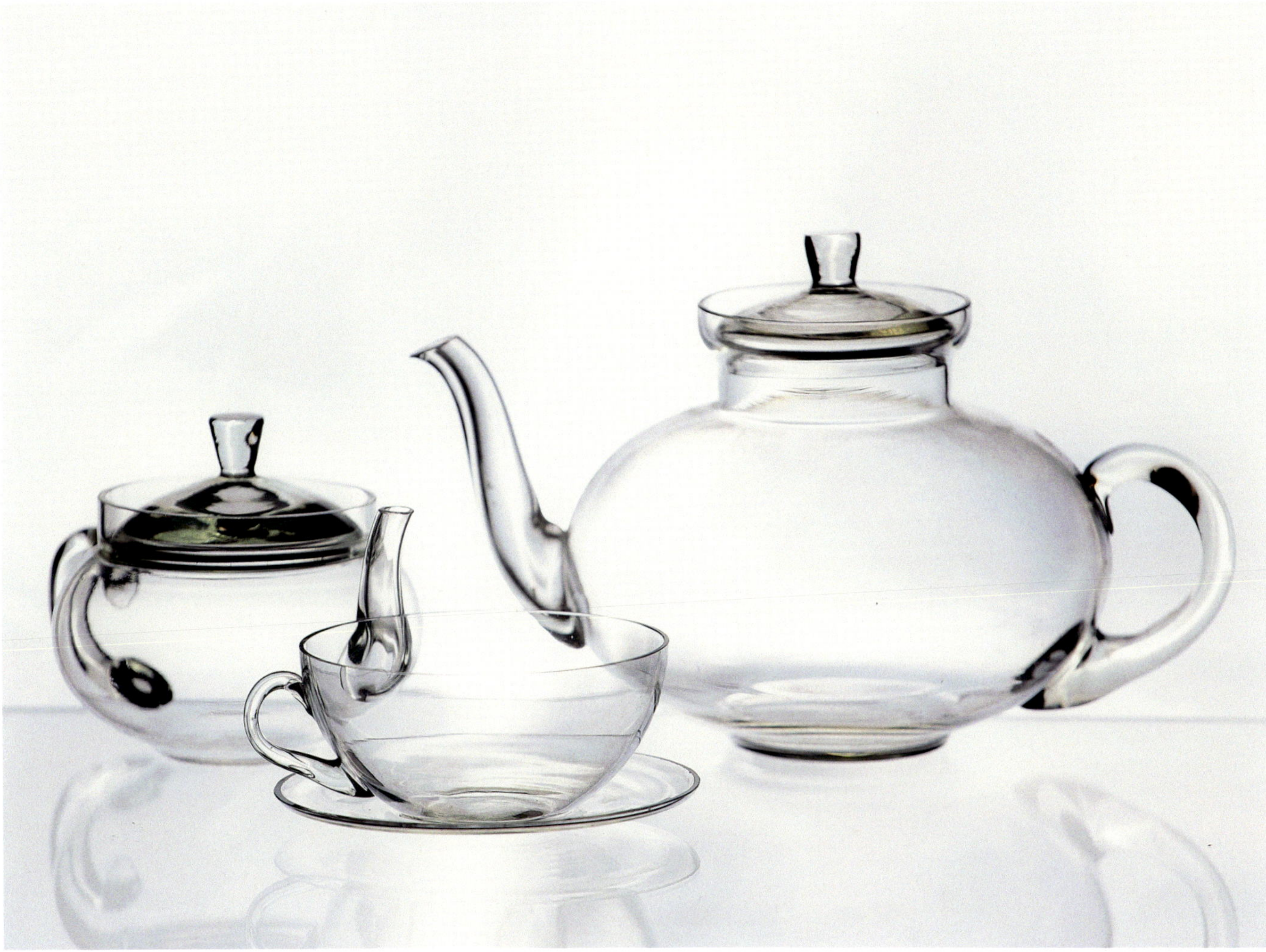

Kat. 53 Ladislav Sutnar, Umschlagillustration der Zeitschrift Žijeme, Jahrgang 1, Heft 2, 1931. Archiv Bröhan-Museum, Berlin

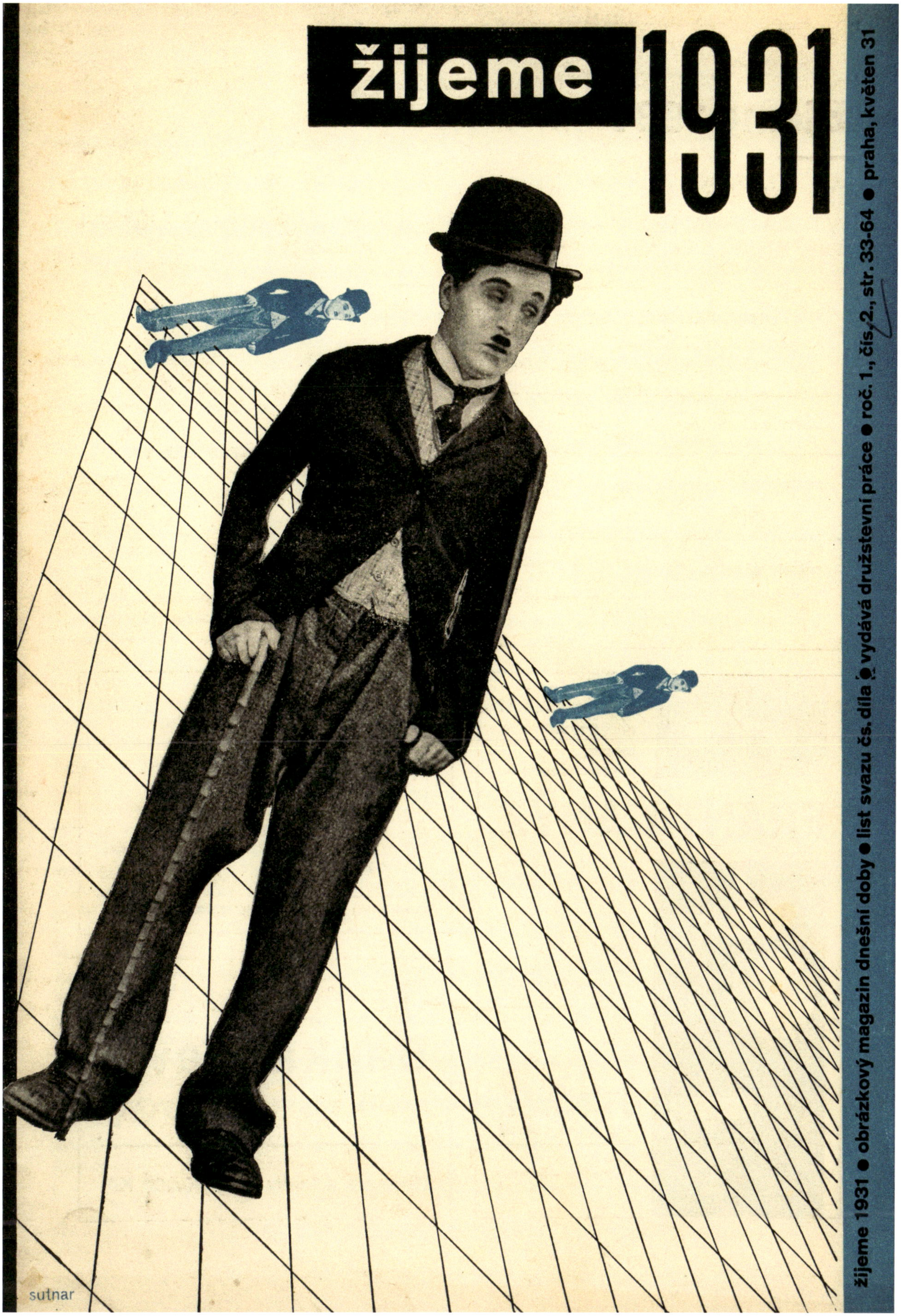
žijeme
1931
žijeme 1931 ● obrázkový magazin dnešní doby ● list svazu čs. díla ● vydává družstevní práce ● roč. 1., čís. 2., str. 33-64 ● praha, květen 31
sutnar

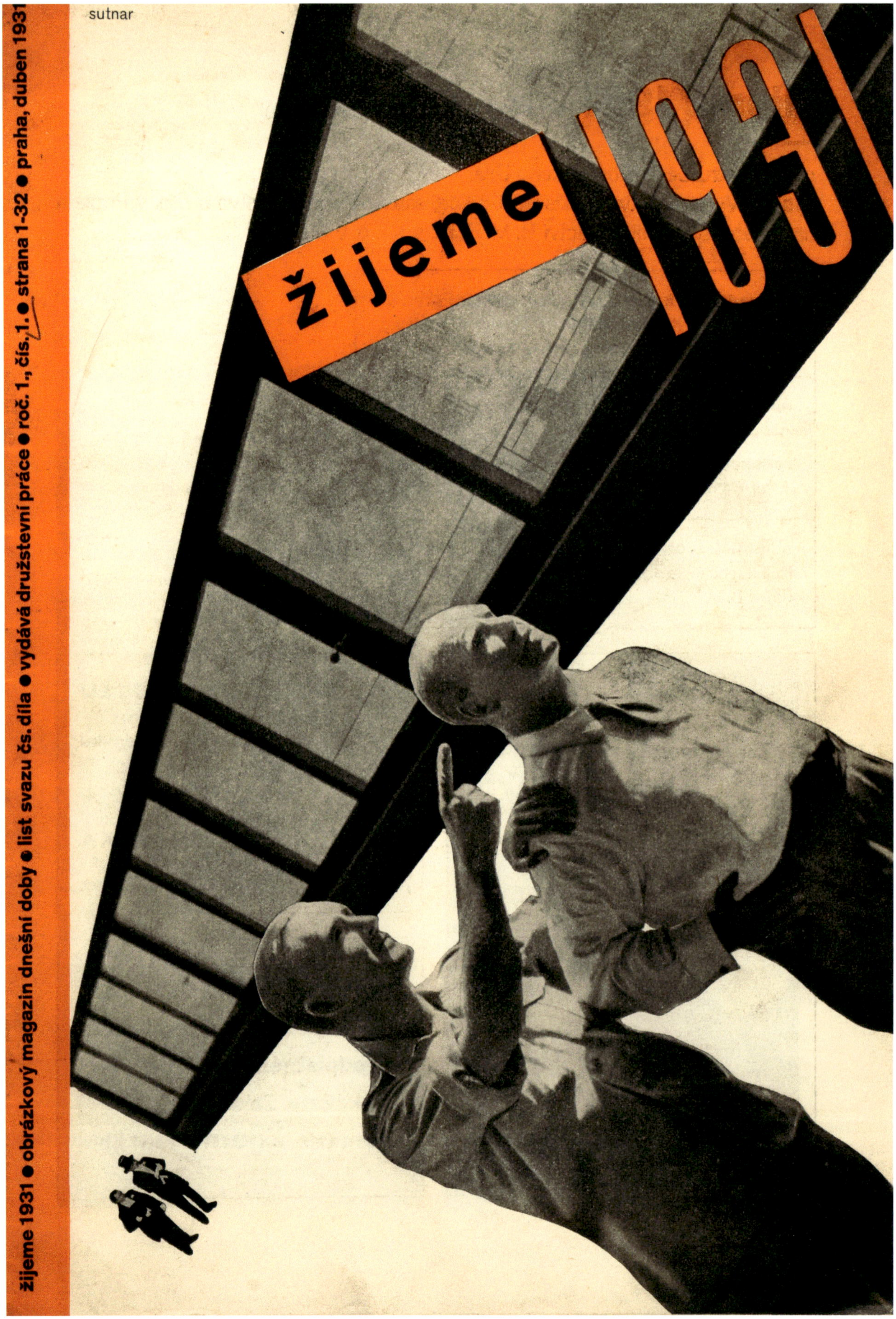
sutnar
žijeme 1931 ● obrázkový magazin dnešní doby ● list svazu čs. díla ● vydává družstevní práce ● roč. 1., čís. 1. ● strana 1-32 ● praha, duben 1931
žijeme
1931

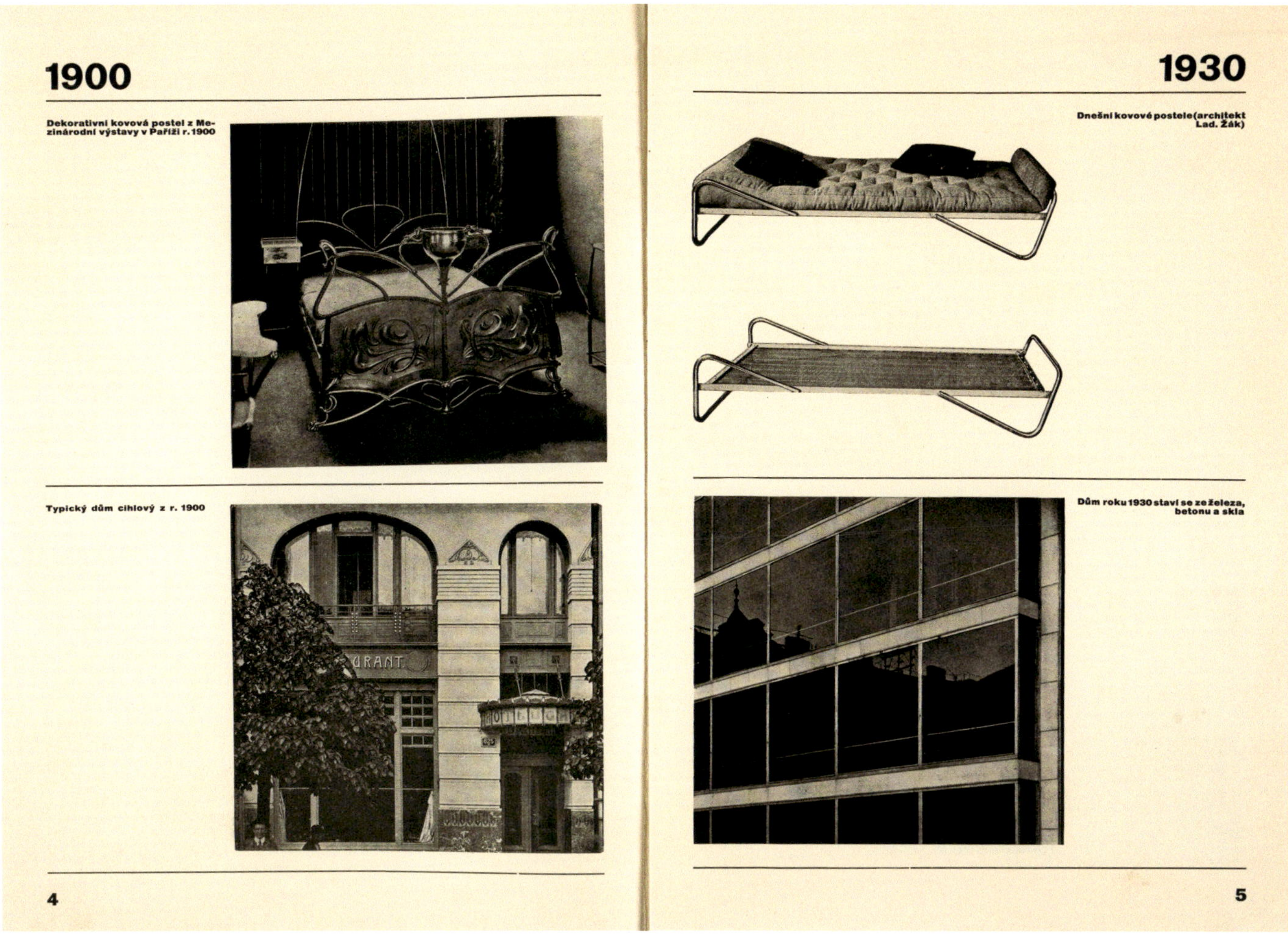
1900

Dekorativní kovová postel z Mezinárodní výstavy v Paříži r. 1900

Typický dům cihlový z r. 1900

4

1930

Dnešní kovové postele (architekt Lad. Žák)

Dům roku 1930 staví se ze železa, betonu a skla

5

Gegenüberstellung von Baustilen in der Zeitschrift Žijeme, Jahrgang 1, Heft 1, 1931. Private Collection NL

Kat. 54 Ladislav Sutnar, Umschlagillustration der Zeitschrift Žijeme, Jahrgang 1, Heft 1, 1931. Private Collection NL

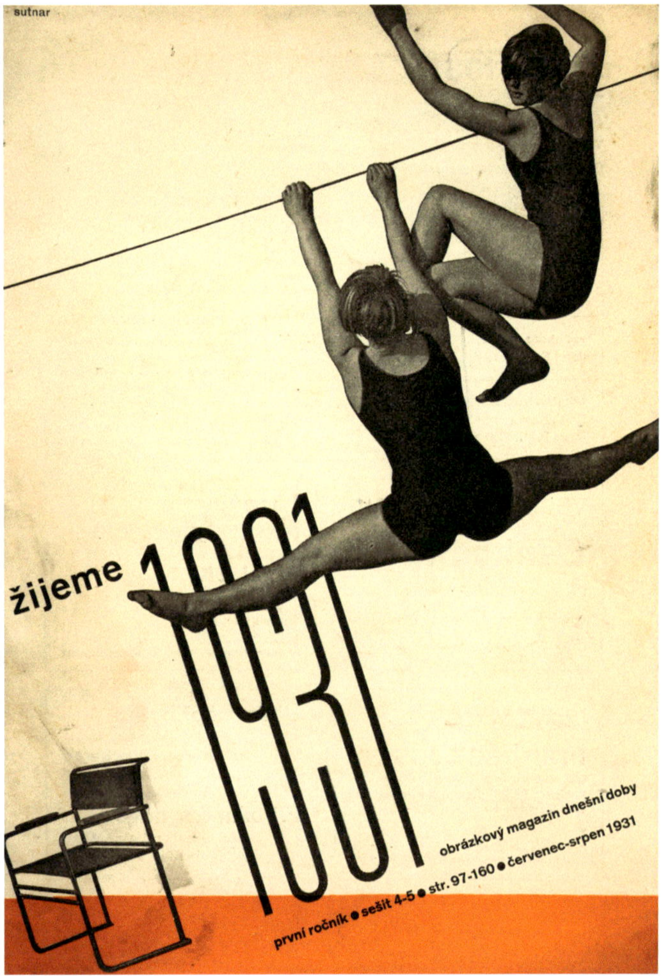

Kat. 55 Ladislav Sutnar, Umschlagillustration der Zeitschrift Žijeme, Jahrgang 1, Heft 4—5, 1931. Private Collection NL

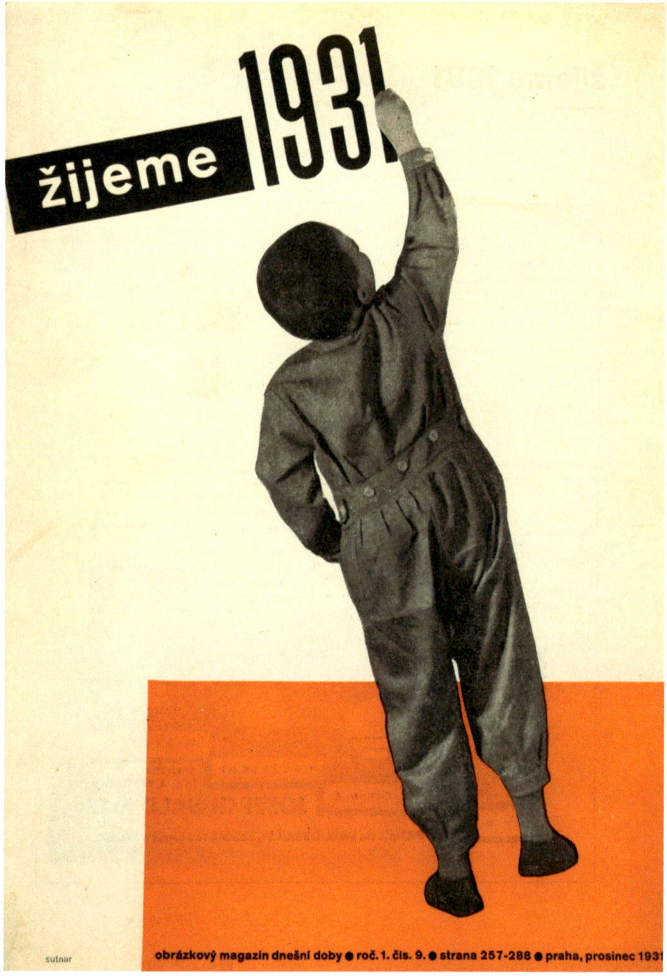

Kat. 56 Ladislav Sutnar, Umschlagillustration der Zeitschrift Žijeme, Jahrgang 1, Heft 9, 1931. Private Collection NL

Kat. 57 Ladislav Sutnar, Umschlagillustration der Zeitschrift Žijeme, Jahrgang 2, Heft 1, 1932. Private Collection

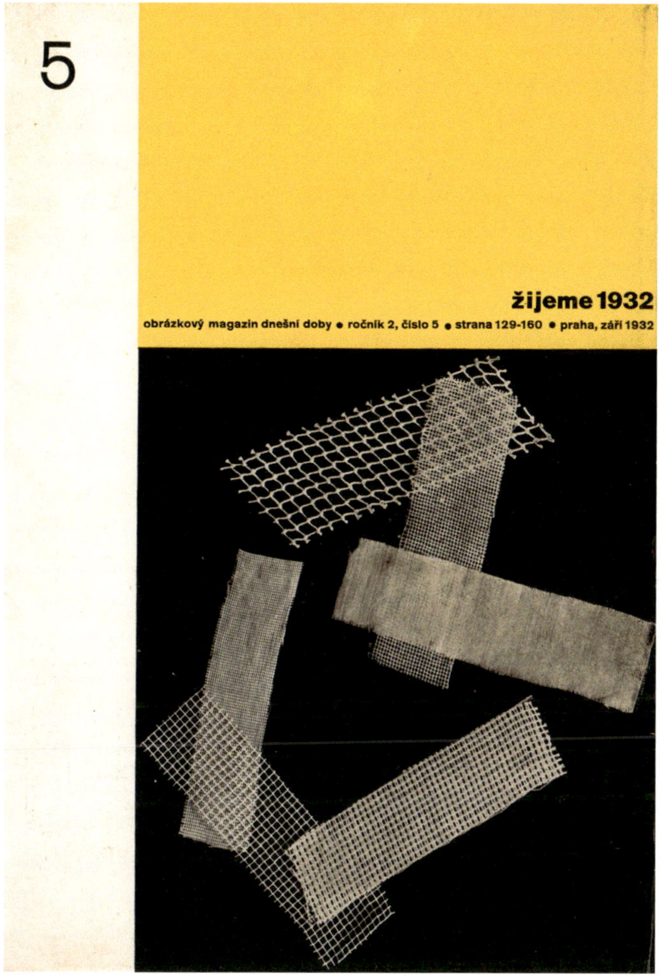

Kat. 58 Ladislav Sutnar, Umschlagillustration der Zeitschrift Žijeme, Jahrgang 2, Heft 5, 1932. Private Collection

NL

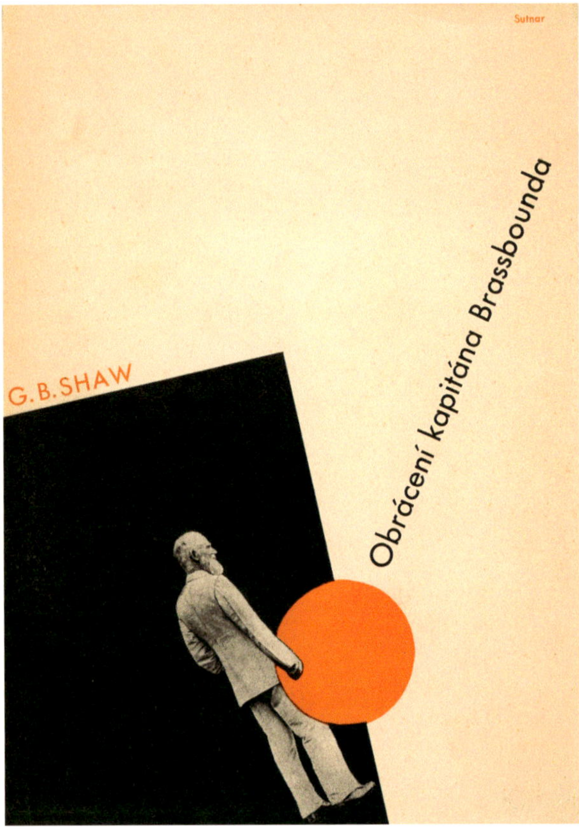

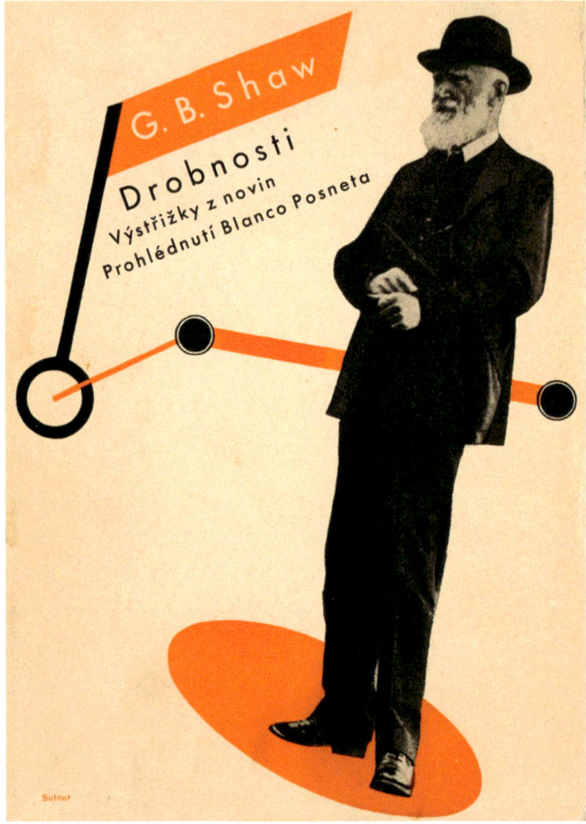

Kat. 59 Ladislav Sutnar, Umschlagillustration für George Bernard Shaw, Obrácení kapitána Brassbounda, 1932. Private Collection NL

Kat. 60 Ladislav Sutnar, Umschlagillustration für George Bernard Shaw, Drobnosti II., Výstřižky z novin, Prohlédnutí Blanco Posneta, 1933. Private Collection NL

Kat. 61 Ladislav Sutnar, Umschlagillustration für George Bernard Shaw, Trakař jablek, Americký císař, 1932. Private Collection NL

Kat. 63 Ladislav Sutnar, Umschlagillustration für Nejmenší dům [Das kleinste Haus], 1931. Private Collection NL

Kat. 62 Ladislav Sutnar, Umschlagillustration für George Bernard Shaw, Ženění a vdávání, 1931. Private Collection NL

Kat. 64 Ladislav Sutnar, Umschlagillustration für Duha, Der Regenbogen, Zyklus von sechs Liedern für mittlere Stimme und Klavier, 1930. Private Collection NL

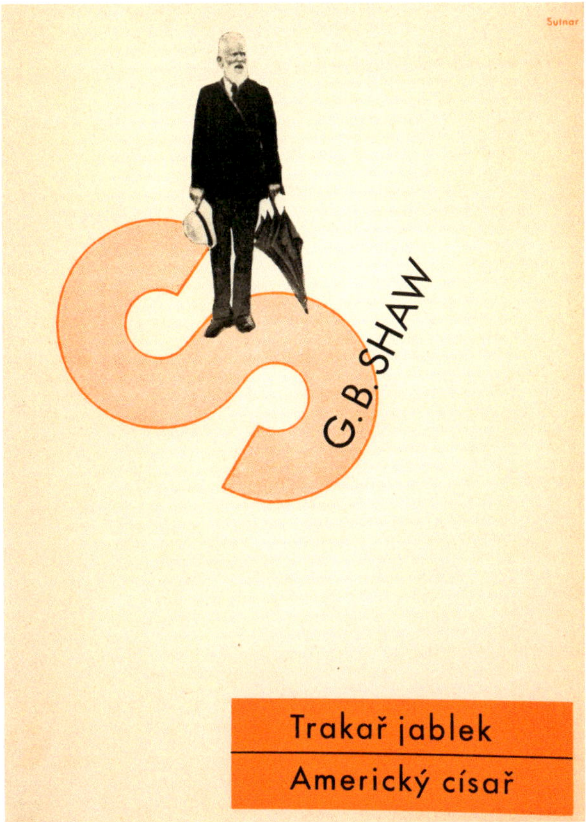
Sutnar
G.B. SHAW
Trakař jablek
Americký císař

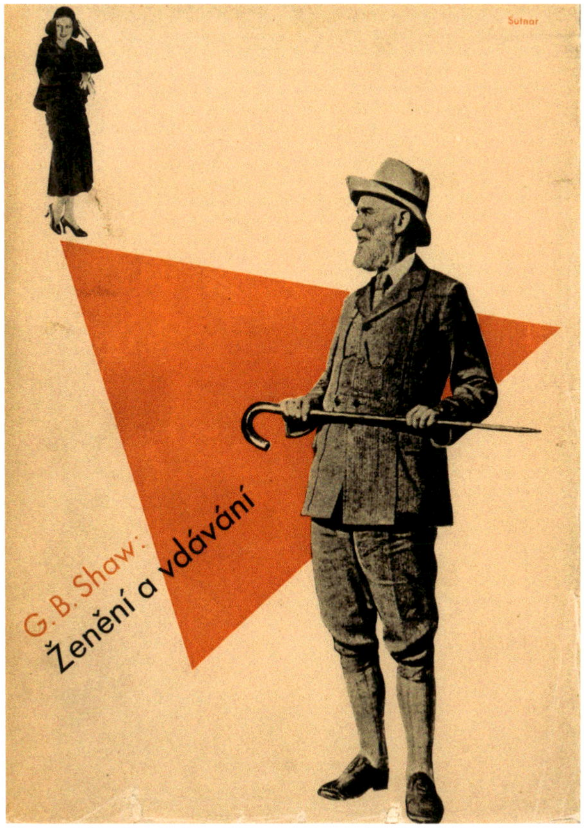
Sutnar
G. B. Shaw:
Ženění a vdávání

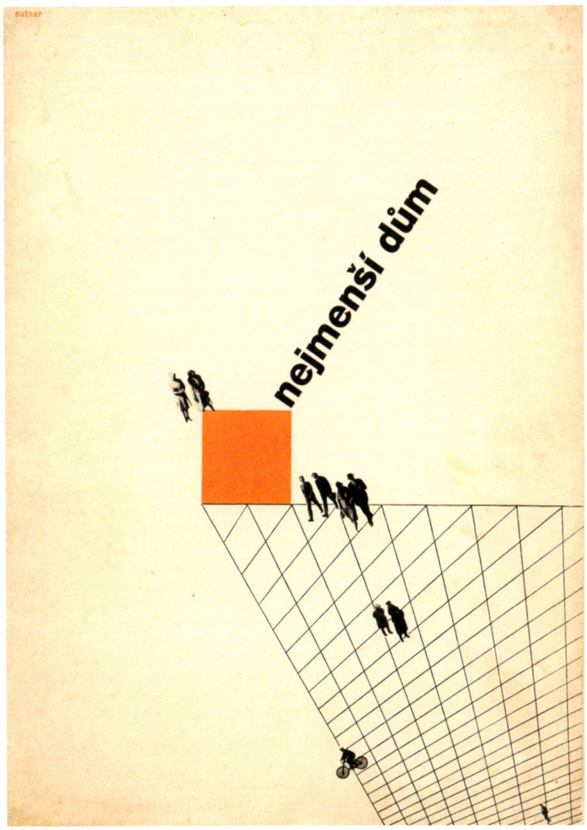
sutnar
nejmenší dům

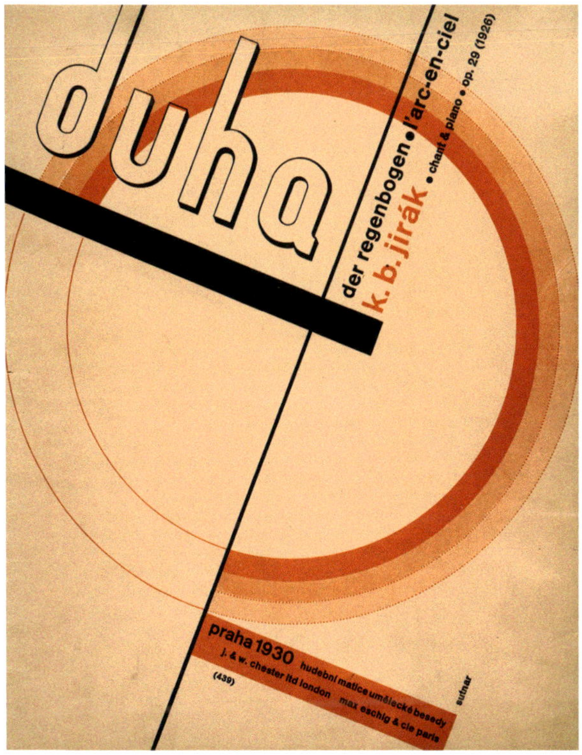
duha
der regenbogen • l'arc-en-ciel
k. b. jirák • chant & piano • op. 29 (1926)
praha 1930 hudební matice umělecké besedy
j. & w. chester ltd london max eschig & cie paris
(439)
sutnar

Kat. 65 Jindřich Halabala, Armlehnstuhl, Modell H-80, 1930. Ausführung: Vereinigte UP-Werke, Brünn. Bröhan-Museum, Berlin

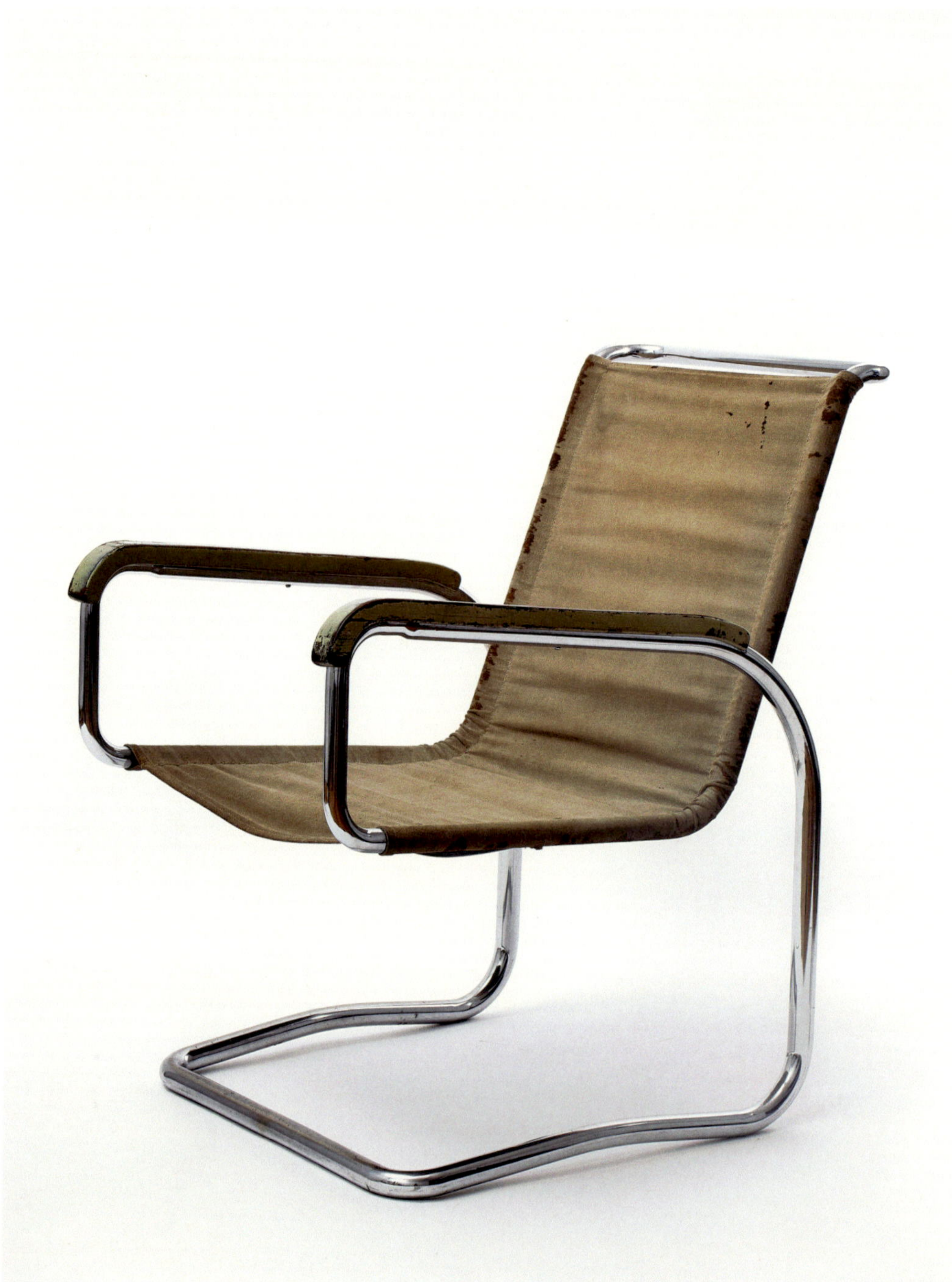

Kat. 66 Jindřich Halabala, Stahlrohrstuhl, Modell H-79, um 1930. Ausführung: Vereinigte UP-Werke, Brünn. Bröhan-Museum, Berlin

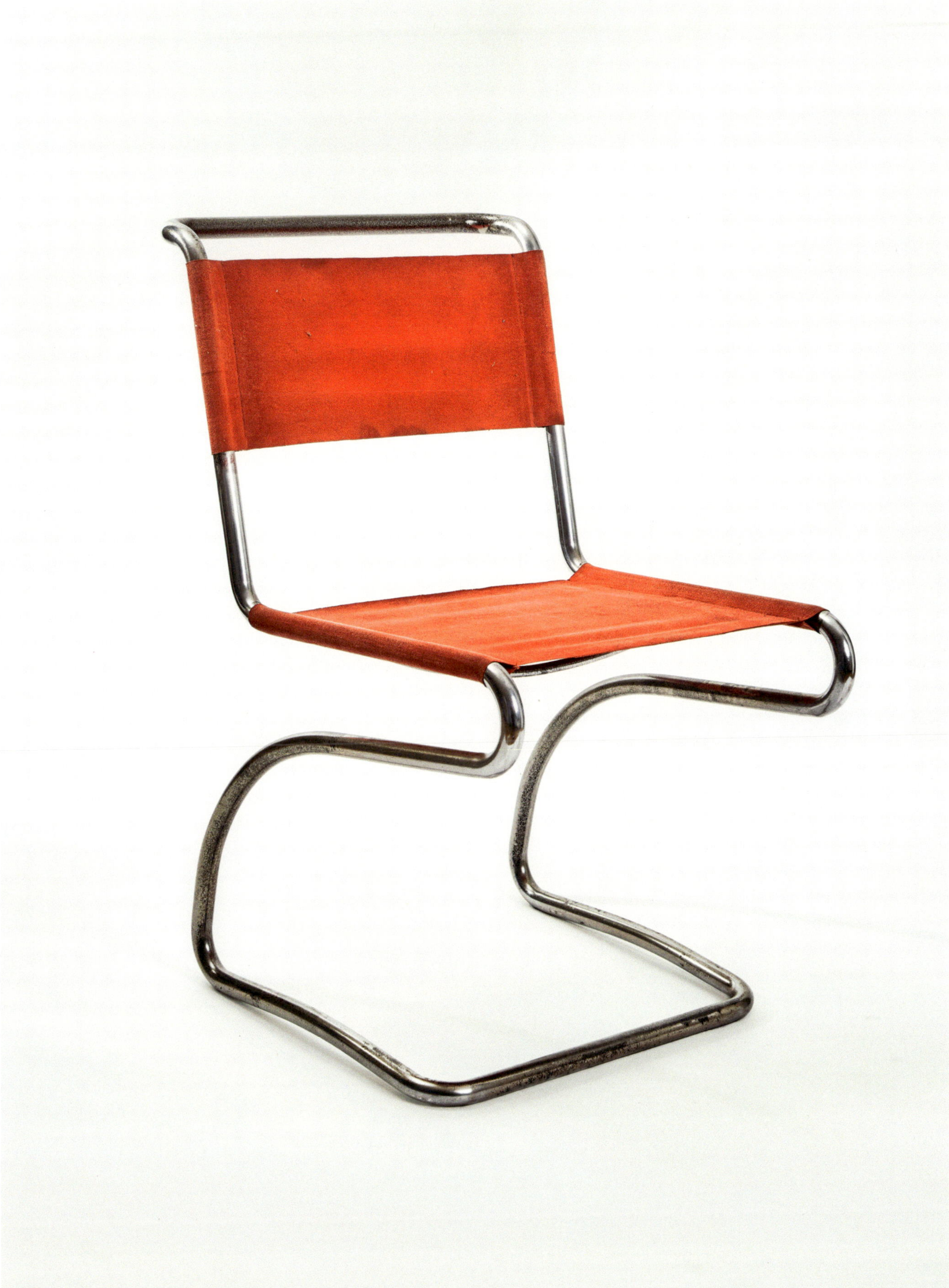

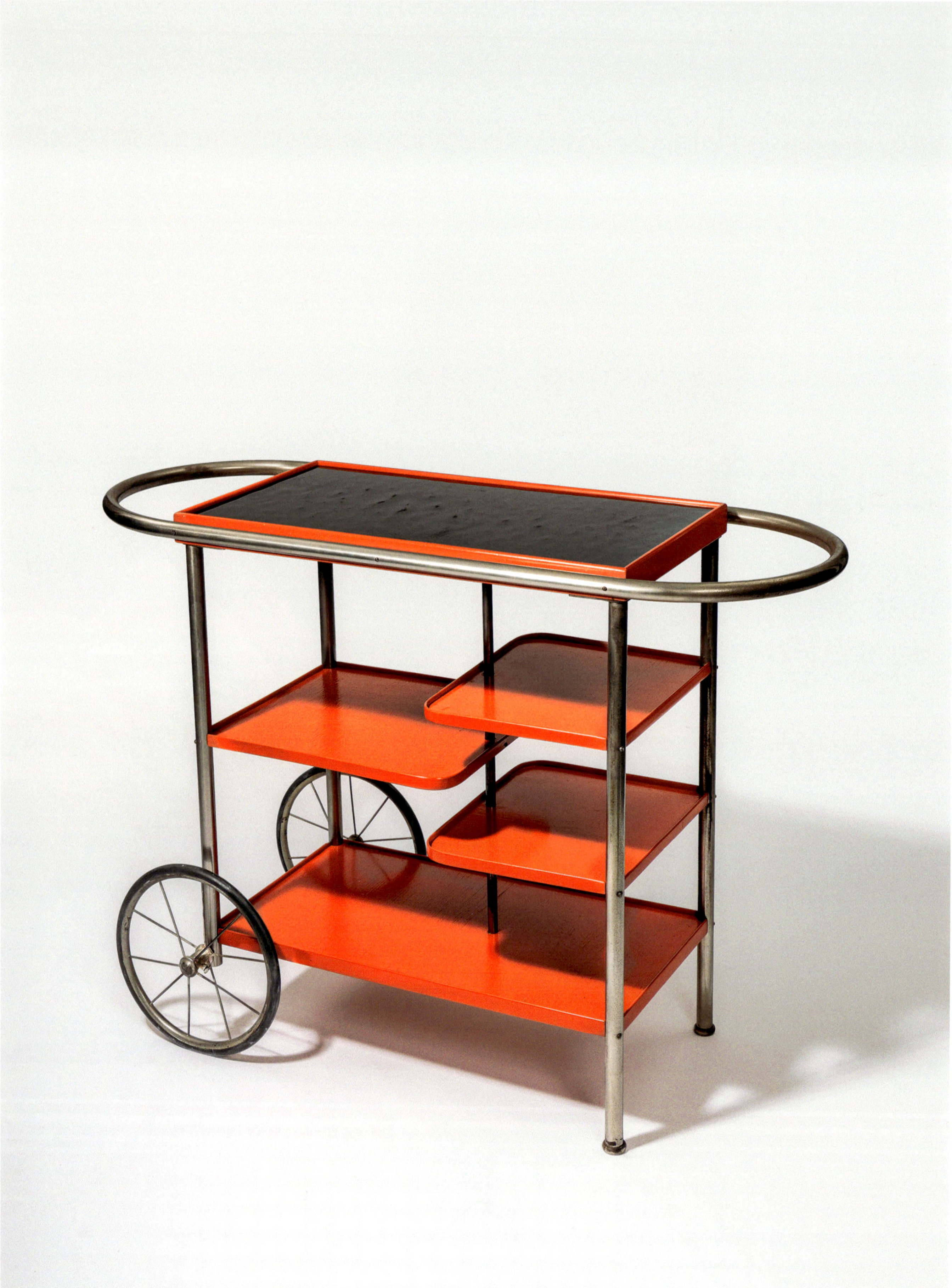

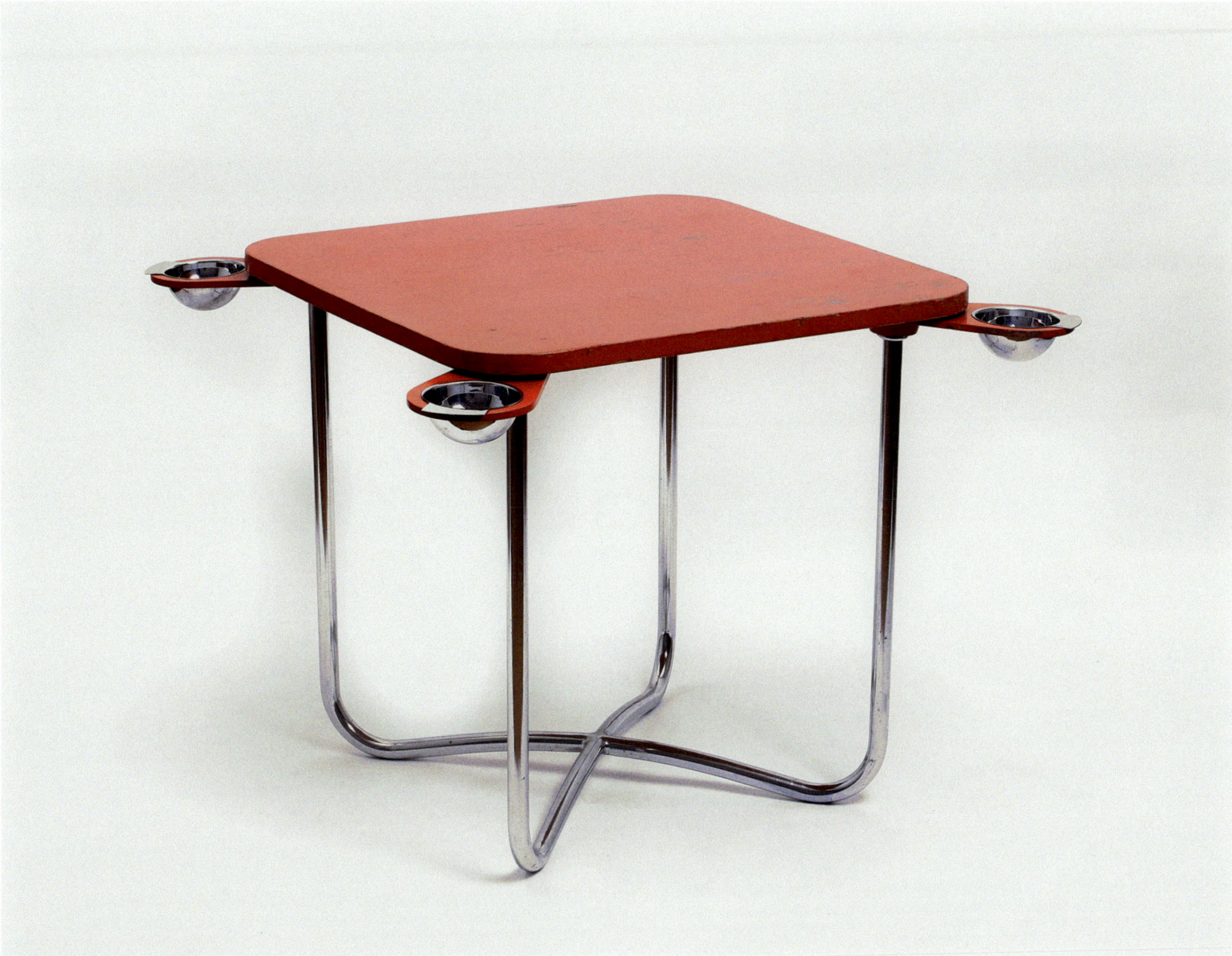

Kat. 68 Jindřich Halabala, Tisch mit Ablagen, Modell H-113, um 1933. Ausführung: Vereinigte UP-Werke, Brünn. Bröhan-Museum, Berlin

Kat. 67 Jindřich Halabala, Servierwagen, 1930. Sammlung Gerald Fingerle

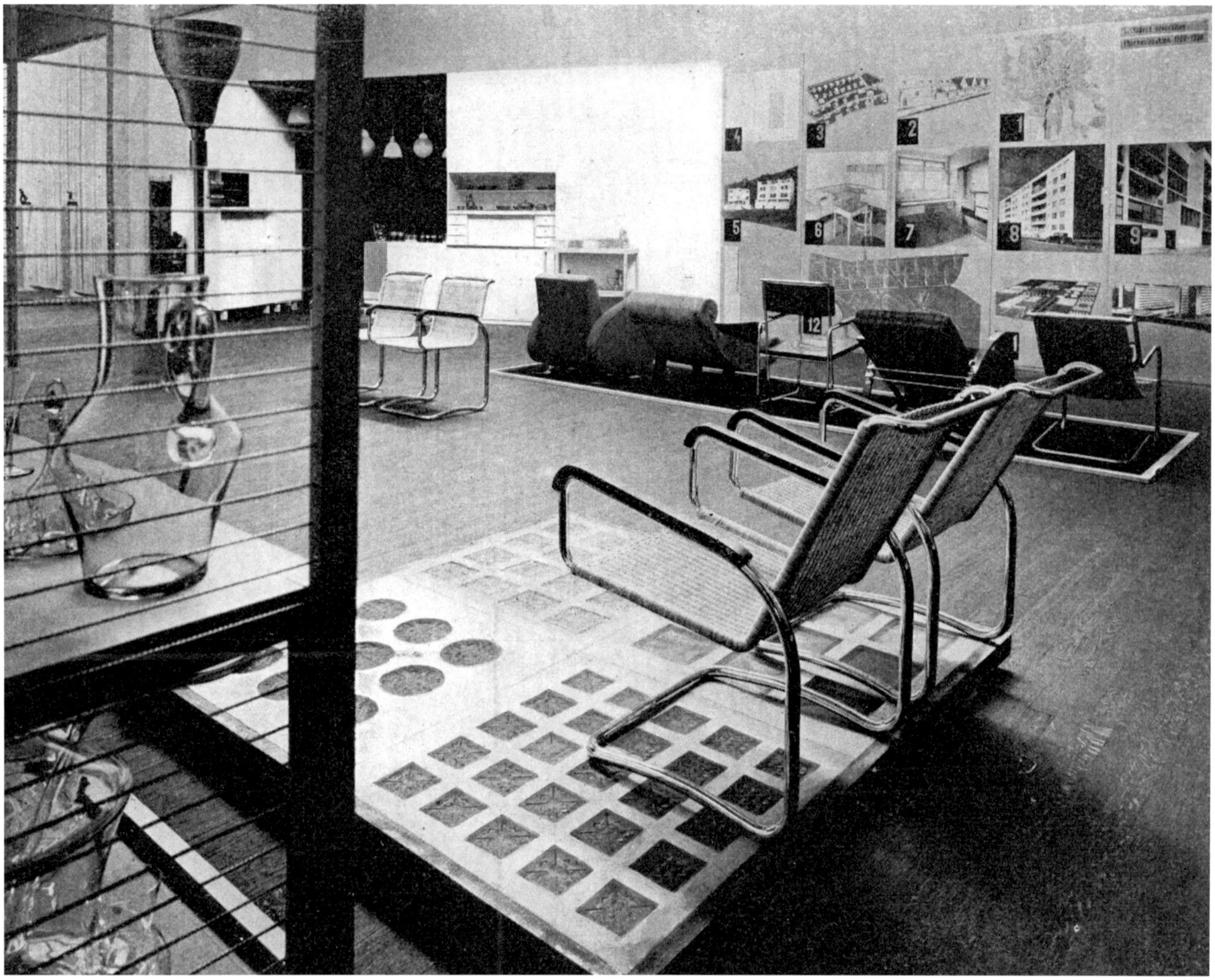

Ausstellung tschechoslowakischer Architektur und Qualitätsprodukte in Stockholm, 1931, in: Žijeme, Jahrgang 1, Heft 8, 1931. Private Collection NL

Folgende Doppelseite:

Kat. 70 Miloslav Prokop, Deckenleuchte „Modul", Typ L1, um 1931. Ausführung: Josef Inwald, Prag. Bröhan-Museum, Berlin

Kat. 71 Miloslav Prokop, Deckenleuchte, „Modul", Typ L1, um 1931. Ausführung: Josef Inwald, Prag. Bröhan-Museum, Berlin

Kat. 69 Miloslav Prokop, Stehleuchte, um 1931. Ausführung: Napako, Prag. Bröhan-Museum, Berlin

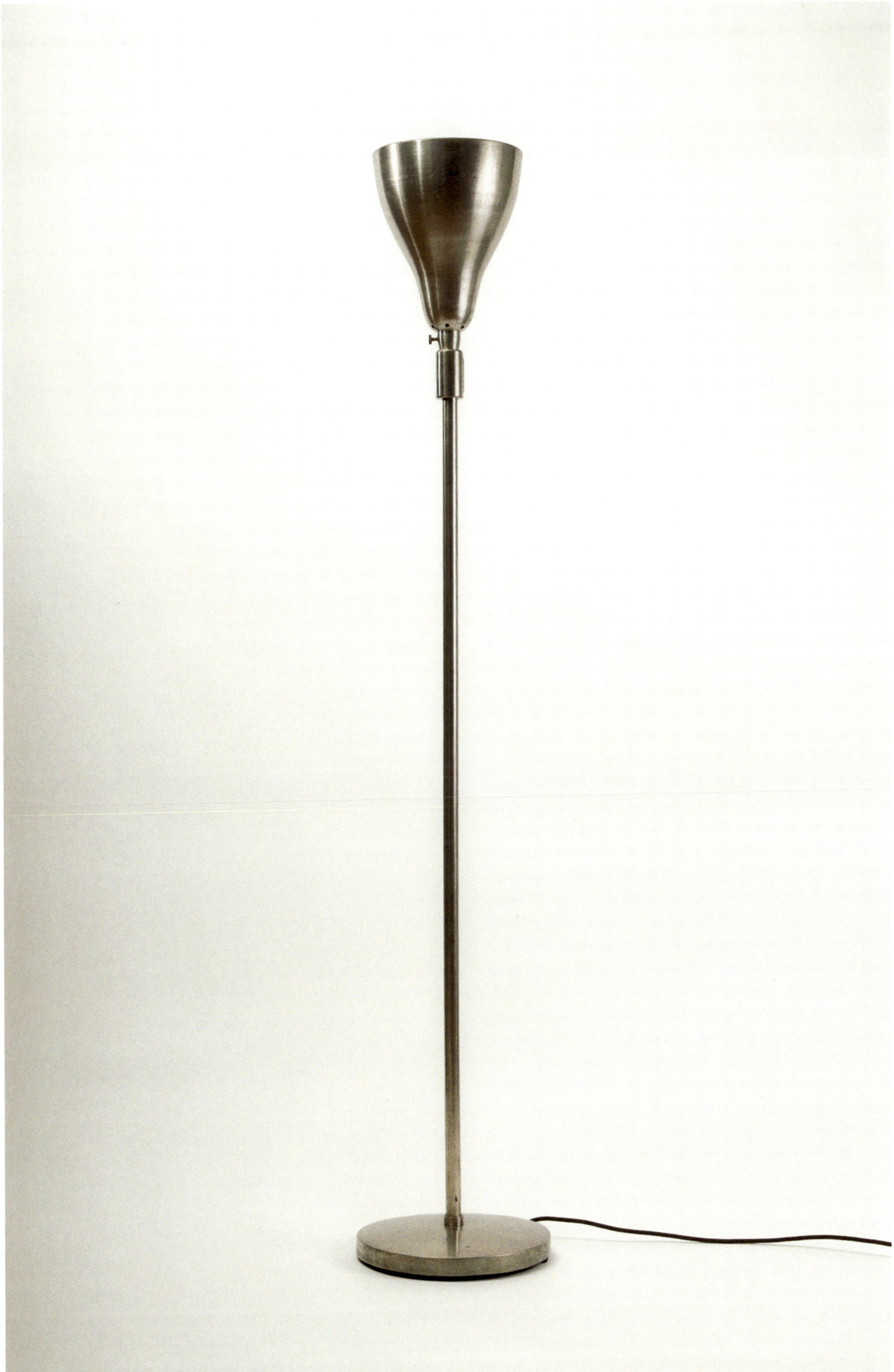

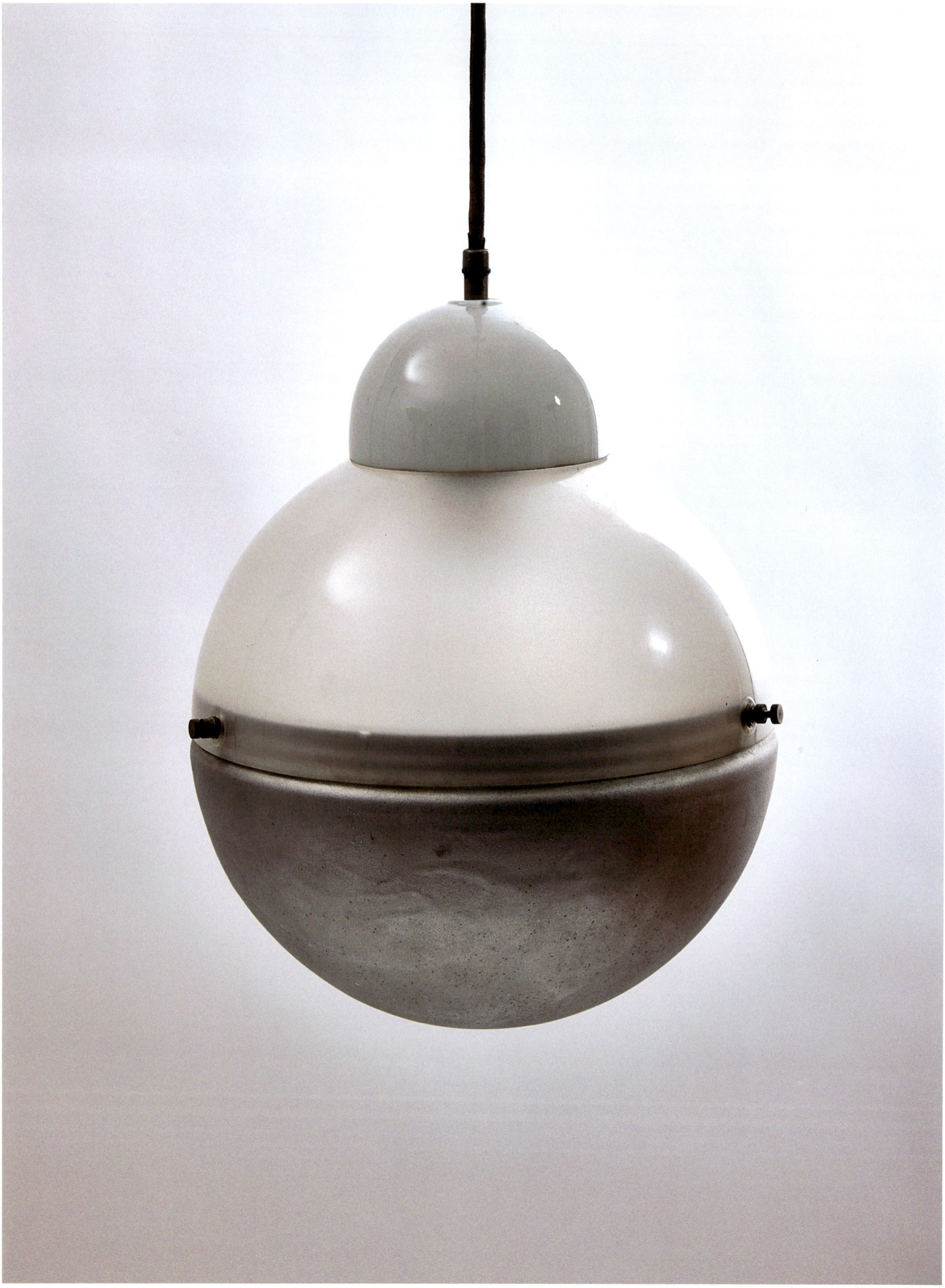

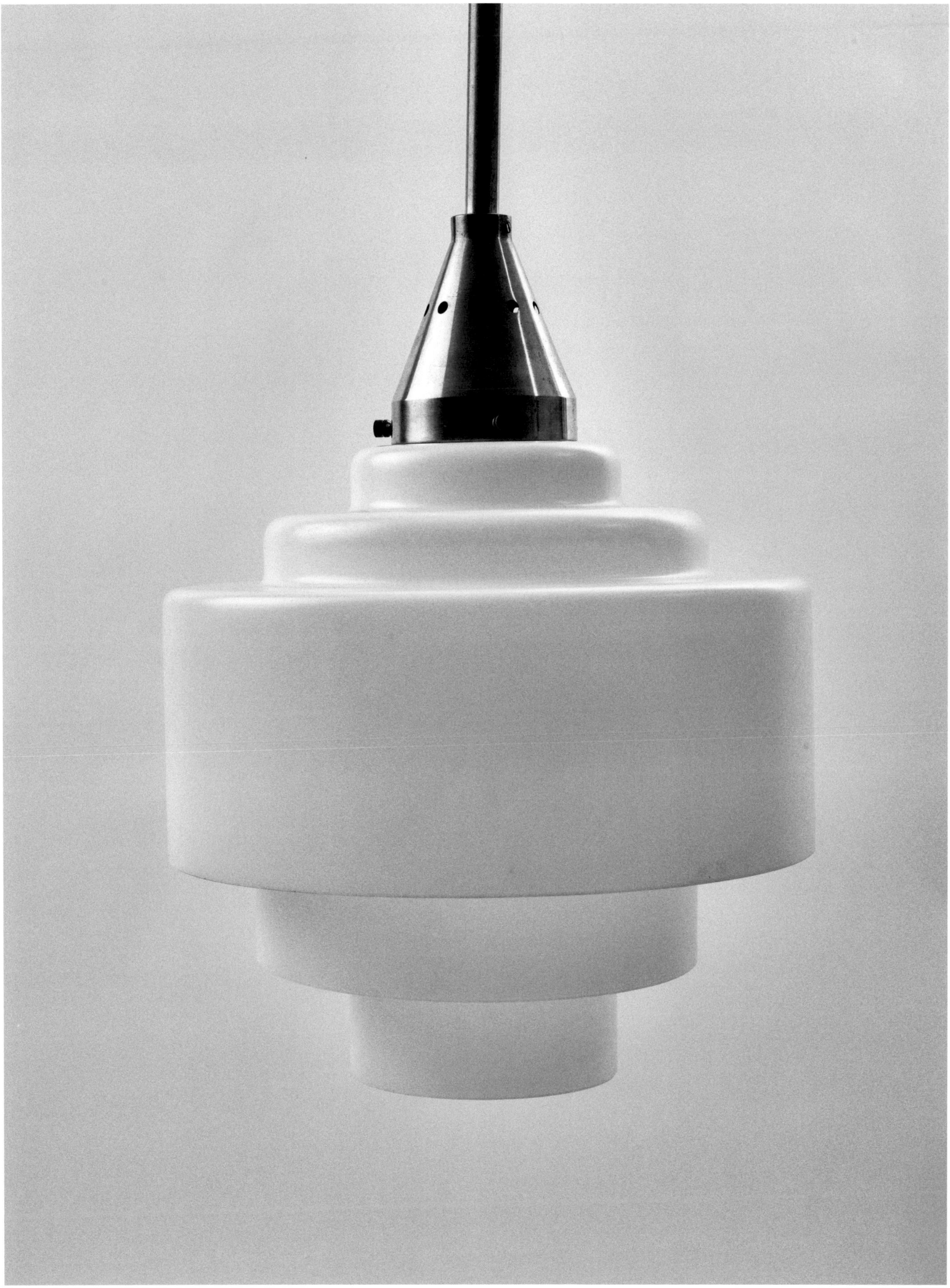

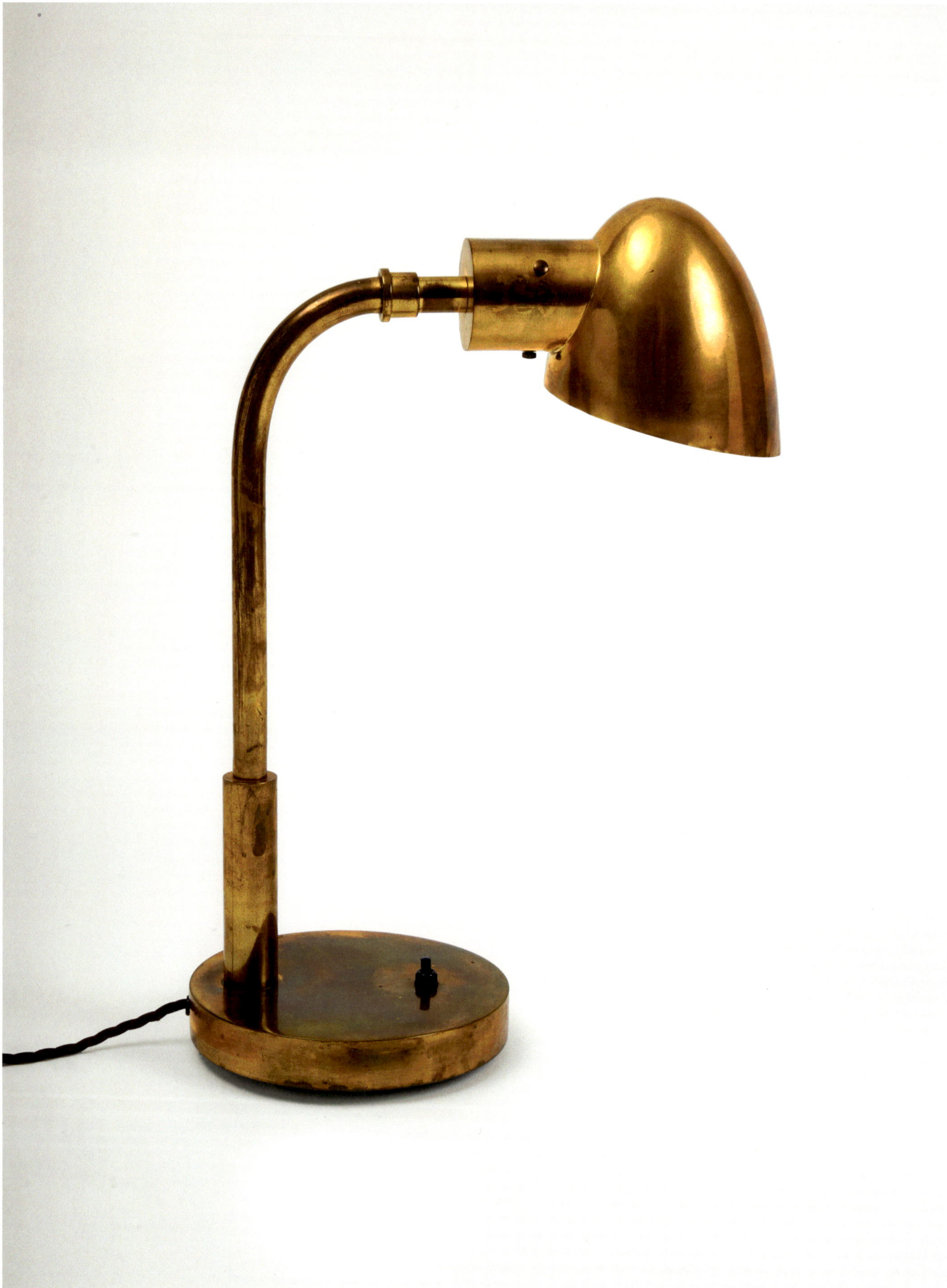

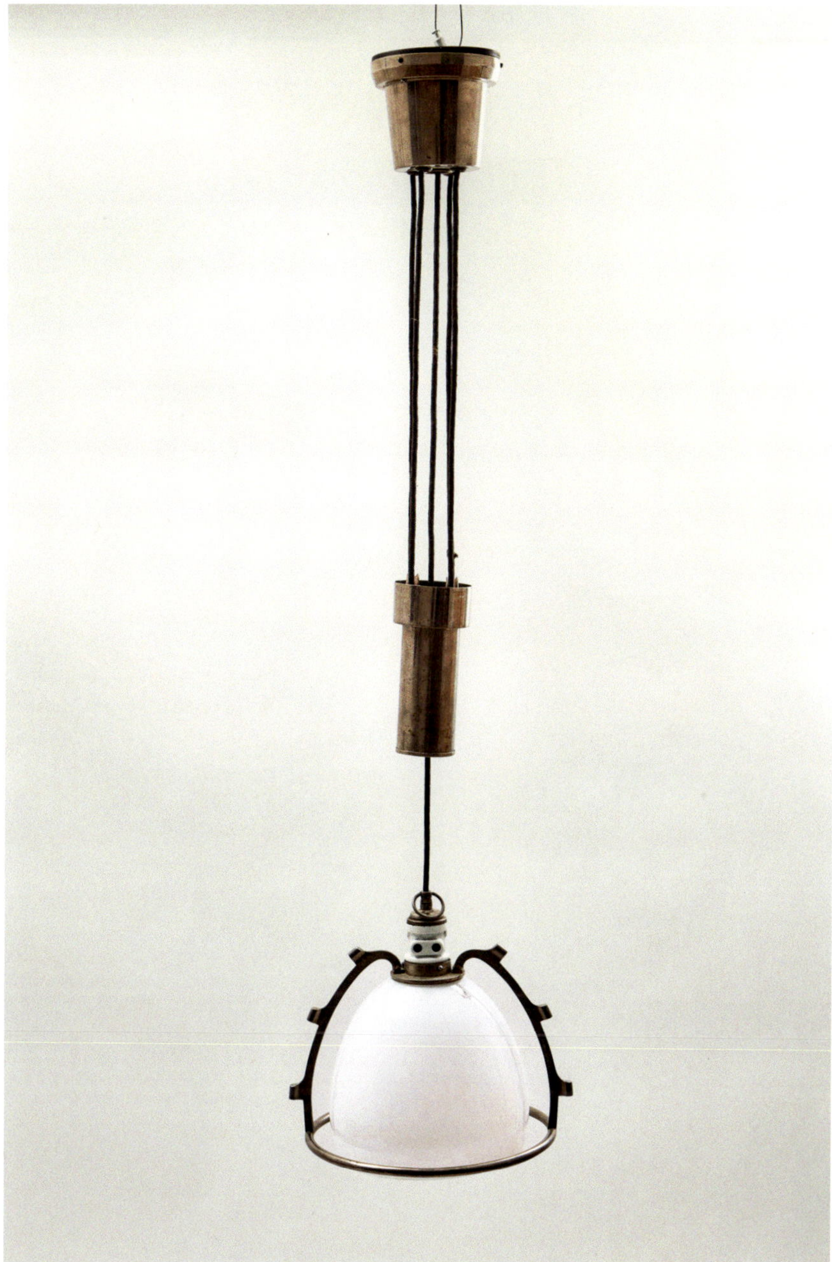

Kat. 73 Miloslav Prokop, Deckenleuchte „Mirax-Maxa", um 1931. Bröhan-Museum, Berlin

Kat. 72 Miloslav Prokop, Tischleuchte, um 1931. Ausführung: Napako, Prag. Bröhan-Museum, Berlin

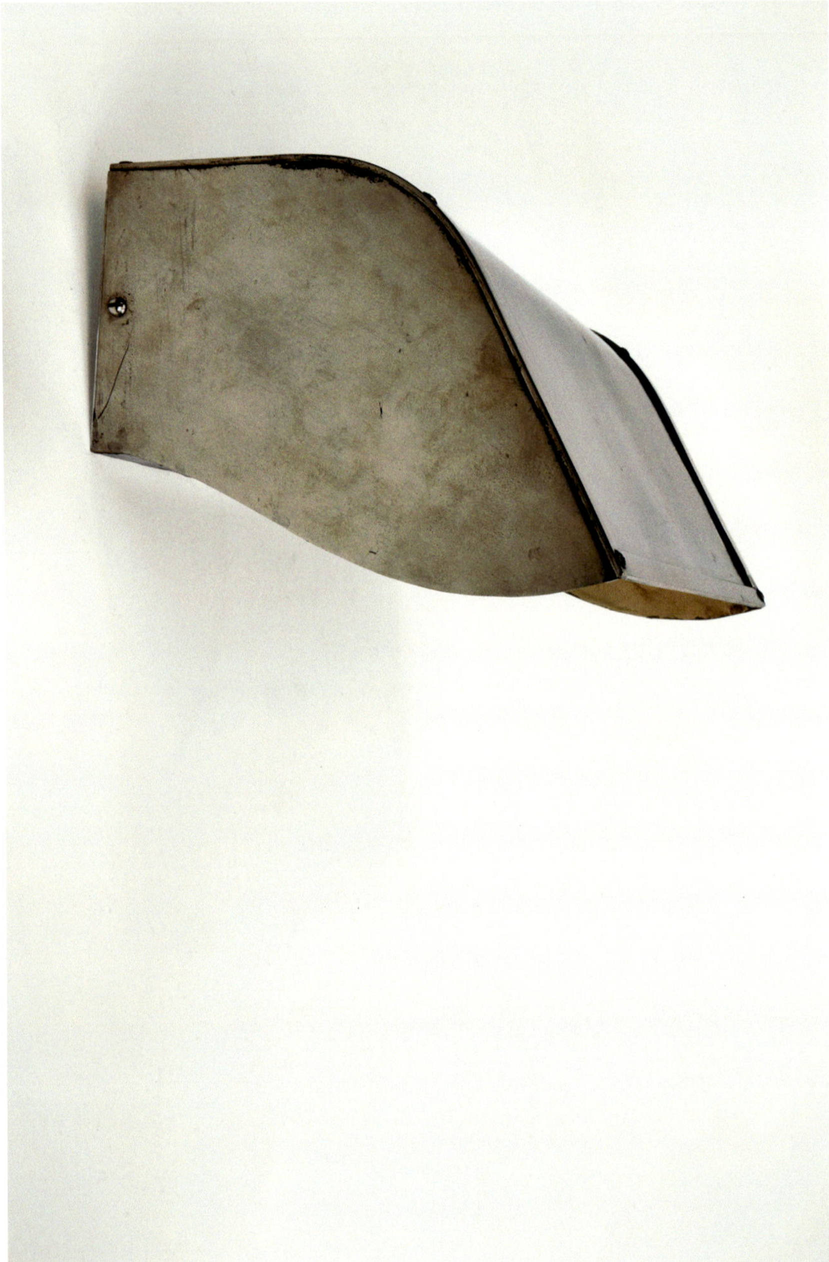

Kat. 74 Miloslav Prokop, Wandleuchte, 1930. Bröhan-Museum, Berlin

Folgende Doppelseite:

Kat. 75 Miloslav Prokop, Deckenleuchte „Modul“, Typ L2, um 1931. Ausführung: Josef Inwald, Prag. Bröhan-Museum, Berlin

Kat. 76 Entwurf und Ausführung unbekannt, Ovale Deckenleuchte mit Linestraröhren, um 1936. Bröhan-Museum, Berlin

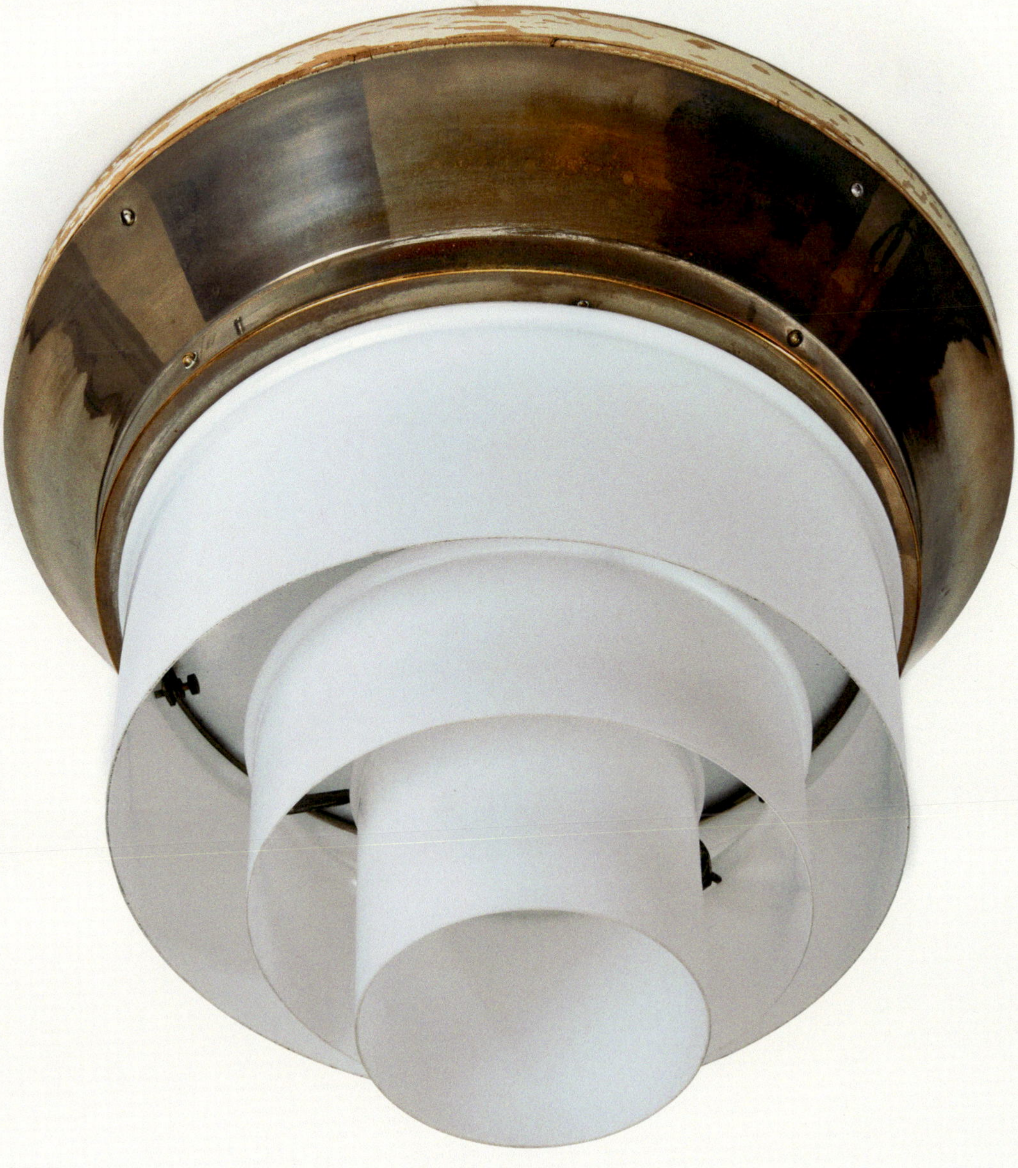

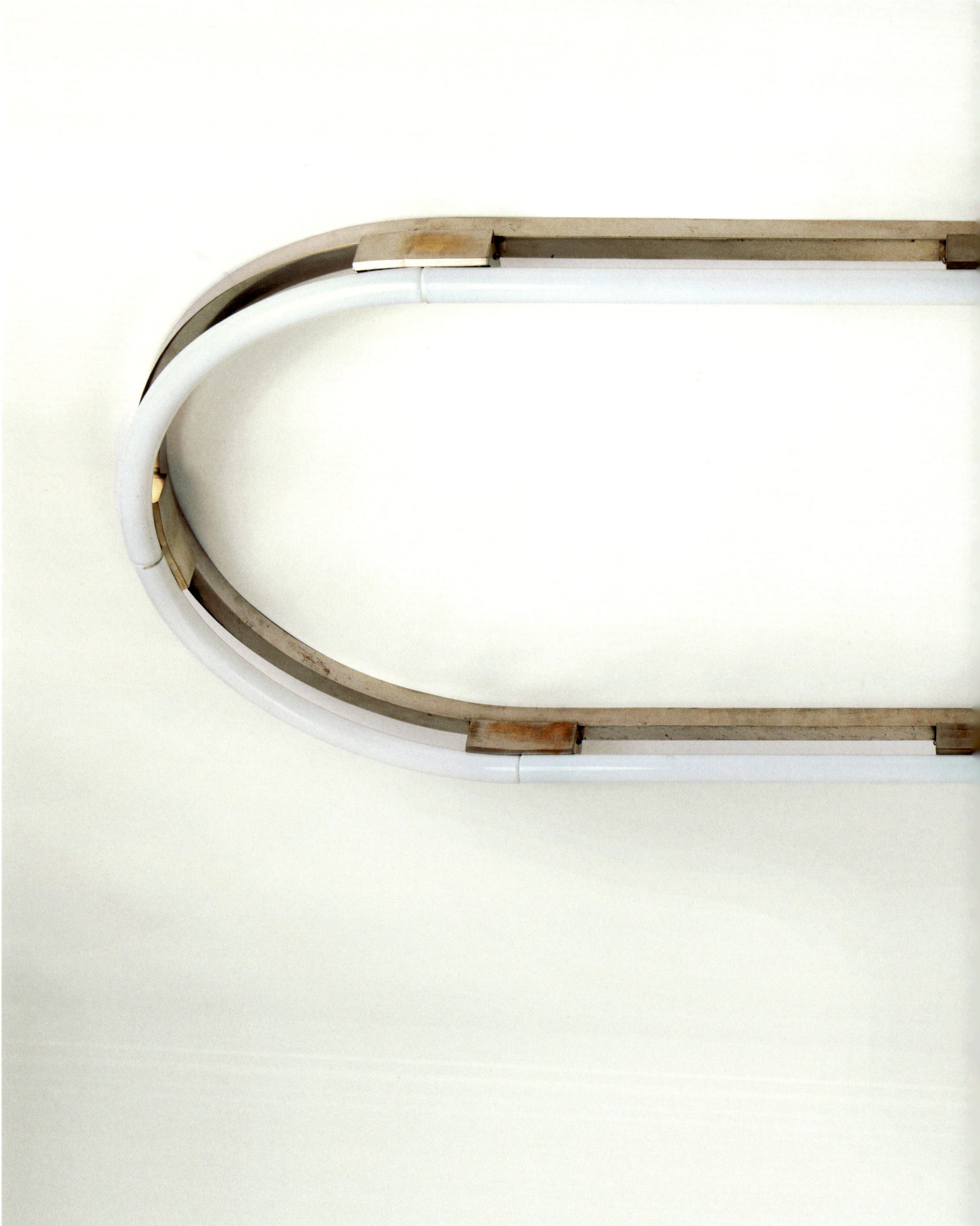

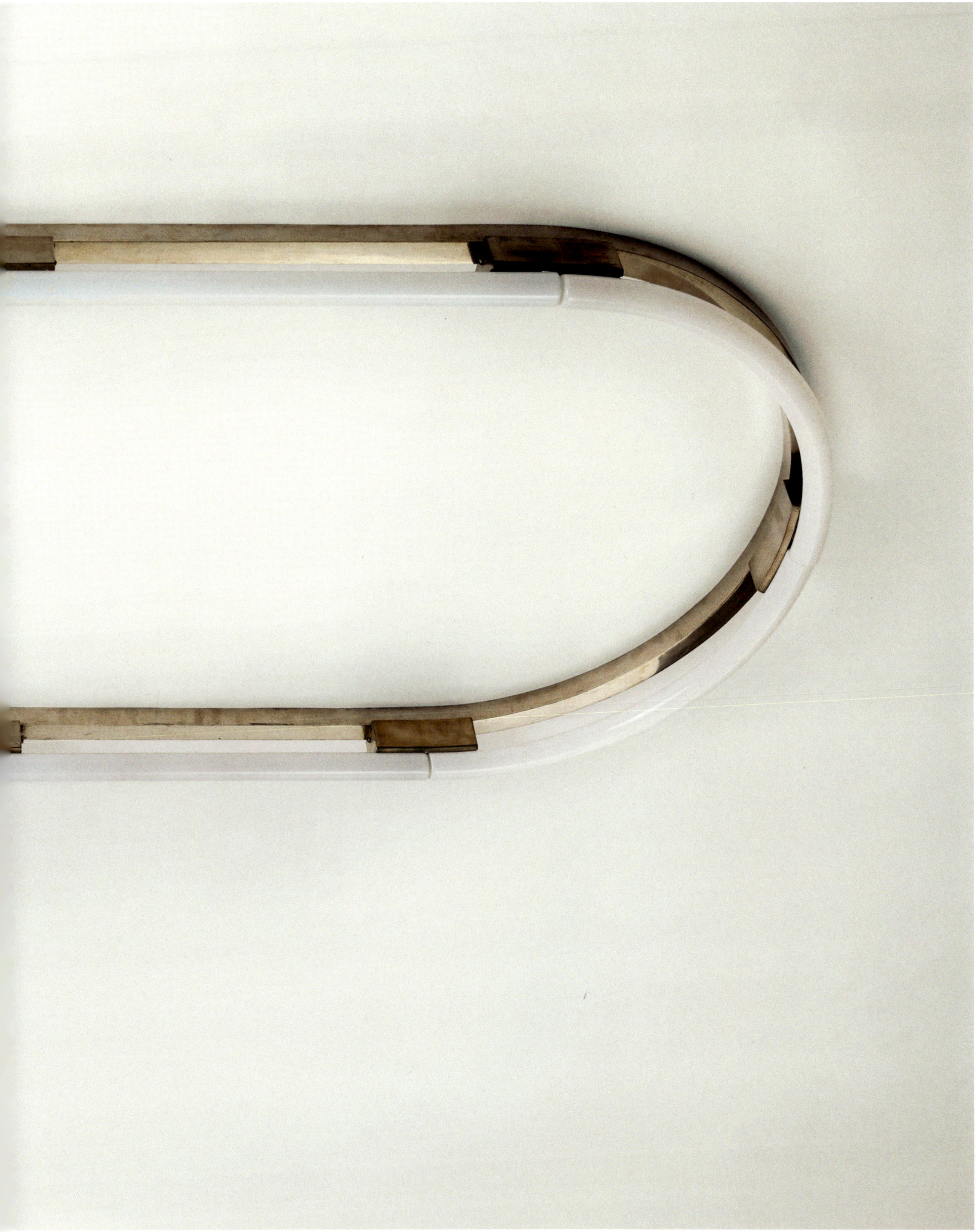

Kat. 77 Jaroslav Anýž, Tischleuchte Typ 5839, 1929. Ausführung: Franta Anýž, Prag. Bröhan-Museum, Berlin

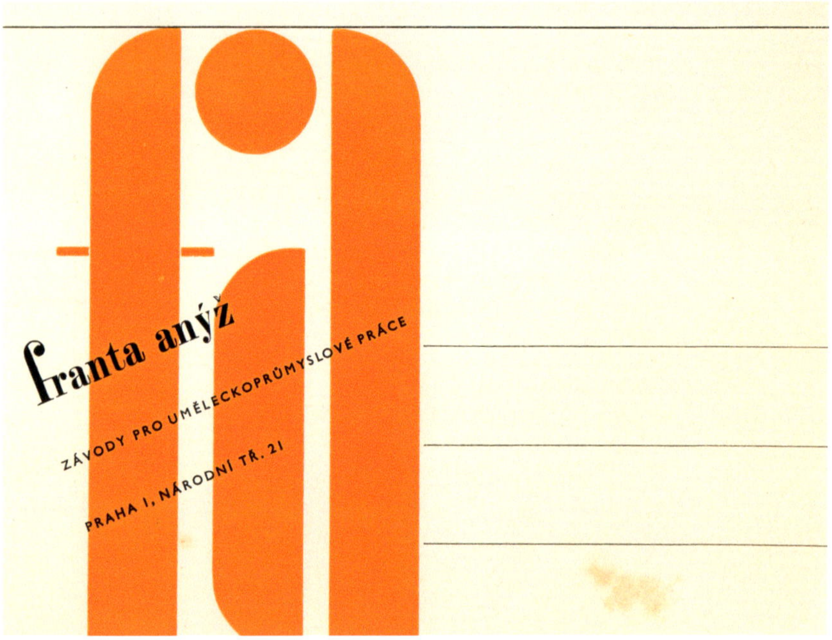

Briefkopf von Franta Anýž, in: Typografia, Fachzeitschrift der tschechoslowakischen Buchdrucker, herausgegeben vom Verband der Typografen in Prag, Jahrgang 42, Heft 5, 1935. Private Collection NL

Folgende Doppelseite:

Kat. 78 Jaroslav Anýž, Tischleuchte, 1932. Ausführung: Franta Anýž, Prag. Bröhan-Museum, Berlin

Kat. 79 Jaroslav Anýž, Tischleuchte, 1932. Ausführung: Franta Anýž, Prag. Bröhan-Museum, Berlin

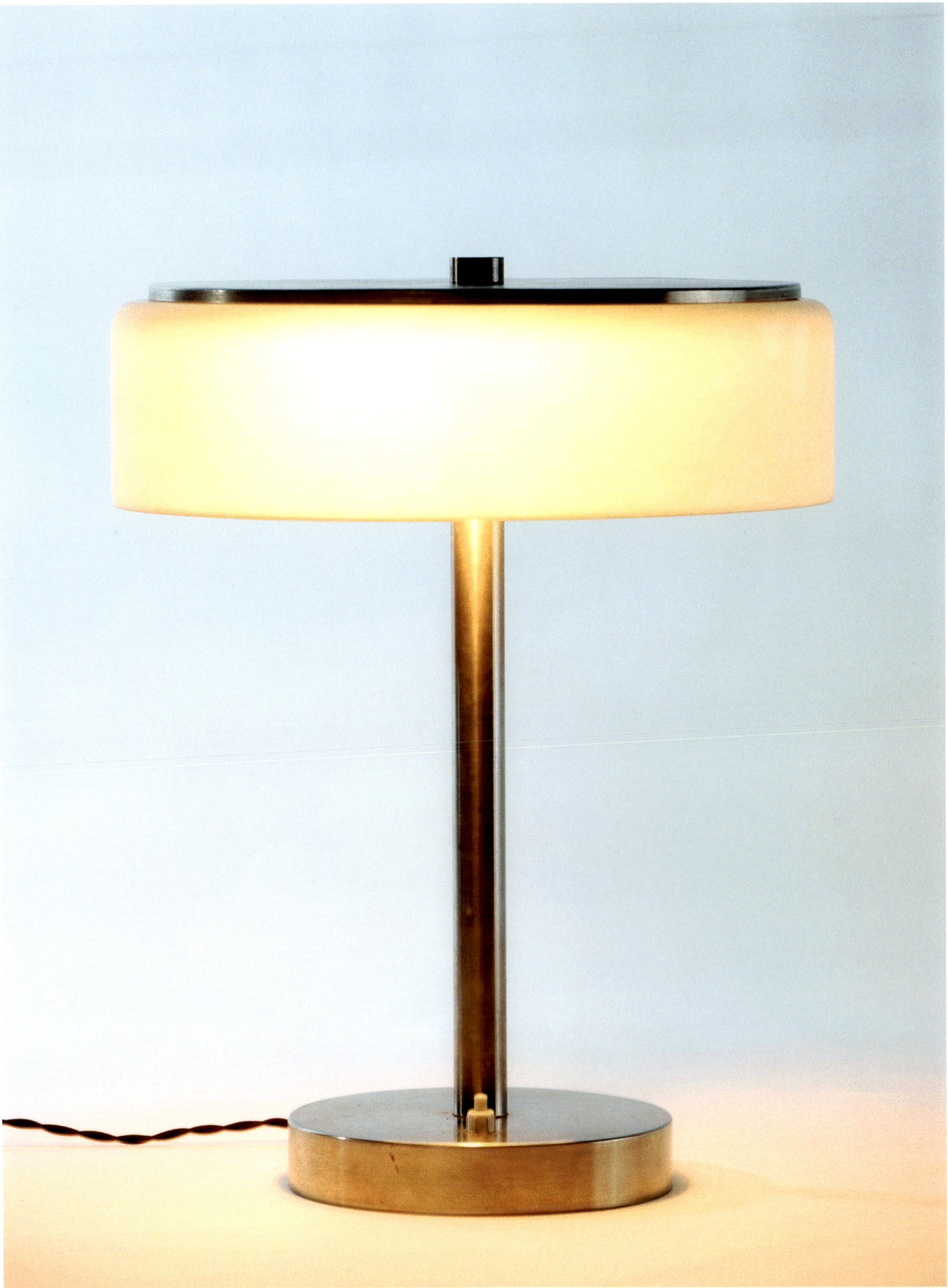

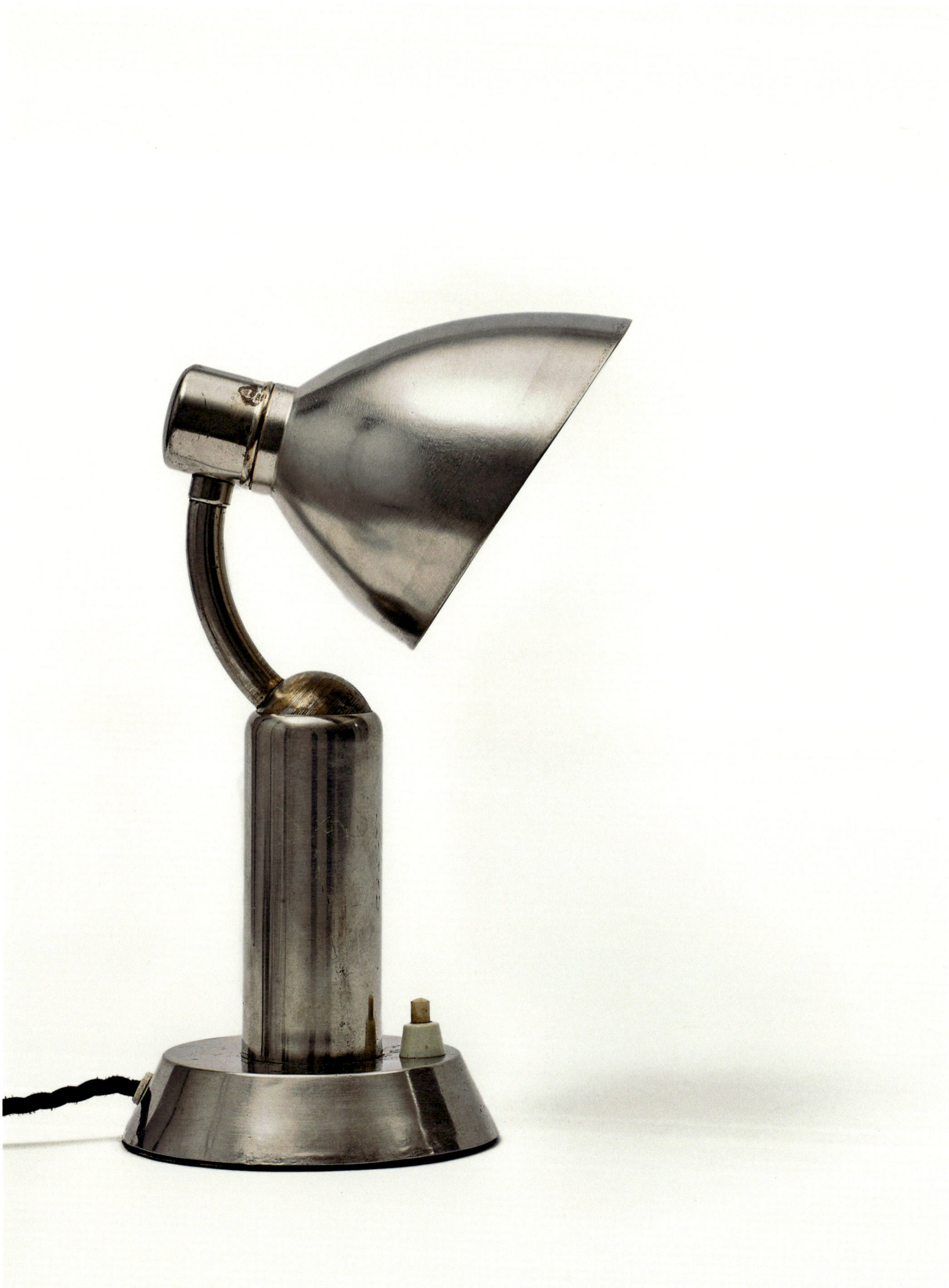

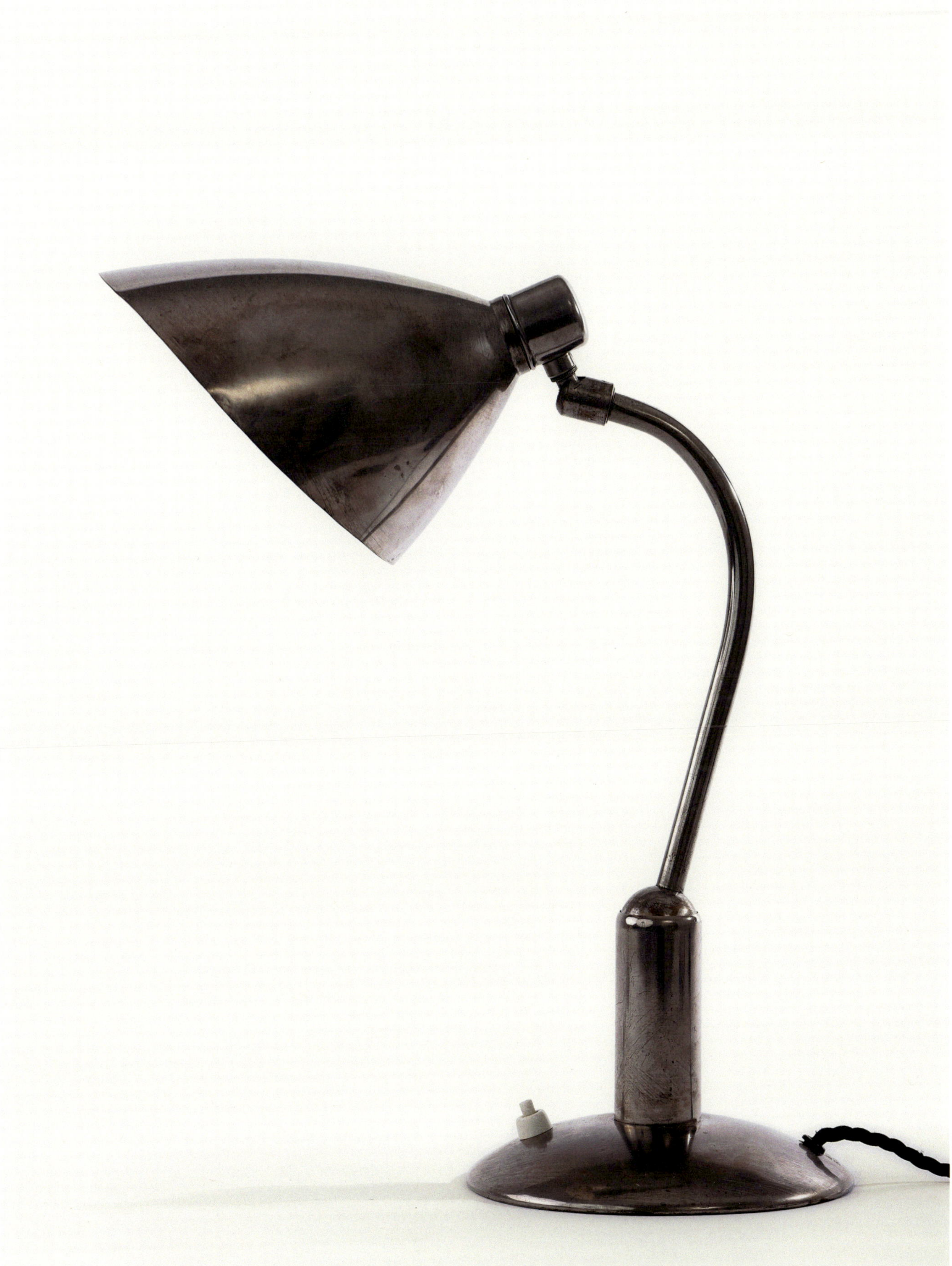

Kat. 80 Werkentwurf, Stehleuchte mit Tisch, ursprünglich mit Stoffschirm, um 1930, Ausführung: Metallmöbelfabrik Robert Slezák, Bystřice pod Hostýnem. Bröhan-Museum, Berlin

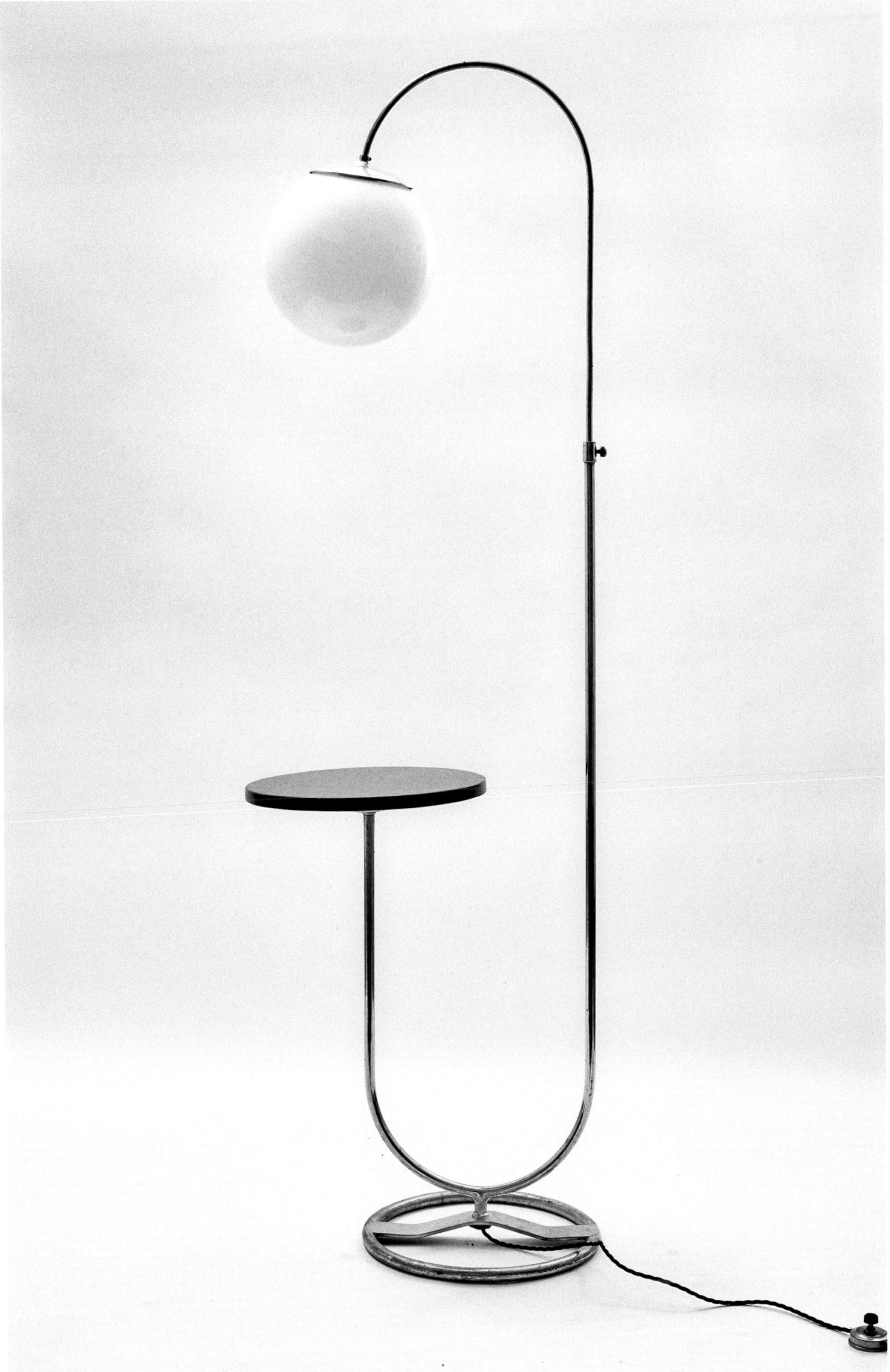

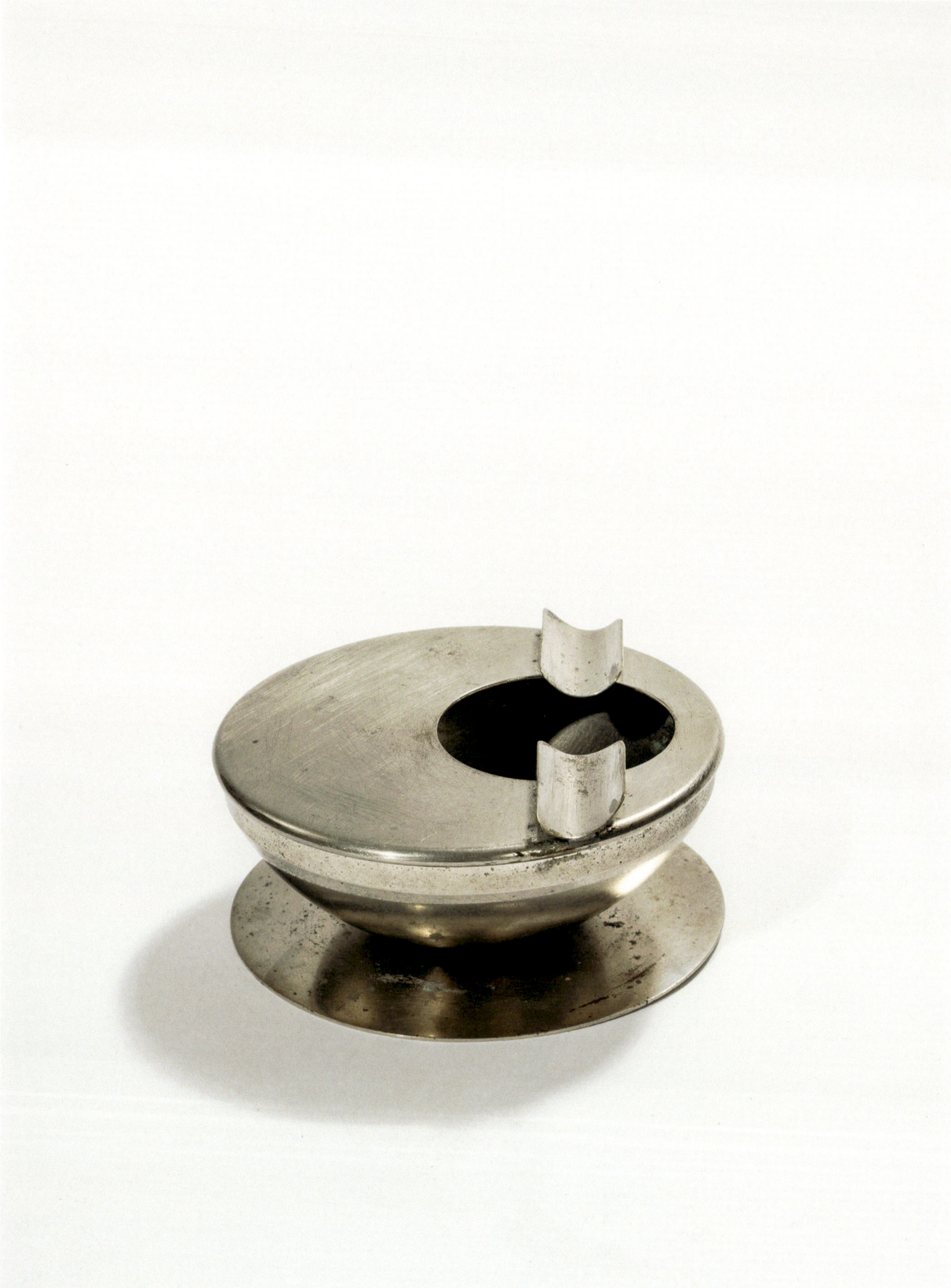

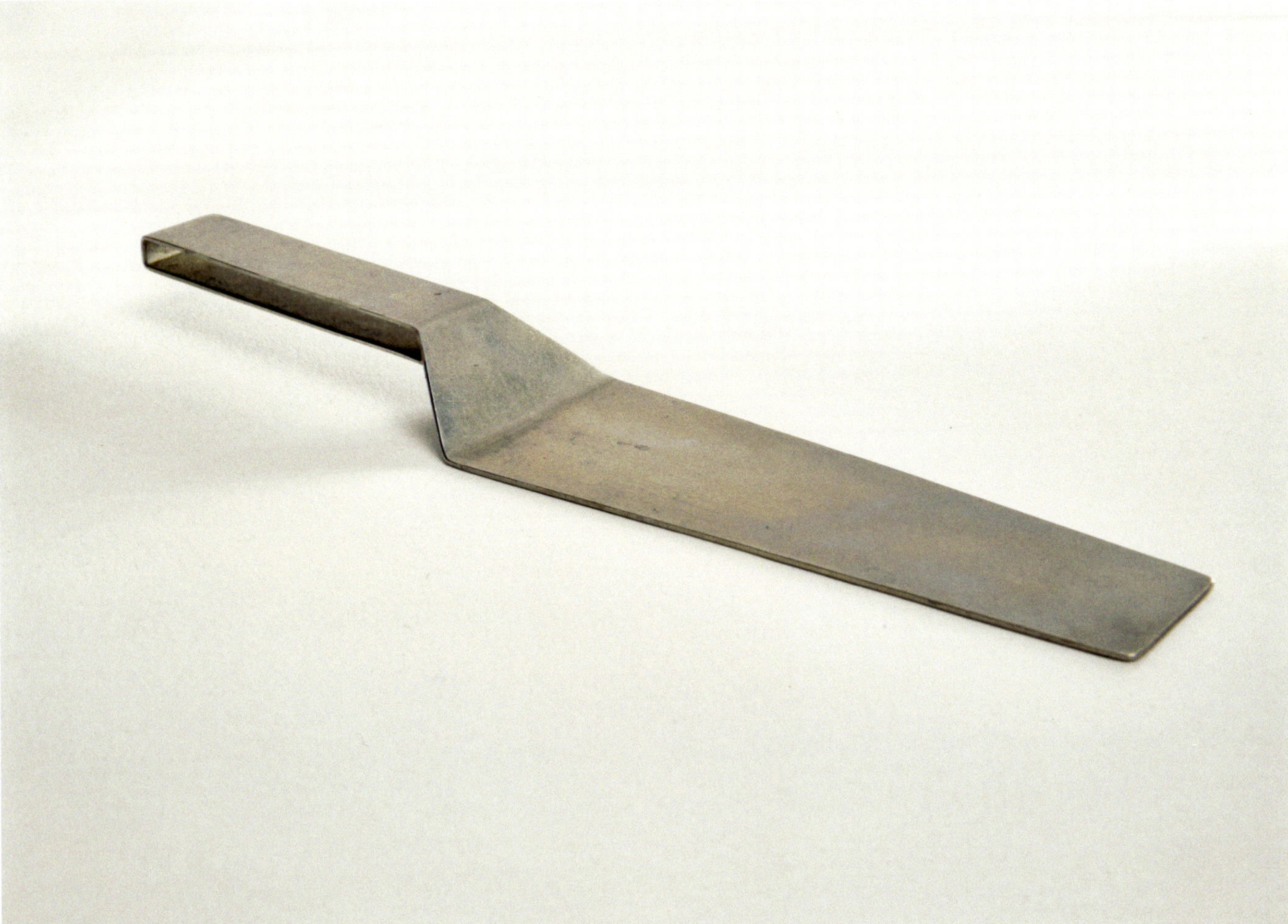

Kat. 82 Bohumil Južnič, Tortenheber, um 1932. Ausführung: Sandrik dp Alpaka, Dolné Hámre. Bröhan-Museum, Berlin

Kat. 81 Bohumil Južnič, Aschenbecher, 1934. Ausführung: Sandrik dp Alpaka, Dolné Hámre für Krásná jizba, Prag. galerie ulrich fiedler, Berlin

Kat. 83 Antonín Kybal (zugeschrieben), Teppich, 1930. Bröhan-Museum, Berlin

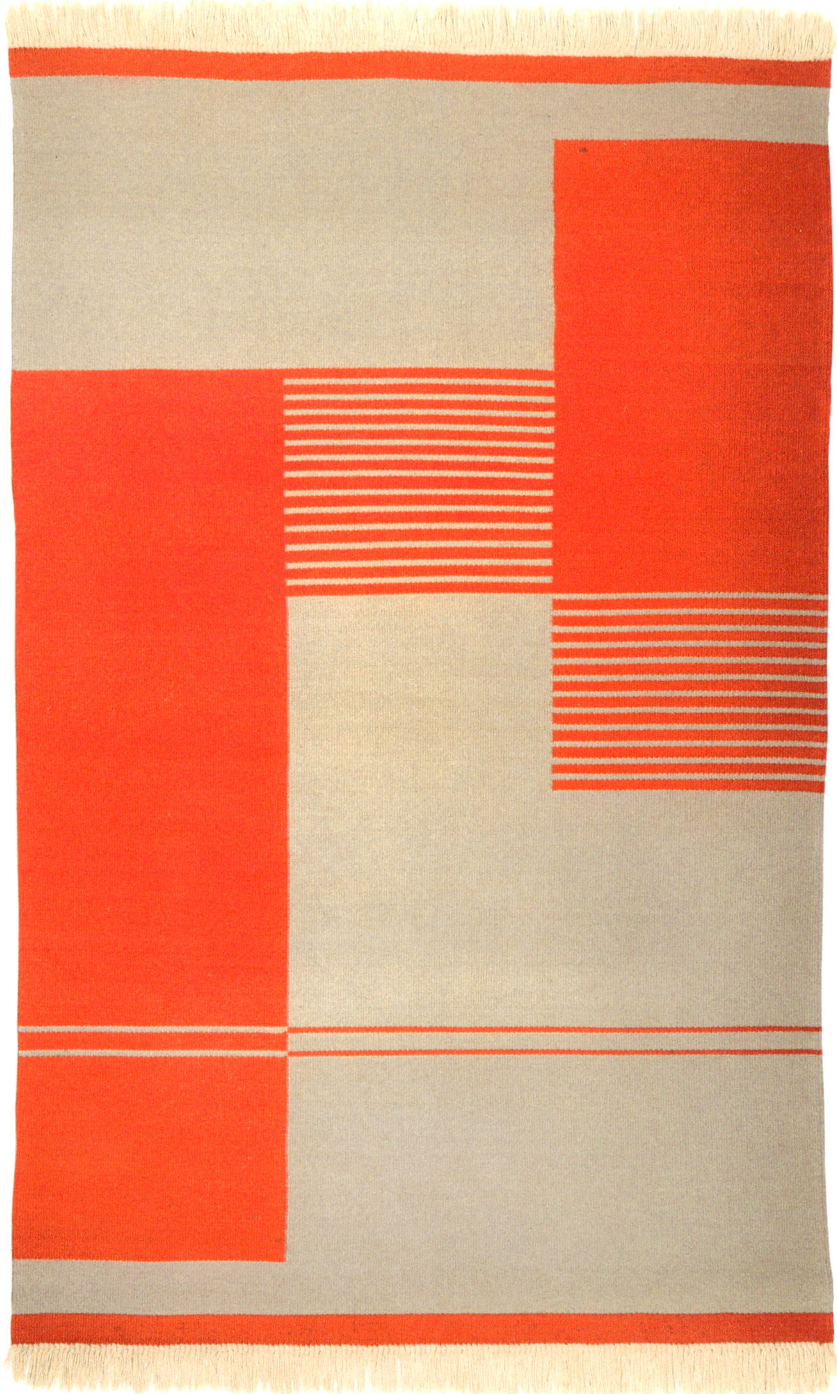

Kat. 84 Foto: Josef Sudek, Stuhl von Marcel Breuer auf einem Teppich von Antonín Kybal, 1930. galerie ulrich fiedler, Berlin

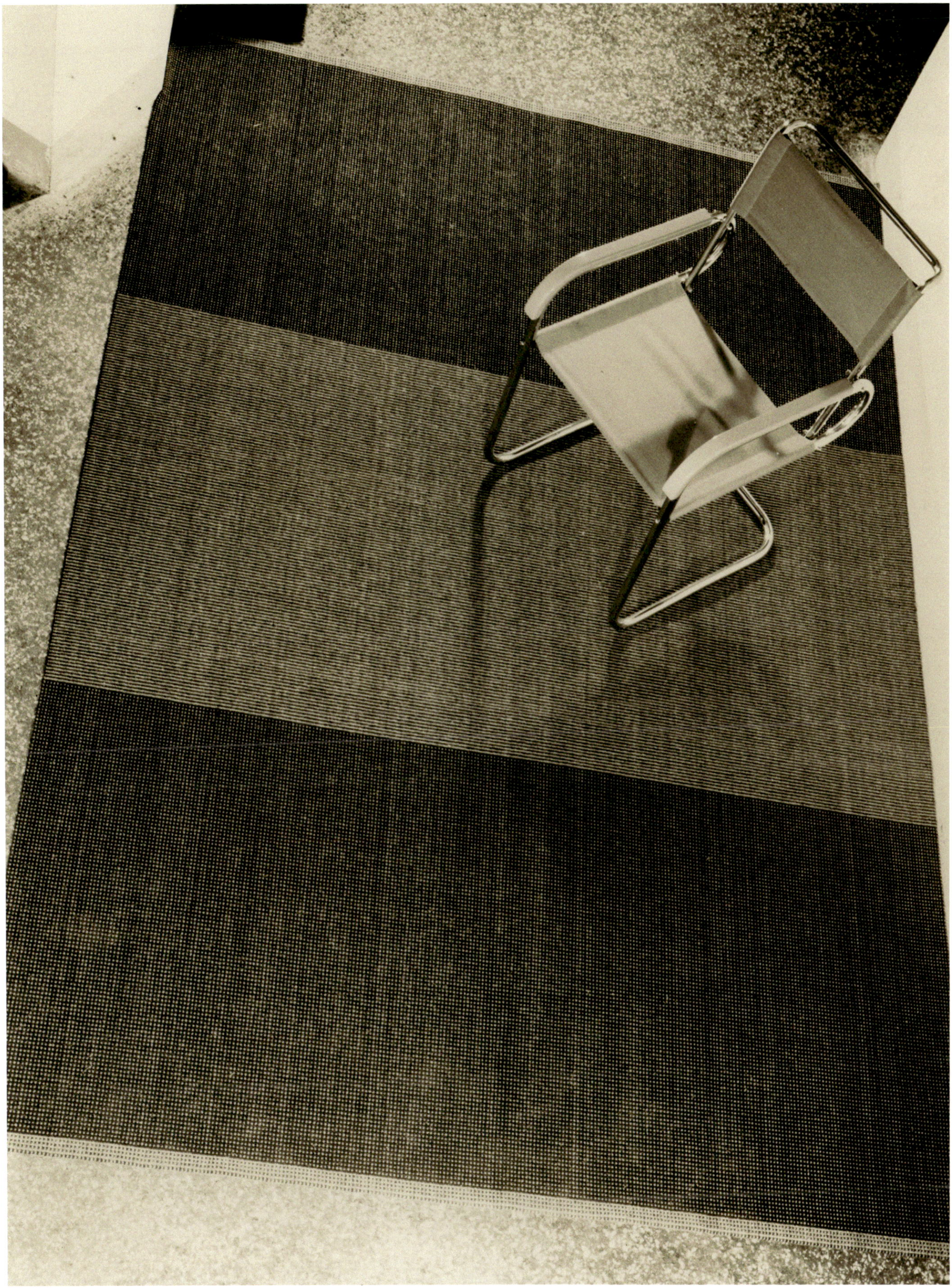

Kat. 85 Teppich aus der Villa Místecký in Poličná, 1931. galerie ulrich fiedler, Berlin

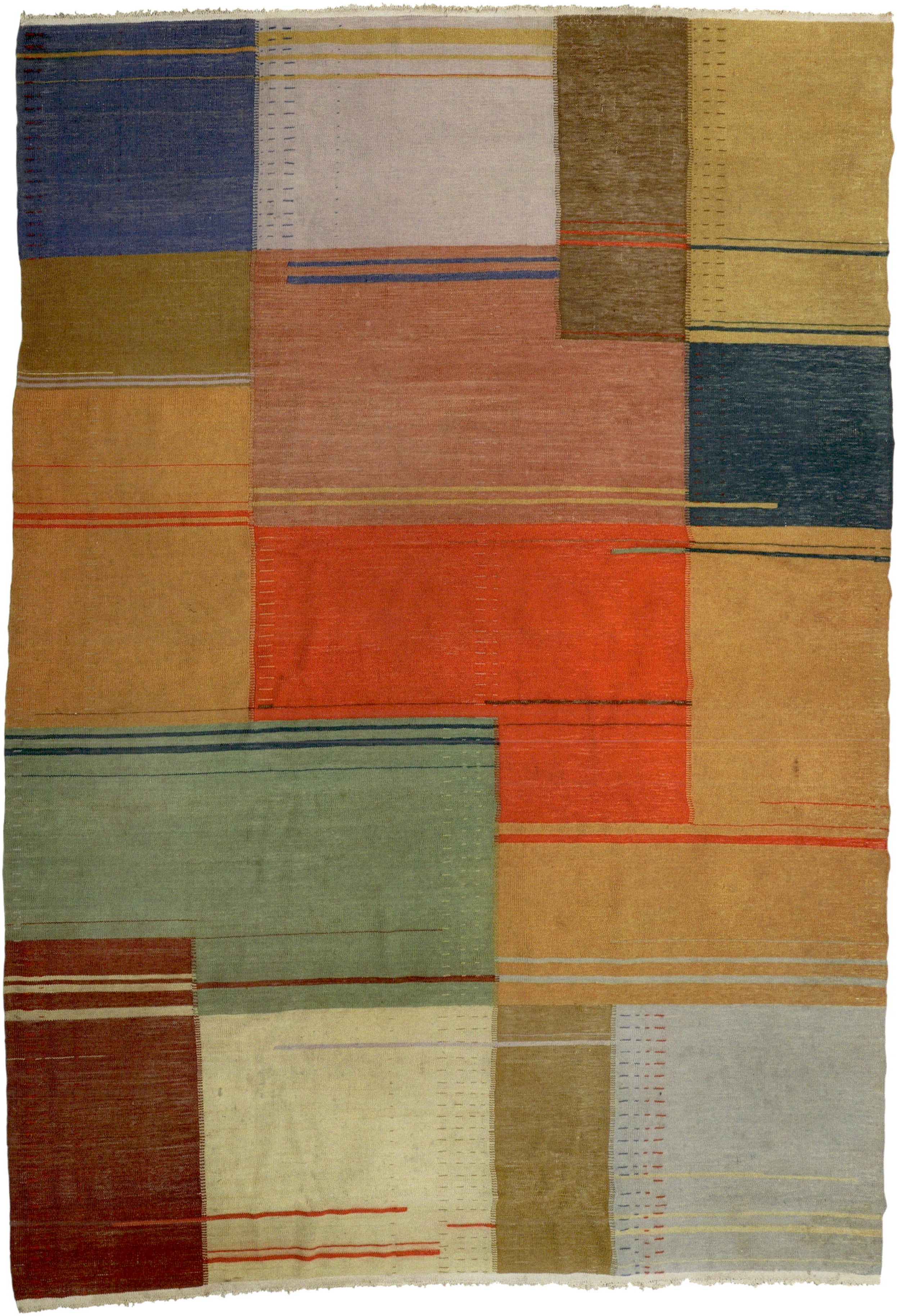

Kat. 86 Werkentwurf, Tatra-Sessel, um 1930. Ausführung: Möbelfabrik Tatra Martin. Sammlung Fritz Zuschlag, Bodo Wieneke-Zuschlag, Köln

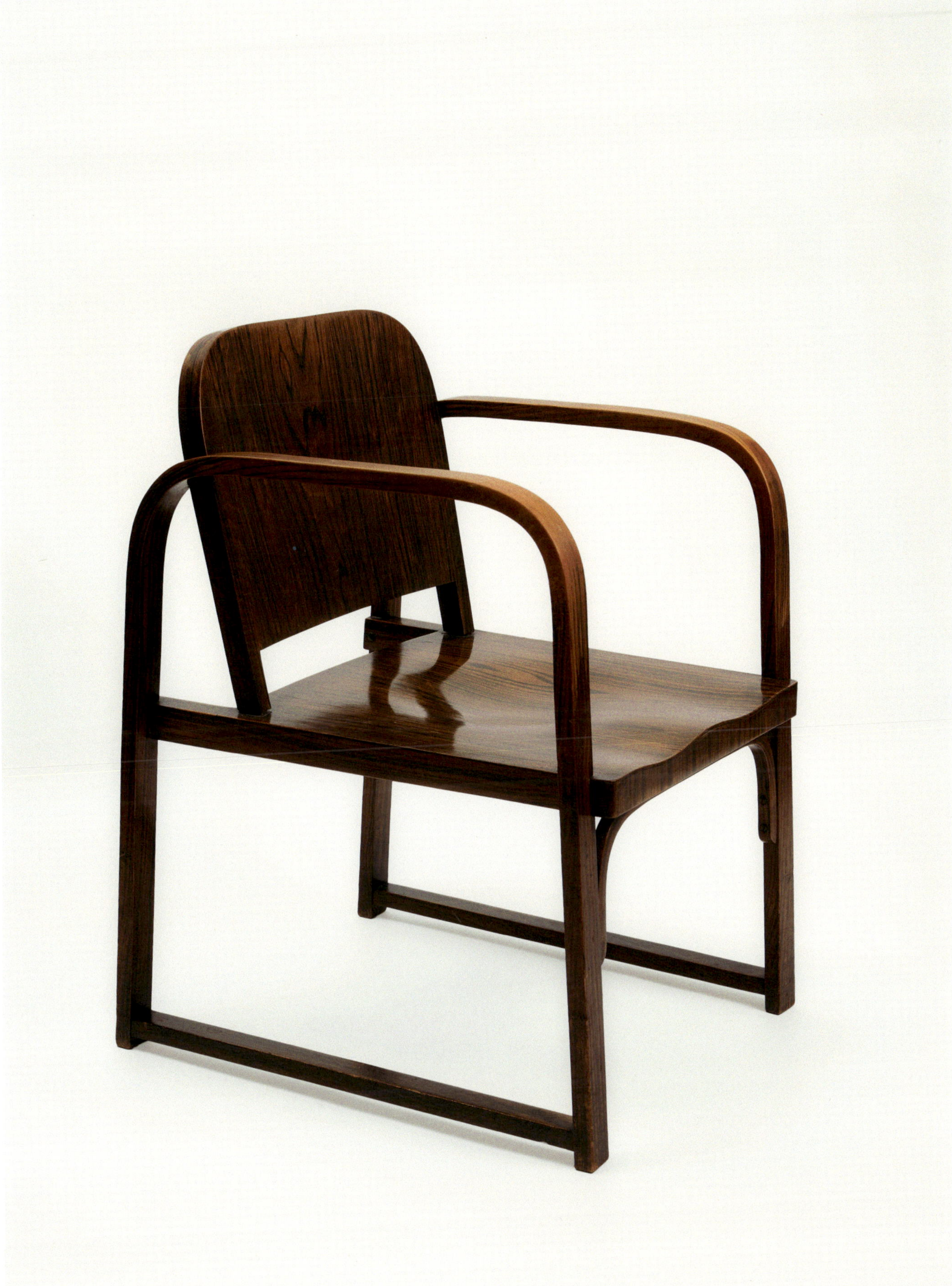

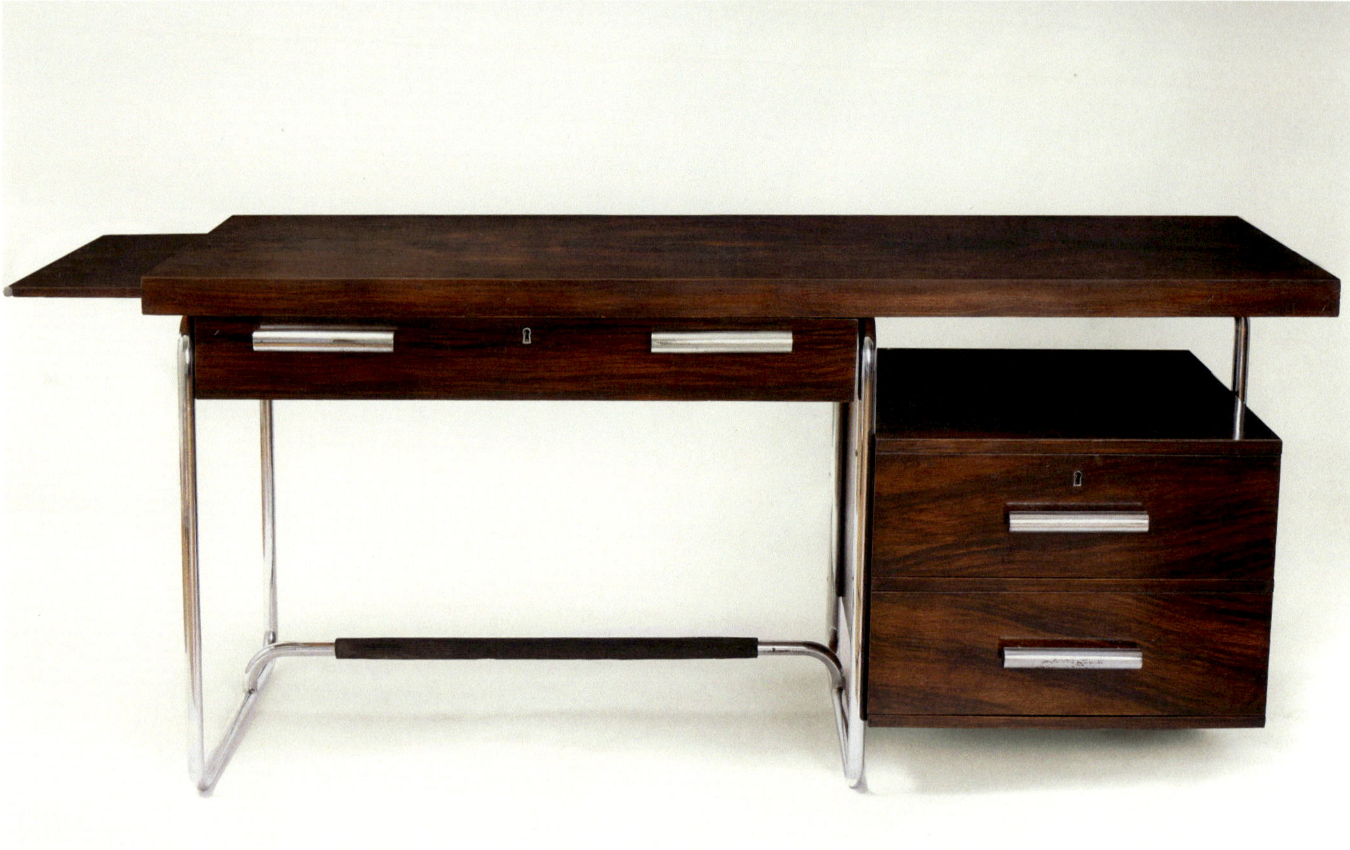

Kat. 87 Werkentwurf, Schreibtisch, Modell FP 10, um 1933. Ausführung: Metallmöbelfabrik Hynek Gottwald, Prag. Bröhan-Museum, Berlin

Musterwohnung im Firmenkatalog von Hynek Gottwald, Kovový nábytek — jaký má být [Metallmöbel — so sollen sie sein], Prag, um 1935. Archiv Bröhan-Museum, Berlin

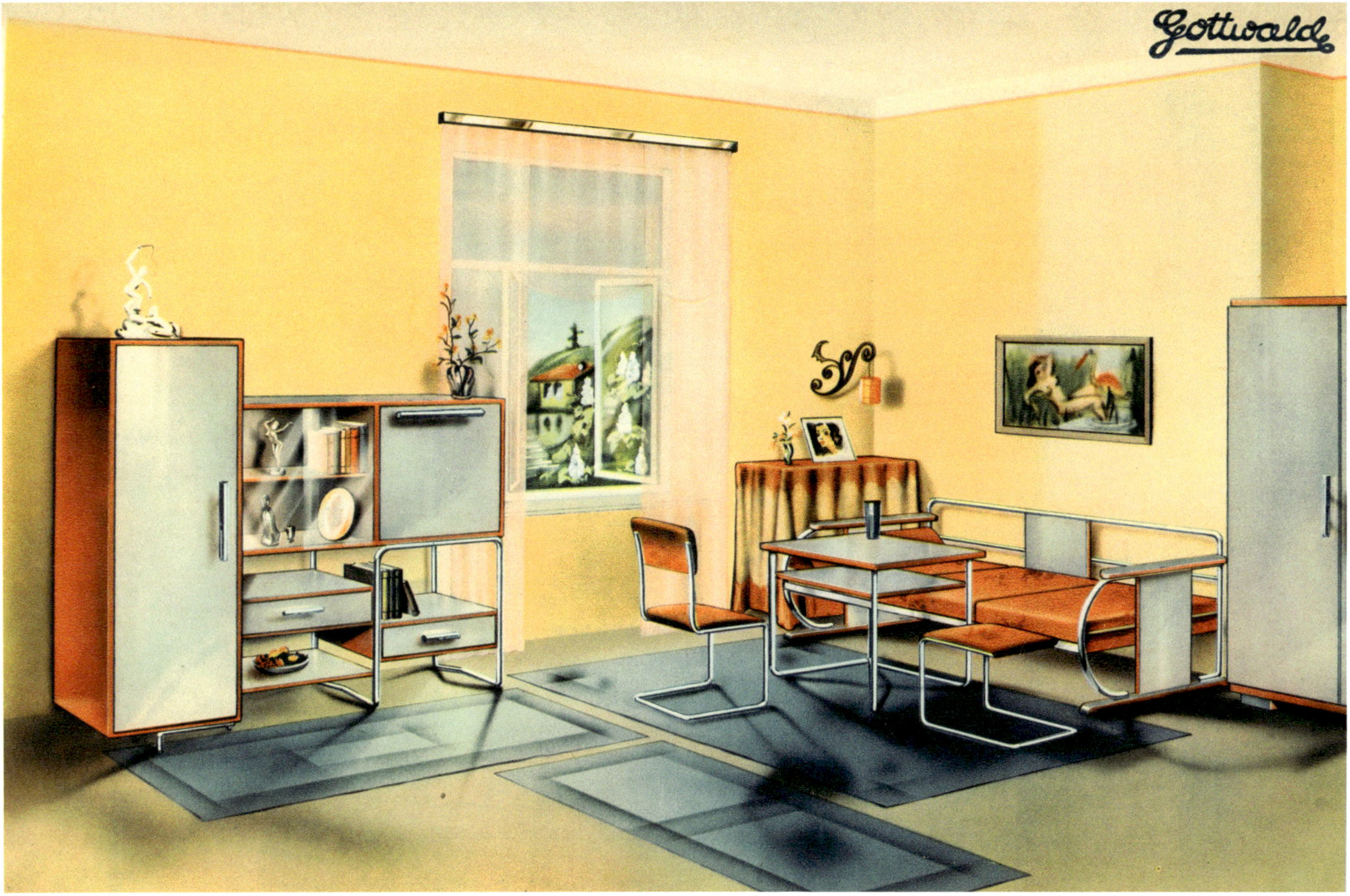
Gottwald

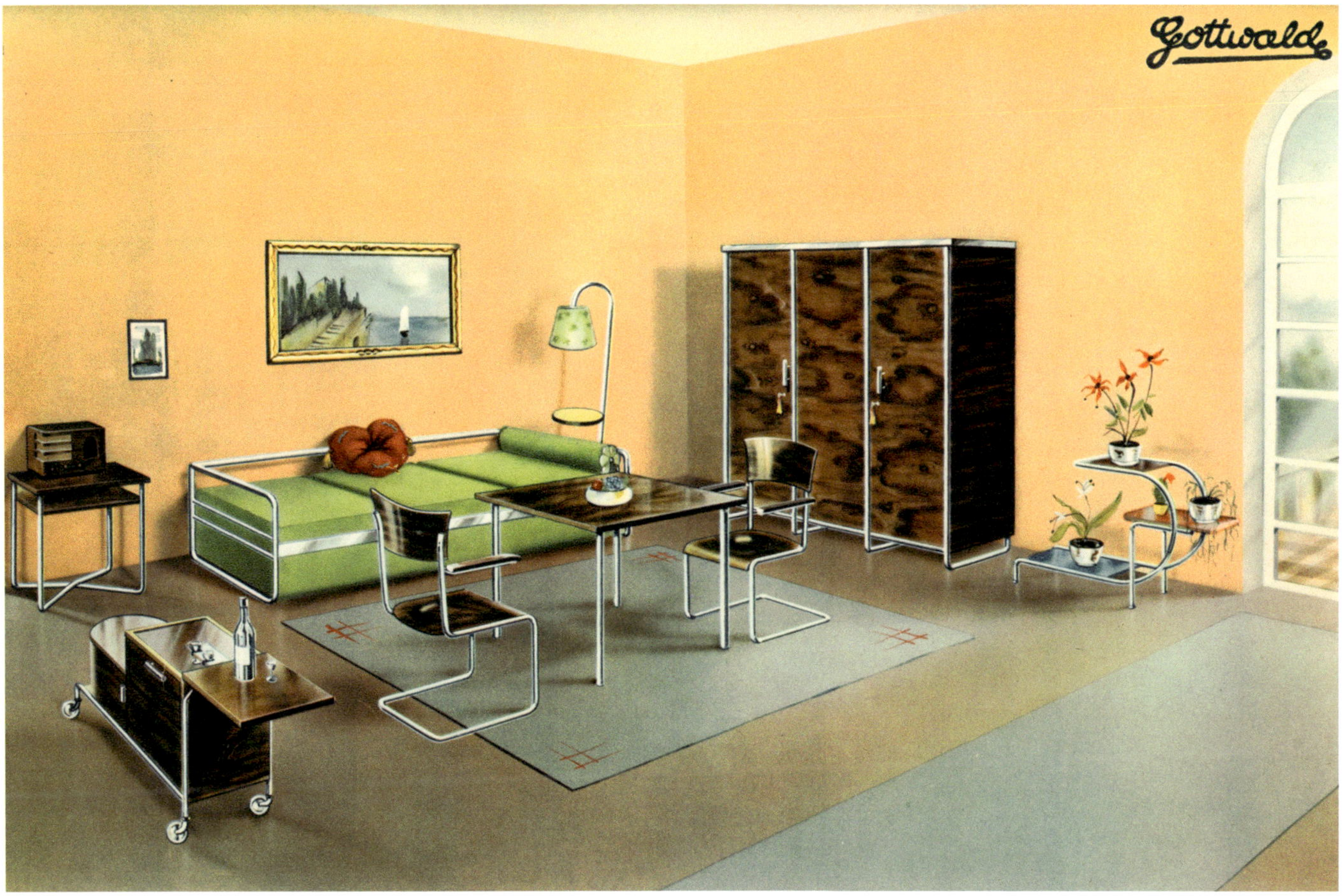
Gottwald

Karel Teige, Manifest des Poetismus (1928), zitiert nach: Karel Teige, Liquidierung der „Kunst". Analysen, Manifeste, Frankfurt a. M. 1968, S. 75.

„Wir haben uns in den Rhythmus des kollektiven europäischen Schaffens eingegliedert, in einen Rhythmus, dessen Metronom Paris war [...]. Paris als Brennpunkt keineswegs der französischen, sondern der internationalen Produktion, ihr Metropolis und ihr Babylon."

Vom Poetismus zum Surrealismus

Nach dem Ersten Weltkrieg herrschte in der tschechischen Kunstszene Euphorie über die tschechoslowakische Unabhängigkeit. Die Tschechinnen und Tschechen freuten sich über die Entstehung des eigenen Staates, den sie gemeinsam mit den Slowakinnen und Slowaken bildeten, und die ersehnte Unabhängigkeit von Österreich-Ungarn, und somit hatten die Künstlerinnen und Künstler nicht das Bedürfnis, alle bisherigen Werte radikal infrage zu stellen, wie das im Dadaismus der Fall war. Ganz im Gegenteil, viele von ihnen — Architekten und Künstlerinnen und Künstler — beteiligten sich aktiv am Aufbau der visuellen Erscheinung des neuen Staates.

Die „radikalste" Avantgardebewegung in der Tschechoslowakei zwischen den Weltkriegen war der Umělecký svaz Devětsil [Künstlerbund Devětsil]. Gegründet wurde er im Oktober 1920 im Prager Café Union von links gerichteten Künstlerinnen und Künstlern, Literatinnen und Literaten, darunter die Maler Adolf Hoffmeister (1902—1973) und Alois Wachsman (1898—1942), der Dichter Jaroslav Seifert (1901—1986) und der Schriftsteller Vladislav Vančura (1891—1942). Haupttheoretiker war Karel Teige (1900—1951). Allmählich kamen weitere Mitglieder hinzu, und nicht nur bildende Künstlerinnen und Schriftsteller, sondern auch Theaterregisseure, Schauspielerinnen, Musiker, Architekten und weitere Vertreterinnen und Vertreter linker Kultur. Später, 1925, trat auch das Befreite Theater [Osvobozené divadlo] von Jiří Voskovec (1905—1981) und Jan Werich (1905—1980) dem Devětsil bei.

In seiner Frühzeit war der Devětsil auf proletarische und soziale Kunst ausgerichtet und verfolgte das Ziel, die Kunst breiten Bevölkerungsschichten nahezubringen und ihr die Exklusivität zu nehmen. Zielgruppe des Bundes war vor allem das Proletariat, und man interessierte sich vor allem für die zeitgenössische soziale Realität, ebenso wie für die populärsten Formen der Volksbelustigung wie Jahrmärkte, Schießstände und volkstümliches Scheibenschießen, Zirkus, Kabarett, Grotesken und Straßenszenen ... in künstlerischer Hinsicht war die Hauptrichtung ein magischer Realismus. Im Frühjahr 1922 veranstaltete der Bund seine erste Ausstellung, die „Jarní výstava" [Frühjahrsausstellung]. In deren Katalog heißt es:

1 Wiškovský, Eugen: Zobrazení, projev a sdělení. In: Fotografický obzor, Jg. 49 (1941), Nr. 1, S. 2.

„Wir eröffnen eine Ausstellung, eine erste Äußerung, den ersten Auftritt einer modernen, jungen Künstlergeneration. So, wie sie zusammengestellt wurde, ohne Jury, wie sie all die Schattierungen aufgenommen hat, an denen jede Jugend so reich ist, wird sie Ihnen zeigen, dass die Arbeit der Ausstellenden konsequent aus einer einheitlichen Basis hervorwächst und sich auf diese Weise an die Vergangenheit angliedert als neues Glied einer Entwicklungskette, die sich in die Zukunft öffnet.“[1]

Im Unterschied zu den Avantgarden, die sich in den meisten Fällen von der Vergangenheit abgrenzten, betrachtete sich der Devětsil in seiner frühen Phase als weiteres Kapitel einer Entwicklung und bekannte sich dazu, an die Vergangenheit anzuknüpfen. Dies zeigt sich auch an einigen Themen, die auf die tschechische Geschichte Bezug nehmen, wie z. B. das Gemälde „Oldřich a Božena“ [Oldřich und Božena] von František Muzika (1900–1974). Unter den Ausstellenden waren sowohl Künstler, die heute sehr bekannt sind, als auch so gut wie unbekannte Namen. Konkret handelte es sich um den Architekten Bedřich Feuerstein (1892–1936), die Maler Adolf Hoffmeister, František Muzika, Bedřich Piskač (1898–1929), Ladislav Süss (1900–?), Josef Šíma (1891–1971), Karel Teige, Karel Vaněk (1887–1933) und Alois Wachsman und die Bildhauer Josef Jiříkovský (1892–1950) und Bedřich Stefan (1896–1982).
— Die meisten Künstler zeigten Arbeiten mit Bezug zum Primitivismus und zum magischen Realismus, und die ausgestellten Werke erinnerten absichtlich an Szenen naiver Malerei. Eins ihrer großen Vorbilder war Henri Rousseau, von dem der tschechoslowakische Staat im Jahr darauf ein Selbstporträt kaufte.

Bedřich Feuerstein und Josef Šíma beschickten die Ausstellung mit Zeichnungen, die in Südwestfrankreich bzw. nahe der französischen Grenze in Spanien entstanden waren. Dort hielten sie sich seit Ende 1920 im Sommerkurort Hendaye am Fuße der Pyrenäen auf, wo Šíma als Zeichner in einer Manufaktur zur Herstellung farbiger Glasfenster und Mosaiken zum Ersatz von im Krieg zerstörten Kirchenfenstern arbeitete und Feuerstein, der ein Stipendium der französischen Regierung erhielt, ihn besuchte. Beide schufen hier eine beachtliche Serie von Kompositionen der Fassaden steinerner Häuser, in denen sie versuchten, die räumliche Wirkung aufzuheben. Ihre Zeichnungen aus der Zeit um 1921 sind vom Purismus beeinflusst, der Kunstrichtung Le Corbusiers und Amédée Ozenfants, die Šíma durch die Avantgardezeitschrift „L'Esprit nouveau“ kennengelernt hatte.

Es waren Vorboten der Neuausrichtung, die die gesamte Devětsil-Bewegung bald erfassen sollte. Noch im selben Jahr wandte sie sich dem Schaffen der europäischen Avantgarde zu, nun war der Blick ins Ausland gerichtet, und zwar vor allem nach Frankreich (auf Le Corbusiers und Ozenfants Purismus), auf das deutsche Bauhaus und den russischen Konstruktivismus.
— Diese Neugeburt drückte sich in zwei grundlegenden Publikationen aus, die 1922 erschienen: „Revoluční sborník Devětsil“ [Revolutionäre Sammlung Devětsil] und „Antologie nové krásy Život II“ [Anthologie der neuen Schönheit Leben II], deren Einbände in einem neuen Stil gestaltet sind, eine internationale, universell verständliche visuelle Sprache. Die „Antologie nové krásy Život II“ ist eine der ersten avantgardistischen Anthologien, in denen sich auch Beiträge mehrerer ausländischer Autorinnen und Autoren finden und in denen Fotografie und Film als mit die modernsten Kunstformen

gefeiert werden. Ihr Einband, eine Collage aus der Fotografie einer dorischen Säule des Athener Parthenon und einem Scheibenrad eines Automobils vom Typ Voisin Torpédo aus dem Jahr 1921, soll zeigen, dass beide Motive die gleiche vollkommene Schönheit verkörpern. Mit diesen beiden Publikationen bekannte sich der Devětsil zur europäischen Avantgarde.

Diese Neuausrichtung und eine ähnlich radikale Herangehensweise zeigten sich auch auf der zweiten Ausstellung des Devětsil, die im November 1923 im Saal des Kunstvereins im Rudolfinum stattfand. Bereits mit ihrem Titel — „Bazar moderního umění" [Basar der modernen Kunst] — grenzte sie sich vom traditionellen Format der Museumsausstellung ab, mit dem die Bewegung nach dem Muster der deutschen Dadaisten brechen wollte. Neben Bildern wurden hier als Beispiele moderner Plastik ein Kugellager oder auch eine Schneiderpuppe ausgestellt, und als Kritik des klassischen Porträts hing hier ein Spiegel mit der Inschrift „Ihr Porträt, Betrachter", „der unseren Spott all jenen übersetzt, die sich wünschen, dass Maler um ein Honorar ihre physische Schönheit, Eleganz und ihre geistvolle Physiognomie abbilden, [...] und unsere Verachtung all jenen, die mit ihrem Pinsel diesem Wunsch entsprechen",[2] wie Karel Teige, der Kurator der Ausstellung, später ausführte, als er 1938 im Nachwort einer Monografie von Jindřich Štyrský (1899—1942) und Toyen (1902—1980) an sie zurückdachte. Da der Katalog selbst keinen Einleitungstext enthielt und sich auch keine Fotos von der Ausstellung erhalten haben, ist Teiges Erinnerung eines der wenigen Zeugnisse von Sinn und Form dieses „Basars":

2 Teige, Karel: Nachwort. In: Nezval, Vítězslav und Karel Teige: Štyrský a Toyen [Štyrský und Toyen], Prag 1938, S. 190.

„Was war das für eine Ausstellung! Wir nannten sie ‚Basar der modernen Kunst'; und zwar deshalb, um das Wort ‚Ausstellung' zu vermeiden, das uns damals die Langeweile ins Gedächtnis rief, die wir bei den offiziellen Salons erduldet hatten. Gern wären wir auch ohne das Wort ‚Kunst' ausgekommen, fanden aber keinen passenderen Ausdruck; es waren wohl rein technische Gründe, die uns hier nicht das Wort ‚Poesie' verwenden ließen. Nun denn, ‚Basar der modernen Kunst' [...] — eine bunte und provozierende Mischung von Bildern und architektonischen Projekten mit Fotos aus aller Welt, mit Plakaten und mit ‚Readymade'-Objekten. Ebenso wie auf den Seiten des Almanachs ‚Leben', Bd. 2, und unseren anderen, späteren Publikationen moderne Bilder und Gedichte und Fotografien aus dem Zirkus oder aus dem Kino und andere Dokumente des echten Lebens nebeneinanderstanden, so provozierten den Betrachter auch auf diesem ‚Basar' neben den wenigen Bildern, Zeichnungen und Büchern Objekte außerkünstlerischen Charakters und Exponate, die hier (in der Sprache der russischen Futuristen gesprochen) eine Ohrfeige für die gewöhnliche Schönheit sein wollten. Wir stellten Kunstwerke, Maschinenteile, Filmaufnahmen, Feuerwerksfotografien und Zirkusszenen nebeneinander — und das reichte aus, damit die Messdiener der Kathedrale Kunst eine Gänsehaut bekamen."[3]

3 Ebd.

Am Ende der Liste der ausgestellten Werke im Katalog sind wirklich nachfolgende Positionen aufgeführt: mechanische und fotogene Schönheit, die durch Fotografien von Man Ray vertreten war, weiter die Sektionen Film, Maschinen, Flugzeuge, Schiffe, die die „moderne Plastik" vorstellten in der Form von Kugellagern und wächsernen Schneiderpuppen mit roten Haaren und weit aufgerissenen Augen, und den Abschluss des Ganzen bildete das Unterkapitel Straßentheater und Biomechanik des Sports, das sich aus

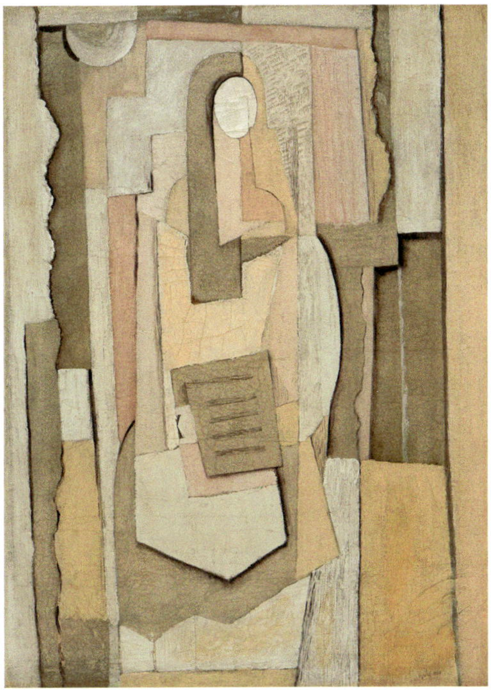

Jindřich Štyrský, Die Sängerin, 1923. Moravian Gallery in Brno

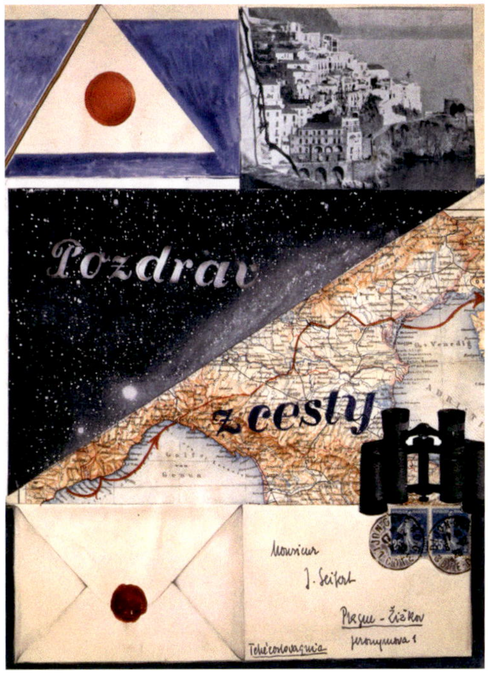

Karel Teige, Grüße von unterwegs, 1923. Prague City Gallery

Ausschnitten von Reproduktionen von Maschinen, Schiffen usw. zusammensetzte. Hier wurden auch Sammlungen architektonischer und szenografischer Entwürfe von Feuerstein, Frágner, Honzík, Krejcar, Linhart und Obrtel, markante Plakate, die Modeindustrie und Film-Fotografien präsentiert.

— Der Bildteil bestand aus Werken von Remo Jelínek (1901—1941), Otakar Mrkvička (1898—1957), Josef Šíma, Jindřich Štyrský, Karel Teige und Toyen. Štyrský, Jelínek und Toyen waren erst einige Monate vor der Ausstellung dem Devětsil beigetreten, in der Zeit ihrer Vorbereitung, und dieses war ihr erster öffentlicher Auftritt als Mitglieder der Bewegung. Für Toyen war es überhaupt der erste öffentliche Auftritt, für den sie auch ihr Pseudonym wählte, da sie sich nicht mit ihrem bürgerlichen Namen präsentieren wollte.[4] Sie zeigten dort Bilder, die dem Purismus oder dem Konstruktivismus nahestanden und aus einander überschneidenden, auffällig eingefärbten Flächen und Ebenen bestanden, wie etwa Štyrskýs „Zpěvačka" [Die Sängerin] (1923).

4 Das Pseudonym ist wahrscheinlich angelehnt an das französische citoyen [Bürger] und spielt damit auf die Französische Revolution an.

— Karel Teige stellte hier zum ersten Mal ein sog. „Bildgedicht" aus, ein Genre, das ab 1923 zur hauptsächlichen künstlerischen Ausdrucksform des Poetismus wurde. Dabei handelte es sich um einen spezifischen Typus von Collage, der eine Collagetechnik von „konstruktivistischer Klarheit" mit einem poetischen Inhalt verband und als Gedicht gelesen werden sollte, das auf der freien Assoziation verschiedenartiger Elemente beruhte, die zusammen gelesen eine mögliche Geschichte bilden konnten. Charakteristische Elemente solcher Bildgedichte waren Ausschnitte aus Landkarten und Fotografien, die exotische Fernen evozierten, und Text- bzw. Buchstabenfragmente.

— Nicht zuletzt handelte es sich um eine Technik, die nicht nur geschulte Malerinnen und Maler anwenden konnten, sondern wer immer es wollte, denn eines der Hauptpostulate des Devětsil war eine allen zugängliche Kunst für alle. Aus diesem Grund gestalteten die Mitglieder des Künstlerbundes auch die Buchumschläge selbst, die ihre Arbeiten breiten Leserkreisen nahebrachten und so den Geschmack des Devětsil in die Haushalte hineintrugen. Die Neuausrichtung drückte sich auch in der Tatsache aus, dass der Devětsil 1925 seinen ursprünglichen Namen Umělecký svaz Devětsil [Künstlerbund Devětsil] in Svaz moderní kultury Devětsil [Bund für moderne Kultur Devětsil] änderte.
— Im selben Jahr brachen Jindřich Štyrský und Toyen nach Frankreich auf, wo sie unter dem Begriff „Artifizialismus" eine eigene, eigenwillige künstlerische Version des Poetismus entwickelten. Dem ging allerdings eine mehrmonatige Reise durch Südfrankreich voraus, auf der sich Toyen von den formalen und intellektualisierenden Kompositionen abwandte, die sie noch beim „Basar" gezeigt hatte, und zu einer anderen Auffassung von Volksbelustigung und unmittelbaren Szenen in poetisch-naivisierenden Stil kam. Damit kehrte sie gewissermaßen zu den Wurzeln des Devětsil zurück, dessen Mitglieder von Jahrmärkten, Karnevals und Volksfesten fasziniert waren.

Im September 1925 gingen Toyen und Štyrský für drei Jahre nach Paris. Dort kam es wieder zu einem radikalen Umbruch in ihrem Schaffen. Im Dezember desselben Jahres waren sie mit Josef Šíma als einzige tschechische Künstlerinnen und Künstler auf der umfangreichen internationalen Ausstellung „L'Art d'aujourd'hui" vertreten, auf der in Paris die aktuellsten Arbeiten avantgardistischer Künstlerinnen und Künstler präsentiert wurden. Auf dieser Ausstellung wurden sie mit den allerneuesten konstruktivistischen und abstrakten Tendenzen konfrontiert, mit denen sie bislang in der Tschechoslowakei nicht direkt in Kontakt gekommen waren. Obwohl sie sich in ihren Aussagen vom Abstrakten abgrenzten, trug diese Konfrontation doch sicherlich dazu bei, dass sie ihre Arbeiten zunehmend abstrahierten und geometrisierten, wie an einigen ihrer Bilder aus dem Jahr 1926, etwa Toyens „Tobogán" [Rutschbahn], deutlich wird.
— Gleichzeitig tauchen 1926 auf ihren Leinwänden nicht-figurative Elemente von unklarer Kontur auf, die andeuten könnten, dass sie sich auf eine lyrische Abstraktion zubewegten. Anders als bei Malerinnen und Malern, denen es vor allem um die Erforschung der formalen Möglichkeiten der Malerei ging, verloren ihre Werke jedoch nie den Realitätsbezug, die Imagination spielte in ihrem Werk von Anfang an eine wesentliche Rolle. Damit näherten sie sich einer der aktuellsten Richtungen in der damaligen Pariser Kunstszene an: dem Surrealismus.

Zwar bekannten sich Štyrský und Toyen damals noch nicht zum Surrealismus, und der psychische Automatismus war ihnen fremd, aber was sie auf der ersten surrealistischen Ausstellung in der Pariser Galerie Pierre sahen, faszinierte sie zweifellos: der Reichtum an Techniken, die zur Anwendung kamen, und der Erfindungsreichtum, wie sich die Spuren verschiedener Gegenstände oder Strukturen auf die Leinwand übertragen ließen, um so Emotionen auszudrücken.
— Dennoch entschieden sich Štyrský und Toyen, sich von allen existenten Richtungen zu distanzieren und eine eigene Bewegung zu erschaffen, deren grundlegendes Postulat das „Einswerden von Maler und Dichter" war. In Anlehnung an Baudelaires „Les Paradis artificiels" tauften sie sie „artificielisme" bzw. „Artifizialismus". Im Oktober 1926

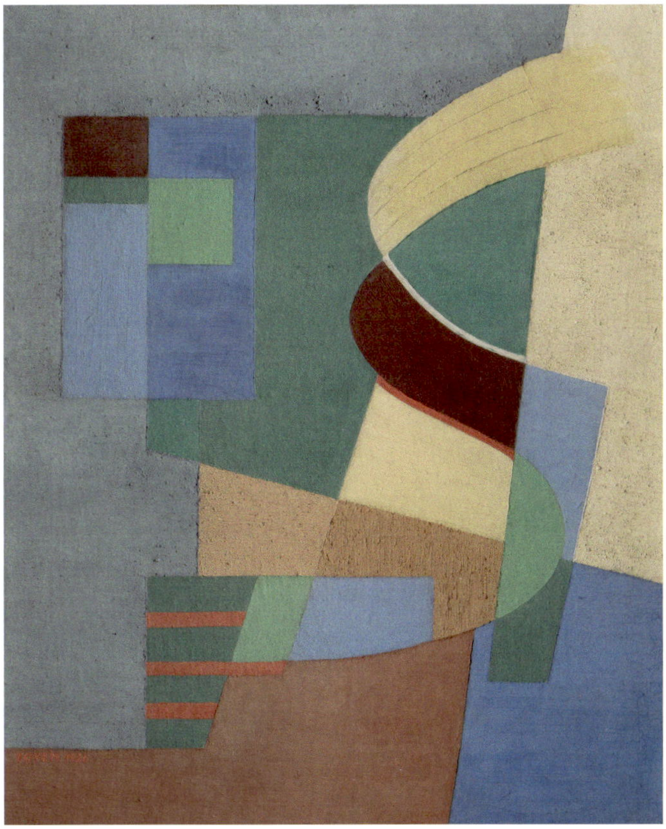

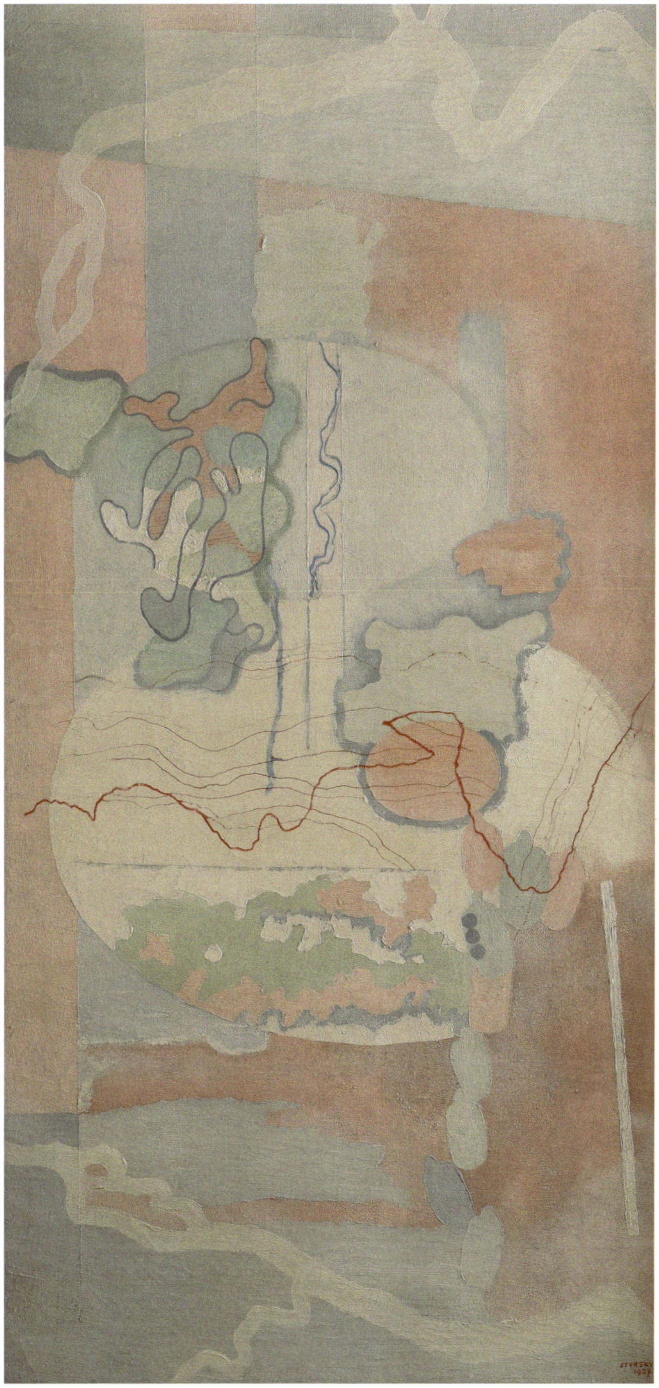

Toyen, Rutschbahn, 1926.
National Gallery Prague

Jindřich Štyrský, Flut, 1927.
Moravian Gallery in Brno

veranstalteten sie dann in ihrem Atelier in der Pariser Vorstadt eine Schau, bei der sie erstmals ihre artifizialistischen Arbeiten präsentierten, und gaben aus diesem Anlass ein Flugblatt mit dem Manifest des Artifizialismus heraus. Darin grenzten sie sich vom Kubismus, von der abstrakten Kunst und auch vom Surrealismus ab und hoben die Rolle der Poesie hervor:

„Der Kubismus hat die Realität verdreht, anstatt die Imagination in Bewegung zu setzen [...], der Artifizialismus kommt mit der umgekehrten Perspektive. Er lässt die Realität in Ruhe und bemüht sich um ein Maximum an Imaginativität [...]. Er negiert die Malerei als reines Formenspiel und Augenweide (gegenstandslose Malerei). Er negiert die formal historisierende Malerei (Surrealismus). Sein Interesse konzentriert sich auf die POESIE, die die Zwischenräume zwischen realen Formen ausfüllt und durch die die Realität ausstrahlt." [5]

5 Štyrský, Jindřich und Toyen: Artificielisme. In: ReD, Nr. 1 (1927), S. 28—30.

Tatsächlich handelte es sich um eine Art Synthese der beiden aktuellsten Richtungen der Pariser Kunstszene — der gegenstandslosen Malerei und des Surrealismus. Štyrský und Toyen arbeiteten mit Reminiszenzen, Erinnerungen und Träumen, ihre Werke aus den Jahren 1926 bis 1928 zeichnen sich aber zugleich durch einen ungewöhnlich freien Umgang mit malerischen Techniken aus. Bilder entstanden mithilfe von Schablonen und Spritzpistolen oder anderen Instrumenten, das Zumischen von Sand in die Farbe, und vor allem Toyen arbeitete sehr innovativ mit Farbschichtungen und der Strukturierung der Oberfläche unter Verwendung verschiedener Typen von Pinseln oder Spachteln.

— Ihre artifizialistischen Bilder zeigten sie in zwei prestigeträchtigen Pariser Galerien. Zur zweiten Ausstellung, die 1927 in der Galerie Vavin stattfand, schrieb ihnen Philippe Soupault das Vorwort für den Katalog, ein ehemaliges Mitglied der Pariser Surrealistengruppe, der für das, was die Werke der beiden in ihm evozierten, einen metaphorischen Ausdruck fand. In Toyens Bildern empfand er jene beunruhigende Tiefe, die sich gegen oberflächliche Gefälligkeit sträubt, was dann vor allem für ihre surrealistischen Arbeiten charakteristisch werden sollte:

„Hier geht es nicht um billiges Erschauern wie allzu süßen Duft, es geht nicht um rosarote Tränen, die sentimentalen Romanzen ähnlich sind. [...] Toyen respektiert weder Grazie noch Liebreiz noch jenes Gekünstelte, das schwindet wie das Lächeln reifer Damen. [...] Hinter diesen Linien und Schattierungen dauert schwerer Ernst [...]." [6]

6 Philippe Soupault im Katalog zur Ausstellung „Styrsky et Toyen" in der Galerie Vavin in Paris, 1927.

7 Štyrský begann 1925 mit der systematischen Aufzeichnung seiner Träume.

8 Insgesamt erschienen drei Nummern (1930, 1932, 1933).

Allmählich näherten sich die Arbeiten von Štyrský und Toyen immer weiter dem Surrealismus an, mit dem sie bereits ihr Interesse am Traum[7] und am Erotismus verband. Im Herbst 1930 gründete Štyrský die „Erotická revue" [Erotische Revue], die er für einen engen Kreis von Interessierten herausgab. Beide trugen eine Reihe erotischer Szenen bei, die für sich standen oder die publizierten Texte bildlich begleiteten.[8] Außerdem illustrierten sie die Bände von Štyrskýs erotischer „Edice 69" [Edition 69]. Der Erotismus in ihrem Werk beschränkt sich jedoch nicht allein auf die Beiträge zur „Erotická revue" oder die Illustrationen für die „Edice 69", ihr gesamtes Werk ist von erotischen Themen durchzogen, und das Begehren nimmt darin unterschiedliche Formen an.

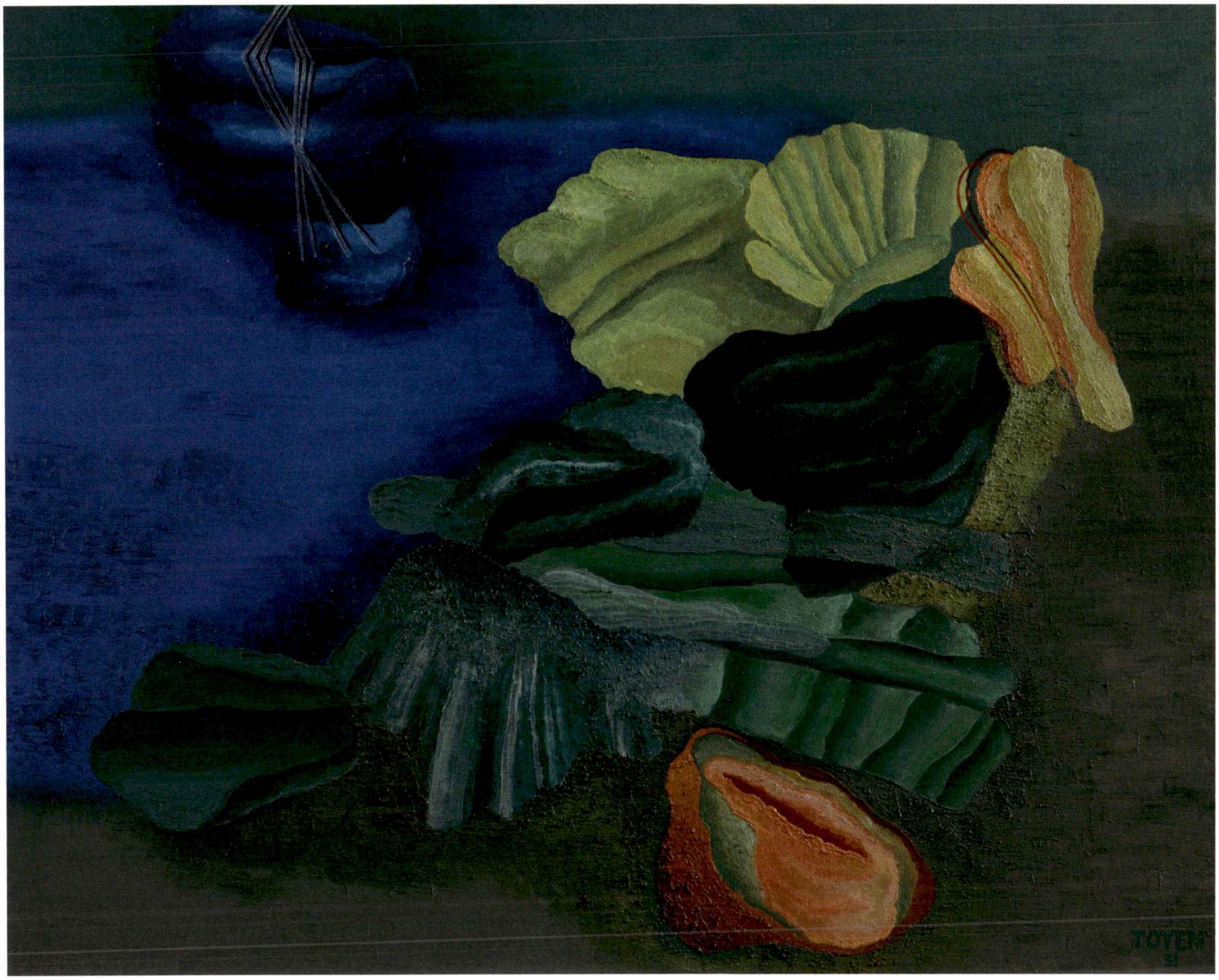

Toyen, Morgen, 1931.
Moravian Gallery in Brno

Vor allem Anfang der 1930er Jahre scheint in ihren spielerischen Kompositionen mehr und mehr eine Unruhe durch, Unterbewusstes und Erotismus zugleich. Ihre Bilder knüpfen an den vorangegangenen Zeitraum an, aber das Dreidimensionale und reale Elemente kehren darin zurück, und bei Toyen geschieht dies oft als eine Feier der üppigen Natur, der Vegetation, des Knospens, der Zeugung und der Wasserwelt. Aus der Fläche beginnen reale organische dreidimensionale Elemente aufzutauchen, die an Muscheln oder Blüten erinnern und in der Unterwasserwelt des Meeres oder in nächtlichen Landschaften dahintreiben. Annie Le Brun bringt diese Arbeiten mit dem Werk des Marquis de Sade in Verbindung, über den Štyrský zu jener Zeit eine Monografie schrieb und dessen Buch „Justine ou les Malheurs de la vertu" [Justine oder vom Missgeschick der Tugend] Toyen im Jahre 1932 illustrierte. Sades „pansexuelle" Konzeption der Natur, die ihr Übermaß und ihre Üppigkeit feiert, mag sie inspiriert haben.

Poesie 1932

Diese Arbeiten präsentierten Štyrský und Toyen der Öffentlichkeit auf der Ausstellung „Poesie 32", die der Spolek výtvarných umělců (SVU) Mánes [Verein der bildenden Künstler Mánes] in seinem neuen funktionalistischen Gebäude am Moldauufer vom 27. Oktober bis zum 27. November 1932 veranstaltete. Initiiert wurde die Ausstellung von Vertretern der jüngeren Generation des Vereins, die aus Protest gegen den kleinen Raum, der ihnen im Rahmen der Vereinsaktivitäten zugemessen wurde, im Frühjahr 1929 ausgetreten waren. Als Bedingung für ihre Rückkehr hatten sich Adolf Hoffmeister, František Muzika, Alois Wachsman und Bedřich Stefan vom Verein Mánes die Ausrichtung einer gemeinsamen Ausstellung mit Künstlerinnen und Künstlern der Pariser Surrealistenbewegung ausgebeten.

Der Titel der Ausstellung sollte eine breitere Orientierung hin zu imaginativ gestimmtem Schaffen ausdrücken und zugleich auf die Verbundenheit mit dem Poetismus der Devětsil-Bewegung verweisen. Vor allem aber handelte es sich, wie die Auswahl der Werke zeigt, die ein sechsköpfiger Ausschuss bestehend aus einer Jury für die ausländischen Exponate (Šíma, Hoffmeister, Stefan) und einer für die tschechischen Künstlerinnen und Künstler (Toyen, Muzika, Vincenc Makovský [1900—1966]), besorgte, um eine Vorstellung des Surrealismus. Die aktiven Mitglieder der Pariser Surrealistengruppe waren durch Hans Arp, Max Ernst, Yves Tanguy, Salvador Dalí und Alberto Giacometti vertreten. Des Weiteren waren hier Werke von André Masson und Joan Miró zu sehen, die sich zwar zeitweise von der Gruppe entfernt hatten, aber zuvor Mitglieder gewesen waren und es auch später wieder wurden. Abgerundet wurde die ausländische Auswahl durch Arbeiten von Giorgio de Chirico, seinem Bruder Alberto Savinio und Paul Klee. Von den tschechischen Künstlerinnen und Künstlern traten hier neben den weiter oben bereits genannten „Kuratoren" Emil Filla (1882—1953), František Janoušek (1890—1943), Jindřich Štyrský, Alois Wachsman und Hana Wichterlová (1903—1990) in Erscheinung.
— Auch in der Konfrontation von Werken europäischer Künstlerinnen und Künstler mit Artefakten von der Elfenbeinküste näherte sich „Poesie 1932" den französischen Surrealismusausstellungen an. Die Vernissage war ein bedeutendes Kulturereignis, bei dem Vítězslav Nezval (1900—1958) dem französischen Surrealismus huldigte und neben seinen Gedichten auch Ausschnitte aus der Poesie Tristan Tzaras und aus André Bretons surrealistischem Manifest vorgetragen wurden. Jaroslav Ježek (1906—1942) steuerte zu diesem Anlasse eine spezielle Komposition bei, außerdem wurde Musik von Eric Satie und Igor Strawinsky gespielt.
— Es war die erste gemeinsame Ausstellung tschechischer Künstlerinnen und Künstler mit Vertreterinnen und Vertretern der internationalen surrealistischen Bewegung und die erste große internationale Ausstellung des Surrealismus überhaupt. Für die tschechische Avantgarde war es eine wichtige Etappe auf dem Weg zur Rezeption des Surrealismus und zur Gründung der Gruppe der tschechoslowakischen Surrealistinnen und Surrealisten, die zwei Jahre später entstand.

Die Gründung der Surrealistengruppe in der Tschechoslowakei

Am 21. März 1934 wurde die Skupina surrealistů v ČSR [Gruppe der Surrealisten in der Tschechoslowakischen Republik] gegründet. Die von Vítězslav Nezval verfasste Gründungserklärung unterzeichneten Bohuslav Brouk (1912—1978), Konstantin Biebl (1898—1951), Imre Forbath (1898—1967), Jindřich Honzl (1894—1953), Jaroslav Ježek, Libuše Jíchová (alias Katy King), Josef Kunstadt (1904—1970), Vincenc Makovský, Vítězslav Nezval, Jindřich Štyrský und Toyen.
— Gleich im darauffolgenden Jahr fand die erste Gruppenausstellung statt.[9] Dort zeigten drei Künstlerinnen und Künstler ihre Werke: Jindřich Štyrský, Toyen und Vincenc Makovský. Bereits im Vorwort zum Katalog verkündete Karel Teige, der theoretische Kopf der Gruppe:

„Vor der Tür der ersten Ausstellung der Gruppe der tschechoslowakischen Surrealisten [...] sollte man ein Schild anbringen, das daran erinnert: DER SURREALISMUS IST KEINE KUNSTRICHTUNG. [...] Man darf nicht zulassen, dass der Surrealismus und seine Aktivitäten nur als ein neuer Aspekt der Avantgardekunst begriffen werden, man darf nicht zulassen, dass man den Surrealismus auf den Bereich der Kunst beschränkt, [...] er ist eine bestimmte menschliche Haltung, die den gesamten Menschen engagiert."[10]

Die Ausstellung zeigte insgesamt 22 Bilder Štyrskýs, seine Collagen und Fotografien, 24 Bilder von Toyen und fünf Plastiken und Reliefs von Makovský. Und wieder unterschieden sich die neuesten ausgestellten Werke von Štyrský und Toyen von den vorangegangenen. In ihren Arbeiten wird Mitte der 1930er Jahre eine tiefgreifende Veränderung sichtbar. Die konventionelle Abbildung des Menschen, die ihn von außen erfasst, stellen sie infrage, wogegen die Surrealistinnen und Surrealisten das Unbewusste des Menschen interessiert und sie seine verborgenen Inhalte, Leidenschaften und Assoziationen an die Oberfläche bringen. Bei Toyen wird der menschliche (zumeist weibliche) Körper mineralisiert, er wird zu einer leeren Hülle, unterliegt dem Zerfall, wird von Schimmel angegriffen oder seines Kopfes beraubt. Aus irrationalen Strukturen treten beunruhigenden Formationen wie Masken, Regenbogenfarben oder leere Korsetts hervor. Die Farben werden dichter und dunkler. Ihre antiästhetischen Bilder aus dieser Zeit erfüllen vollständig Bretons Vorstellung von der „Schönheit, die konvulsiv sein soll".

Im Rahmen der Ausstellung sollte auch André Breton, den der SVU Mánes nach Prag eingeladen hatte, einen Vortrag halten. Er musste jedoch letztendlich seine Reise verschieben und traf in Begleitung seiner Frau Jacqueline Lamba-Breton, von Paul Éluard und Josef Šíma erst nach dem Ende der Ausstellung Ende März 1935 in der Tschechoslowakei ein. Seinen speziell für Prag zum Thema der „Situation des surrealistischen Objekts" verfassten Vortrag trug Breton direkt im Mánes vor, zwei weitere dann in der Prager Stadtbibliothek und an der Philosophischen Fakultät der Karlsuniversität.

Die tschechischen Surrealistinnen und Surrealisten freundeten sich mit Breton und Éluard an, und Toyen und Štyrský schenkten jedem von ihnen eines ihrer Werke: Toyen Breton das Bild „Prométheus" (1934) und Éluard das Bild „Hlas lesa II" [Stimme des

9 Vom 15. Januar bis zum 3. Februar 1935 in den Räumen des SVU Mánes. Die Katalogtexte schrieben Karel Teige und Vítězslav Nezval.

10 Karel Teige in: První výstava Skupiny Surrealistů v ČSR [Erste Ausstellung der Surrealistengruppe in der Tschechoslowakei], Ausst.-Kat. SVU Mánes, Prag 1935.

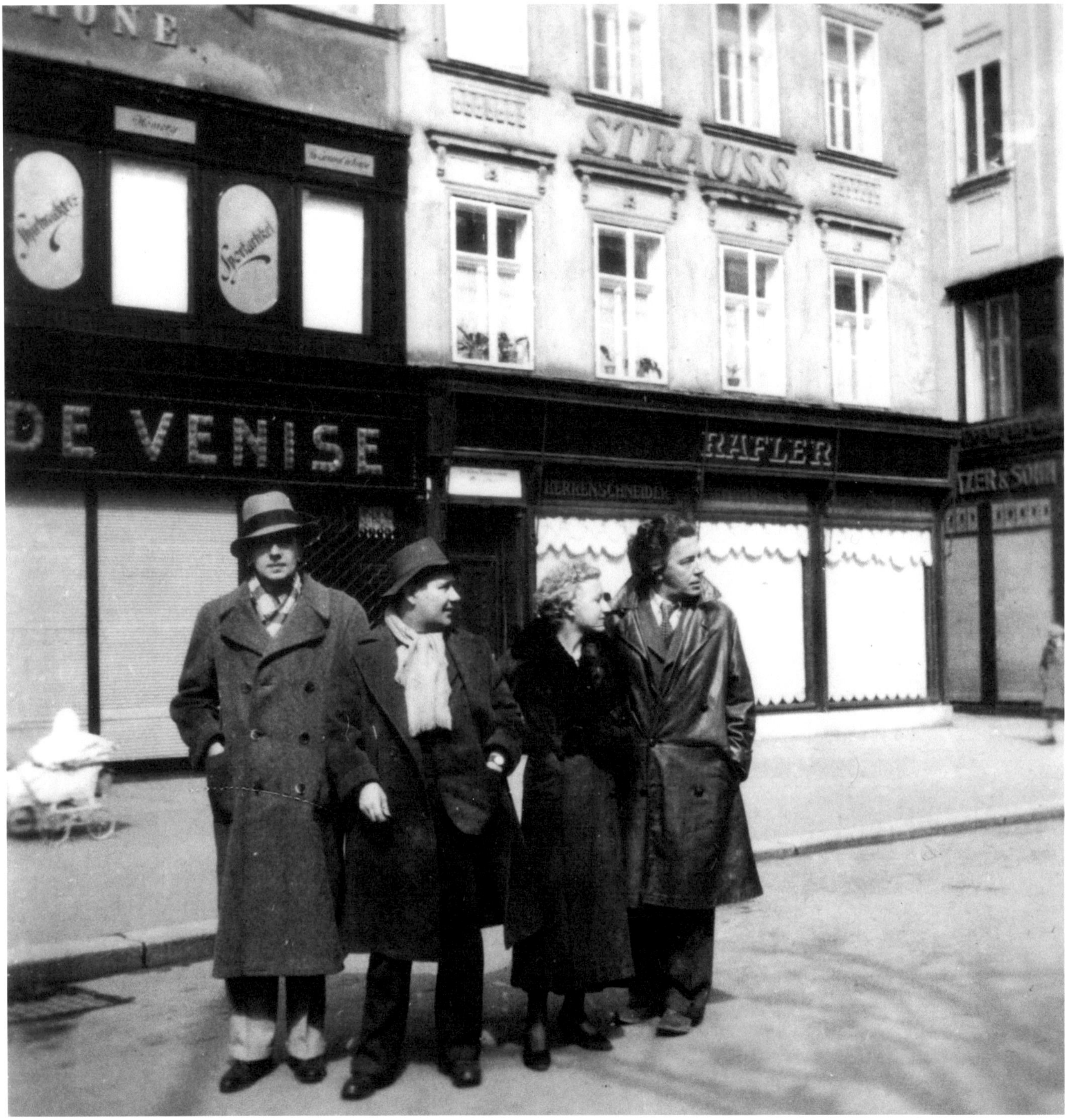

Paul Éluard, Karel Teige,
Jacqueline Lamba-Breton und
André Breton, ca. 1935.
Fonds Fotoarchiv, Literarisches
Archiv des Museums für
tschechische Literatur, Prag

Waldes II] (1934). Jindřich Štyrský beschenkte diesen mit seinen Bildern „Sodoma a Gomora“ [Sodom und Gomorrha] (1934) und „Člověk krmený ledem“ [Mensch mit Eis gefüttert] (1934) und Breton das Bild „Kořeny“ [Wurzeln] und die Collage „Sen“ [Traum] (1935), die auf dem Umschlag der ersten Nummer des „Mezinárodní buletin surrealismu“ [Internationales Bulletin des Surrealismus] abgedruckt wurde, die in Prag im April 1935 erschien. Es waren diese Bilder, mit denen Breton und Éluard nach Paris reisten und mit denen Štyrský und Toyen dann auf den meisten internationalen surrealistischen Schauen vertreten waren, so zum Beispiel 1938 auf der internationalen surrealistischen Ausstellung in Georges Wildensteins Pariser Galerie des Beaux-Arts.

Im März 1938 brach ein ernsthafter politischer Konflikt zwischen Vítězslav Nezval und den übrigen Mitgliedern der Gruppe aus. Nezval vertrat die Linie der Kommunistischen Partei der Tschechoslowakei und billigte die Moskauer Prozesse, während die übrigen sich für absolute schöpferische Unabhängigkeit einsetzten und Nezvals Stalinismus verurteilten. Am 11. März erschien in der Presse die Nachricht, Nezval habe die Gruppe der tschechoslowakischen Surrealisten aufgelöst. Die übrigen Mitglieder der Gruppe (Biebl, Brouk, Honzl, Ježek, Štyrský, Toyen und Teige) schickten Breton ein Telegramm, in dem sie ihn über die Streitigkeiten und über Nezvals Ausschluss aus der Gruppe informierten. Drei Tage darauf, am 14. März, fand bereits ohne Nezval wieder eine Sitzung der Gruppe statt. Im Frühjahr erweiterte sich die Gruppe sogar, als der Dichter Jindřich Heisler (1914—1953) ihr beitrat, der eine enge Zusammenarbeit mit Štyrský und Toyen begann. Teige, Štyrský, Toyen, Seifert, František Halas (1901—1949) und andere unterschrieben auch die Erklärung „Protestujeme!“ [Wir protestieren!], in der die Moskauer Prozesse verurteilt wurden.

Während der Zeit der deutschen Besatzung zogen sich die Surrealistinnen und Surrealisten in den Untergrund zurück, bemühten sich aber, ihre Arbeit nach Möglichkeit fortzusetzen. Toyen lebte während der Kriegsjahre in einer Einzimmerwohnung in Žižkov, in der sich ab 1941 auch Jindřich Heisler versteckte, der es ablehnte, den Judenstern zu tragen, und die restlichen Kriegsjahre größtenteils in ihrem Badezimmer überstand. Beide nahmen damit ein großes Risiko auf sich. Zugleich bot sich ihnen dadurch eine Gelegenheit zur weiteren Zusammenarbeit. Bereits 1939 hatte Toyen Zeichnungen zu Heislers Gedichtband „Jen poštolky chčí klidně na desatero“ [Nur Turmfalken pissen ruhig auf die Zehn Gebote] geschaffen, im Jahr darauf, 1940, gestalteten sie gemeinsam das Künstlerbuch mit „realisierten Gedichten“ und dem Titel „Z kasemat spánku“ [Aus den Kasematten des Schlafs], in dem Ausschnitte aus Heislers Gedichten in arrangierte Landschaften aus Miniaturgegenständen und Spielzeug eingebettet sind.
— Die Art und Weise, wie Toyen in ihren eigenen Arbeiten auf den Krieg reagierte, ist völlig einzigartig. Im Zeichnungszyklus „Střelnice“ [Schießplatz] (1939—1940) gelingt es ihr auszudrücken, wie tief die Wunden sind, die das Grauen des Krieges nicht nur auf physischer, sondern auch auf psychischer Ebene und in unserem Unterbewusstsein reißt. Anhand von präzise gezeichnetem, zerfallenem und leicht beschädigtem Spielzeug, das in eine leere Landschaft geworfen ist, lässt sich das Ende eines kindlichen Traums erkennen, in dem Grausamkeit und Gewalt an die Stelle des Spiels getreten sind. Die Welt des Jahrmarkts verwandelt sich hier in den militärischen Schießplatz, den die Nationalsozialisten praktisch vor den Fenstern ihrer Wohnung errichtet hatten. Im Zyklus „Schovej se, válko!“ [Versteck dich, Krieg!] bildete sie lebende Tiere als sich bewe-

gende Gerippe ab, um ein weiteres Mal die tiefe Wunde zu versinnbildlichen, die der Natur und dem Sein an sich zugefügt wurde.

— 1942 starb Jindřich Štyrský, was für Toyen einen großen Verlust bedeutete. In unmittelbarer Reaktion darauf malte sie das Bild „Smutný den“ [Trauriger Tag], ein Jahr später zollte sie ihm mit dem Bild „Na zámku La Coste“ [Auf dem Schloss La Coste] Tribut, das von Fotografien inspiriert ist, die Štyrský 1932 am ehemaligen Wohnsitz des Marquis de Sade in Südfrankreich aufgenommen hatte. Von 1943 bis zum Ende des Krieges zeichnete sie dann überwiegend.

— Bis 1945 hallt der Krieg in ihrer Arbeit nach, wie etwa in dem Bild „Na pokraji“ [Am Waldrand, Kat. 88]. 1946 entschied sie sich dann, gemeinsam mit Jindřich Heisler definitiv nach Frankreich zu ziehen, wo beide aktive Mitglieder der Pariser Surrealistengruppe wurden.

Die Veröffentlichung dieses Textes wurde unterstützt vom tschechischen Kulturministerium mithilfe eines Zuschusses für die langfristige konzeptionelle Entwicklung einer Forschungseinrichtung.

Anna Pravdová

Kat. 88 Toyen, Am Waldrand, 1945. Sammlung Kunstmuseum Bochum

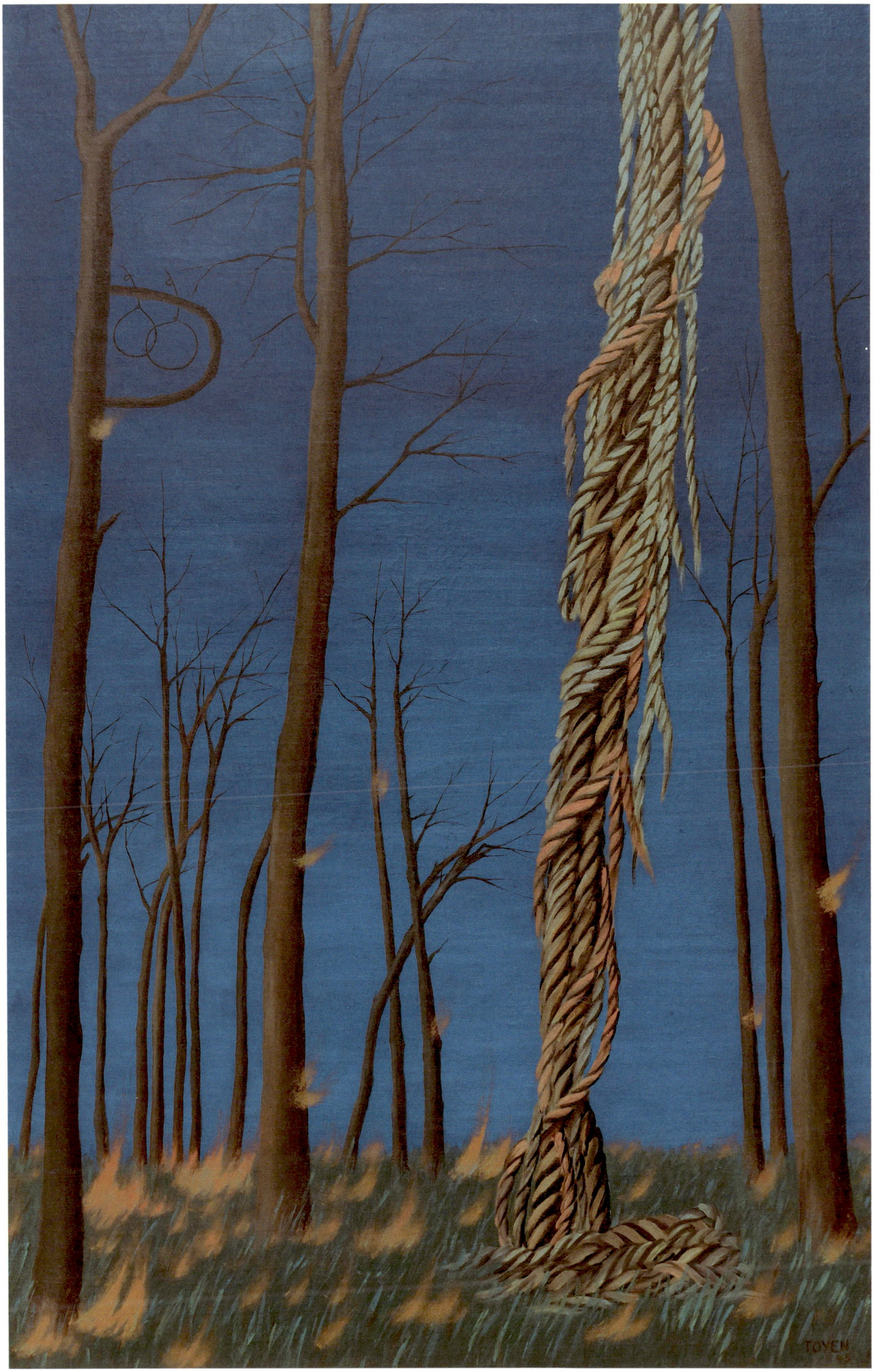
TOYEN
45

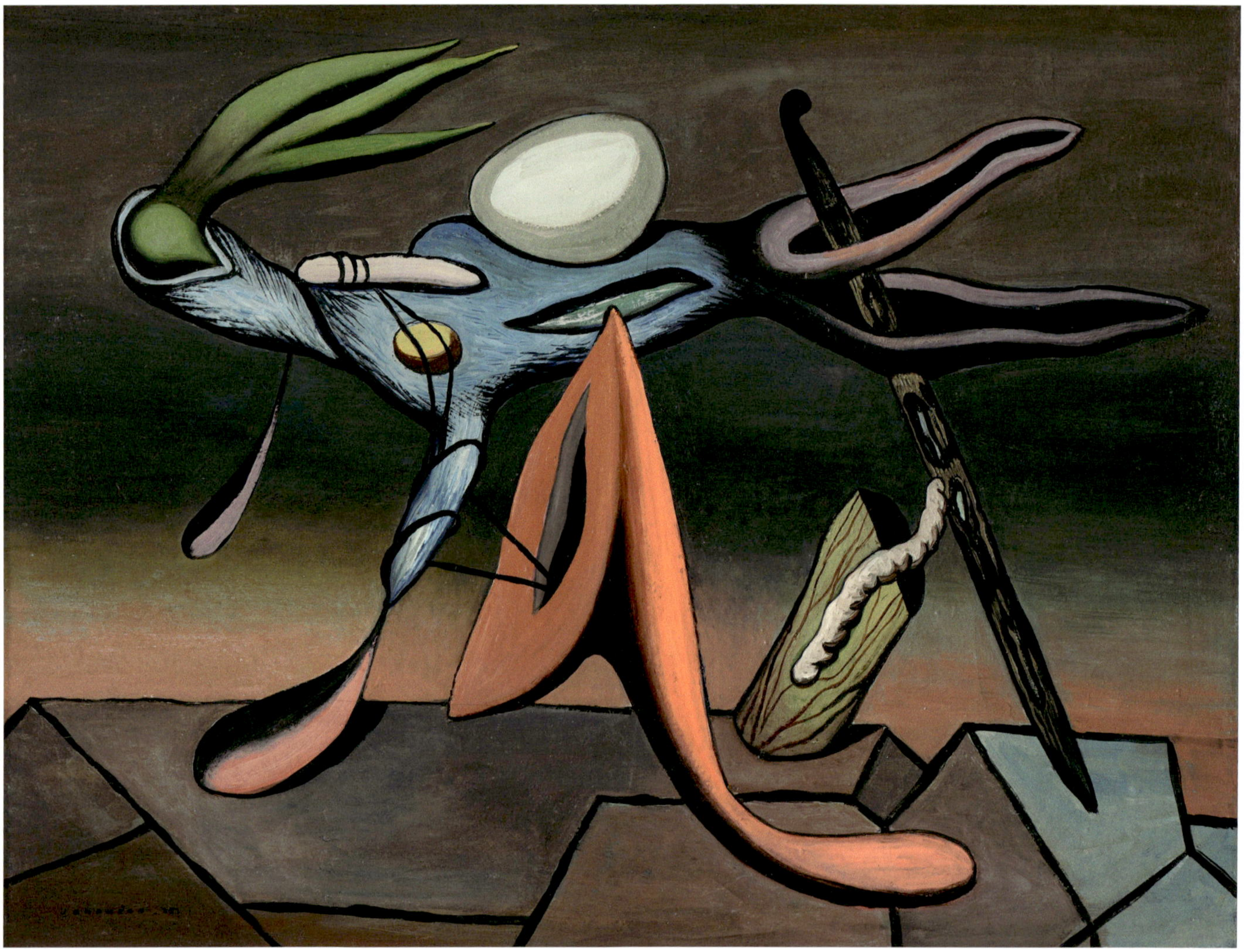

Kat. 89 František Janoušek,
Pilger, 1935. Kunsthalle Praha

Kat. 90 František Janoušek,
Ein Blatt gezeugt — die Liebe
zur Küste endet, 1936–1942.
Kunsthalle Praha

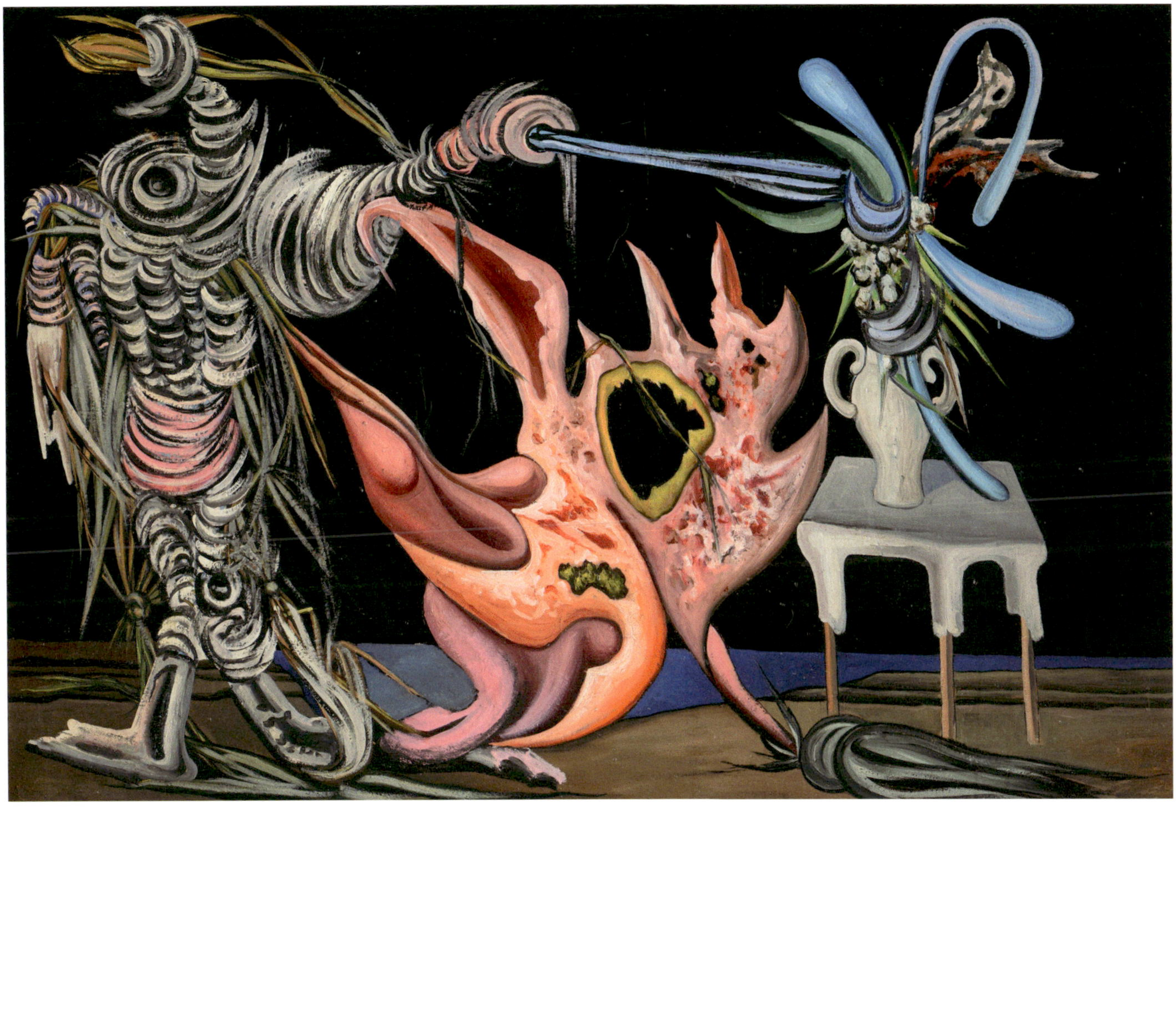

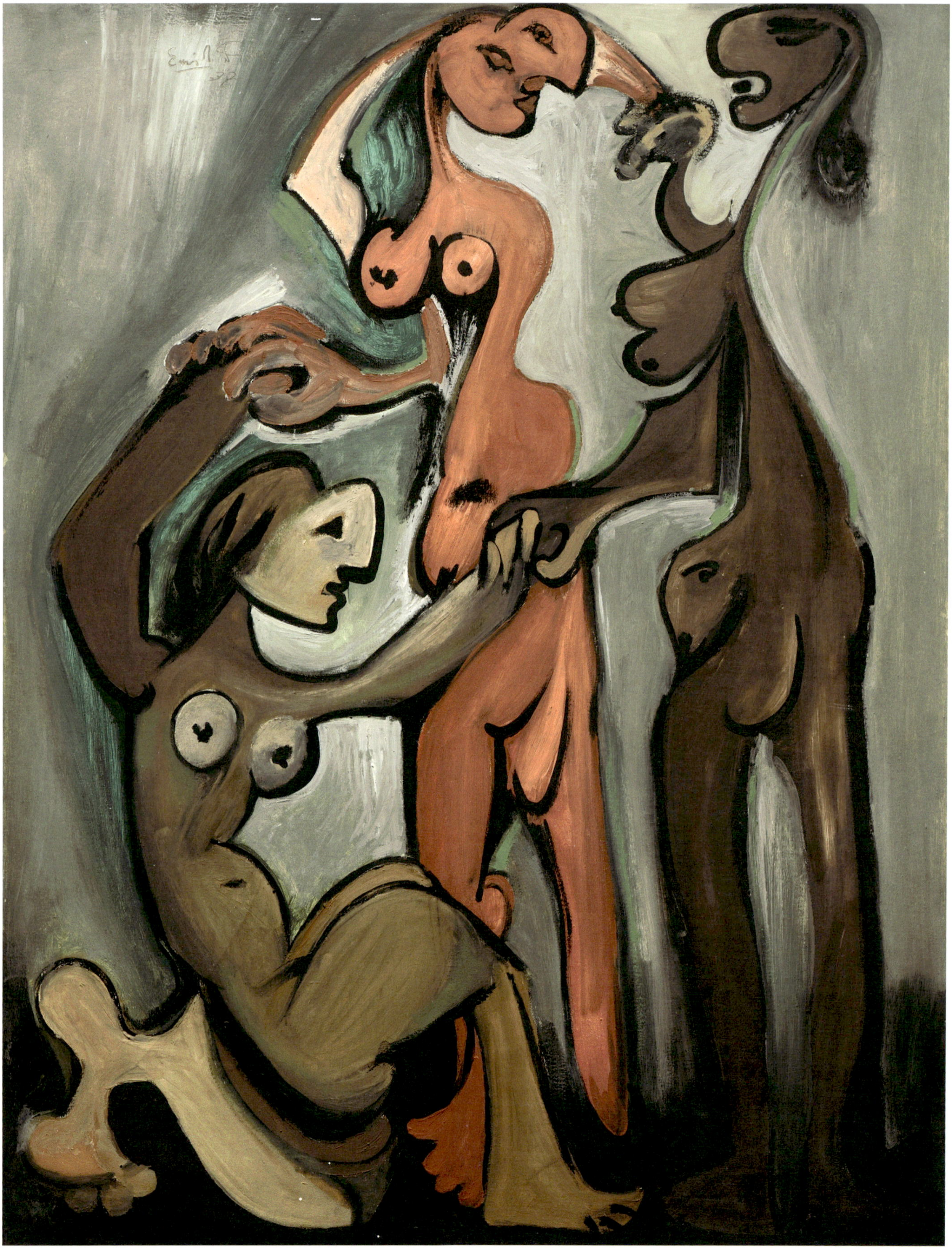

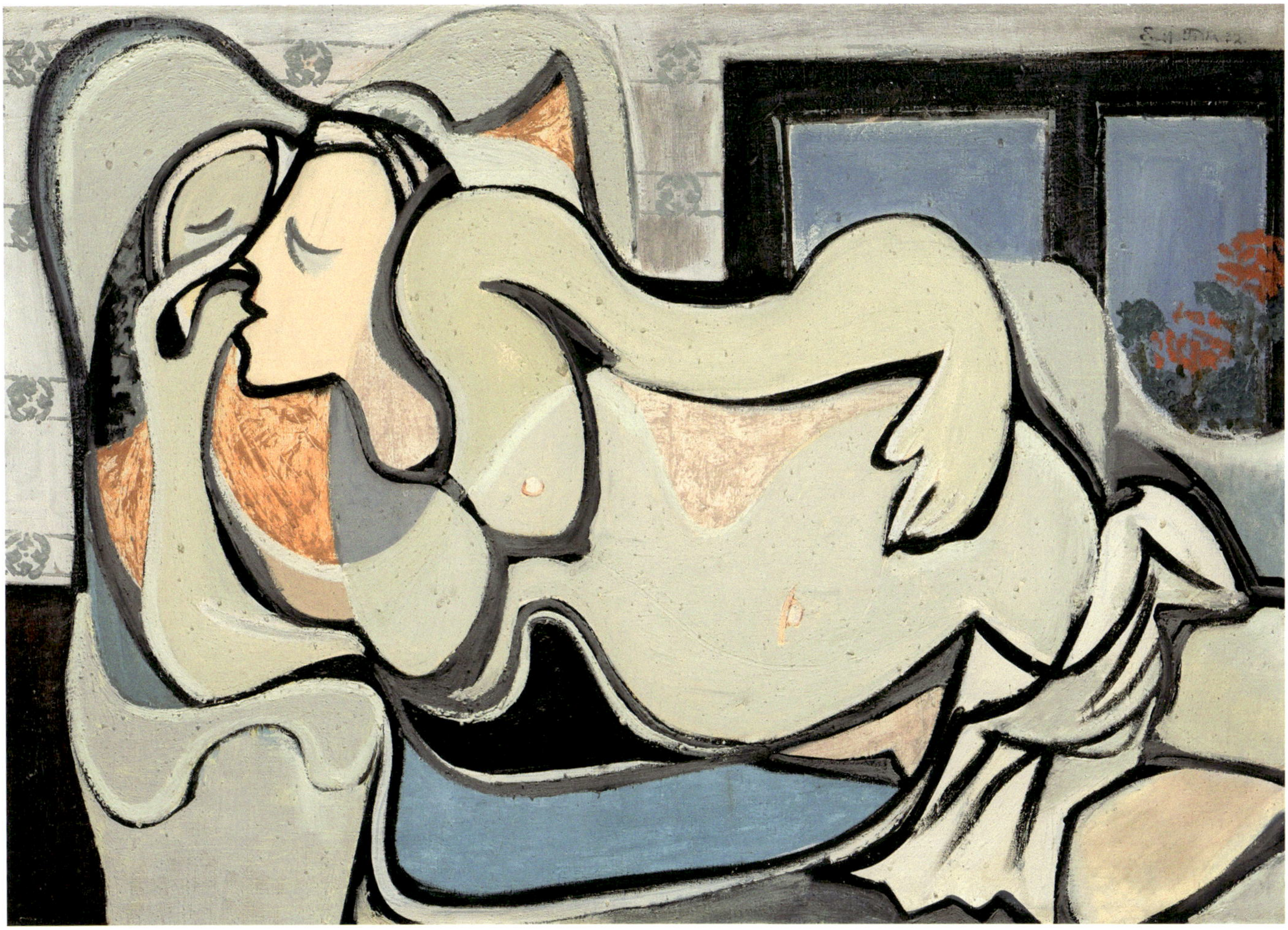

Kat. 92 Emil Filla, Liegende, 1932. Kunsthalle Praha

Kat. 91 Emil Filla, Drei Grazien (Drei Frauen), 1937. Kunsthalle Praha

Kat. 93 Emil Filla, Rotes Ass, 1908. National Gallery Prague

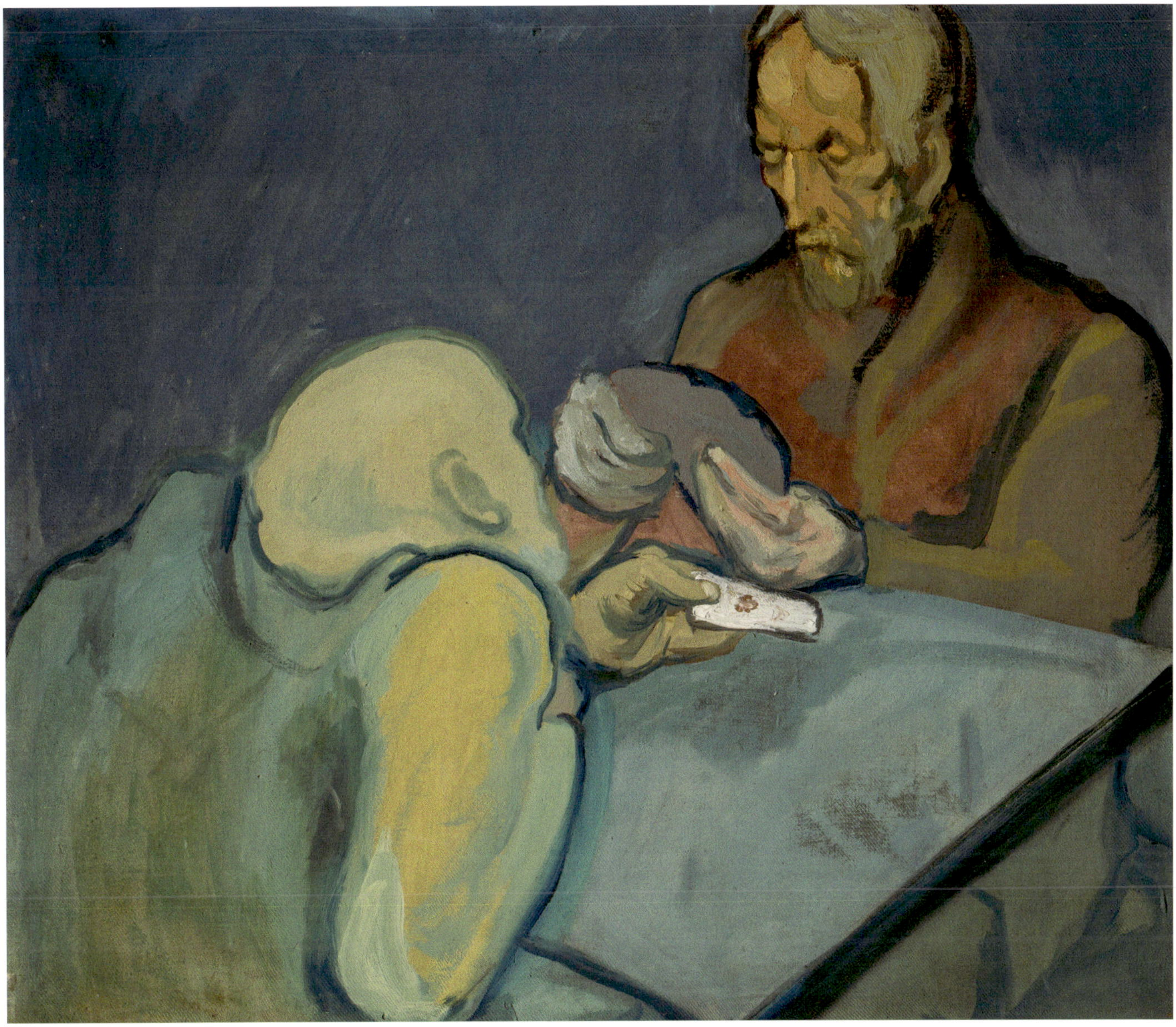

Karel Teige, Manifest des Poetismus (1928), zitiert nach: Karel Teige, Liquidierung der „Kunst". Analysen, Manifeste, Frankfurt a. M. 1968, S. 92.

„Vom Kubismus ausgehend, den wir als Barriere zwischen der altertümlichen Malerei und dem neuzeitlichen Farbschaffen betrachten, eine Barriere, über die es keine Rückkehr zu den atavistischen Abbildungsmodalitäten gibt, sind wir zur definitiven Überwindung des traditionellen Tafelbildes gelangt: an seine Stelle tritt das projizierte, dynamische Lichtbild (reflektorische Spiele, Film, Feuerwerk) und das statische, photo- und typomontierte, serienerzeugte, in tausenden Exemplaren aufgelegte Buchbild."

Experiment und Enthusiasmus — Die tschechische Avantgarde-Fotografie

1 Wiškovský, Eugen: Zobrazení, projev a sdělení. In: Fotografický obzor, Jg. 49 (1941), Nr. 1, S. 2.

„Je alltäglicher der Inhalt, desto ungewöhnlicher muss die Art seiner Vorführung sein."[1] *Eugen Wiškovský, 1941*

In gewisser Hinsicht ist das Fotografieren immer ein Experiment: sowohl das Einfangen eines bestimmten Augenblicks trotz eventueller Bewegung vor der Linse als auch die passende Belichtung und der richtige Fokus. Auch die Zusammensetzung der Chemikalien während des Entwickelns, die Irreversibilität vieler Arbeitsschritte und die diversen Möglichkeiten der nachträglichen Manipulation machen die Fotografie per se zu einem experimentellen Feld. Abseits dieser technischen Variablen ermöglicht das Medium aber auch inhaltliches Experimentieren mit Komposition und Perspektive. Eugen Wiškovský (1888—1964) ist einer der vielen tschechischen Künstlerinnen und Künstler, der die Fotografie als Ausdruck von Originalität, Ideenreichtum und formalem Können entdeckt und über Jahrzehnte hinweg ausbaut. Sein Zitat verdeutlicht das Ausmaß an Experimentierfreude innerhalb der tschechischen Kreativszene der 1920er und 1930er Jahre. Wie kein anderes Medium spiegelt die Fotografie den Fortschrittsgedanken und den schöpferischen Geist der tschechischen Avantgarde-Bewegung dieser Zeit wider.

— Durch den Zerfall Österreich-Ungarns entsteht 1918 die Tschechoslowakei — ein demokratischer Staat mit rasant wachsender Industrie und erblühendem kulturellen Leben. Die Folge ist eine um sich greifende Aufbruchstimmung innerhalb nahezu aller wirtschaftlicher, gesellschaftlicher und kultureller Bereiche. In der noch jungen Republik ist die Fotografie das ideale Werkzeug, um den Status quo einzufangen und zu inszenieren. Als direktes Medium hat sie den Vorteil, aktuelle Entwicklungen und Strömungen unmittelbar abbilden zu können. Zudem dokumentiert sie wichtige Zentren der tschechischen Moderne, neu entstehende Architektur und Stadtgeschichte, Alltag, Armut und Arbeiterschaft. Schnell wird aber auch das Medium selbst zum Experimentierfeld: Das Austesten formaler und inhaltlicher Möglichkeiten ist ein bedeutender Teil der modernen Fotografiebewegung.

— Inspiriert sind die Fotografinnen und Fotografen dieser Zeit von den mannigfachen Kunstströmungen, die die Tschechoslowakische Republik wie alle anderen europäischen Länder begeistern: die Neue Sachlichkeit und das Bauhaus-Vorbild aus Deutschland, der französische Surrealismus, sowjetischer Konstruktivismus, Dada und Collage sowie die „Rayogramme" des US-amerikanischen Fotografen Man Ray (1890—1976). Nicht zuletzt nimmt auch der Poetismus, eine auf Tschechien konzentrierte Stilrichtung, die Poesie und Hedonismus zu den wichtigsten Faktoren des Lebens erklärt, großen Einfluss auf die Fotografie dieser Zeit. Der rege Austausch der europäischen Avantgarde führt zu einer Vielfalt moderner Bewegungen, die sich in der Fotografie niederschlagen. An den Impulsen der tschechischen Avantgarde-Fotografie zwischen 1918 und 1948 lassen sich die visionären Ideen der europäischen Moderne anschaulich ablesen.

Arbeit ohne Fotokamera: Fotomontage und Fotogramm

Um 1918 beginnt in der Tschechoslowakei eine neue Phase der Fotografie. Den bis dahin verbreiteten Piktorialismus lehnt die Avantgarde als illusionistisch ab.[2] Mit der Proklamation der Tschechoslowakischen Republik geht die Motivation einher, Dinge zu verändern und einen allumfassenden Neuanfang zu initiieren — auch im Bereich der Kunst. Mit diesem Bestreben hängt auch der außerordentlich freie, oftmals beinahe spielerische Ansatz der tschechischen Fotografinnen und Fotografen dieser Periode zusammen. Gemeinsame Ziele sind die Suche nach Abstraktion und das Loslösen vom dreidimensionalen Raum. Dieser Prozess führt sogar zum kurzzeitigen Ausklammern der Fotokamera: Fotomontage und Fotogramm sind unabhängig vom Apparat und verzichten auf die fotografische Illusion, die vielen altmodisch erscheint.[3] Für Fotogramme werden Objekte auf lichtempfindlichem Fotopapier platziert und dieses anschließend belichtet. Konkrete Gegenstände werden auf diese Weise zu abstrakten weißen Umrissen auf schwarzem Untergrund. Fotogramme stehen wie kein anderes Medium für die unmittelbare Umsetzung der avantgardistischen Idee, etwas Reales in etwas Abstraktes zu übersetzen. Die Arbeiten sind Unikate und niemals eins zu eins reproduzierbar. Das gilt auch für die Technik der Fotomontage, bei der Bildelemente ausgeschnitten und zu neuen Kontexten zusammengesetzt werden. Beinahe symbolisch steht dieses Verfahren für den Wunsch nach einer Neugestaltung der Welt im Sinne der eigenen Vorstellungen. Fotomontage und Fotogramm versinnbildlichen die Abgrenzung von Traditionen und die Neufindung einer fotografischen Identität in der noch jungen Tschechoslowakischen Republik. Doch schon bald nimmt die Kamerafotografie wieder ihren Platz in der Avantgarde-Bewegung ein. Jaromír Funkes (1896—1945) Fotografie „Komposition" greift bewusst die Technik der Fotogramme auf und führt sie durch den spielerischen Bildaufbau ad absurdum [Kat. 94]. Es braucht mehrere Anläufe, um das Motiv zu erkennen: Der Schattenwurf verschiedener Pflanzen auf mehreren Blättern Papier suggeriert, es handele sich hier um ein Fotogramm. Der rechteckige Lichteinfall bildet einen natürlichen Rahmen.

— Die Neue Sachlichkeit, die man aufgrund ihres Namens irrtümlich für besonders nüchtern halten mag, macht sich früh auch in der Fotografie bemerkbar. Fotografinnen und Fotografen wie Jaromír Funke experimentieren mit Hell-Dunkel-Kontrasten, Mustern und Texturen. Auch Doppelbelichtungen zählen zu Funkes Repertoire. Er hält mehrere Momente in einem einzigen Foto fest und erzielt dadurch ein Narrativ. Neben der Verbildlichung von Dynamik und Bewegung geht es auch hier um Verwirrung und Störung der räumlichen Orientierung. Eugen Wiškovský, Jaroslava Hatláková

2 Vgl. Dufek, Antonín: Das Medium Fotografie im Zeitalter künstlerischer Avantgarden. In: Brockhaus, Christoph und Ryszard Stanislawski (Hg.): Europa, Europa. Das Jahrhundert der Avantgarde in Mittel- und Osteuropa, Bonn 1994, S. 426—450, hier S. 432.

3 Vgl. Dufek, Antonín: Abstrakte und non-figurative Tendenzen. In: Birgus, Vladimír (Hg.): Tschechische Avantgarde-Fotografie 1918—1948, Stuttgart 1999, S. 73—79, hier S. 73.

(1904—1989), Jaroslav Rössler (1902—1990) und Josef Sudek (1896—1976) erproben ebenfalls die Sehgewohnheiten der Betrachtenden. Sie beschränken sich zwar auf das Abbilden des Alltäglichen — einen Krebs, ein Ei, eine Pflanze —, ästhetisieren es jedoch fast bis zur Unkenntlichkeit [Kat. 95]. Extreme Nahaufnahmen von Mustern oder Strukturen erschweren das Erkennen eines größeren Zusammenhangs. Durch ungewohnte Blickwinkel sowie Auf- und Untersichten entstehen fantastische Landschaften. Die geometrischen Körper, die Hatláková fotografiert, liefern keinen Anhaltspunkt über ihre Größe oder ihren Ursprung [Kat. 96 + 97]. Bei längerer Betrachtung lässt sich sogar ihre Dreidimensionalität infrage stellen. Die Fotografinnen und Fotografen der Neuen Fotografie reizt das bewusste Spiel mit Abstraktion sowie die Auflösung von Räumlichkeit und bekannten Maßstäben.

— Dieses Loslösen von der dreidimensionalen Darstellung des Raumes reicht bis zum Experimentieren mit Materialien, Chemikalien und Emulsionen. Für seine „Fokalken" vergrößert Miloš Koreček (1908—1989) geschmolzene Fotonegative und lässt auf diese Weise surrealistische Landschaften entstehen [Kat. 98]. Die Technik benennt er nach der im Surrealismus beliebten Décalcomanie. Dabei handelt es sich um Farbabklatsche, die nicht darauf abzielen, ein Bild zu kopieren, sondern eigenständige Werke darstellen. Koreček, selbst Mitglied der surrealistischen Gruppe Ra, überträgt die Technik ins Fotografische. Ehemalige Fotos werden so zu neuen Arbeiten, und das Medium selbst mutiert zum Motiv. Die „Fokalken" sind ein Paradebeispiel für das wortwörtliche Auflösen des Bestehenden und das selbstbewusste Kreieren von Abstraktion.

— Es ist bemerkenswert, dass auch die sozialdokumentarische Fotografie abseits aller Experimente der Avantgarde durchweg hohen Zuspruch erhält: Die marxistische Grupierung Levá fronta [Linke Front] organisiert 1933 und 1934 Ausstellungen zur sozialen Fotografie in Prag und Brünn, an der neben tschechischen auch französische und russische Fotografinnen und Fotografen teilnehmen. Auch die neu gegründete Brünner Fotogruppe Fotoskupina pěti (f5) ist Teil der Schauen. Statt Abstraktion steht hier das explizite Abbilden des ungeschönten Alltags im Vordergrund. Die Bilder dokumentieren Arbeitende, Arme, Kranke und soziale Not. Ihre Beliebtheit verdeutlicht, dass die 1920er Jahre neben Modernität und Fortschritt auch soziale und wirtschaftliche Ungleichheiten mit sich bringen.

Nationale Stärkung mit internationaler Ausrichtung

„Die Arbeit der bildenden Künstler, Dichter, Bauern, Arbeiter, Denker und Wissenschaftler steht gemeinsam neben der des Soldaten der Revolution: ihre Aufgabe ist die gleiche", schreibt Karel Teige (1900—1951) im September 1920. „Sie realisieren keine Theorien, sondern sie schaffen die neue Welt."[4] Damit bringt der in Prag geborene Teige, der unter anderem als Künstler, Theoretiker, Publizist und Kritiker tätig ist, die schöpferische Atmosphäre und den kollektiven Arbeitsgeist der jungen Tschechoslowakischen Republik auf den Punkt. Der Zusammenschluss im Kollektiv und die Vernetzung in Fotogruppen stellen klare Prioritäten innerhalb der kreativen Szene dar. In den 1920er und 1930er Jahren entstehen zahlreiche avantgardistische Zentren, darunter die südböhmische Gruppe Fotolinie, die sich 1933 formiert und deren Mitglieder bis Ende der 1930er Jahre Ausstellungen organisieren. Sie ist ein Zweig der Künstlervereinigung Linie, zu deren Gründungsmitgliedern Karel Teige zählt und die sich für eine radikale Erneuerung der Kunst einsetzt. Bereits 1922 initiieren Funke, Sudek und weitere Fotografen den Fotoclub Prag, aus dem zwei Jahre später die Tschechische Fotografische

4 Auszug aus Musaion. Sammelband für moderne Kunst, Jg. 2 (1921), S. 52—54, zit. nach Brockhaus, Christoph und Ryszard Stanislawski: Modernisierung und Moderne. In: Brockhaus/Stanislawski 1994 (wie Anm. 2), S. 10—41, hier S. 34.

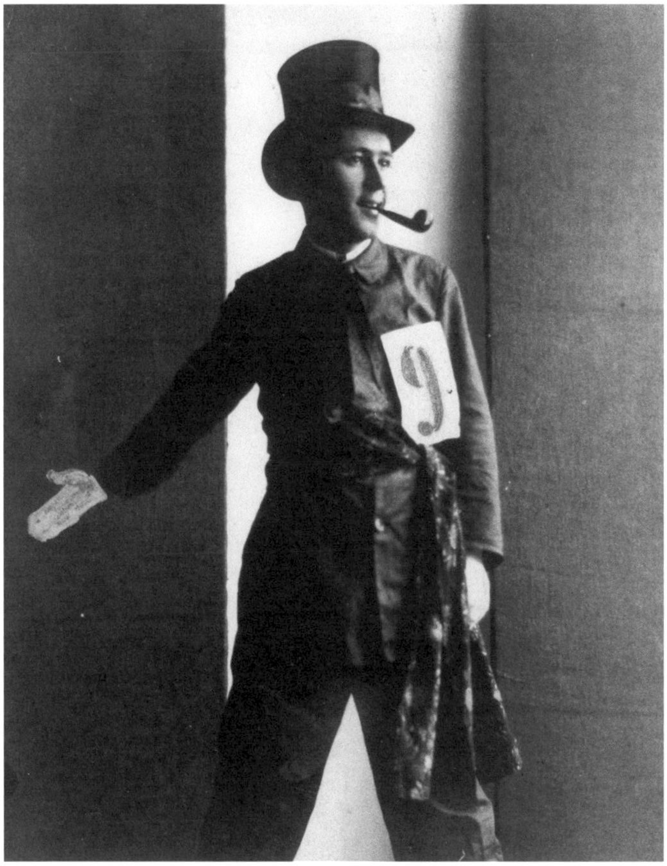

Karel Teige, 1924. Fonds Černík Artuš, Literarisches Archiv des Museums für tschechische Literatur, Prag

Gesellschaft hervorgeht. Ab 1936 hat auch der Verein der bildenden Künstler (SVU) Mánes seine eigene fotografische Sektion. Im selben Jahr findet die „Internationale Ausstellung der Fotografie“ in der Prager Galerie Mánes statt. Zu Beginn der 1940er Jahre organisiert sich die Gruppe 42 [Skupina 42], die auf technischen Fortschritt und städtisches Wachstum ausgerichtet ist.

— Trotz der Suche nach einer „tschechischen Identität“ und der starken Vernetzung innerhalb des Landes ist der Blick tschechischer Künstlerinnen und Künstler stets auch gen internationale Moderne gerichtet. Die tschechischen Fotografinnen und Fotografen dieser Zeit agieren keinesfalls als geschlossener Zirkel. Im Gegenteil: Ihre engen Kontakte untereinander sind programmatisch für die europäische Avantgarde-Bewegung. Viele Kulturschaffende, etwa Jindřich Štyrský (1999—1942), Karel Teige oder Josef Istler (1919—2000), sind in unterschiedlichen Bereichen aktiv, etwa als Maler, Dichter oder Theoretiker. Die meisten erlernen das fotografische Handwerk autodidaktisch. Möglicherweise wird die Fotografie deswegen lange Zeit nicht als eigenständige Kunstform, sondern als Mittel zum Zweck angesehen. Im internationalen Vergleich sieht es ähnlich aus: So gibt es beispielsweise erst ab 1929, unter Walter Peterhans (1897—1960), eine eigene Werkstatt für Fotografie am Bauhaus in Dessau. Dennoch inspiriert die moderne Schule bedeutende tschechische Fotografinnen und Fotografen, darunter Jaromír Funke, der dort ursprünglich studieren will, und Karel Teige, der von Hannes Meyer (1898—1954) 1929 zu einem Vortragszyklus eingeladen wird. Auch die Kunstgewerbeschulen in Brünn und Bratislava orientieren sich am Vorbild der Weimarer Republik.

— Das vielfältige Netzwerk tschechischer Akteurinnen und Akteure ins Ausland ist beachtlich: Neben den engen Kontakten zu Vertreterinnen und Vertretern der deutschen, französischen und russischen Avantgarde orientiert man sich auch am italienischen Futurismus, dem US-amerikanischen Film, der Musik, dem Kino und der Reklame. 1929 findet die Ausstellung „Film und Foto“ in Stuttgart statt, in deren Rahmen internationale Fotografinnen und Fotografen präsentiert werden. Die Schau motiviert den tschechischen Fotografen Alexander Hackenschmied (1907—2004) zu einem eigenen Projekt: Ein Jahr später organisiert er die Ausstellung „Die neue tschechische Fotografie“ in der Aventiner Mansarde in Prag, einem Zentrum der tschechischen Moderne. Neben Rössler, Funke und Wiškovský sind Sudek und Hackenschmied selbst vertreten. 1931 wird die erfolgreiche Schau fortgesetzt.

— Auch die internationale Begeisterung für Tanz, Theater und Dynamik schlägt sich in der Fotografie nieder. Zu beobachten ist das unter anderem in den Werken von František Drtikol (1883—1961), dessen Erfolg schon vor dem Ersten Weltkrieg beginnt. Seine unzähligen Aktfotografien sind inspiriert von Theaterbühnen und Tanzbewegungen: Oft lichtet er die Tänzerinnen aus der Akademie seiner Frau Ervína Kupferová (1899—1977) ab.[5] Seine fotografische Inszenierung des weiblichen Körpers durchwandert verschiedene Kunstströmungen. Sie beinhaltet Stilelemente des Art nouveau, des Art

5 Vgl. Birgus, Vladimír: Frantisek Drtikols Werk im internationalen Kontext. In: Kicken, Annette und Rudolf (Hg): Drtikol. Photographie, Ostfildern 2012, S. 81—91, hier S. 89.

déco und später des expressionistischen Theaters. Drtikol fotografiert mit Vorliebe dünne weibliche Körper, die dem Bild ihre Gliederung verleihen und deren Nacktheit er theatralisch ausleuchtet [Kat. 99]. Als erster bedeutender tschechischer Fotograf feiert er internationale Erfolge, sowohl in Europa als auch in den USA. In seinem Atelier bildet Drtikol unter anderem den Fotografen Jaroslav Rössler aus.[6] Rössler verbringt mehrere Jahre in Paris und ist danach einige Zeit als Fotograf des „Befreiten Theaters" [Osvobozené divadlo] aktiv.[7] Er publiziert unter anderem in den Avantgarde-Magazinen „ReD" und „Stavba". In seinem Werk „Abstraktion (Kartons)" treibt er die konstruktivistische Idee auf die Spitze: Spielerisch inszeniert er ein Papprelief aus geometrischen Formen [Kat. 101]. Für die Betrachtenden ist nicht eindeutig auszumachen, ob es sich hier um das Foto einer Collage, ein abstraktes Spiel mit Licht und Schatten oder um eine tatsächliche Fotomontage handelt. Nicht nur in diesem Fall lässt sich bei Rössler eine starke Faszination für die Geometrie beobachten. Auch sein Stillleben eines französischen Parfumflakons ist durch Rechtecke gegliedert [Kat. 100]. Durch geschickte Platzierung scheint das Fläschchen beinahe zu schweben. Lange vor der Erfindung des Freistellverfahrens erprobt Rössler die Technik einer Darstellung im luftleeren Raum. Die Positionierung des Parfumfläschchens erlaubt eine spannende Inszenierung durch natürliches Licht. Der lange Schatten auf weißem Hintergrund betont die vertikale Achse des Flakons. Oft lassen sich in der Reklamefotografie dieser Zeit avantgardistische Tendenzen erkennen, die die Alltagskultur mit einer neuen Ästhetik versehen. Die Fotografie besitzt den großen Vorteil der Unmittelbarkeit und kann in einer sich rasant entwickelnden Zeit problemlos mithalten.

— Prag fungiert in dieser Zeit als Sammelbecken aller avantgardistischen Strömungen. Marie Čermínová (1902—1980), genannt Toyen, und ihr Partner Jindřich Štyrský begründen dort 1934 die Gruppe der Surrealisten mit. Auch in dieser Vereinigung spielt die Fotografie eine Rolle. Sie folgt dem surrealistischen Gedanken, ein vages Gefühl zu transportieren statt Dinge realitätsgetreu abzubilden. Štyrský arbeitet vor allem in den 1930er Jahren fotografisch. Seine Aufnahmen wirken wie Traumsequenzen mit versteckten Botschaften. Ähnlich assoziativ sind Karel Teiges humorvolle Collagen, die eindeutig von der Dada-Bewegung inspiriert sind [Kat. 102 + 103]. Teige kombiniert Aufnahmen Prags mit Ausschnitten nackter Frauenkörper und surrealistischen Symbolen wie Augen, Vögeln oder Insekten. Objekte wie der Fliegenpilz oder die immer wiederkehrende weibliche Brust verweisen auf innere Sehnsüchte und tiefer liegende Bedeutungsebenen. Die 1920er und 1930er Jahre kennzeichnen Teiges intensivste Arbeit mit Fotomontage und Collage. In dieser Zeit hinterlässt er einen bedeutenden Beitrag zur Entwicklung dieser Techniken. Obwohl die politische Landschaft in den 1940er Jahren stark von der deutschen Besatzung und dem Zweiten Weltkrieg geprägt ist, entstehen auch in dieser Zeit einige wichtige Werke.

Poetismus und Bildgedichte: Eine Pestwurz schreibt Fotogeschichte

Karel Teige ist Mitbegründer und wohl bekanntester Vertreter des Poetismus. Die Bewegung zeichnet sich durch ihr interdisziplinäres Vorgehen aus: Sie möchte die Grenzen zwischen Literatur, bildender Kunst, Film, Architektur und Design aufheben und eine ganzheitliche Verbindung zwischen den künstlerischen Disziplinen herstellen. Der Poetismus ist vornehmlich eine Reaktion auf die bis dahin vorherrschende ideologische Poesie in Tschechien und ein Widerstand gegen Traditionalismus und Ästhetizismus. Er strebt danach, das Alltägliche, das Banale und das Triviale in der Kunst zu würdigen

6 Vgl. Dufek 1994 (wie Anm. 3), S. 73.

7 Vgl. Primus, Zdenek: Fotografie und Fotomontage. In: Ders.: Tschechische Avantgarde 1922—1940. Reflexe europäischer Kunst und Fotografie in der Buchgestaltung, Köln 1990, S. 124—162, hier S. 124.

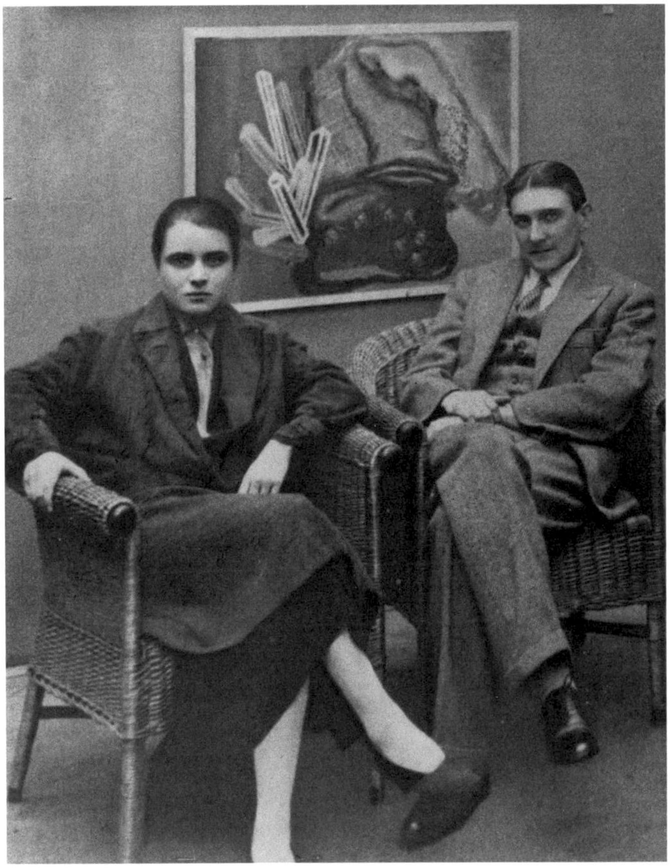

Toyen und Jindřich Štyrský, 1931. Fonds Fotoarchiv, Literarisches Archiv des Museums für tschechische Literatur, Prag

und zu feiern und steht exemplarisch für die Aufbruchstimmung und den Willen nach Veränderung in der tschechischen Gesellschaft. Gleichzeitig soll sich der Poetismus von strengen Regeln und Vorgaben lösen und keine soziale Kritik oder Ideologie darstellen. Stattdessen verfolgt er eine experimentelle und spielerische Herangehensweise an die Kunst. Die Verfechterinnen und Anhänger des Poetismus setzen sich mit den neuen technologischen Entwicklungen ihrer Zeit auseinander, insbesondere mit dem Film und der Fotografie, und integrieren diese in ihre Werke. Ähnlich wie der Surrealismus fokussiert sich der Poetismus auf die Repräsentation von Sehnsüchten und Träumen. Statt auf etwas Bestimmtes zu verweisen, will er Assoziationen und Imaginationen bei den Betrachtenden wecken.

— 1920 entsteht in Prag die avantgardistische Künstlervereinigung Devětsil [Pestwurz], die sich ab 1923 vornehmlich den poetistischen Ideen widmet. Karel Teige ist eines der vier Gründungsmitglieder. Auch Toyen und Štyrský engagieren sich bei Devětsil. Obwohl Jaroslav Rössler der einzige ausgebildete Fotograf der Gruppe ist, spielt die Fotografie eine entscheidende Rolle im Programm.[8] Ausschlaggebend dafür ist Teiges Aufenthalt in Paris 1922. Die Inspiration, die er von dieser Reise mitbringt, schlägt sich in der 1923 ausgerichteten Ausstellung „Basar der modernen Kunst" nieder. Sie demonstriert das Ziel von Devětsil, die eigenen Werke zu reproduzieren und zu verbreiten. Das Konzept des Unikats verliert immer mehr an Bedeutung. Stattdessen rückt die Vervielfältigung von Ideen in den Vordergrund.

— In den 1920er Jahren ermöglichen Neuerungen auf dem Gebiet des fotomechanischen Verfahrens die Foto-Typografie. Durch das Typofoto gelangt die Fotografie auf Umschläge von Zeitschriften und Zeitungen.[9] Die Kombination aus Typografie und Fotografie integriert Textelemente in ein fotografisches Bild. Oft interagieren die Elemente miteinander, vermitteln eine Botschaft oder ein Konzept. Auffällig ist auch innerhalb der Typofotos der starke Wille zur Abstraktion. Die Technik untermauert die avantgardistische Idee, die Realität nach den eigenen Vorstellungen zu arrangieren. Als Vorreiter des Typofotos gilt László Moholy-Nagy (1895—1946), den die Brünner Zweigstelle von Devětsil 1925 zu einem Vortrag über Malerei, Fotografie und Film einlädt. In den 1930er Jahren erfreut sich das Typofoto besonders in der Reklame großer Beliebtheit: Es vereint die Liebe zur Poesie mit dem industriellen Aufschwung und der Massenproduktion. Eng verwandt mit dem Typofoto ist das Bildgedicht, das sich ab 1923 durchsetzt. In einer Art literarischer Collage werden Textfragmente oder ganze Gedichte in Verbindung mit bildlichen Elementen wie Zeichnungen, Fotos oder Collagen präsentiert. Ziel ist es, eine neue Ausdrucksform zu kreieren, bei der Text und Bild miteinander zu einer tieferen Bedeutung verschmelzen. Die visuelle Gestaltung des Gedichts kann dabei eine entscheidende Rolle spielen und das Verständnis oder die Interpretation des Textes beeinflussen. Oft basieren die Bildgedichte auf einer geometrischen Grundstruktur und thematisieren moderne Phänomene wie Flugzeug-

8 Vgl. Srp, Karel: Optische Worte. Poetismus und Bildgedichte. In: Birgus 1999 (wie Anm. 3), S. 56—62, hier S. 57.
9 Vgl. Primus 1990 (wie Anm. 7), S. 124.

oder Schiffsreisen. Auch exotisierende Darstellungen anderer Kulturen, Elemente aus Jazz und Tanz oder Vorstellungen von Erde und Kosmos spielen eine Rolle.

— Der Hauptunterschied zwischen Typofoto und Bildgedicht liegt in der Art der Kombination von Text und Bild. Während beim Typofoto die Typografie in ein fotografisches Bild integriert wird, verschmelzen beim Bildgedicht Text und Bild in einer literarischen Collage. Ein beispielhaftes Bildgedicht ist das kollektiv produzierte Werk „Abeceda" [Kat. 104]. Ausgangspunkt sind alle Buchstaben des Alphabets, die der Dichter Vítězslav Nezval (1900—1958) 1922 mit 24 Gedichten umschreibt. Diese interpretiert die Tänzerin Milča Mayerová (1901—1977) 1926 bei einem Auftritt in dem von Devětsil gegründeten „Befreiten Theater" in Prag performativ. Karel Paspa (1899—1979) fotografiert ihre Darbietung, und Karel Teige verwebt die Aufnahmen der Performance anschließend mit seiner Typografie und den Gedichten Nezvals. Dieses Montageprinzip in Reinform mündet in einer neuen Interpretation der Poesie, dem optisch erfahrbaren Wort. Bis heute gilt „Abeceda" als Schlüsselwerk des Poetismus.

— Mit der deutschen Okkupation im Jahr 1939 wird Tschechien als Protektorat Böhmen und Mähren Teil des nationalsozialistischen Deutschland. Dies führt zu einer Unterdrückung der freien künstlerischen Ausdrucksformen. Künstlerinnen und Intellektuelle werden zensiert und müssen sich den ideologischen Vorgaben des Regimes unterwerfen. Viele Kulturschaffende fliehen ins Exil, um ihre Arbeit fortzusetzen oder der Verfolgung zu entgehen. Die Konsequenzen dieser von Repression und Einschränkungen geprägten Periode sind die Stagnation und Verarmung der künstlerischen Szene. Anfang Mai 1945 kommt es zum Prager Aufstand und zur Kapitulation der Deutschen Wehrmacht. Am 9. Mai marschiert die Rote Armee in Prag ein. Mit dem Beginn der sowjetischen Vorherrschaft im Jahr 1948 und der Etablierung des kommunistischen Regimes ändert sich die Situation erneut drastisch. Kunst und Kultur werden einem strengen sozialistischen und ideologisch kontrollierten Realismus unterworfen. Die Kunst soll sich von bürgerlichen oder avantgardistischen Strömungen distanzieren. Künstlerinnen und Künstler, die sich nicht an die Vorgaben halten, werden verfolgt, zensiert oder aus der Öffentlichkeit verbannt.

— Erst mit dem Ende des kommunistischen Regimes in den späten 1980er und frühen 1990er Jahren öffnet sich die kreative Szene in Tschechien wieder. Durch die jahrzehntelange Unterdrückung gerät heute leicht in Vergessenheit, welchen wichtigen Beitrag die tschechische Avantgarde zwischen 1918 und 1948 zur Entwicklung der europäischen Moderne geleistet hat. Durch ihre experimentelle Herangehensweise, die Verbindung zu anderen Kunstformen, die Reflexion gesellschaftlicher und politischer Themen sowie ihre internationale Vernetzung haben allen voran die Fotografinnen und Fotografen dieser Zeit neue Wege aufgezeigt und den Horizont der Fotografie erweitert. Ihre visionären Werke wirken bis heute inspirierend nach und haben einen dauerhaften Einfluss auf die Fotografie und die europäische Kunstgeschichte.

Julia Meyer-Brehm

Kat. 94 Jaromír Funke, Komposition, 1927—1929. Howard Greenberg Gallery / Kicken Berlin

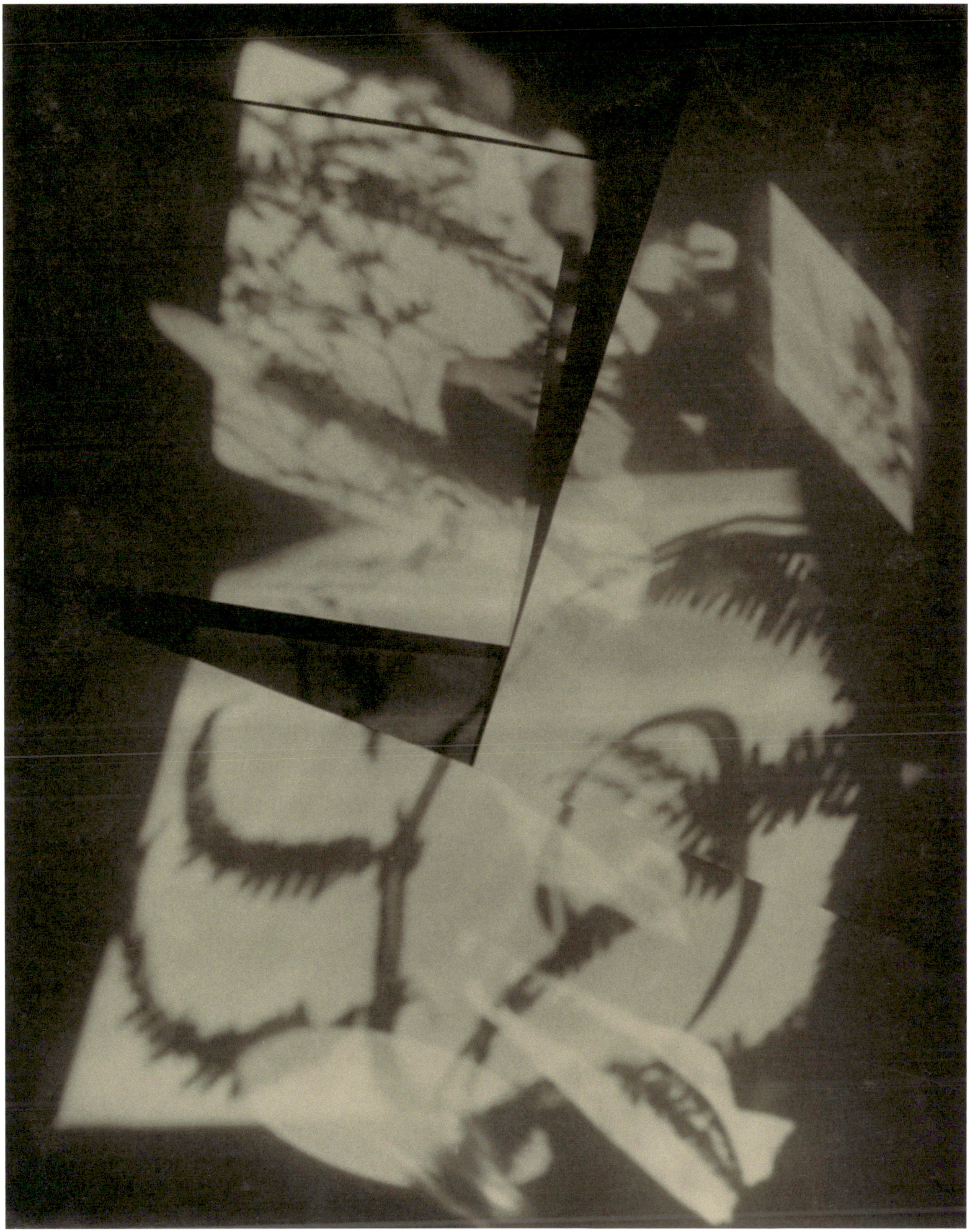

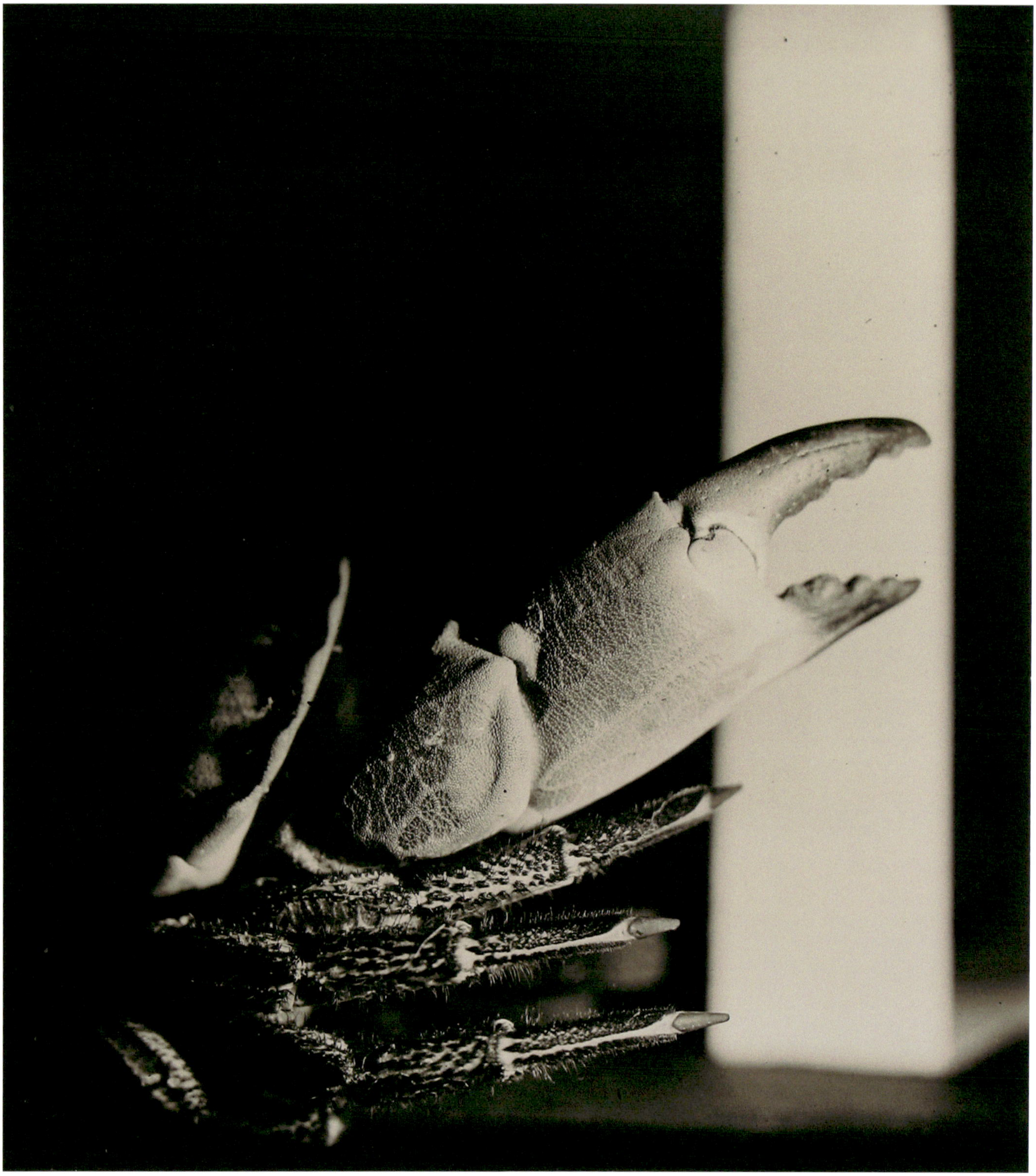

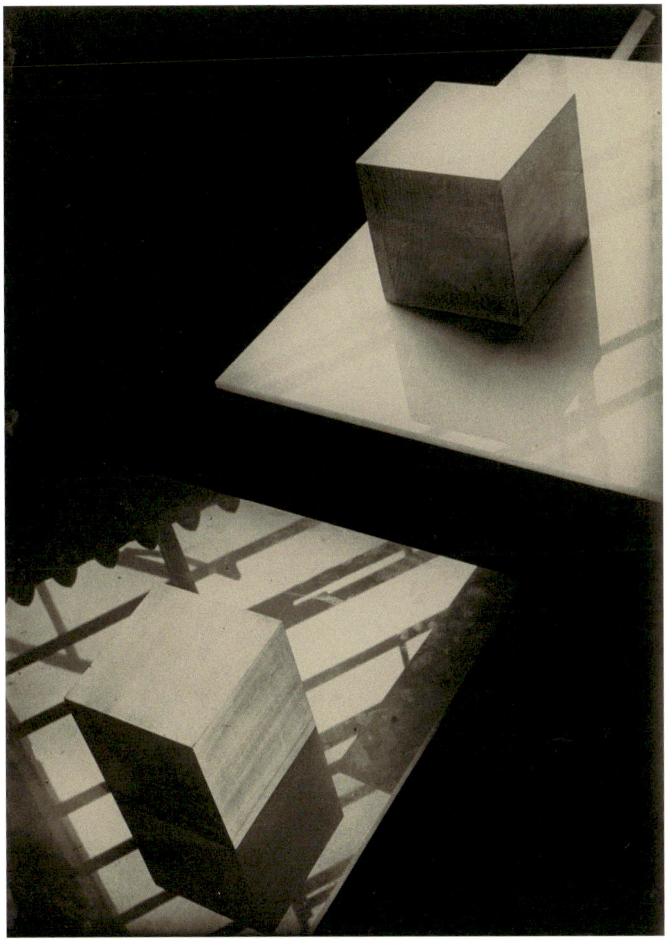

Kat. 96 Jaroslava Hatláková, Körper im Raum, 1936. Kicken Berlin

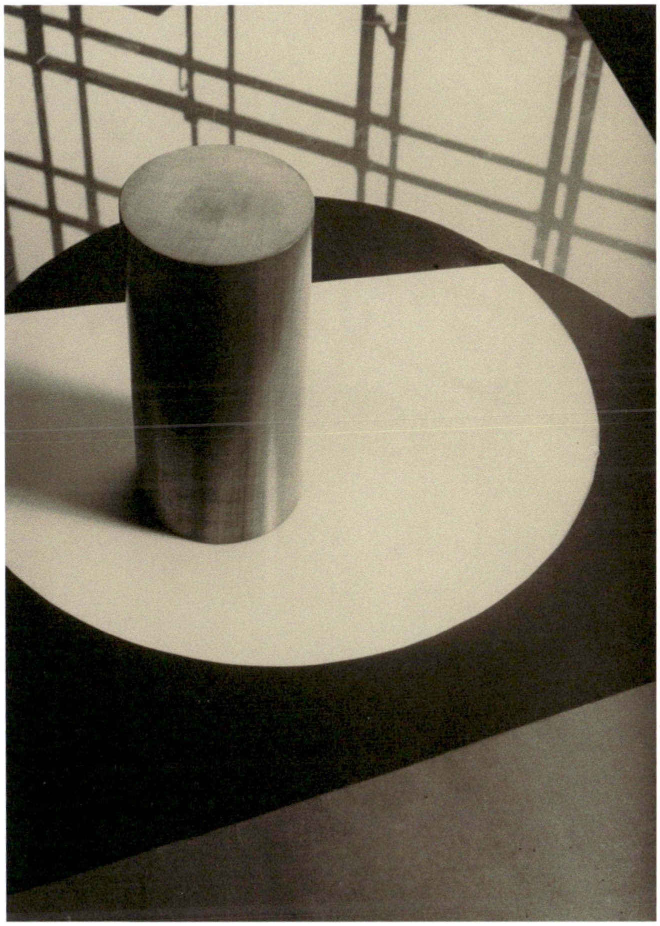

Kat. 97 Jaroslava Hatláková, Objekt im Raum, 1936. Howard Greenberg Gallery / Kicken Berlin

Kat. 95 Jaroslav Rössler, Ohne Titel (Krebs), ca. 1930. Howard Greenberg Gallery / Kicken Berlin

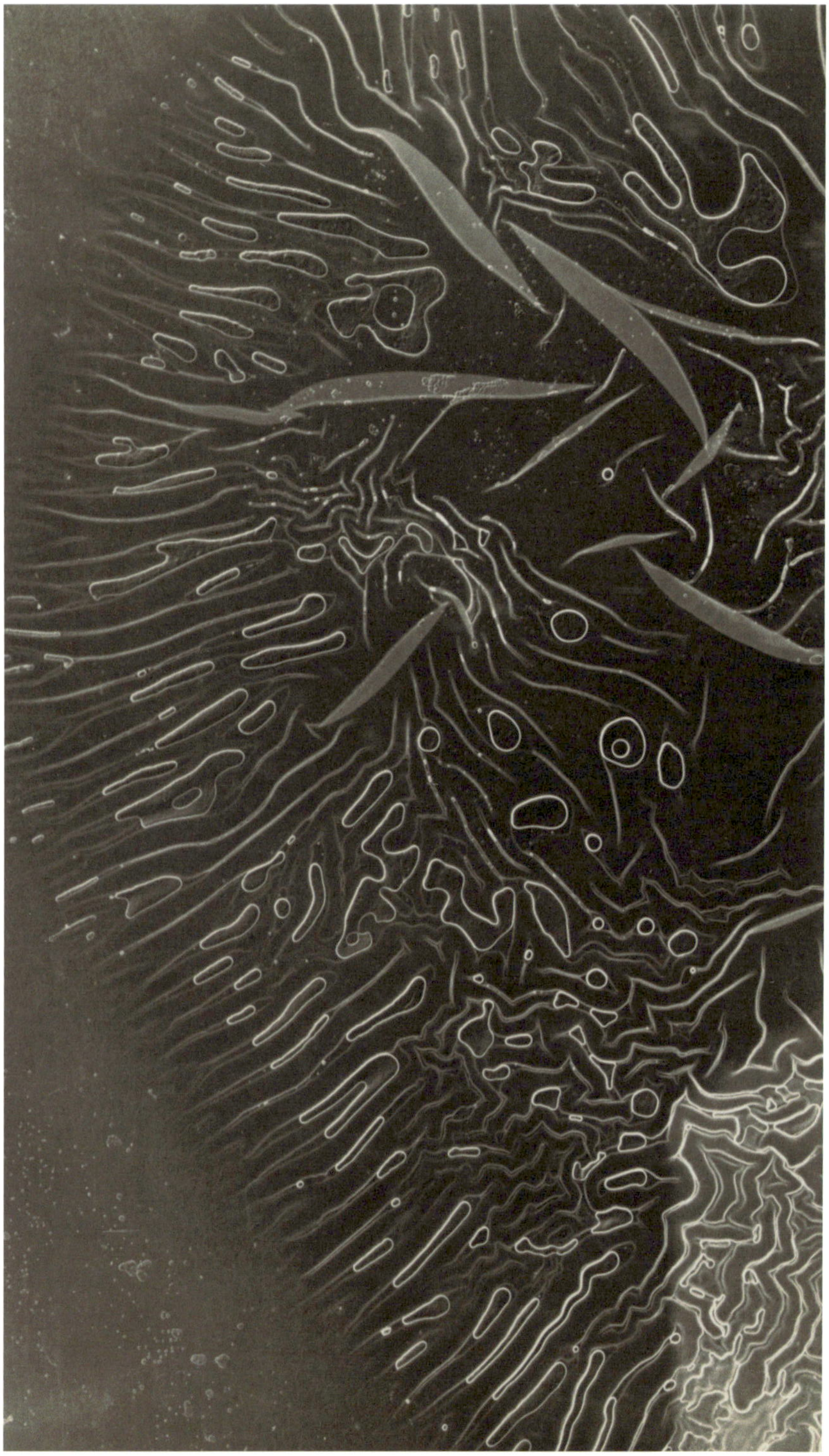

Kat. 98 Miloš Koreček, Fokalk, 1944. Kicken Berlin

Kat. 99 František Drtikol, Ohne Titel (Akt), 1927—1929. Kicken Berlin

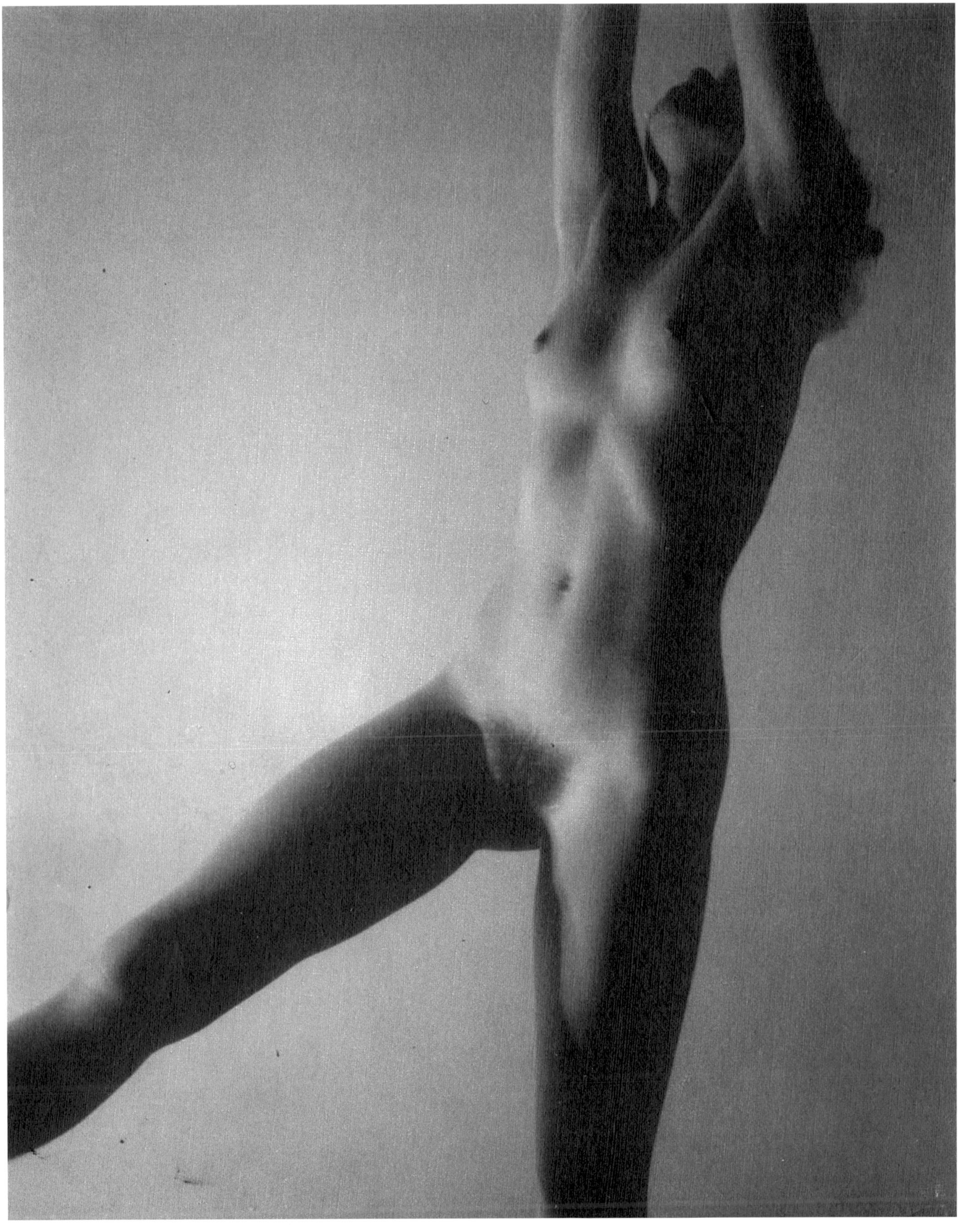

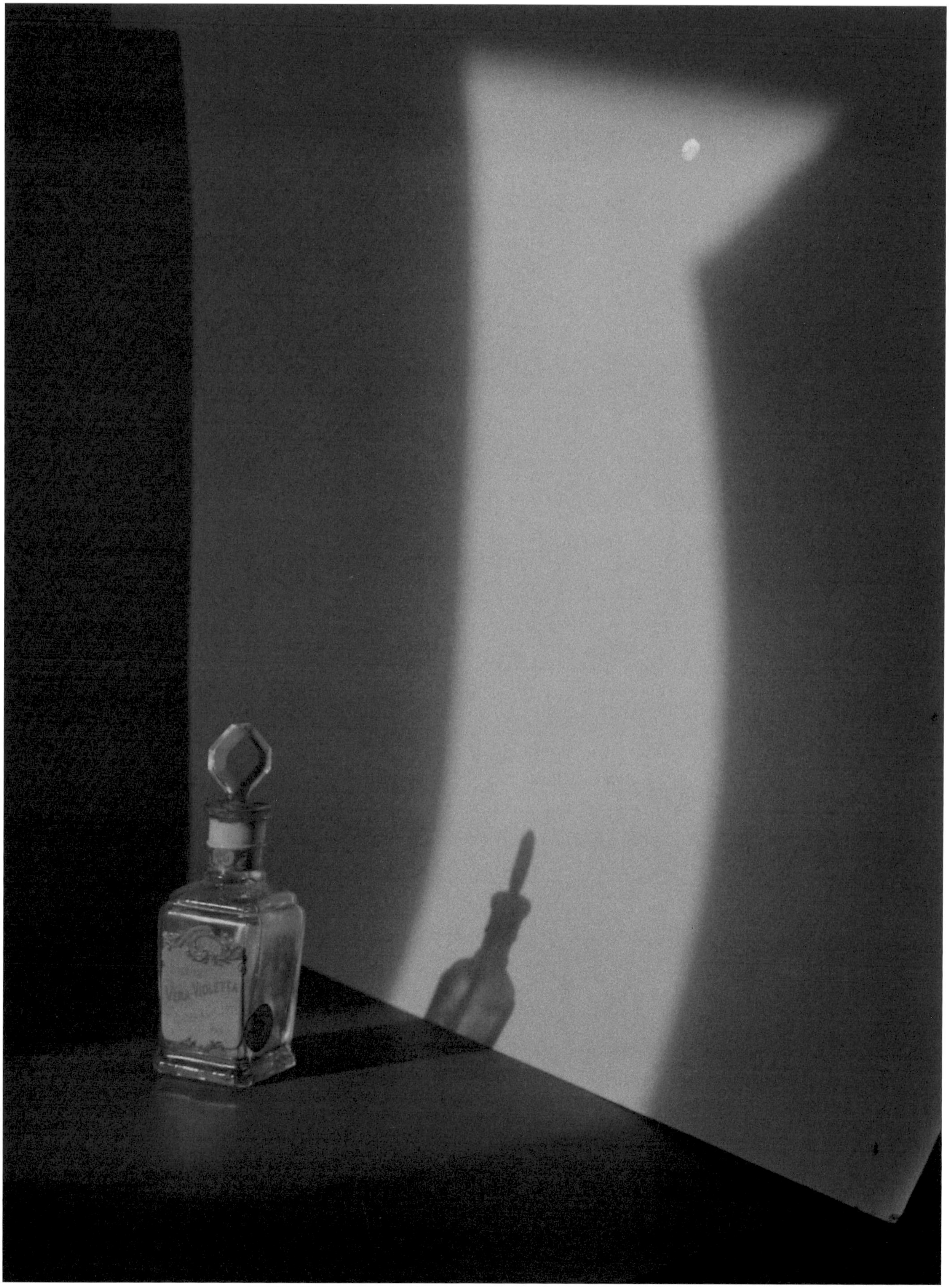

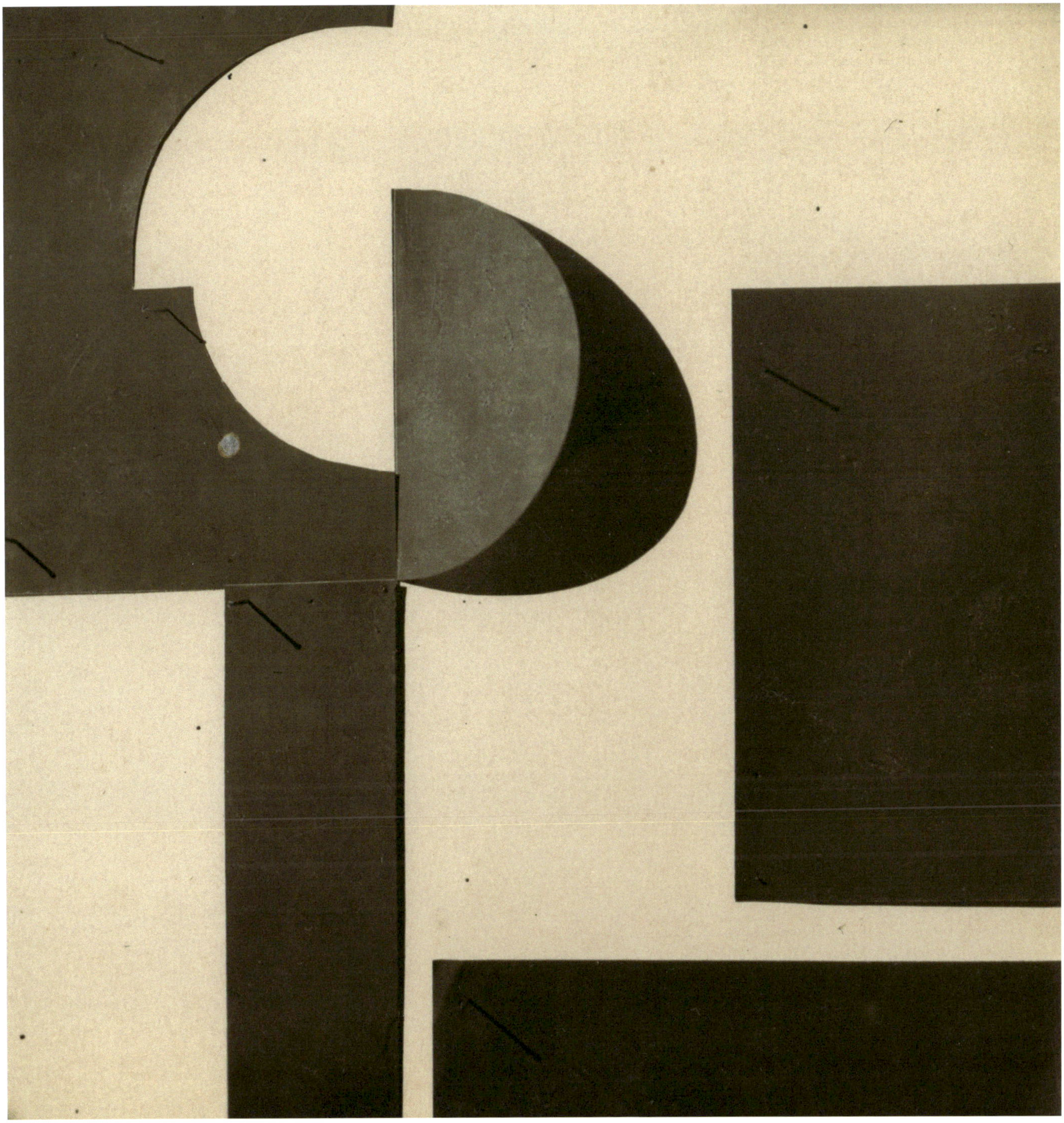

Kat. 101 Jaroslav Rössler,
Abstraktion (Kartons),
1923–1925. Howard Greenberg
Gallery / Kicken Berlin

Kat. 100 Jaromír Funke, Stillleben
(Vera-Violetta), 1923. Howard Greenberg
Gallery / Kicken Berlin

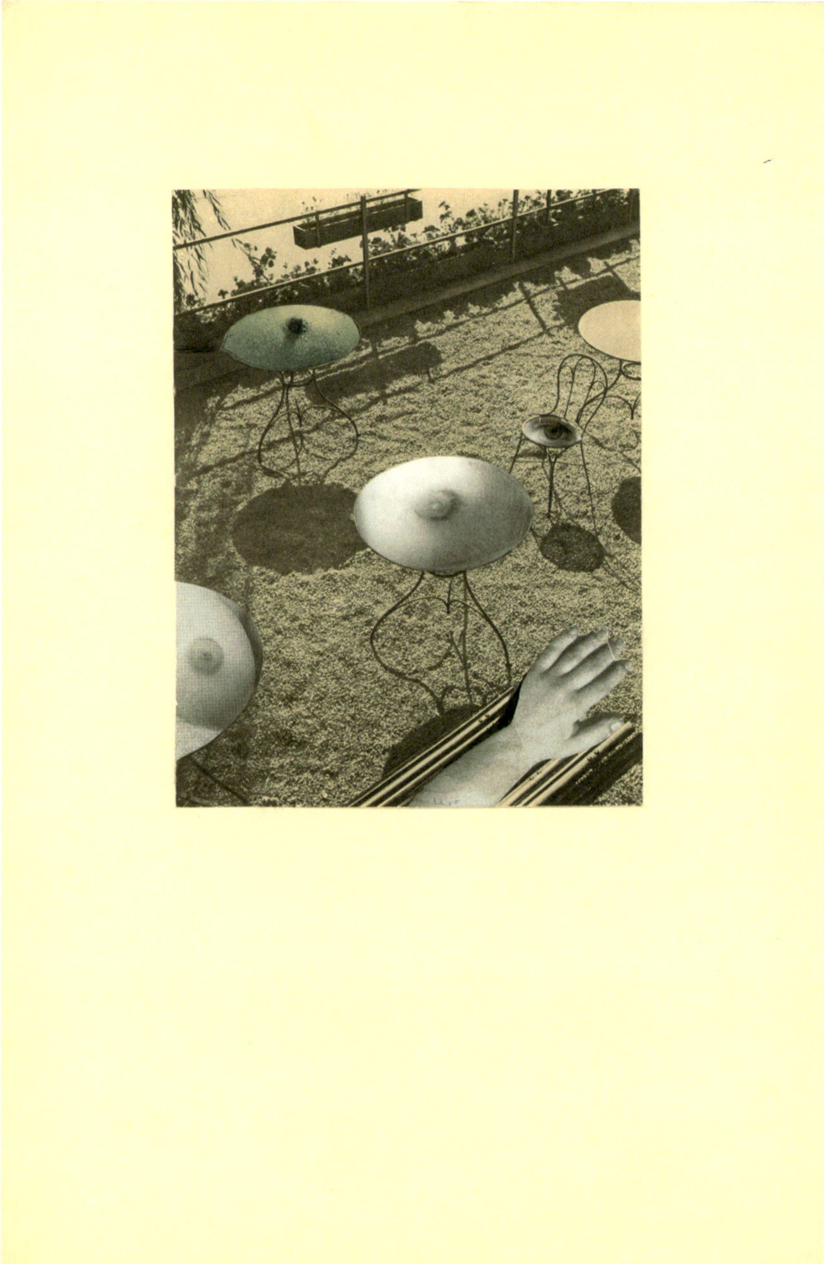

Kat. 102 Karel Teige,
Collage No. 326, 1947.
Museum der tschechischen
Literatur, Prag

Kat. 103 Karel Teige,
Collage No. 142, 1940.
Museum der tschechischen
Literatur, Prag

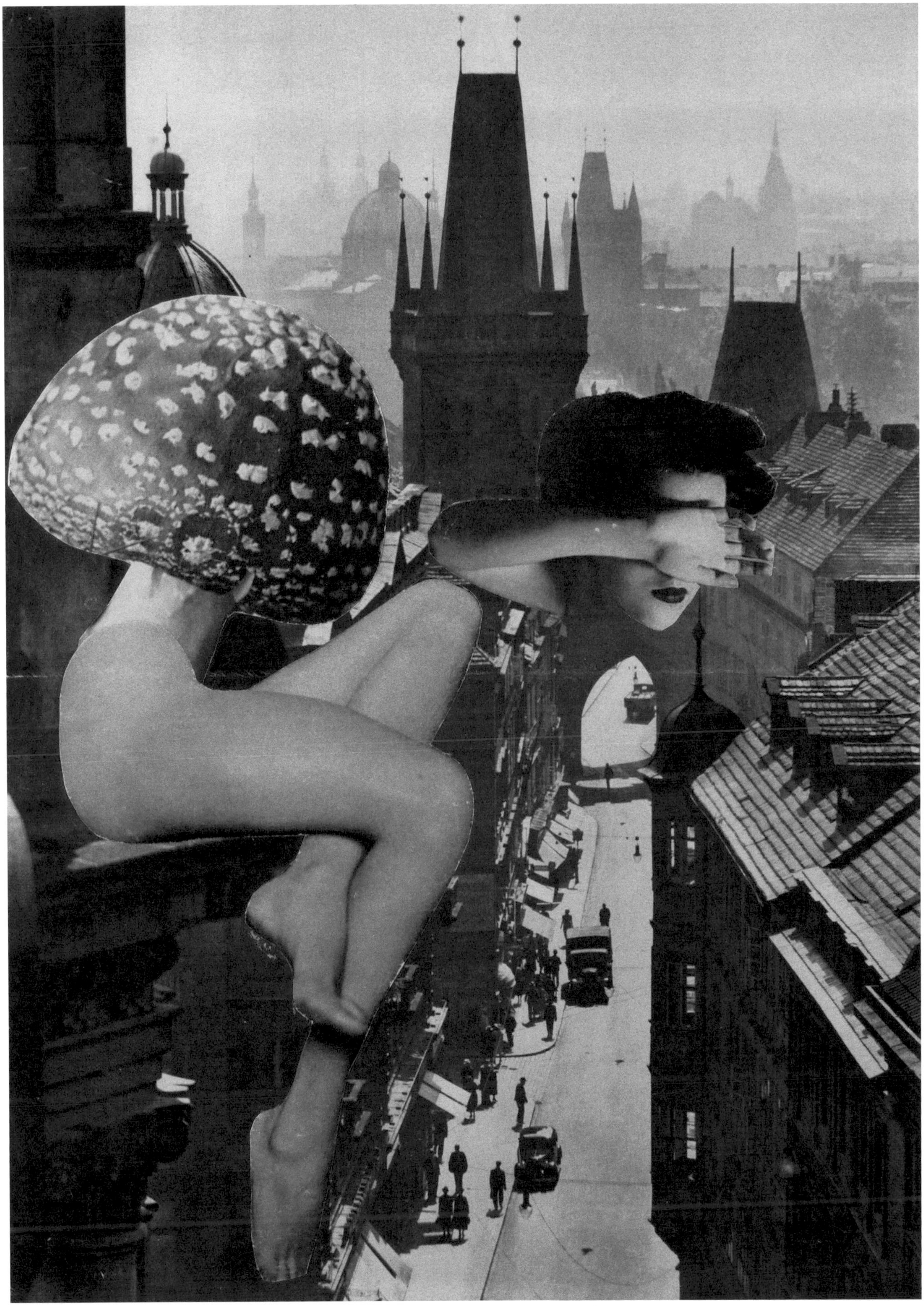

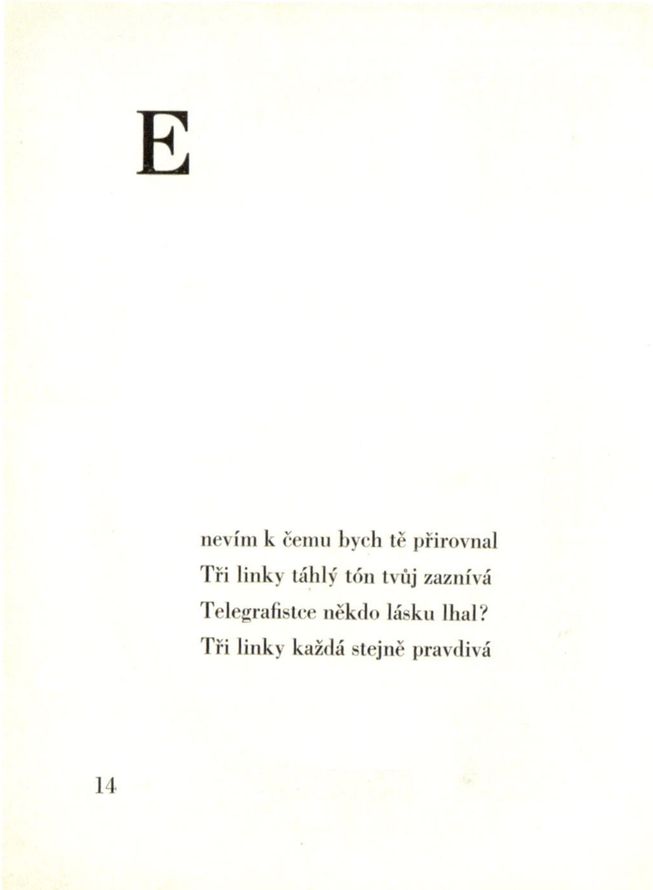

E

nevím k čemu bych tě přirovnal
Tři linky táhlý tón tvůj zaznívá
Telegrafistce někdo lásku lhal?
Tři linky každá stejně pravdivá

14

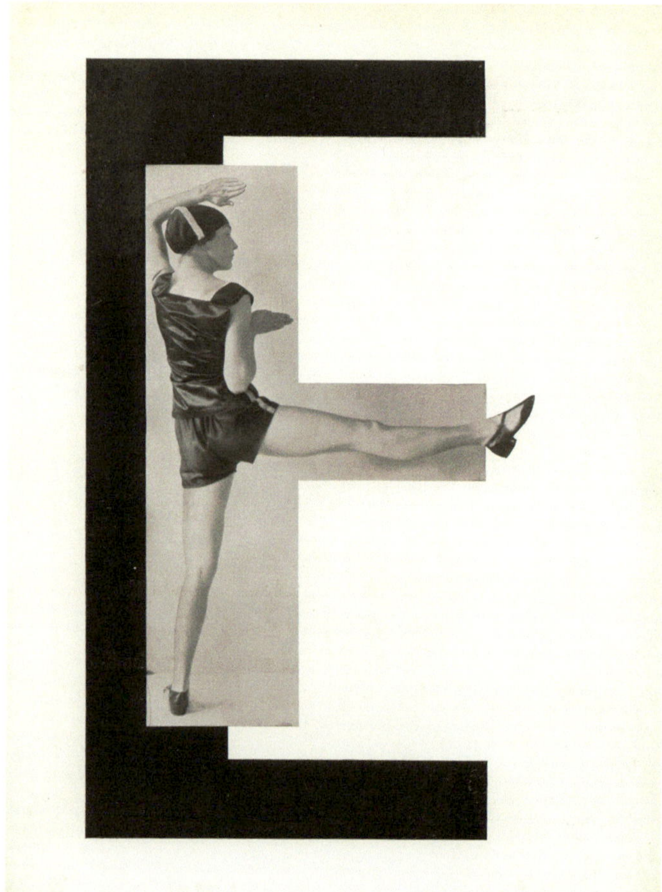

Kat. 104 Karel Teige (Typografie), Karel Paspa (Fotografie), Vítězslav Nezval (Text), Milča Mayerová (Tanz), Buchstaben aus dem „Abeceda", 1926. Museum der tschechischen Literatur, Prag

g

Teď vzpomínat mi každý dovolí
při g na pohotovost cowboyského lasa
Na zemi říjí stádo buvolí
a já jím argentinský řízek z jejich masa

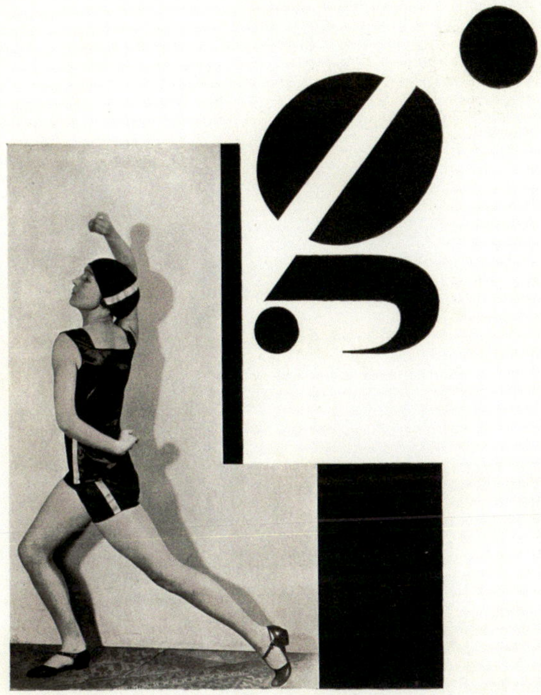

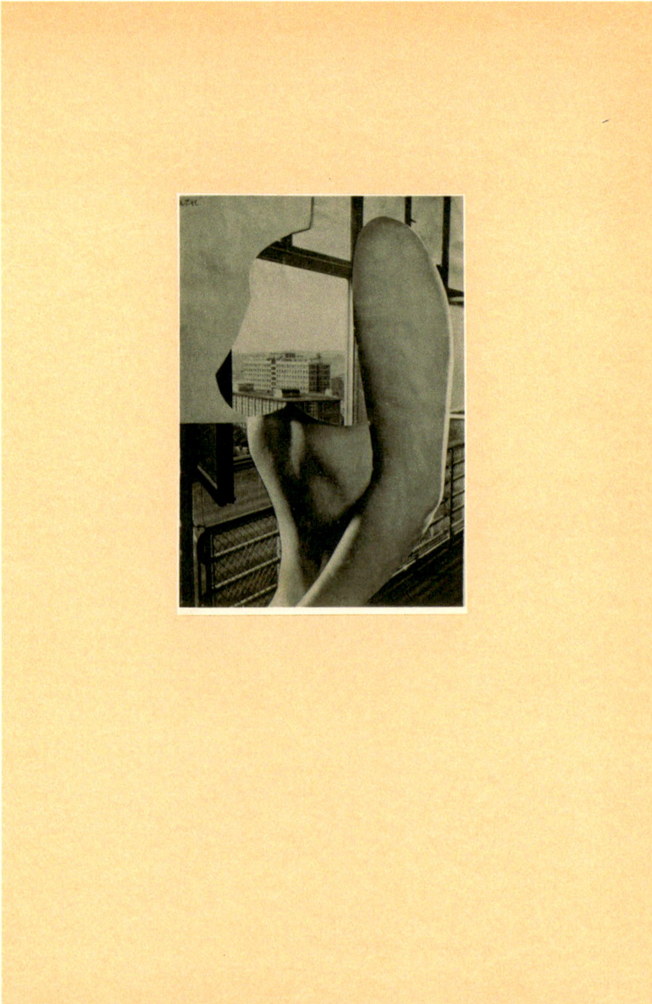

Kat. 105 Karel Teige, Komposition, 1941. Museum der tschechischen Literatur, Prag

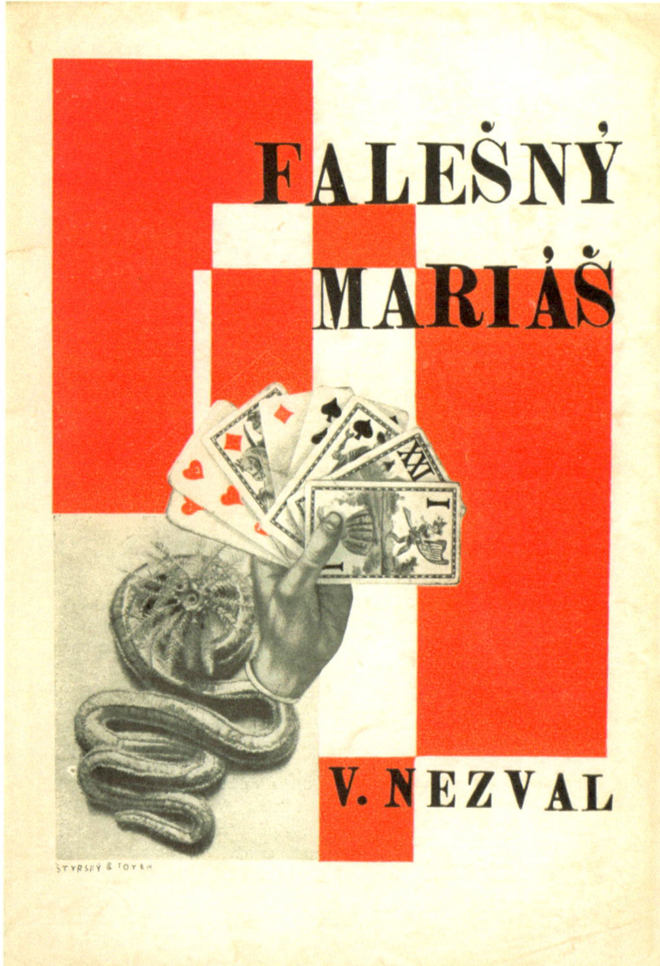

Kat. 106 Toyen, Jindřich Štyrský, Umschlagillustration für „Falešný Mariás“ [Falsche Mariage] von Vítězslav Nezval, 1925. Museum der tschechischen Literatur, Prag

Kat. 107 Eugen Wiškovský, Isolator und Spirale, 1935. Galerie Berinson, Berlin

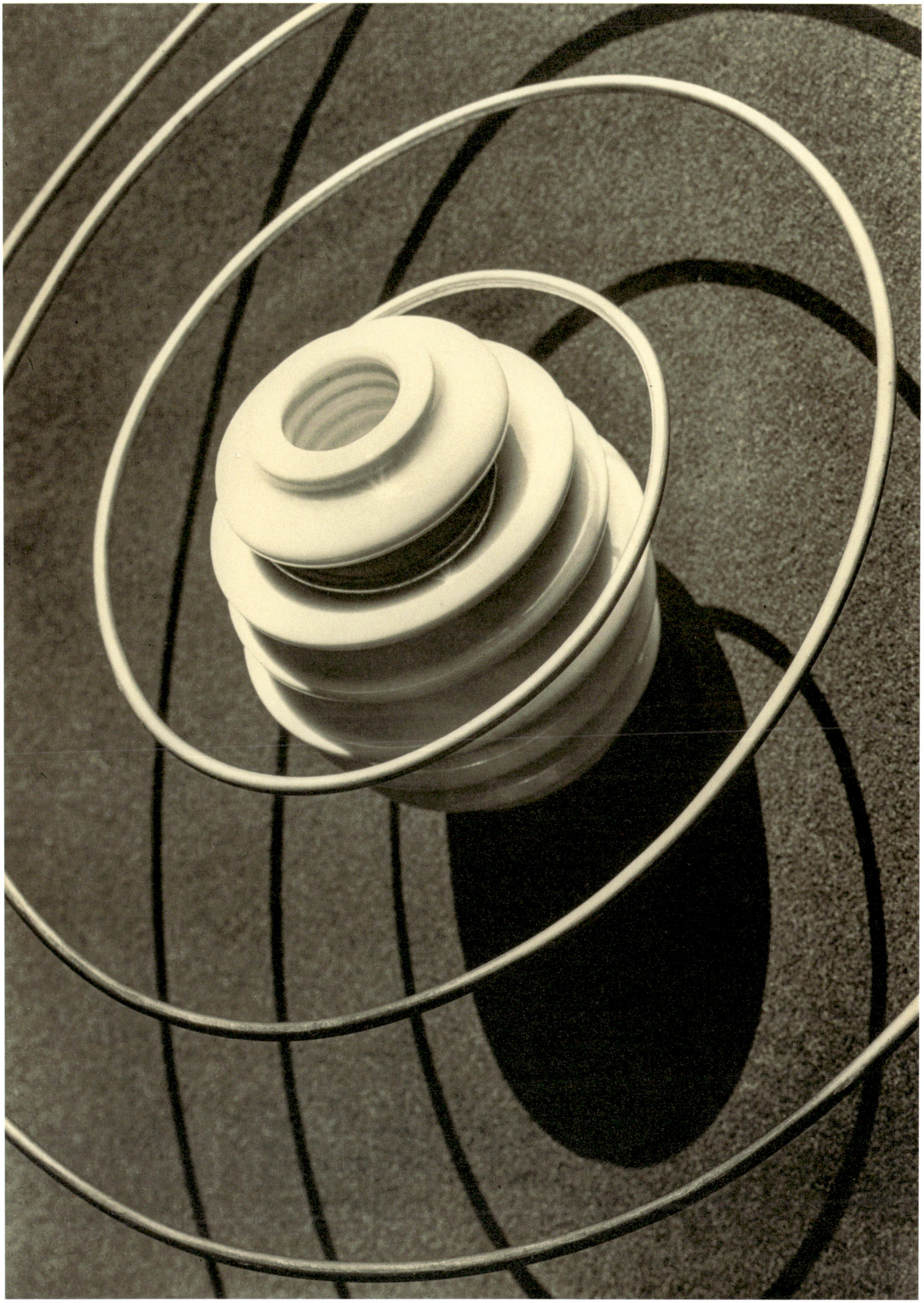

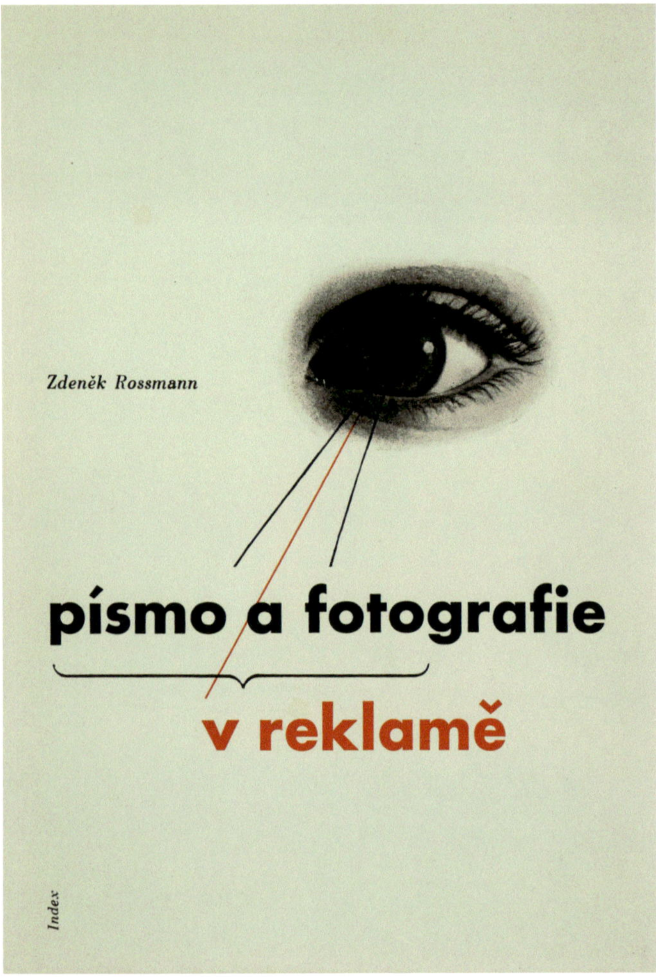

Kat. 108 Zdeněk Rossmann, Písmo a fotografie v reklamě, 1938. Private Collection NL

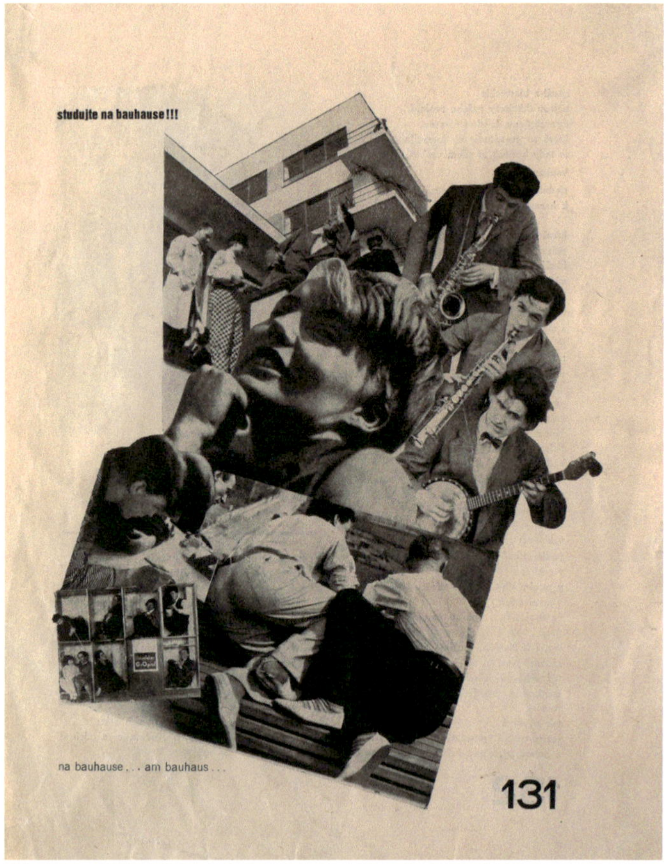

Kat. 109 Karel Teige, Am Bauhaus, in: ReD, Jahrgang 3, Heft 5, 1930. Museum der tschechischen Literatur, Prag

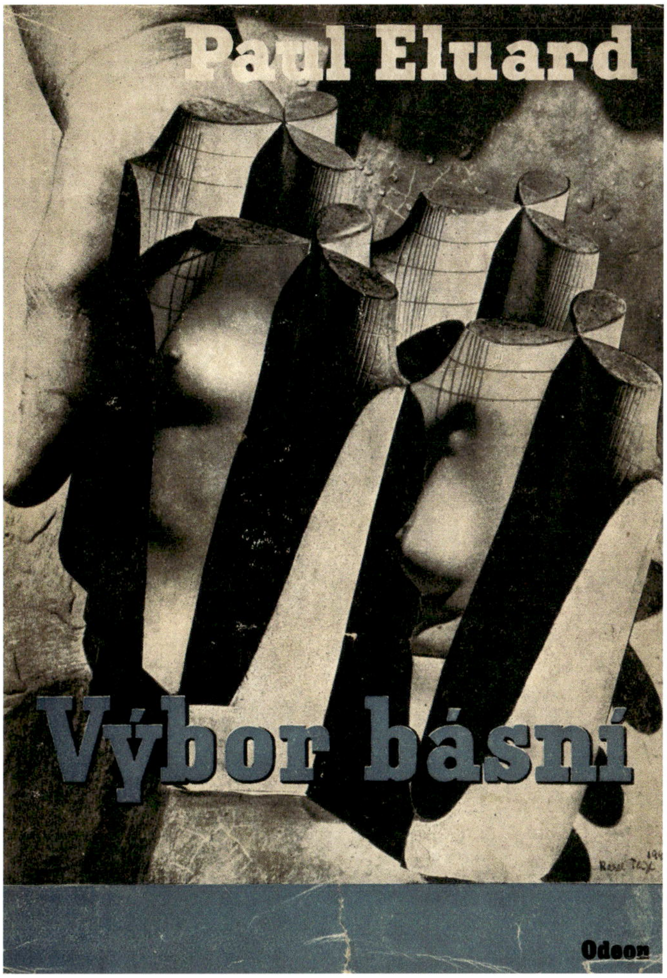

Kat. 110 Karel Teige, Umschlagillustration für eine Publikation von Paul Éluard, 1946. Private Collection NL

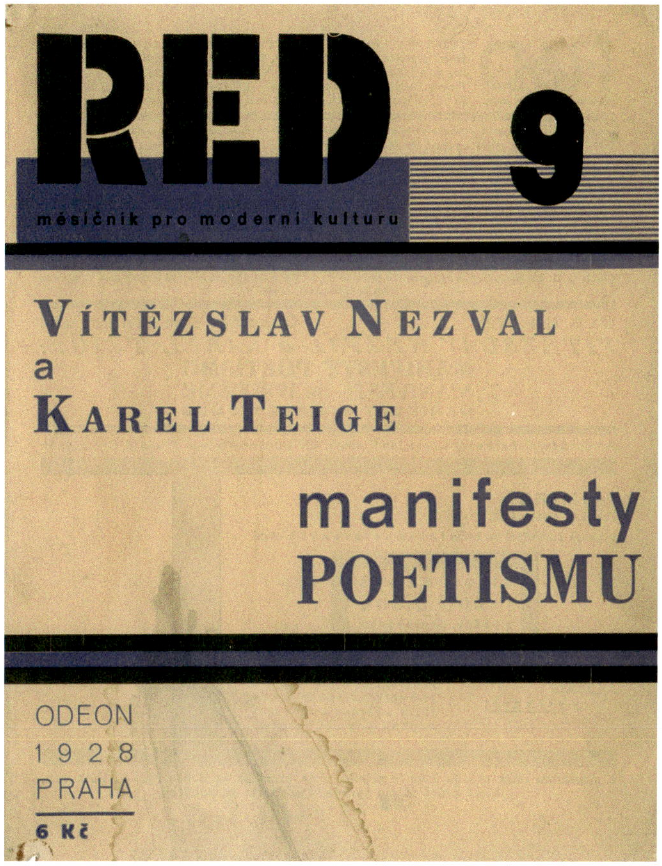

Kat. 111 Karel Teige, Umschlagillustration der Zeitschrift ReD (Revue des Devětsil), internationale Monatsschrift für moderne Gestaltung, Jahrgang 2, Heft 9, 1928, Schriftleiter: Karel Teige, Herausgeber: Verein für moderne Kultur „Devětsil“, Prag. Museum der tschechischen Literatur, Prag

Karel Teige, Manifest des Poetismus (1928), zitiert nach: Karel Teige, Liquidierung der „Kunst“. Analysen, Manifeste, Frankfurt a. M. 1968, S. 75.

„Poetismus als Kunst zu leben, Poetismus als Funktion des Lebens und zugleich dessen Erfüllung, Poetismus als modus vivendi.“

Das Netzwerk des Werkbunds in der Tschechoslowakei der Zwischenkriegszeit[1]

Mit der Gründung des Deutschen Werkbunds (DWB) 1907 stand die Qualitätssteigerung der deutschen Gebrauchskunst auf dem Programm. Die zündende Idee einer engen Zusammenarbeit verschiedener Berufsgruppen führte hier zum Erfolg: Ein neuartiges Netzwerk zwischen Handwerkerinnen und Handwerkern, Künstlerinnen und Künstlern, Produktionsfirmen, Handel und Politik entwickelte sich zum treibenden Motor der Reformbewegung Werkbund.[2] Der Vereinsrahmen war national definiert und am nationalen Markt sowie den nationalen Interessen orientiert. Der Beitrag des DWB zur inneren Nationsbildung basierte letztlich gerade auf der zunehmenden Bedeutung einer homogenen Alltagskultur nach spezifisch bürgerlichen Norm- und Wertvorstellungen.[3] Durch die Vereinsarbeit lokaler Ortsgruppen entstand ein dichtes organisatorisches Netz, das somit auch engagierten Kommunen eine Möglichkeit zur eigenen Profilierung bot. Von den Initiatoren wurden Kulturpolitik, Kunst und Industrie zusammengeführt, um die Effizienz der Kooperation durch Zuarbeit bei gemeinsamen Projekten sowie weiteren Aktivitäten wie Tagungen, Ausstellungen, Wettbewerben oder Publikationen voranzutreiben. Die Organisation dieser Zusammenarbeit zeigte von der Planung und der Führung bis zur Arbeitsteilung deutliche Zeichen einer zweckmäßigen und zielorientierten Rationalisierung auf dem Gebiet des kollektiven Handelns.[4] Voraussetzung des angestrebten

1 Dieser Text wurde erstmals publiziert in: Störtkuhl, Beate und Rafal Makala (Hg.): Nicht nur Bauhaus. Netzwerke der Moderne in Mitteleuropa / Not Just Bauhaus. Networks of Modernity in Central Europe. Schriften des Bundesinstituts für Kultur und Geschichte der Deutschen im östlichen Europa, Bd. 77, Oldenburg/Boston 2020, S. 302—325.

2 Zum Erfolgsmodell Deutscher Werkbund s. Posener, Julius: Anfänge des Funktionalismus. Von Arts and Crafts zum Deutschen Werkbund. Bauwelt Fundamente 11, Berlin u. a. 1964; Campbell, Joan: Der Deutsche Werkbund 1907—1934, München 1989; Nerdinger, Winfried (Hg.): 100 Jahre Deutscher Werkbund 1907/2007, Ausst-Kat. Architekturmuseum der TU München, München u. a. 2007.

3 Zu dieser Zielsetzung des Deutschen Werkbunds s. Hardtwig, Wolfgang: Nationale und kulturelle Identität im Kaiserreich und der umkämpfte Weg in die Moderne. Der Deutsche Werkbund. In: Berding, Helmut: Nationales Bewußtsein und kollektive Identität. Studien zur Entwicklung des kollektiven Bewußtseins in der Neuzeit, Frankfurt a. M. 1996, S. 507—541, hier S. 514.

4 Loo, Hans van der und Willem van Reijen: Modernisierung. Projekt und Paradox, München 1992, S. 134—144.

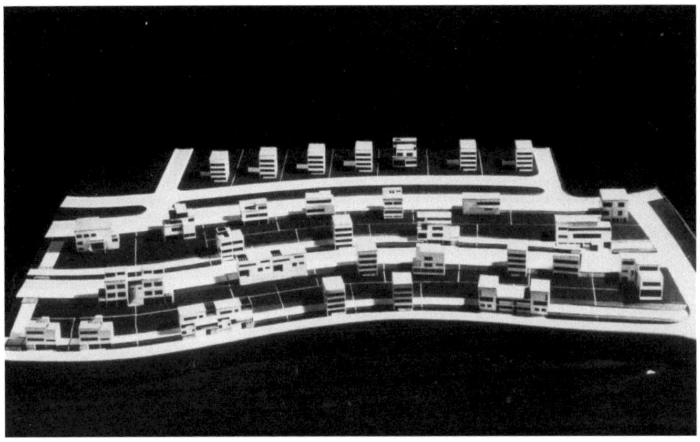

Pavel Janák, Modell der Werkbundsiedlung Baba in Prag, 1930. Private Collection NL

gesamtgesellschaftlichen Fortschritts war programmgemäß eine Erziehung der Protagonistinnen und Protagonisten — Künstlerinnen und Künstler, Hersteller, Aussteller, Händler — wie auch der Konsumentinnen und Konsumenten, der Disziplinierungsethos verlagerte sich gar von der Produktion auf die Zielgruppe der konsumierenden Massen. Insofern trat der Werkbund selbst prinzipiell für Reformen des Kunstgewerbes, der Kunstindustrie und für eine Modernisierung von Alltag, Leben und Wohnen ein, ohne allerdings seine kulturkonservativen Prämissen aufzugeben. Als uneingeschränkt dem modernen zweckrationalen Handeln verpflichtet kann hingegen gerade sein Netzwerk gelten, das über die deutschsprachigen Länder hinaus zur Nachahmung motivierte. — Mein Beitrag skizziert das Netzwerk des Werkbunds in der Tschechoslowakei der Zwischenkriegszeit. Mit seiner Programmatik war der reichsdeutsche DWB dabei das Vorbild.[5] Die unterschiedlichen länderspezifischen, nationalen oder auch internationalen Beziehungen des DWB vor bzw. nach dem Ersten Weltkrieg führten jedoch zu einer Ausdifferenzierung des Modells Werkbund in den böhmischen Ländern. Böhmen, zunächst als eine Provinz Österreichs, fiel in die Zuständigkeit des Österreichischen Werkbunds (ÖWB), der im Zusammenhang mit der Wiener Tagung des DWB 1912 gegründet worden war. Die damals im Vielvölkerstaat Österreich überaus kontrovers verhandelten nationalen Präferenzen bewirkten im Winter 1913/14 die Gründung des Tschechischen Werkbunds (SČD), der dann 1920 als Tschechoslowakischer Werkbund (SČSD) wiedergegründet wurde. Das Pendant zum Tschechischen Werkbund wurde Mitte der 1920er Jahre der Werkbund der Deutschen in der Tschechoslowakei (WDT). Die nach wie vor einzige Überblicksdarstellung zum Tschechischen/Tschechoslowakischen Werkbund erschien im Rahmen von Forschungen über den Österreichischen Werkbund.[6] Der SČD wird dort als „neue Kulturorganisation" innerhalb Österreichs vorgestellt, die gemäß ihrer Programmatik der tschechischen Produktion eine künstlerische Eigenart und Selbstständigkeit sichern sollte.[7] Deutlich wird der Vorbildcharakter des Deutschen Werkbunds besonders im Kontext der Bauausstellungen, wie etwa in der Monografie zur Prager Bauausstellung des SČSD, Baba (1932), herausgestellt wird, und zwar ebenso grundsätzlich betreffend die Präsentation des Wohnens in der Großstadt wie auch die spezifischen städtebaulichen und architektonischen Lösungsansätze nach dem Muster der

5 „Der Zweck des Bundes ist die Veredelung der gewerblichen Arbeit im Zusammenwirken von Kunst, Industrie und Handwerk durch Erziehung, Propaganda und geschlossene Stellungnahme zu einschlägigen Fragen." Paragraf 2 der Werkbundsatzung von 1908, zit. nach Nerdinger, Winfried: 100 Jahre Deutscher Werkbund 1907/2007 — zur Einführung. In: Nerdinger 2007 (wie Anm. 2), S. 7. Das Zitat „Die Veredelung der gewerbl. Arbeit im Zusammenwirken der Kunst, Industrie und Handwerk" findet sich als Kurzhinweis auf dem Titel der Vereinssitzung des DWB vom 11./12.07.1908 in der tschechischen Zeitschrift „Styl", Heft 1 (1908—09), S. 354.

6 Gmeiner, Astrid und Gottfried Pirhofer: Der Österreichische Werkbund. Alternative zur Moderne in Architektur, Raum- und Produktgestaltung, Salzburg/Wien 1985, darin bes. Šlapeta, Vladimir: Svaz českého díla — Der Tschechische Werkbund, S. 191—207.

7 Ebd., S. 191.

8 Šenberger, Tomáš, Vladimír Šlapeta und Petr Urlich (Hg.): Osada Baba. Plány a modely / Baba Housing Estate. Plans and Models, Ausst.-Kat. TU Prag, Prag 2000.
9 Janatková, Alena (Hg.): Der Tschechoslowakische Werkbund und der Werkbund der Deutschen in der Tschechoslowakei. Eine kritische Anthologie, Berlin 2018. Die Publikation ist Ergebnis des gleichnamigen DFG-Forschungsprojekts und Grundlage meines nachfolgenden Beitrags.
10 Posch, Wilfried: Die Österreichische Werkbundbewegung. In: Ackerl, Isabella und Rudolf Neck (Hg.): Geistiges Leben im Österreich der Ersten Republik. Wissenschaftliche Kommission zur Erforschung der Geschichte der Republik Österreich, Veröffentlichungen Bd. 10, München 1986, S. 279—312, hier S. 293.
11 Ebd., S. 281.
12 Eisler, Max: Österreichische Werkkultur, hg. von Österreichischer Werkbund, Wien 1916.
13 Heinrich Fanta studierte 1894—1900 Architektur an der TH Wien, 1904—1914 war er Professor an der Staatsgewerbeschule in Reichenberg, seit 1918 Professor an der Deutschen Technischen Hochschule in Brünn, s. Nová encyklopedie českého výtvarného umění [Neue Enzyklopädie der tschechischen bildenden Künste], hg. von Anděla Horová, Ergänzungen, Prag 2006, S. 197.
14 Robert Freißler war Reichsabgeordneter (Deutsche Volkspartei) und Landeshauptmann der deutsch-österreichischen Provinz Sudetenland (1918/19), s. Biographisches Lexikon zur Geschichte der böhmischen Länder, hg. von Heribert Sturm, Bd. 1: A—H, München 1979, S. 382—383.
15 Julius Leisching studierte Architektur an der TH Wien und 1885—1887 in Dresden. 1894 wurde er Direktor des Mährischen Gewerbemuseums Brünn, 1921 Direktor des Salzburger Museums Carolino Augusteum, s. Fellner, Fritz und Doris A. Corradini: Österreichische Geschichtswissenschaft im 20. Jahrhundert. Ein biographisch-bibliographisches Lexikon, Wien u. a. 2006, S. 252.
16 Ernst Schwedeler-Meyer kam 1906 von der Berliner Nationalgalerie als Direktor des Nordböhmischen Gewerbemuseums und der Gemäldegalerie nach Reichenberg. Gleich am Anfang seiner Tätigkeit machte er mit der Übernahme der kunstgewerblichen Sammlung aus dem Nachlass von Heinrich von Liebieg und mit Neuerwerbungen sein Museum zum Mittelpunkt des nordböhmischen Kunstgewerbes, s. König-Beyer, Walter: 25 Jahre Direktor des Nordböhmischen Gewerbemuseums. In: Friedländer Zeitung, 18.02.1931.
17 Josef Zasche studierte an der höheren Staatsgewerbeschule in Reichenberg und an der Wiener Akademie der bildenden Künste, Spezialschule für Architektur. 1895—1945 war er als Architekt in Prag tätig, s. Allgemeines Lexikon der bildenden Künstler des 20. Jahrhunderts, hg. von Hans Vollmer, 6 Bd., München 1992, Bd. 5, S. 198—199.
18 Eisler 1916 (wie Anm. 12), S. 241—262 (Mitgliederverzeichnis ÖWB).
19 Österreichischer Werkbund (Hg.): Von neuen Arbeiten des heimischen Kunsthandwerks, Ausst.-Kat. Nordböhmisches Gewerbemuseum Reichenberg, Wien 1913, S. 3—7.
20 Posch 1986 (wie Anm. 10), S. 283—286.
21 Jan Kotěra studierte 1894—1897 in Wien an der Akademie der bildenden Künste bei Otto Wagner Architektur. Er war 1898—1910 Professor für Architektur an der Prager staatlichen Kunstgewerbeschule und 1911—1923 Professor an der Akademie der bildenden Künste in Prag, s. Nová encyklopedie českého výtvarného umění [Neue Enzyklopädie der tschechischen bildenden Künste], hg. von Anděla Horová, 2 Bde., Prag 1995, Bd. 1, S. 384—386.

Stuttgarter Werkbundsiedlung Am Weißenhof von 1927.[8] Der Werkbund der Deutschen in der Tschechoslowakei, der ebenfalls aus dem ÖWB hervorgegangen war, wird hingegen erstmals in der Anthologie „Der Tschechoslowakische Werkbund und der Werkbund der Deutschen in der Tschechoslowakei“ vorgestellt.[9] Ausgehend von der Repräsentation des Kunstgewerbes und der Kunstindustrie Böhmens im ÖWB werden in meinem Beitrag die Vereine SČD/SČSD und WDT als Akteure und Konkurrenten im tschechoslowakischen Kulturbetrieb vorgestellt.

Der Österreichische Werkbund (ÖWB) und die böhmischen Länder

Über das „Werkschaffen“ gemäß dem Verständnis des ÖWB unterrichtet 1916 die repräsentative Publikation „Die Österreichische Werkkultur“ des Wiener Kunsthistorikers und Gründungsmitglieds des ÖWB Max Eisler. Es handelt sich dabei um eine mit den Jahrbüchern des Deutschen Werkbunds vergleichbare Positionierung des eigenen Standpunkts im aktuellen Kulturdiskurs. Auch die Buchgestaltung knüpfte an die Jahrbücher des DWB an.[10] Der ÖWB identifizierte sich damit in seinem Selbstverständnis und in seiner Selbstdarstellung mit dem DWB. Diese Übereinstimmung zwischen ÖWB und DWB überrascht kaum, hatte doch der DWB seit seiner Gründung den gesamten deutschen Sprachraum inklusive Österreich zu seinem Arbeitsgebiet erklärt.[11] Allerdings orientierte sich die österreichische Werkkultur nicht an der industriellen, sondern an der handwerklichen Ästhetik.[12] Mit dieser Ausrichtung waren im ÖWB zugleich auch die Interessen des Kunstgewerbes und der Kunstindustrie der böhmischen Länder hervorragend repräsentiert. Im Ausschuss des sich zentralistisch von Wien aus konstituierenden ÖWB waren als Ortsvertrauensmänner aus Böhmen, Mähren und Schlesien der Professor der k. k. Staatsgewerbeschule in Reichenberg (Liberec) Heinrich Fanta (1877—1941)[13], der Sekretär der Handels- und Gewerbekammer für Schlesien Robert Freißler (1877—1950)[14], der Direktor des Erzherzog-Rainer-Museums Brünn (Brno) Julius Leisching (1865—1933)[15], der Präsident des Verbandes der nordböhmischen Glasindustriellen Haida (Nový Bor) Johannes Oertel, der Vizepräsident der Ölmützer Handels- und Gewerbekammer Otto Primavesi, der Direktor des Nordböhmischen Gewerbemuseums Ernst Schwedeler-Meyer (1867—1934)[16] und der Prager Baurat Josef Zasche (1871—1957)[17] vertreten. Außerdem zählten zu den Mitgliedern die Wiener Werkstätte, die Prager Künstlergenossenschaft Artěl, die staatlichen kunstgewerblichen Fachschulen in Haida, Steinschönau (Kamenický Šenov), Teplitz-Schönau (Teplice) und Znaim (Znojmo) sowie zahlreiche Hersteller und Händler aus den böhmischen Ländern. Trotz seiner deutschnationalen Orientierung fanden sich somit im ÖWB noch 1916 auch einzelne tschechische Unternehmen.[18] Gleich die erste Wanderausstellung des ÖWB mit kunstgewerblichen Objekten aus dem Eigentum des k. k. Österreichischen Museums für Kunst und Industrie in Wien ging im Sommer 1913 nach Reichenberg in das Nordböhmische Gewerbemuseum, wobei u. a. Exponate der nordböhmischen k. k. Fachschulen Haida, Steinschönau und Znaim, nämlich Kristallgläser und Fayencen, und nordböhmischer Firmen wie beispielsweise Glasprodukte von Joh. Lötz Witwe präsentiert wurden.[19] Die gemeinsame Tradition der österreichischen Kunstgewerbereform, der Wiener Secession und des österreichischen Kulturliberalismus[20] mit seiner gezielten Förderung regionaler bzw. lokaler kunstgewerblicher Bildungsinstitutionen durch den ÖWB und dessen Wegbereiter, den Wiener Direktor des k. k. Gewerbeförderungsamtes Adolf Vetter, wurde später für die beiden eigenständigen tschechoslowakischen Werkbundvereine prägend. Trotz ihres gemeinsamen Ursprungs im ÖWB, der mit Josef Hoffmann und seiner Wiener Werkstätte das Handwerk gegenüber der industriellen Produktkultur präferiert hatte, gelang es im neuen Nationalstaat Tschechoslowakei nicht, innerhalb des Werkbunds eine Übereinkunft zwischen den in sozialer und in wirtschaftlicher Hinsicht unterschiedlichen Interessengemeinschaften der Tschechen und der Deutschen zu finden. Ansätze einer Kooperation mit gemeinsamer Interessenvertretung mündeten schließlich in eine Konkurrenzsituation von zwei selbstständigen Werkbundvereinen.

Der Tschechische und Tschechoslowakische Werkbund (Svaz Českého/Československého díla, SČD/SČSD)

Die Gründung des SČD war im Zusammenhang mit der Kölner Werkbundausstellung 1914 von dem Architekten Jan Kotěra (1871—1923)[21] initiiert worden, um im Österreichischen Pavillon den eigenständigen Auftritt tschechischer Künstlerinnen und Künstler und ihrer raumgestalterischen Gesamtkunstwerke zu ermöglichen. Die Leitsätze des SČD verkündeten die Veredelung der

22 Josef Gočár studierte 1903–1905 Architektur an der Prager staatlichen Kunstgewerbeschule bei Jan Kotěra. Er wurde dessen Mitarbeiter und Nachfolger an der Akademie der bildenden Künste in Prag (1924–1945), s. Nová Encyklopedie 1995 (wie Anm. 21), Bd. 1, S. 211–212.

23 Dušan Jurkovič studierte 1884–1888 Architektur an der Wiener staatlichen Kunstgewerbeschule. Er war als selbstständiger Architekt in Brünn tätig und wurde 1919 zum Landeskonservator für die Slowakei berufen, s. Nová Encyklopedie 1995 (wie Anm. 21), Bd. 1, S. 330.

24 Celda Klouček, Bildhauer, studierte 1878–1881 an der Wiener staatlichen Kunstgewerbeschule. Er war Professor für dekorative Ornamentik an der Kunstgewerbeschule in Frankfurt/M. und 1888–1916 an der Prager staatlichen Kunstgewerbeschule, s. Nový slovník československých výtvarných umělců [Neues Wörterbuch der tschechoslowakischen bildenden Künstler, hg. von Prokop Toman, 3 Bde., Prag 1993, hier Bd. 1, S. 496–497.

25 Emil Králík studierte Architektur an der Prager Baugewerbeschule und war Mitarbeiter im Atelier von Antonín Balšánek und Josef Maria Olbrich, s. Nová Encyklopedie 1995 (wie Anm. 21), Bd. 1, S. 397.

26 František Kysela, Maler, studierte 1900–1904 an der Prager staatlichen Kunstgewerbeschule und 1904–05 an der Akademie der bildenden Künste in Prag. Er unterrichtete 1913–1921 als Professor an der Kunstgewerbeschule in Prag, s. Nová Encyklopedie 1995 (wie Anm. 21), Bd. 1, S. 431.

27 Otakar Novotný, Architekt, studierte 1900–1903 Architektur an der Prager staatlichen Kunstgewerbeschule bei Jan Kotěra und wurde dessen Assistent sowie 1929–1953 Professor an der Kunstgewerbeschule in Prag, s. Nová Encyklopedie 1995 (wie Anm. 21), Bd. 2, S. 575.

28 Jiří Stibral, Architekt, studierte Architektur an der Prager Deutschen Technischen Hochschule bei Josef Zítek, 1886–1919 war er Professor an der Kunstgewerbeschule in Prag, s. Nová Encyklopedie 1995 (wie Anm. 21), Bd. 2, S. 787.

29 Jóža Uprka, Maler, studierte an der Akademie der bildenden Künste in Prag und der Kunstakademie in München, s. Nová Encyklopedie 1995 (wie Anm. 21), Bd. 2, S. 881–882.

30 Jan Štenc war Grafiker, Verleger und Kunstförderer, s. Biografisches Lexikon 2011 (wie Anm. 14), Bd. 4, Lieferung 4, S. 296.

31 Ferdinand Prinz von Lobkowicz, Reichstagsabgeordneter und Abgeordneter des böhmischen Landtages, war Präsident des böhmischen Landeskulturrates und Förderer der tschechischen kulturellen Organisationen, s. Biographisches Lexikon 1984 (wie Anm. 14), Bd. 2: I–M, München 1984, S. 475.

32 Rudolf Hotowetz, Jurist und Nationalökonom, war für die Prager Handelskammer tätig, 1920/21 dann Handelsminister, s. Biographisches Lexikon 1979 (wie Anm. 14), S. 690.

33 Svaz Českého Díla [Der Tschechische Werkbund]. In: Umělecký měsíčník, Bd. 3 (1913), Heft 1, S. 35–42, hier S. 35–36.

34 Svaz Československého Díla [Der Tschechoslowakische Werkbund]. In: Výtvarná práce, Nr. 1, 1921–22, S. 3–4.

35 Pavel Janák, Architekt, studierte 1906–1908 an der tschechischen und an der deutschen TH in Prag (bei Josef Zítek bzw. bei Josef Schulz) und 1906–1908 an der Akademie der bildenden Künste in Wien (bei Otto Wagner), Mitarbeiter von Jan Kotěra und 1921–1941 Professor an der Prager staatlichen Kunstgewerbeschule, s. Nová Encyklopedie 1995 (wie Anm. 21), Bd. 1, S. 310.

36 Oldřich Starý, Architekt, studierte an der tschechischen TH in Prag (bei Josef Schulz und Jan Koula). Er war 1945–1971 ebendort Professor, s. Nová Encyklopedie 1995 (wie Anm. 21), Bd. 2, S. 780.

37 Vratislav Hugo Brunner, Grafiker und Buchillustrator, studierte an der Akademie der bildenden Künste in Prag und war Professor an der Prager staatlichen Kunstgewerbeschule, s. Nová Encyklopedie 1995 (wie Anm. 21), Bd. 1, S. 92–93.

38 Jaroslav Benda, Grafiker, studierte an der Prager staatlichen Kunstgewerbeschule und der Akademie der bildenden Künste in Prag, Mitarbeiter der Verleger Jan Laichter und Jan Štenc, s. Nová Encyklopedie 1995 (wie Anm. 21), Bd. 1, S. 58–59.

39 František Xaver Hodáč, Nationalökonom und Politiker, 1918–1935 Generalsekretär und Vizepräsident des Zentralverbandes tschechoslowakischen Industrieller, s. Biographisches Lexikon 1979 (wie Anm. 14), S. 644.

40 Rudolf Stockar studierte 1904–1909 an der tschechischen TH in Prag, 1915–1926 Direktor von Artěl, s. Nová Encyklopedie 1995 (wie Anm. 21), Bd. 2, S. 787.

41 Jan Vaněk, Tischler und Möbelfabrikant, 1922–1925 Direktor des Einrichtungsunternehmens Spojené UP závody [Vereinte Kunstgewerbebetriebe] in Brünn, 1925–1932 Gründer der Möbelfirma SBS [Standard Wohnungsgesellschaft], s. Nová Encyklopedie 1995 (wie Anm. 21), Bd. 2, S. 895.

42 Svaz Československého Díla 1921–22 (wie Anm. 34).

43 Václav Vilém Štech, Kunsthistoriker, studierte an der Prager tschechischen Universität, 1918 Fachreferent im tschechoslowakischen Schulministerium und Professor an der Kunstgewerbeschule sowie der Akademie der bildenden Künste in Prag, s. Nová Encyklopedie 1995 (wie Anm. 21), Bd. 2, S. 841.

44 Řádná valná schůze SČSD [Vollversammlung des Tschechoslowakischen Werkbunds]. In: Výtvarná práce, Nr. 1, 1921–22, S. 4–6.

kunstgewerblichen und industriellen Produkte unter Beteiligung der Künste gemäß einer national charakteristischen Herstellungsweise. Ein weiteres Ziel war die Erziehung des Publikums. Obgleich der Wortlaut eine enge Anlehnung an die Programmatik des Deutschen Werkbunds offenbart, bezog sich der SČD namentlich auf den englischen Kunstkritiker und Kulturphilosophen John Ruskin und generell auf die Vorläufer der Kunstgewerbereform in England. Mit dieser Rückbesinnung auf die Arts-and-Crafts-Bewegung wurde die handwerkliche Tradition favorisiert. Unter den 25 Gründungsmitgliedern fanden sich im SČD bevorzugt Architekten und Künstler wie Josef Gočár (1880—1945)[22], Dušan Jurkovič (1868—1947)[23], Celda Klouček (1855—1935)[24], Emil Králík (1880—1946)[25], František Kysela (1881—1941)[26], Otakar Novotný (1880—1959)[27], Jiří Stibral (1859—1939)[28] und Jóža Uprka (1861—1940)[29]; unter den Unternehmern waren der Keramikproduzent Emil Sommerschuh und der Verleger Jan Štenc (1871—1947)[30], zudem Politiker wie Ferdinand von Lobkowitz (1850—1926)[31], letzter Vorsitzender der böhmischen Regierung Österreichs, und der Ökonom Rudolf Hotowetz (1865—1945)[32].[33] In der sozialen Zusammensetzung des Vereins blieb die Dominanz der Architekten gegenüber den Unternehmern bestimmend, auch nach dem Ersten Weltkrieg im wiedergegründeten und anfangs deutlich nationalistisch aufgestellten Verein SČSD. Nach seiner Neugründung auf der Vollversammlung am 13. Oktober 1920 gab das „Offizielle Programm des Tschechoslowakischen Werkbundes“[34] Auskunft über die aktuellen Vereinsrichtlinien. Deutlich wird dabei die umfassende Einflussnahme des Vereins auf die allgemeine und professionelle Kunsterziehung, auf kunstgewerbliche Produktion, Ausstellungswesen, Vertrieb, Dokumentation und Propaganda signalisiert. Darüber hinaus beansprucht der SČSD für sich eine Stellvertreterfunktion, nicht nur die Rechte und Pflichten seiner Mitglieder betreffend, sondern prinzipiell auch hinsichtlich der ideellen Ausrichtung sowie materiellen Existenzgrundlage des gesamten tschechoslowakischen Kunstgewerbes. Vorsitzender wurde der Architekt Josef Gočár, 1925 gefolgt von dem Architekten Pavel Janák (1882—1956)[35] und schließlich von dem Architekten Oldřich Starý (1884—1971)[36]. Beteiligt waren weiter die Künstler Vratislav Hugo Brunner (1886—1928)[37], František Kysela, und der Fabrikant Emil Sommerschuh; zum Arbeitsausschuss zählten der Künstler Jaroslav Benda (1882—1970)[38], die Politiker Z. Fatl, F. Heidler, František Xaver Hodáč (1883—1943)[39], der Kunsthistoriker František Xaver Jiřík, die Architekten Dušan Jurkovič, Jan Kotěra, Otakar Novotný, J. Preis, Rudolf Stockar (1866—1957)[40] und der Brünner Unternehmer Jan Vaněk (1891—1962)[41].[42] Auf der Vereinsvollversammlung im Februar 1921 wurde auch der Kunsthistoriker und inzwischen als Ministerrat ins Schulministerium berufene Václav Vilém Štech (1885—1974)[43] in den Vorstand gewählt.[44] Damit traten in der Tschechoslowakei wichtige Protagonisten der Vorkriegsavantgarde nunmehr als Akteure einerseits im Staatsdienst — in der Politik, an den staatlichen Kunstgewerbeschulen und Akademien (so beispielsweise Josef Gočár, Pavel Janák, František Kysela, Jan Kotěra, Otakar Novotný) — oder an den Kunstgewerbemuseen (wie František Xaver Jiřík) auf. Andererseits besetzten dieselben Personen zugleich Schlüsselstellungen im SČSD, indem sie für führende Funktionen bestimmt oder mit Aufgaben der regionalen Vertrauensmänner betraut wurden. Solche Übereinstimmung der Interessen von Staat und Werkbund und die entsprechende personelle Verzahnung machten den SČSD zum wichtigen Organisator der tschechoslowakischen Kultur.

Im Nationalstaat Tschechoslowakei war der SČSD bestens im weit gespannten Netz des staatlichen Kulturbetriebs eingebunden, vom Schulministerium wurde seine Zusammenarbeit mit den Kunstgewerbeschulen und Museen gefördert. Nach der Neugründung war das Prager Kunstgewerbemuseum Veranstaltungsort der Vereinsausstellungen,[45] aber auch auf der Prager Mustermesse warb der SČSD regelmäßig für sich und seine Mitglieder.[46] Dem Verein wurde darüber hinaus die Verantwortung für die Ausrichtung tschechoslowakischer Kunstgewerbeausstellungen übertragen. Der umfängliche Anspruch, die entscheidende Institution in allen Angelegenheiten des Kunstgewerbes zu sein, wurde vom SČSD sukzessive weiterverfolgt, wobei er seine Kompetenzen kontinuierlich erweiterte. In seiner Mittlerfunktion zwischen Auftraggebern, Produzenten und Künstlerinnen und Künstlern wurde die Zusammenarbeit mit werkbundinternen Firmen und Künstlern gefördert: So vermittelte beispielsweise Pavel Janák bei der Auftragsvergabe zwischen dem Textilunternehmer Josef Barton-

45 První výstava Svazu československého Díla [Erste Ausstellung des Tschechoslowakischen Werkbunds]. In: Výtvarná práce, Nr. 1, 1921—22, S. 23. Auf der ersten Vereinsausstellung war auch die Firma J. Ginzkey vertreten, vgl. Verzeichnis der Aussteller, ebd., S. 37.

46 Janák, Pavel: Svaz Československého Díla v r. 1921—1922 [Der Tschechoslowakische Werkbund in den Jahren 1921—1922]. In: Výtvarná práce, Nr. 2, 1923, S. 65—67, hier S. 66.

47 NTM [Nationales Technikmuseum Prag], Architekturarchiv, Fond Pavel Janák 85, Arbeitskorrespondenz 1928—1930, Karton 33.

48 Chatrný, Jindřich (Hg.): Jan Vaněk 1891—1962, Ausst.-Kat. Muzeum města Brno [Stadtmuseum Brünn], Brünn 2008.

49 Nationalarchiv Prag, Fond Schulministerium, Sig. 22 II, Karton 2910/2911, 21.05.1926.

50 Starý, Oldřich: Dům uměleckého průmyslu v Praze [Haus des Kunstgewerbes in Prag]. In: SČD 1919—1939. K dvacátému výročí Svazu Českého Díla [Zum zwanzigjährigen Bestehen des Tschechischen Werkbunds], Prag 1939, S. 12—13.

51 Nové směrnice k další práci Svazu Československ[enského] Díla [Neue Richtlinien für die weitere Tätigkeit des Tschechoslowakischen Werkbunds], 24.04.1931. In: Žijeme, 1931, S. 62—64.

52 Šlapeta 1985 (wie Anm. 6), S. 202.

53 König-Beyer 1931 (wie Anm. 16).

54 Otto Kletzl, Kunsthistoriker, studierte an der Prager Deutschen Technischen Hochschule Architektur, dann Kunstgeschichte in Leipzig und München (bei Wilhelm Pinder), s. Nová Encyklopedie 1995 (wie Anm. 21), Bd. 1, S. 351—352.

55 Die Gründung des Werkbundes der Deutschen im tschechoslowakischen Staate. In: Reichenberger Zeitung, 13.06.1925.

56 Arnold, Erhard (Hg.): Die Deutschböhmische Ausstellung in Reichenberg 1906. Industrie-, Gewerbe-, Kunst- und Landwirtschafts-Ausstellung der Deutschen Böhmens, Reichenberg 1909.

57 Willy Ginzkey, Industrieller, Seniorchef der Firma „I. Ginzley, Teppichfabrik in Maffersdorf“, war Mitbegründer, Förderer und langjähriger Kuratoriumspräsident des Nordböhmischen Gewerbemuseums, s. Willy Ginzkey gestorben. In: Reichenberger Zeitung, 29.04.1934.

58 Zum Metznerbund als der Vereinigung deutschsprachiger Künstler in der Tschechoslowakei der Zwischenkriegszeit und unter deutschem Protektorat s. Habánová, Anna: Junge Löwen im Käfig. Künstlergruppen der deutschsprachigen bildenden Künstler aus Böhmen, Mähren und Schlesien in der Zwischenkriegszeit, Řevnice/Reichenberg 2013, S. 20—39.

Dobenín und der Einrichtungsfirma Spojené UP závody; ebenso wurden ausgewählte Produzenten mit Empfehlungsschreiben unterstützt und an Aufträge herangeführt.[47] Beispielhaft für das engagierte Vorgehen von Unternehmern ist Jan Vaněk, der als Mitglied des SČSD offensiv in Publikationen, Ausstellungen und Vorträgen die Typenmöbel propagierte und als Tischlermeister sowie Möbelfabrikant für die Durchsetzung der Typenmöbel das Risiko seines finanziellen Ruins einging.[48] Vom Verein initiiert und vom Schulministerium unterstützt, wurde der Versuch unternommen, den SČSD als die tschechoslowakische Kulturorganisation mit dem offiziellen Auftrag einer Außendarstellung der tschechoslowakischen Kultur auf Ausstellungen im Ausland zu etablieren, wie dies die Präsentation der Tschechoslowakei auf der Pariser Ausstellung „Exposition internationale des arts décoratifs et industriels modernes" 1925 anschaulich machte. Allerdings scheiterte dieser Vorstoß des Vereins schließlich an Differenzen zwischen den Ministerien.[49] In eigener Regie wurde vom SČSD erst 1934 das Kunstgewerbehaus als zentrale Ausstellungs-, Verkaufs- und Geschäftsstelle in Prag errichtet.[50] Vereinsorgan war zunächst die avantgardistische Zeitschrift „Umělecký měsíčník" [Künstlerische Monatsschrift], die 1921 von „Výtvarná práce" [Gestaltendes Werk] des Verlegers Štenc abgelöst, jedoch 1925 aus wirtschaftlichen Gründen wieder eingestellt wurde; nach regelmäßiger Berichterstattung in „Výtvarné snahy" [Gestaltende Bemühungen] folgte dann 1931 bis 1933 nochmals ein eigener Auftritt mit der Vereinszeitschrift „Žijeme" [Wir leben]. In „Žijeme" erschien auch 1931 die überarbeitete Vereinssatzung mit der Verpflichtung zur Unterstützung aller Bemühungen um eine Verbesserung des allgemeinen Lebensstandards.[51] Damals war ein Anstieg der gesellschaftlichen Mobilisierung auf fast 500 Vereinsmitglieder zu verzeichnen, wovon circa ein Drittel bildende Künstlerinnen und Künstler, Architektinnen und Architekten waren.[52] In den weiteren Jahren bis zur Auflösung wurden die Vereinsmitteilungen in verschiedenen Architektur- und Kulturzeitschriften veröffentlicht.

Der Werkbund der Deutschen in der Tschechoslowakei (WDT)

Seit Anfang der 1920er Jahre wurde aber auch an der Konstituierung des WDT als Pendant zum SČSD innerhalb der Tschechoslowakei gearbeitet. Als Initiator des Werkbunds der Deutschen in der Tschechoslowakei wird Ernst Schwedeler-Meyer genannt, Direktor des Nordböhmischen Gewerbemuseums in Reichenberg, der im Jahr 1913 nach der Gründung des Österreichischen Werkbunds als Vertrauensmann für Nordböhmen die Interessen des deutschböhmischen Kunstgewerbes zu vertreten hatte; nach dem Ersten Weltkrieg soll gerade vom Nordböhmischen Gewerbemuseum und seiner Direktion der Ruf nach der Gründung eines eigenen Deutschen Werkbunds in der Tschechoslowakei ausgegangen sein.[53] Als weitere Fürsprecher gelten der Architekt und Kunsthistoriker Otto Kletzl (1897–1945)[54] und der deutsch-mährische Kunstgewerbebund. Vertreter der in Nordböhmen angesiedelten traditionsreichen Gewerbezweige der Glas- und Tuchherstellung waren mit anderen deutschböhmischen, schlesischen und mährischen Produzenten bereits Mitglieder im ÖWB gewesen, beziehungsweise ihre Produktionszweige hatten zu den Hauptbetätigungsgebieten des österreichischen k. k. Gewerbeförderungsamtes gezählt. Erste vorbereitende Sitzungen der tschechoslowakischen Vereinsgründung des WDT erfolgten im Frühjahr 1924.[55] Die Gründungsmitglieder versammelten sich dann am 25. Mai 1925 in Reichenberg, dem wirtschaftlichen Zentrum Nordböhmens, vormaliger Austragungsort der Deutschböhmischen Ausstellung (1906)[56] und seit 1922 der Reichenberger Messe. Anlass für die Gründungsversammlung gaben die Pariser Ausstellung „Exposition internationale des arts décoratifs et industriels modernes" 1925 und der Wunsch nach einer selbstständigen Präsentation der Deutschen im Tschechoslowakischen Pavillon. Im Laufe der Konsultationen vor der Pariser Weltausstellung, als Deutschland in Folge des Ersten Weltkrieges von der Teilnahme ausgeschlossen werden sollte und es die kurzfristig dann doch erfolgte Einladung letztlich boykottierte, suchten deutsche Industrielle und Kaufleute nach anderen Möglichkeiten einer Teilnahme und der Präsentation eigener Produkte; diese Überlegungen beflügelten auf deutschböhmischer Seite die Werkbundidee. Unter dem Vorsitz des Teppichfabrikanten Willy Ginzkey (1856–1934)[57] versammelten sich im WDT insgesamt 44 deutsche Einzel- und Mittelspersonen aus Bildung, Handel und Gewerbe der Tschechoslowakei (Handels- und Gewerbekammern, Gewerbevereine, deutsche Technische Universitäten, kunstgewerbliche Fachschulen, Kunstvereine wie der Metznerbund[58]). Zum Vorstand zählten neben dem

59 Karl Kirchhof, Handelskammerpräsident, Mitglied des böhmischen Landtages 1901–1907 und 1910–1913, s. Biographisches Lexikon 1984 (wie Anm. 14), Bd. 2: I–M, S. 145.
60 Vinzenz Baier, Professor für Baukunst an der Deutschen Technischen Hochschule Brünn, s. Biographisches Lexikon 1979 (wie Anm. 14), S. 42.
61 Carl Kostka, Obmann des Verbandes der Kunstblumenfabrikanten und Handelskammersekretär in Reichenberg, 1920–1925 Abgeordneter der Deutschdemokratischen Freiheitspartei im Prager Parlament, 1929–1938 Bürgermeister von Reichenberg, s. Biographisches Lexikon 1984 (wie Anm. 14), Bd. 2: I–M, S. 262.
62 Franz Kubelka, Direktor des deutschen Landesamtes für Gewerbeförderung in Brünn, s. Biographisches Lexikon 1984 (wie Anm. 14), Bd. 2: I–M, S. 325.
63 Gilbert Helmer, Abt des Stiftes Tepl, seit 1901 Mitglied des böhmischen Landtages, 1928 in der Landesvertretung der deutschen Christlich-Sozialen in Prag, war Förderer von kulturellen Einrichtungen und seit 1934 Mitglied der Akademie der Wissenschaften, s. Biographisches Lexikon 1979 (wie Anm. 14), S. 593.
64 Leopold Bauer, Wiener Architekt, studierte an der staatlichen Gewerbeschule in Brünn und an der Akademie der bildenden Künste in Wien, ebendort nachfolgend Professor, s. Nová Encyklopedie 1995 (wie Anm. 21), Bd. 1, S. 51.
65 Nordböhmisches Gewerbemuseum. In: Reichenberger Zeitung, 24.05.1925; Gründung des Werkbundes der Deutschen in der Tschechoslowakei. In: Reichenberger Zeitung, 31.05.1925.
66 Erlass vom 11.12.1925, s. Werkbund der Deutschen in der Tschechoslowakischen Republik. In: Reichenberger Zeitung, 24.01.1926.
67 Werkbund der Deutschen in der Tschechoslowakischen Republik. In: Reichenberger Zeitung, 24.01.1926.
68 Karl Friedrich Kühn studierte 1903–1908 Architektur an der TH Wien, war seit 1913 Landeskonservator für Böhmen und anschließend bis 1935 im tschechoslowakischen Denkmalamt tätig. 1935 wurde er Professor an der Deutschen Technischen Hochschule in Brünn, nach 1939 Leiter des Denkmalamtes in Brünn, s. Nová Encyklopedie 2006 (wie Anm. 13), S. 436.
69 Rudolf Hönigschmid studierte Jura und Kunstgeschichte an der deutschen Universität in Prag, seit 1912 Landeskonservator für deutschsprachige Gebiete in Böhmen, 1925–1936 Leiter des Denkmalpflegeamtes für Böhmen in Prag, s. Nová Encyklopedie 2006 (wie Anm. 13), S. 295.
70 Vom Werkbund. In: Reichenberger Zeitung, 17.04.1926.
71 Bisom, Wilhelm: Der Werkbund als Kulturträger. In: Reichenberger Zeitung, 18.04.1926.
72 Werkbund der Deutschen in der Čs. Republik, 26.01.1926. In: Výtvarná práce, Nr. 4, 1925–26, S. 235; die zurückhaltende Zusammenarbeit zwischen SČSD und der Industrie wird ebenfalls von Alena Adlerová festgestellt, als Ausnahme werden die Brünner UP závody für Typenmöbel aufgeführt (Adlerová, Alena: České užité umění 1918–1938 [Tschechische Gebrauchskunst 1918–1938], Prag 1983, S. 83).
73 Zu den Bildungseinrichtungen s. Wasmuth, Verena: Moderne Formgestaltung und Strategien zur Profilbildung an den Glasfachschulen in Haida und Zwiesel im frühen 20. Jahrhundert. Heinrich Strehblow und Bruno Mauder, 2016 (unpubliziertes Manuskript), S. 43–49.
74 Zur Exportabhängigkeit dieser Produktionszweige s. ebd., S. 37–39; zu ihrer Orientierung an Wien auch in den 1920er Jahren s. Adlerová 1983 (wie Anm. 72), S. 89.

Vorsitzenden Ginzkey Karl Kirchhof (1852–1929)[59] (Handels- und Gewerbekammer Reichenberg), Friedrich Scherd (Handels- und Gewerbekammer Eger), der Architekt Vinzenz Baier (1881–1955)[60], der Unternehmer Carl Kostka (1870–1957)[61], der Oberlandesrat von Mähren Franz Kubelka (1877–1967)[62] und der Prälat Gilbert Helmer (1864–1944)[63], unterstützt wurden sie von Vertretern des Metznerbundes, der Gesellschaft zur Förderung deutscher Wissenschaft, Kultur und Kunst, der deutschen Universität in Prag, der Deutschen Technischen Hochschule in Prag, der Deutschen Technischen Hochschule in Brünn (Brno), der deutschen Kunstakademie in Prag (Praha), des Reichsverbandes der Gewerbegenossenschaften in Leipa (Česká Lípa), der Vereinigung der Lehrer an deutschen gewerblichen Lehranstalten, des Reichsverbandes der Gewerbevereine in Brünn, des Deutschen Hauptverbandes der Industrie, des Verbandes der Selbstverwaltungskörper, der Stadt Reichenberg und der Stadt Gablonz (Jablonec), der Messeleitung Reichenberg, des Reichsverbandes der Kaufleute in Teplitz-Schönau, des Verbandes deutscher Frauenvereinigungen in Reichenberg, des Vereines deutscher Malerinnen, des Klubs deutscher Künstlerinnen, des Mährischen Kunstvereins in Brünn, der deutschen Baumeister der Tschechoslowakischen Republik in Karlsbad (Karlovy Vary), der Gemeinschaft deutscher Architekten in Reichenberg, der deutschen Fachschulen, des Gremiums der Exporteure in Gablonz, der Genossenschaft der Gürtler in Gablonz, der deutschen Tagesblätter, des Deutschmährischen Kunstgewerbeverbundes Brünn und des Verbandes der Fachschulen, der Gemeinschaft deutscher Architekten (Architekt Karl Kerl) und Vertretern der Presse. Prominenter Gast war auch Richard Graul, Delegierter des Deutschen Werkbunds und Direktor des Leipziger Grassimuseums. Der Wiener Architekt Leopold Bauer (1872–1938)[64] hielt auf der Gründungsversammlung einen Festvortrag über die wirtschaftliche Bedeutung des sogenannten „Mitteleuropa" im Sinne Friedrich Naumanns. Unter dem Vorbehalt kleinerer Änderungen auf Wunsch des Metznerbundes und des mährischen Kunstgewerbebundes wurden die Statuten angenommen. Ernst Schwedeler-Meyer stellte dem Werkbund für dessen Ausstellungen, etwa während der Reichenberger Messe, die Erdgeschossräume des Museums zur Verfügung.[65] Die tatsächliche Vereinsgründung konnte jedoch erst am 22. Januar 1926 nach Änderungen der Satzung – nämlich der Untersagung jeglicher politischer Betätigung durch den tschechoslowakischen Staat, hier als „politische Landesverwaltung" geführt – erfolgen.[66] Publikationsorgan des WDT wurde das von Otto Kletzl herausgegebene „Sudetendeutsche Jahrbuch", veröffentlicht mit Unterstützung der sogenannten „Sudetendeutschen Schutzverbände" (Bund der Deutschen, Deutscher Kulturverband, Deutscher Turnverband) in der Tschechoslowakei. Dieser Kontext ist kennzeichnend für eine Diskursgemeinschaft des WDT, die innerhalb der tschechoslowakischen Wirtschaft und Kultur tendenziell die Vorzüge der Deutschen im Blick hatte und nur bedingt vom Staat unterstützt wurde.[67] Auf der Versammlung vom 16. April 1926 wurden in den Arbeitsausschuss weitere prominente Mitglieder wie die Vertreter der tschechoslowakischen Denkmalämter Karl Kühn (1884–1945)[68] und Rudolf Hönigschmid (1876–1967)[69] sowie der Direktor des Museums in Troppau (Opava), Edmund Braun, und Hans Chudaczek von der Egerer Handelskammer neu gewählt.[70] Damit war der Kreis um gewichtige Vertreter der deutschen Kultur in der Tschechoslowakei erweitert. Herausgestellt wurde bei der Gründung die prinzipielle Bedeutung des Werkbunds (bzw. der Werkbünde) als zivilisatorischer Kulturträger der zeitgenössischen Alltagskultur nach der Maßgabe von Zweckmäßigkeit und Schönheit.[71] Die Gründung des WDT wurde vom SČSD als ernst zu nehmende Konkurrenz wahrgenommen, da dieser im Gegensatz zur eigenen Organisation aufgrund guter Beziehungen zur Industrie wirtschaftlich besser aufgestellt war.[72] Daher wurde auch gezielt versucht, der Überlegenheit des deutschen Bildungs- und Produktionswesens der Glas- und Textilindustrie durch Gründung tschechischer Fachschulen und Betriebe in Nordböhmen zu begegnen. Die regionalen Kunstgewerbezweige richteten sich dabei gemäß den tschechoslowakischen Bildungsinteressen nach dem Vorbild der Prager staatlichen Kunstgewerbeschule.[73] Zur wirtschaftlichen Stabilisierung warb Ernst Schwedeler-Meyer gezielt für die Vermarktung von Kunstgewerbeprodukten auf internationaler Ebene und für ihre Propagierung auf Ausstellungen und in Wettbewerben auch für Exportzwecke.[74] Gerade die nordböhmischen Produktionszweige waren letztlich auf Exportgeschäfte angewiesen. Zum großen Thema des WDT sollte aber auf Wunsch von Schwedeler-Meyer und in Übereinstimmung mit der zeitgenössischen Ausrichtung des DWB das moderne Wohnen werden.

75 Zu dieser Jubiläumsausstellung s. Janatková, Alena: Modernisierung und Metropole. Architektur und Repräsentation auf den Landesausstellungen in Prag 1891 und Brünn 1928, Stuttgart 2008.

76 „Svazu bylo doporučeno, aby řešil expozici společně s libereckým Werkbundem, ale Svaz se rozhodl, aby každá korporace řešila svoje oddělení samostatně." [Dem Verein wurde empfohlen, die Exposition gemeinsam mit dem Reichenberger Werkbund auszurichten, aber der Verein hat entschieden, dass jede Korporation ihre Abteilung eigenständig lösen sollte.] NTM, Architekturarchiv, Fond Pavel Janák 85, Tschechoslowakischer Werkbund, Karton 130 (Übers. A. J.).

77 Výstava soudobé kultury v Brně 1928 [Ausstellung der zeitgenössischen Kultur in Brünn 1928]. In: Zprávy Svazu Československého díla, listopad 1927 [Mitteilungen des Tschechoslowakischen Werkbunds, November 1927], S. 12—14.

78 Janák, Pavel: Svaz Československého Díla v Praze, v Praze 24. listopadu 1927, s. NTM, Architekturarchiv, Fond Pavel Janák 85, Karton 32: Arbeitskorrespondenz 1924—1926; Arbeitskorrespondenz 1927: Antwort SČSD, 30.11.1927.

79 Soutěž Svazu Českoslov. díla na bytová zařízrení [Wettbewerb des Tschechoslowakischen Werkbunds für Wohnungseinrichtungen]. In: Zprávy Svazu Československého díla, září 1927 [Mitteilungen des Tschechoslowakischen Werkbunds, September 1927].

80 Campbell 1989 (wie Anm. 2), S. 238.

81 Vaněk, Jan: Nový program organisace obydlí [Neues Programm der Wohnungsorganisation]. In: Stavitel, Nr. 8, 1927, S. 88—89, zit. nach Chatrný 2008 (wie Anm. 48), S. 100—102.

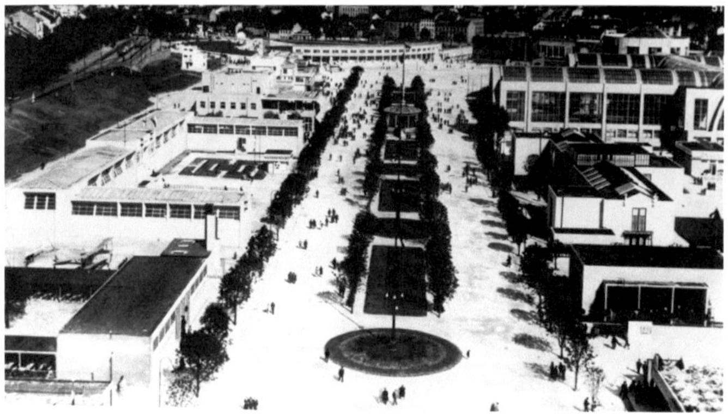

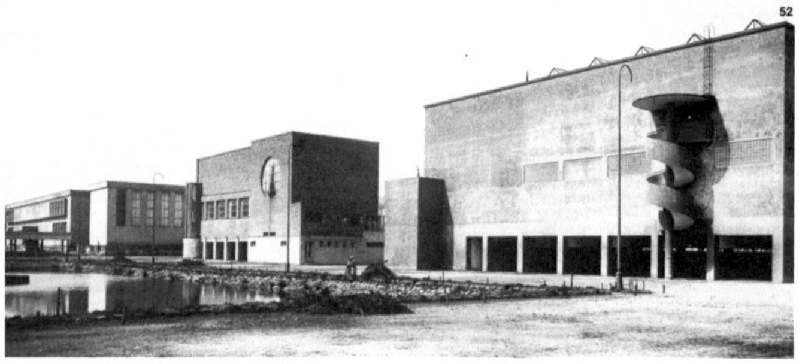

Oben: Blick über das gesamte Areal des Messegeländes in Brünn

Unten: Pavillons von Brünn, Mähren und Prag, in: Vladimír Šlapeta, The Brno Functionalists, Helsinki 1983

SČSD und WDT auf der Ausstellung der zeitgenössischen Kultur in der Tschechoslowakei in Brünn 1928

1928 wurde auf dem neuen Messegelände der mährischen Landeshauptstadt Brünn das zehnjährigen Gründungsjubiläum der Tschechoslowakei gefeiert.[75] Thema der Jubiläumsausstellung war die zeitgenössische Kultur als Repräsentant des neuen Staates. Die entscheidende Rolle sollte dabei das Kunstgewerbe spielen. Mit der Präsentation des Kunstgewerbes wurde auf Wunsch der Ausstellungsveranstalter der SČSD gemeinsam mit dem Reichenberger WDT beauftragt. Trotz dieser Empfehlung fiel jedoch die Entscheidung für separate Präsentationen unter jeweils eigener Regie.[76] — Das vom SČSD aufgestellte Programm für die eigene Kunstgewerbeausstellung thematisierte die gegenwärtigen Alltagsbedürfnisse breiter Bevölkerungsschichten im Zusammenhang mit Wohnen und dem modernen Leben.[77] Für die Durchführung des Vorhabens stellte Pavel Janák 1927 Richtlinien auf, die er zur Bedingung seiner Übernahme des Präsidiums im Ausstellungskomitee machte: Nach den Erfahrungen mit der äußerst aufwendigen und kostspieligen tschechoslowakischen Präsentation auf der Pariser „Exposition internationale des arts décoratifs et industriels modernes“ 1925 erklärte Janák die Ökonomie zum entscheidenden Faktor der Präsentation. Seine Forderung wurde vom Vorstand umgehend akzeptiert.[78] Damit setzte sich in der Perspektive des SČSD auf die zeitgenössische tschechoslowakische Kultur ein neuer Realismus durch, der auch dem Einfluss von Vertretern einer neuen Sachlichkeit im Verein förderlich war. Sparsame Lösungen waren ebenso in der Ausstellungsarchitektur wie auch in der Materialverwendung und der Bautechnik angesagt. Aus Kostengründen wurde von Janák eine Kombination neuer Konstruktionen in Stahlbeton mit herkömmlicher lokaler Bauweise in Ziegelstein oder Holz befürwortet. Kern der Ausstellung waren Wohnungseinrichtungen, die Muster insbesondere für Kleinwohnungen bieten sollten. Für diese Musterwohnungen wurde vom SČSD ein Wettbewerb ausgeschrieben, der zur Aufgabe hatte, beispielhafte Lösungen zweckmäßiger und zeitgemäßer Interieurs für städtische Mietwohnungen mit zwei Zimmern, Küche, Schlafraum und Zubehör zu finden; die Möbel sollten Muster für die Serienproduktion bieten. Prinzipiell richtete sich die Wettbewerbsausschreibung an alle ČSR-Staatsbürger, weitere Vorgabe war die Verwendung „heimischer“ Materialien.[79] Zwar hatte der DWB eine Vorbildfunktion für das Brünner Projekt des SČSD. Die mutige Horizonterweiterung des DWB in Stuttgart (1927) unter Einbeziehung von 16 führenden modernen Architekten Europas[80] wurde allerdings mit der tschechoslowakischen Einschränkung der Wettbewerbsausschreibung nicht aufgegriffen. Gleichzeitig machte Janák die Lösung der Kleinwohnung zum Entwurfsthema in seiner Architekturklasse an der Prager staatlichen Kunstgewerbeschule. Ergänzend zur Jubiläumsausstellung wurde unter dem Patronat der Brünner Ortsgruppe des SČSD die privat von einer Baufirma finanzierte Bauausstellung einer Wohnkolonie ausgerichtet: Am Projekt „Neues Haus“ waren fast ausschließlich Brünner Architekten beteiligt. Als Prototyp für das „Neue Haus“ in Brünn diente Le Corbusiers Haus Citröhan aus der Stuttgarter Weißenhofsiedlung, ein Haus auf Betonstützen mit Dachgarten und Fensterbändern sowie mit freiem Grund- und Aufriss. Allgemein war die Bauausstellung „Am Weißenhof“ des Deutschen Werkbunds in Stuttgart von 1927 das Modell für diese Wohnkolonie.

48

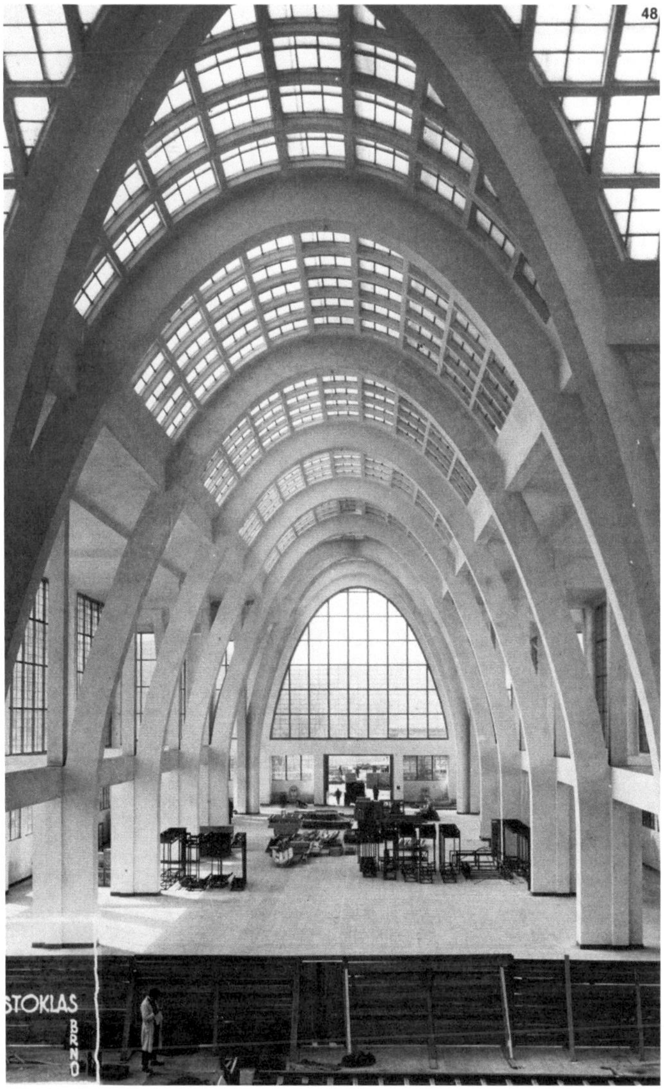

Josef Kalous, Jaroslav Valenta, Pavillon A (Industrie- und Handelspalast), Ausstellung der zeitgenössischen Kultur in Brünn, 1927—28, in: In: Vladimír Šlapeta, The Brno Functionalists, Ausst.-Kat. Museum of Finnish Architecture, Alvar Aalto Museum, Helsinki 1983

Jan Vaněk, Vorsitzender der Brünner Ortsgruppe des SČSD, hatte zusammen mit den Architekten Jaroslav Grunt und Bohumil Tureček die Weißenhofsiedlung und die begleitende Ausstellung „Die Wohnung“ besucht und von der Reise entscheidende Anregungen für die zeitgenössische tschechoslowakische Wohnkultur mitgebracht, die er zu einem neuen Programm der Wohnungsorganisation zusammenfasste.[81] Trotz des Vorbildes DWB war auch das „Neue Haus“ hinsichtlich der Architekten, Baufirmen, Baumaterialien und Interieurs ein betont einheimisches Projekt.

— Auf der Brünner Ausstellung der zeitgenössischen Kultur hatte aber auch die deutsche Kulturarbeit des Reichenberger WDT mit einem eigenen Pavillon ihren großen Auftritt. Der Staat, vertreten durch das Handelsministerium, war etwa zur Hälfte an der Baufinanzierung des Deutschen Hauses beteiligt, die Fertigstellung wurde zudem von den Handels- und Gewerbekammern in Eger (Cheb) und Reichenberg gefördert. Der Pavillon nach dem Entwurf des Brünner Architekten Vinzenz Baier war von sachlicher Einfachheit, der Bau in traditioneller Bauweise aus Holzriegelwänden mit Ziegelplattenverkleidung aus Gödingen (Hodonín) erstellt, womit er das deutschböhmische Baugewerbe vertrat. Auch seine Ausstattung war deutschböhmischer Provenienz, dazu gehörten Teppiche der Textilfabrik Ginzkey[82], ausgestellt waren weiter Bijouterieware der Gablonzer Industrie, Arbeiten aus Spitze und Produkte der Glasindustrie in Haida. Im Aufruf zur Einsendung von Exponaten für Brünn hatte der WDT gerade die Leistungen der deutschen Fachschulen eigens hervorgehoben und diesen im Zusammenhang mit der Gewerbeförderung des Nordböhmischen Gewerbemuseums weiterführende Perspektiven zugesichert. Der Pavillon wurde allerdings nicht nur vom WDT bespielt. Seine Präsentation war vielmehr als Bestandteil der Kulturausstellung des „Deutschtums der Tschechoslowakei" konzipiert. Deutsche wissenschaftliche und kulturelle Vereine (Geschichtsvereine, Heimatvereine, der Verein „Frauenfortschritt") sowie die deutschen Hersteller von künstlerisch inspiriertem Hausrat präsentierten hier ihre Ergebnisse.[83] Auf der Brünner Ausstellung trat eben nicht der Werkbund (DWB oder SČSD) als die Diskursgemeinschaft des WDT auf, seinen Bezugsrahmen bildeten vielmehr die Repräsentanten der deutschen Kultur in der Tschechoslowakei.

— So unterschiedlich die wirtschaftliche und kulturelle bzw. politische Orientierung des SČD/SČSD gegenüber dem WDT war, so verschieden gestaltete sich auch die Entwicklung beider Vereine, die innerhalb der gesetzten Rahmenbedingungen durchaus elitär aufgestellt waren. Handwerkerinnen und Handwerker oder einfache Arbeiterinnen und Arbeiter waren weder im Vereinsvorstand noch im Arbeitsausschuss präsent. An einem Zusammenschluss des WDT mit dem SČSD zeigte der Staat zwar Interesse, weil dies wohl außer Kooperation auch Kontrolle bedeutet hätte. Diese Verbindung war jedoch von keinem der Vereine gewollt: Es blieb bei

82 Zur traditionellen Musterwahl für die Teppichproduktion der Firma I. Ginzkey s. Adlerová 1983 (wie Anm. 72), S. 84.
83 Kubelka, František: Werkbund, Hlavní průvodce [Werkbund. Hauptkatalog]. Výstava soudobé kultury v ČSR [Ausstellung der zeitgenössischen Kultur der Tschechoslowakei], Brünn 1928, S. 174–178.
84 Hardtwig 1996 (wie Anm. 3), S. 532.
85 Janatková 2008 (wie Anm. 75), S. 62–66, Abb. 63 und 64.
86 Die Initiative des SČSD vom 12.01.1926 wurde mit amtlicher Unterstützung des Schulministeriums weitergeleitet, das Eisenbahnministerium wollte allerdings die Organisation von Ausstellungen grundsätzlich nicht in der Verantwortung des Vereins, sondern des Staates wissen, s. Brief des Eisenbahnministeriums vom 09.04.1926, gez. Brož; diesbezügliche Verhandlungen waren noch 1939 nicht abgeschlossen (Nationalarchiv Prag, Fond Schulministerium, Sig. 22 II, Karton 2910).
87 Ortsgruppen waren: Chrudim, Königgrätz, Eisenbrod, Pilsen, Budweis, Brünn, Pressburg, s. Herain Karel: Tschechoslowakei. In: Europäisches Kunstgewerbe. Berichte über die Ausstellung Europäisches Kunstgewerbe 1927, Ausst.-Kat. Kunstgewerbemuseum Leipzig, Leipzig 1928, S. 74–78, hier S. 78.
88 Offizielles Programm des Tschechoslowakischen Werkbunds, s. Svaz Československého Díla 1921–22 (wie Anm. 34).
89 Mohr, Jan: Uměleckořemeslné zpracování kovů v severních Čechách v letech 1920–1940 (Okruh Metznerbundu a WDT) [Kunstgewerbliche Metallbearbeitung in Nordböhmen in den Jahren 1920–1940 (Umkreis Metznerbund und WDT)]. In: Fontes Nissae, Nr. II, 2001, S. 30–56, hier S. 47.

einer Konkurrenzsituation zwischen den zwei tschechoslowakischen Werkbundeinrichtungen, die jede für sich mit eigener Werkbundarbeit die Produzenten durch Wettbewerbe zu motivieren und die Konsumentinnen und Konsumenten auf Ausstellungen sowie mit Publikationen zu überzeugen suchte. Indem sich der SČSD zunehmend für eine tschechoslowakische Massenkultur einsetzte, die vom modernen Wohnen ausgehend alle Lebensbereiche einbeziehen und dabei explizit auch die Slowakei integrieren sollte, orientierte er sich an den aktuellen Bestrebungen des Deutschen Werkbunds und dessen „Bund für die Zukunft" der Jahre 1924 bis 1928 (Joan Campbell): Die angestrebte Vereinheitlichung der Gesellschaft nach spezifisch bürgerlichen Norm- und Wertvorstellungen gemäß den Ansprüchen an Hygiene, Gesundheit und Ordnung wandte sich ebenso gegen vermeintliche problematische Wohnverhältnisse der ärmeren Schichten wie gegen einen sogenannten Luxus; den bildungsbürgerlichen Idealen zufolge sollte diese Egalisierungsabsicht durch Erziehung an Breitenwirkung gewinnen. Damit verbunden war zugleich eine Internationalisierung der Gesellschaft, die das gesamte Lebensumfeld betraf:[84] Anstelle der Förderung von kulturellen Traditionen sowie Eigentümlichkeiten eines populären „Lokalkolorits" wurde nunmehr ein internationaler „Standard" propagiert. Unter der Prämisse Licht—Luft—Sonne galt es allerdings, den Forderungen der Hygienebewegung gemäß den lokalen Verhältnissen gerecht zu werden und entsprechende aktuelle Wohnmodelle in landeseigener Produktion von der architektonischen Planung bis zur Einrichtung herzustellen — gerade Pavel Janák arbeitete hier mit seiner Architekturklasse an der Prager staatlichen Kunstgewerbeschule intensiv an Lösungen, die den lokalen Bedingungen in technischer wie auch materialspezifischer Hinsicht angepasst sein sollten.[85] Die Etablierung des SČSD als der tschechoslowakischen Kulturorganisation mit offiziellem Auftrag einer Außendarstellung der tschechoslowakischen Kultur scheiterte zwar an Interessenkonflikten und Finanzierungsfragen zwischen den Ministerien.[86] Dennoch wurde sein Modernisierungsprojekt im Zusammenspiel der Ortsgruppen mit der Kommunalpolitik unter anderem in Pressburg (Bratislava), Brünn (Brno) oder Königgrätz (Hradec Králové) vorangetrieben.[87] Parallel zur wirtschaftlichen und rechtlichen Sicherstellung der Existenzgrundlage des tschechoslowakischen Kunstgewerbes bzw. der Kunstindustrie verfolgte der SČSD ebenfalls seine gesellschaftlichen Erziehungsideale in Zusammenhang mit einem umfassenden Bildungsauftrag der Kunstgewerbemuseen und in eigenen Ausstellungsräumen, auf Wander- und Auslandsausstellungen, in Verkaufs- und Beratungsstellen, Bibliotheken und Archiven.[88] Der WDT hingegen geriet als Vertreter von Luxusproduktionszweigen und Exportartikeln der Schmuck- und Glasindustrie zunehmend ins Abseits; diese Tendenz wurde durch die Weltwirtschaftskrise noch verstärkt. Die geplante Gründung einer Ortsgruppe in Brünn hätte womöglich die überregionale Positionierung des WDT weiter stärken können, sie kam allerdings nicht mehr zustande. Nach dem Tod des Vorsitzenden Ginzkey im Jahr 1934 verliert sich die Spur des WDT; auch Ernst Schwedeler-Meyer, Direktor des Nordböhmischen Gewerbemuseums und unermüdlicher Förderer des WDT, wurde in einer diskreditierenden Polemik von dem Reichenberger Stadtarchitekten Karl Kerl, zugleich als Vertreter der Gemeinschaft deutscher Architekten im Arbeitsausschuss des WDT aktiv, wegen seiner kontroversen Haltung zur Ausstellungspolitik nach dem Vorbild des Deutschen Reiches zunehmend unter Druck gesetzt und quittierte 1936 seinen Dienst.[89] Damals wurde die „sudetendeutsche Kulturpolitik" im Interesse des Deutschen Reiches neu sortiert. Diese kulturpolitische Umbruchsituation hinterließ ebenfalls beim SČSD ihre Spuren: Infolge der Besetzung der so bezeichneten sudetendeutschen Gebiete 1939 wurde der nunmehr auf SČD geschrumpfte tschechische Verein in der „Zweiten Republik" und im „Reichsprotektorat Böhmen und Mähren" weiterhin geduldet; nach dem Zweiten Weltkrieg wurde der bis dahin selbstständige Verein im Jahr 1948 aufgelöst.

Alena Janatková

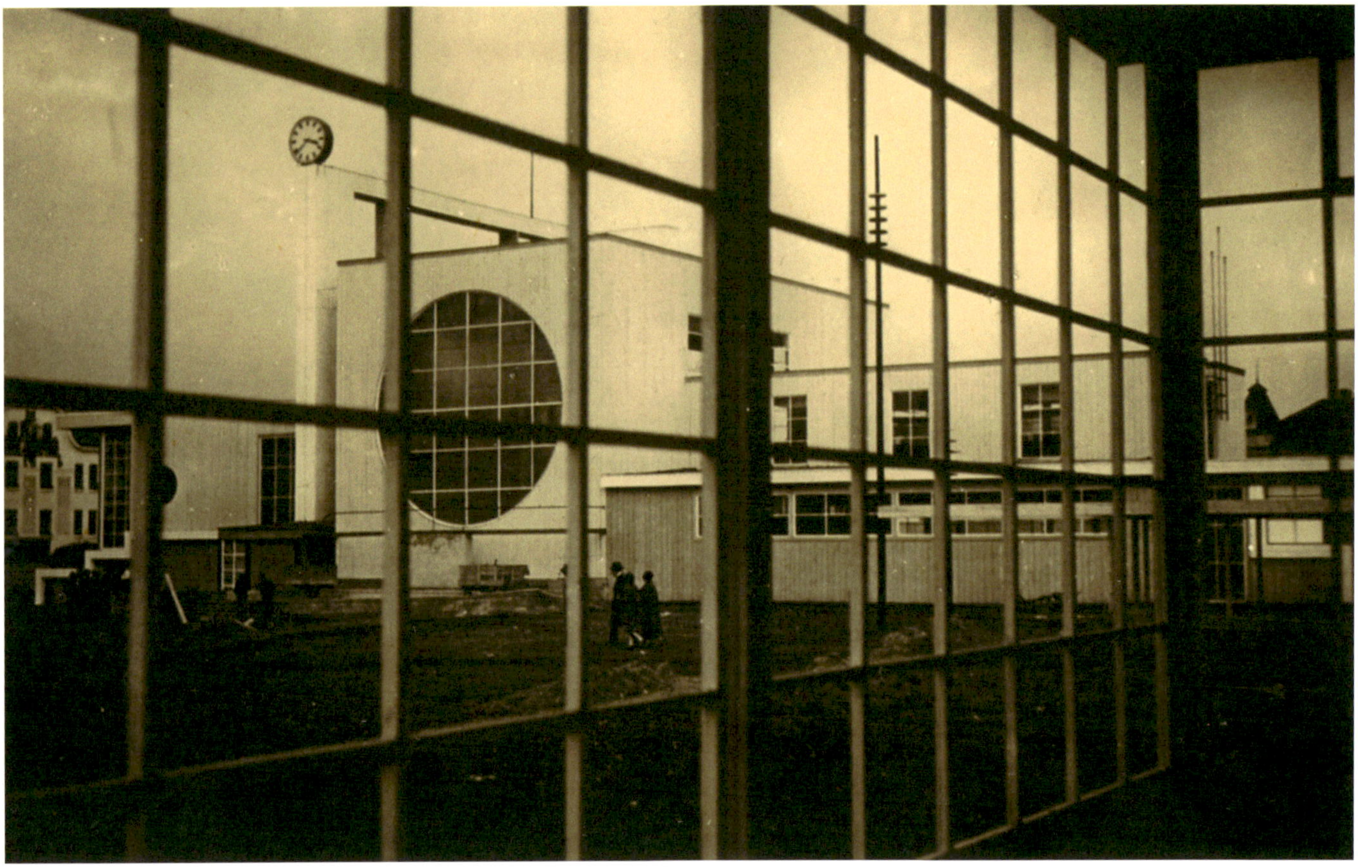

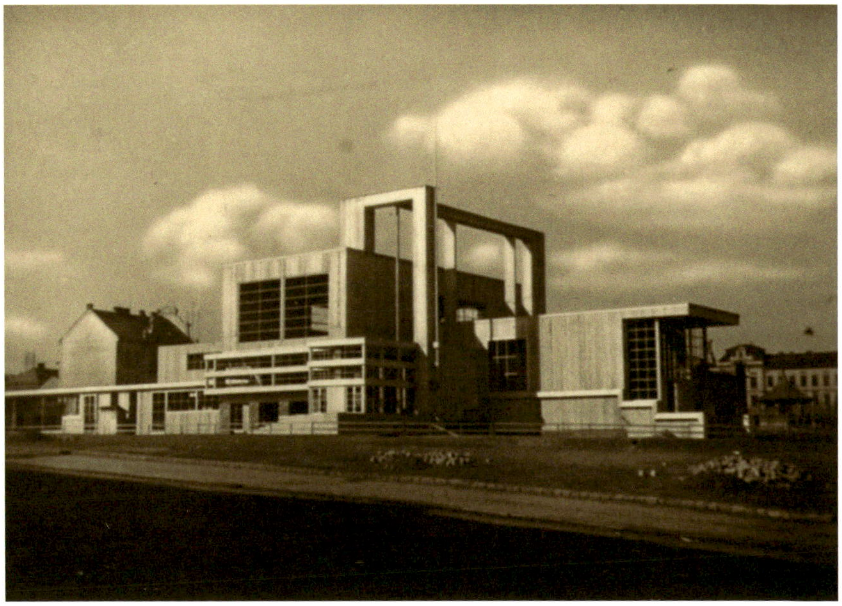

Kat. 113 Unbekannt, Ohne Titel (Nordböhmische Ausstellungshalle von Jiří Kroha), ca. 1928. Arkudes Foundation

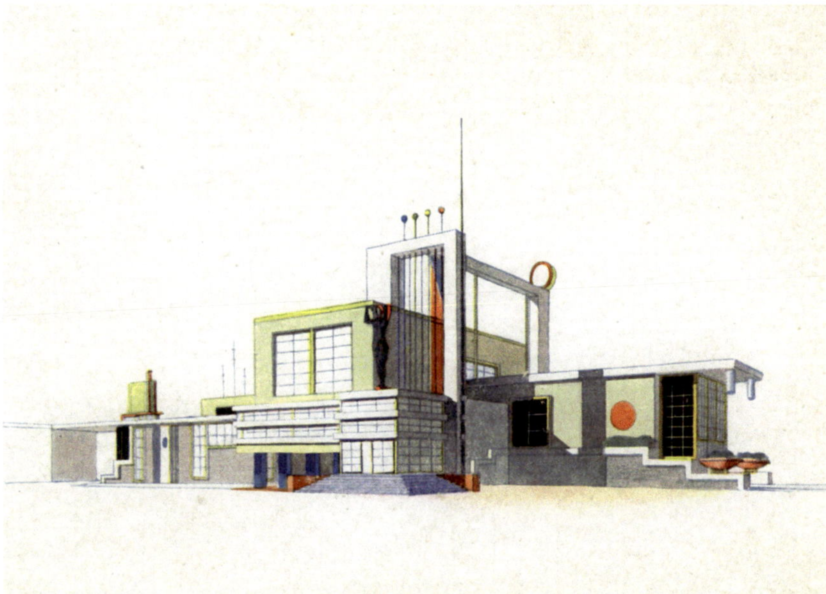

Kat. 114 Jiří Kroha, Nordböhmische Ausstellungshalle, ca. 1928. Arkudes Foundation

Kat. 112 Unbekannt, Ohne Titel (Nordböhmische Ausstellungshalle von Jiří Kroha), ca. 1928. Arkudes Foundation

Karel Teige, Die Kleinstwohnung, 1932, zitiert nach: Winfried Nerdinger: Zwischen Kunst und Klassenkampf. Positionen des Funktionalismus der Zwanziger Jahre. In: Valena, Tomáš und Ulrich Winko (Hg.): Prager Architektur und die europäische Moderne, Berlin 2006, S. 119—132, hier S. 130.

„Die Villa Tugendhat ist ein Höhepunkt des modernen Snobismus, ein Angeberstück für Millionärskultur, das bei aller formalen Qualität nichts anderes ist als die Neuausgabe eines protzigen Barockpalais."

Die Baťa-Stadt Zlín — Ein Großprojekt der europäischen Moderne

Baťa und die tschechische Architekturdiskussion zwischen Minimalwohnung und Luxusvilla

Mit der Villa Tugendhat in Brünn und Karel Teiges Buch über die Minimalwohnung bezog die tschechische Moderne zwei Extrempositionen. Die Villa Tugendhat war im Wohnbereich das bis dahin aufwendigste und luxuriöseste Bauprojekt der Moderne in Europa. Teiges Buch im Gegenzug war der bis dahin radikalste Entwurf des Bauens für das Existenzminimum, der besondere Schärfe durch seine sozialutopistischen Eingriffe in das Leben der Menschen entwickelte. Die beiden Positionen griffen die zwei Grundfragen nach der Ausrichtung der Moderne auf. War es das Ziel des Projekts Moderne, besonders experimentell und avantgardistisch zu entwerfen und dabei billigend in Kauf zu nehmen, dass die Produktionskosten hoch sind und die Entwürfe nur für eine kleine Oberschicht erschwinglich bleiben? Oder sollten die Standardisierung und eine allein an der Funktionalität orientierte Serienfertigung und damit günstige Produktion das Hauptaugenmerk sein? Beide Fragen wurden allgemein in der europäischen Moderne diskutiert, wobei Deutschland in unmittelbarer Abfolge zwei entscheidende Marksteine gesetzt hatte, die auch die beiden tschechischen Projekte beeinflussten.
— Die Brünner Industriellenfamilie Löw-Beer wollte für das frisch verheiratete Ehepaar Grete (geborene Löw-Beer) und Fritz Tugendhat eine repräsentative Villa errichten. Obwohl Brünn neben Prag das Zentrum der Moderne in der Tschechoslowakei war und unter der Leitung des Stadtbaurats Bohuslav Fuchs viele erstklassige Bauten der Moderne in Brünn errichtet wurden und obwohl in Brünn 1928 die große Leistungsschau der tschechischen Moderne stattfand, fiel die Wahl auf den deutschen Architekten Ludwig Mies van der Rohe (1886—1969). Im Jahr der Beauftragung 1928 war er noch kein Stararchitekt, hatte sich aber als Leiter des Projekts Werkbundsiedlung am Weißenhof in Stuttgart 1927 bereits einen Namen gemacht. Die Werkbundsiedlung war ein Paukenschlag der Moderne, und vor allem ihr Thema, das avantgardistische und eher am Luxus orientierte Bauen, mag zur Beauftragung von Mies geführt haben. Natürlich entstanden auch in der Tschechoslowakischen Republik aufwendige Villen, aber die Villa Tugendhat war das mit Abstand teuerste und luxuriöseste Projekt nicht nur in Tschechien, sondern in ganz Europa. So viel Luxus zu zelebrieren und dann im vielleicht dynamischsten Zentrum der tschechischen Moderne einen deutschen Architekten potenziellen tschechischen Kollegen vorzuziehen, war ein echtes Statement der Familie Tugendhat.

Kat. 115 Karel Teige, Umschlagillustration für „Nejmenší byt“ [Die Kleinstwohnung], 1932. Private Collection NL

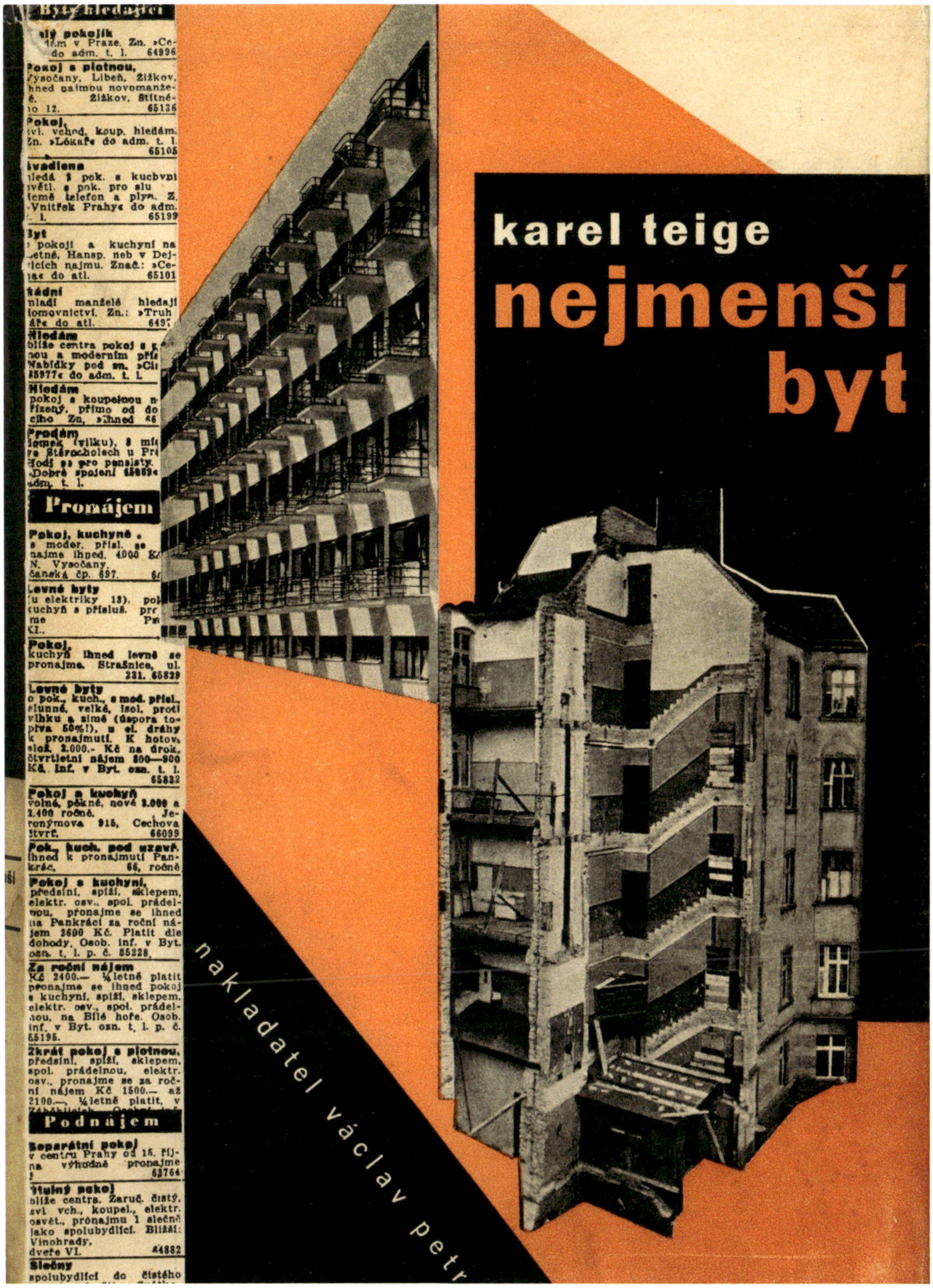

— Und auch die Gegenposition zur Villa Tugendhat, Karel Teiges Buch „Die Kleinstwohnung“ [Nejmenší byt] von 1932 [Kat. 115] folgte auf ein Großereignis der Moderne in Deutschland. 1929 fand der zweite CIAM-Kongress in Frankfurt mit dem Thema „Bauen für das Existenzminimum“ statt. In Frankfurt war 1925 unter der Leitung des Stadtbaurats Ernst May das groß angelegte Wohnungsbauprogramm „Das neue Frankfurt“ gestartet worden. Zwischen 1925 und 1930 wurden 12 000 neue Wohnungen für die Arbeiterschaft errichtet, wobei das Neue Frankfurt nicht nur baute, sondern die Wohnungen auch mit Möbelentwürfen ausstattete. Die Frankfurter Küche ist das vielleicht spektakulärste Resultat dieses ästhetischen Gesamtkonzepts für das Leben in der Moderne in Frankfurt. Man kann das Neue Frankfurt als das wichtigste Projekt des deutschen Funktionalismus bezeichnen, weshalb dort auch konsequenterweise der CIAM-Kongress stattfand. Mit der grundlegenden Vorgabe für alle Entwürfe, dass sie kostengünstig produziert werden und gleichzeitig optimal die Funktion erfüllen sollten, war das Frankfurter Projekt der deutsche Antipode zur Weißenhofsiedlung. Karel Teige (1900—1951), der in seinem Buch das Neue Frankfurt auch vorstellte, ging in seinen Konzepten für das Bauen für das Existenzminimum noch weiter als das Neue Frankfurt und weiter als die Ideen, die dort 1929 auf dem CIAM-Kongress diskutiert wurden.

— Die Villa Tugendhat bezeichnete Teige als „Höhepunkt des modernen Snobismus, ein Angeberstück für Millionärskultur, das bei aller formalen Qualität nichts anderes ist als die Neuausgabe eines protzigen Barockpalais“[1] — er selbst propagierte in seinem Buch die Idee des Kollektivhauses. Das Leben in Familien wird abgelöst vom Leben im Kollektiv, das alle Aufgaben gemeinsam organisiert: die Kindererziehung, das Kochen, das Essen und die Freizeitaktivitäten. Infolgedessen sind in solchen Kollektivhäusern auch keine Wohnungen mehr vorgesehen, sondern jeder Bewohner, jede Bewohnerin bekommt eine eigene Zelle.[2] Die Idee der Familie wird zugunsten einer neuen kollektiven Gesellschaft aufgegeben, was gerade auch die Frau aus ihrer Rolle als Hausfrau und Mutter befreien soll. Architektur wird als Mittel zur gesellschaftlichen Revolution verstanden.[3]

Es soll hier aber weder um Mies van der Rohe noch um Karel Teige gehen, sondern um das Projekt Zlín, das der ebenso mutige wie visionäre Schuhfabrikant Tomáš Baťa (1876—1932) startete und das sich zu einem der bedeutendsten Projekte der europäischen Zwischenkriegsmoderne entwickelte, heute aber international fast vergessen ist.

Das Zlín-Projekt von Baťa

Dank eines Großauftrags der österreichisch-ungarischen Armee im Ersten Weltkrieg hatte die Schuhfabrik von Tomáš Baťa einen rasanten Aufstieg hingelegt. Sie war 1894 in der mährischen Kleinstadt Zlín gegründet worden, wo die Baťas schon seit Generationen Schuhe fertigten. Tomáš Baťa war tief beeindruckt von Henry Fords Autofabriken in Detroit und geprägt von den wirtschaftswissenschaftlichen Theorien des Taylorismus. Frederick Winslow Taylors Konzept des Scientific Managements und der Prozesssteuerung der Arbeitsabläufe sowie das Vorbild der Fließbandproduktion aus Detroit verbanden sich in Zlín mit den Rationalisierungsideen der Architektur der Moderne.

— Baťa hatte erkannt, dass er die Produktion immens steigern konnte, wenn er die Produktionsprozesse rationalisierte und alles auf die Interessen der Produktion ausrichtete. Ab 1923, als er Bürgermeister der Stadt Zlín wurde, begann er vor den Toren der Altstadt die architektonische Umsetzung seiner wirtschaftlichen Strategie. Schon 1918 hatte der Architekt Jan Kotěra (1871—1923)[4] erste Entwürfe für eine Arbeitersiedlung geliefert und damit das Grundkonzept Gartenstadt festgelegt. Ab 1925 — dem Jahr, in dem das Projekt „Das neue Frankfurt“ startete und in Paris die große Ausstellung „Exposition internationale des arts décoratifs et industriels modernes“ gezeigt wurde — erweiterte Baťa unter Leitung von František Gahura (1891—1958) großflächig die Fabrik. Ab 1926

1 Teige 1932, zit. nach Nerdinger, Winfried: Zwischen Kunst und Klassenkampf. Positionen des Funktionalismus der Zwanziger Jahre. In: Valena, Tomáš und Ulrich Winko (Hg.): Prager Architektur und die europäische Moderne, Berlin 2006, S. 119—132, hier S. 130.

2 „Die Minimalwohnung in einem Kollektivhaus sollte eine Wohnzelle sein, ein Zimmer für einen erwachsenen Menschen. Solche Zellen sollten in der Art eines großen Bienenstocks angeordnet sein. Aus der Art und Weise der Lebensführung ergibt sich die Notwendigkeit, die traditionelle Familienwirtschaft aufzuheben und die Kindererziehung zu vergesellschaften. Eine solche Wohnzelle hat weder Eßzimmer noch Salon und auch kein Kinderzimmer. Sie ist ein Ort zum Schlafen, zum privaten Ausruhen, zum Studium und für kulturelle Arbeit, für das intellektuelle Leben und das Gefühlsleben.“ Teige 1932, zit. nach Templ, Stephan: baba. Die Werkbundsiedlung Prag, Basel 1999, S. 19—20.

3 S. hierzu auch Nerdinger 2006 (wie Anm. 1), S. 129.

4 Jan Kotěra ist einer der Väter der tschechischen Avantgarde. Der Schüler von Otto Wagner war selbst Lehrer von so wichtigen Architekten der tschechischen Moderne wie Bohuslav Fuchs, Josef Gočár, Jaromír Krejcar und František Gahura. Von 1911 bis 1923 war er Architekturberater von Tomás Baťa.

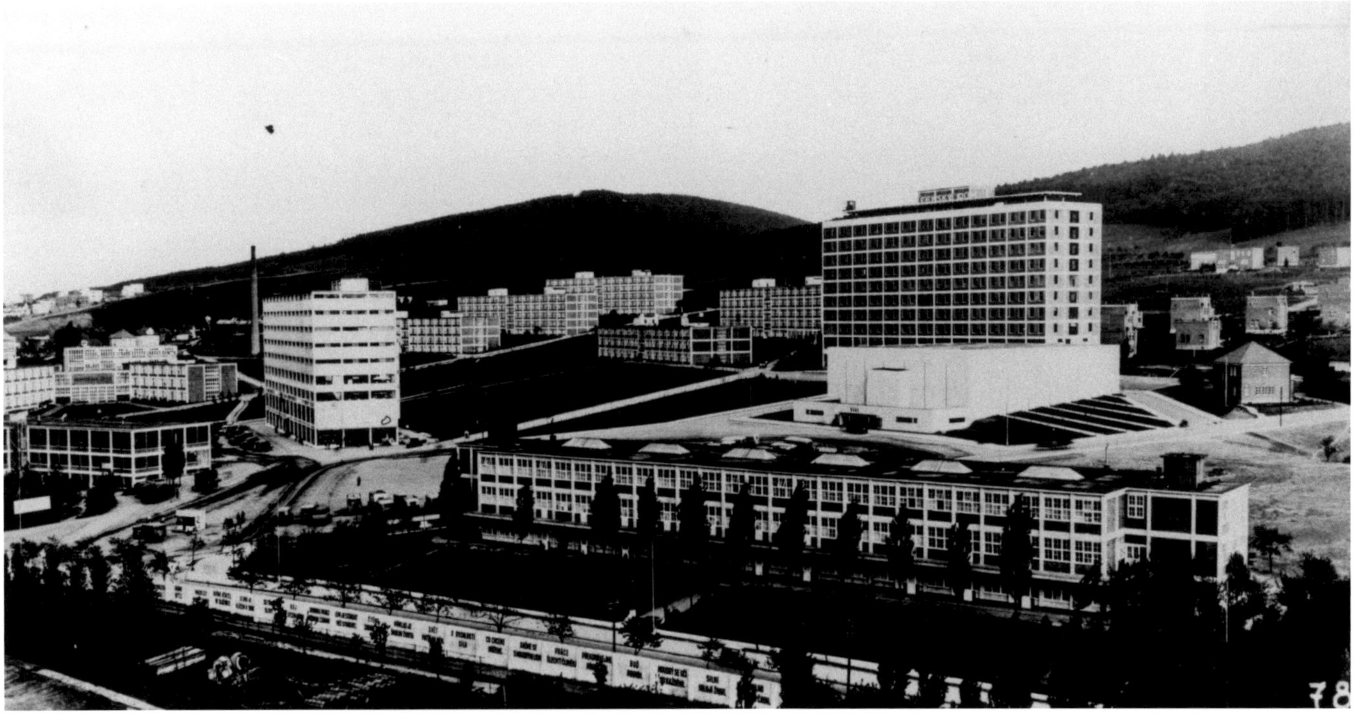

Ansicht des neuen Zentrums von Zlín, 1939. Regional Gallery of Fine Arts in Zlín

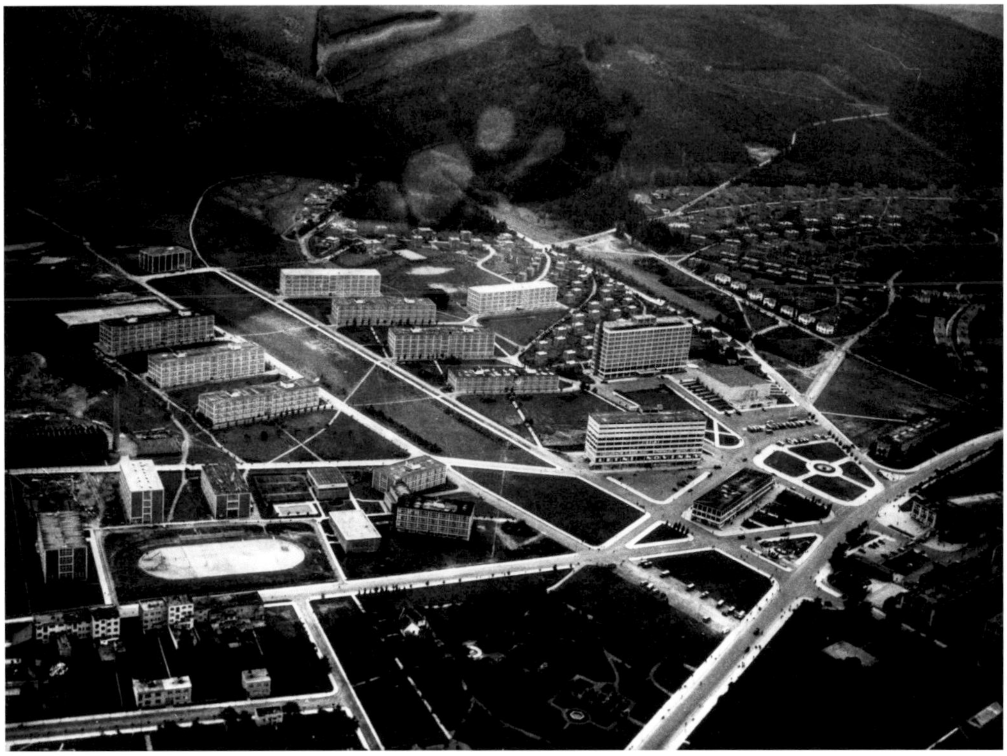

Luftaufnahme des neuen Zentrums von Zlín, 1935. Regional Gallery of Fine Arts in Zlín

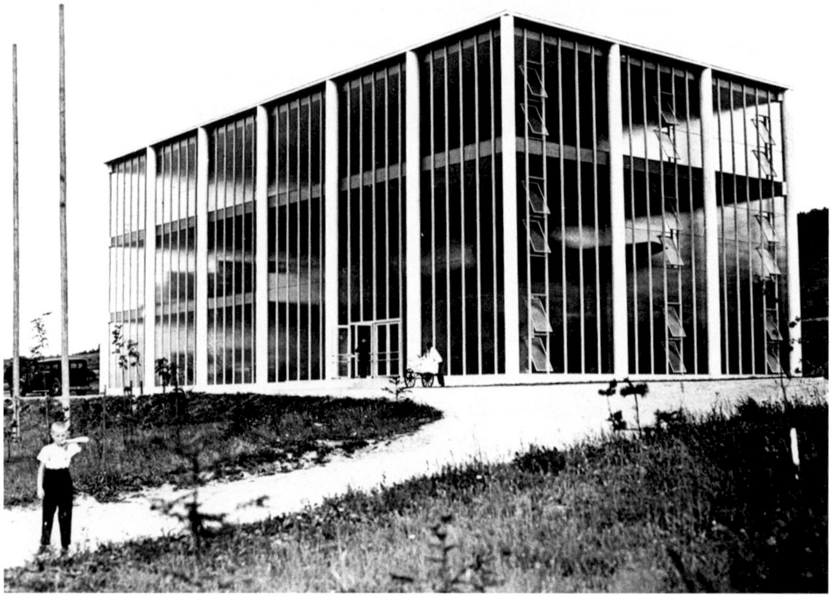

František Lydie Gahura, Tomáš-Baťa-Denkmal in Zlín, 1933. Regional Gallery of Fine Arts in Zlín

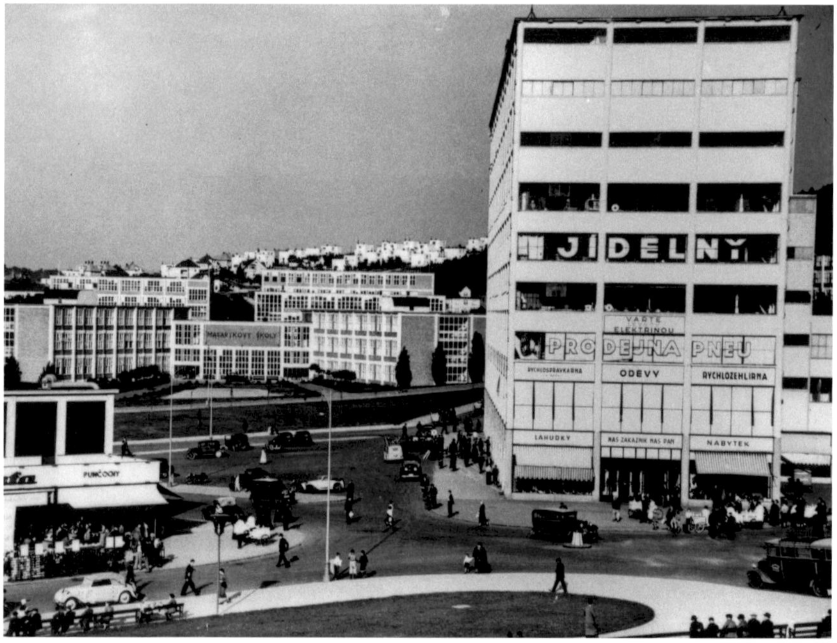

Blick auf die Masaryk-Schule, das Schulviertel und das Kaufhaus von František Lydie Gahura, Zlín, 1933. Regional Gallery of Fine Arts in Zlín

Vladimír Karfík, Baťa-Verwaltungsgebäude Nr. 21 in Zlín, 1938. Regional Gallery of Fine Arts in Zlín

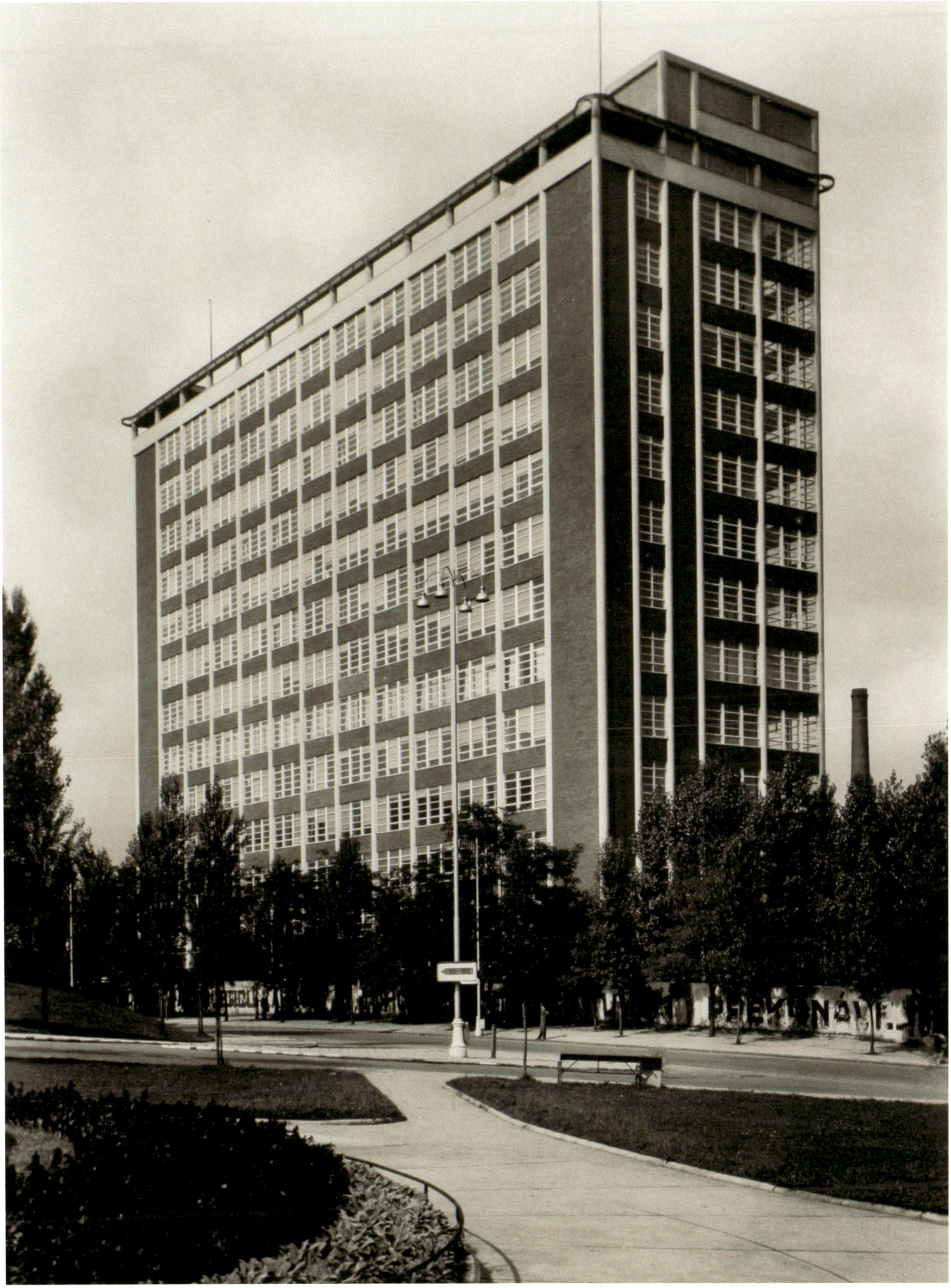

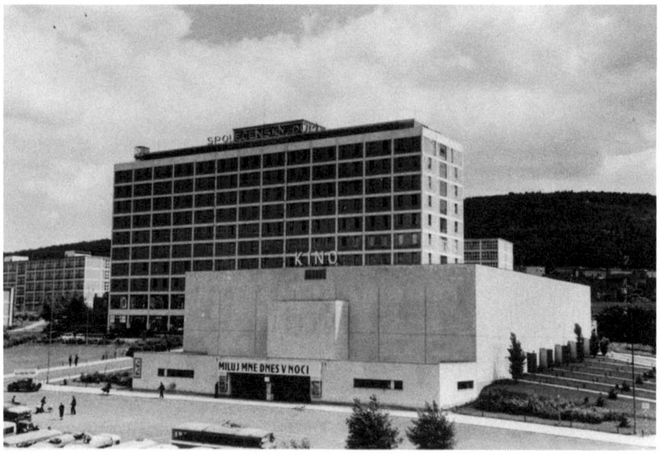

Blick auf das große Kino und das Baťa-Gemeindehaus am Platz der Arbeit, Zlín, 1933. Regional Gallery of Fine Arts in Zlín

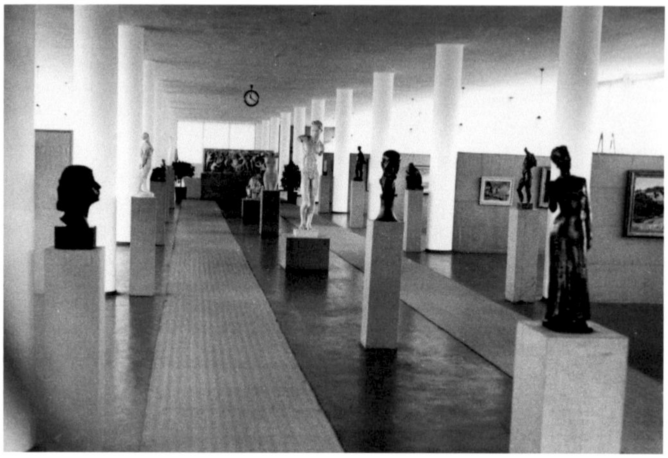

Dauerausstellung im Forschungsinstitut I, Zlín, 1938. Regional Gallery of Fine Arts in Zlín

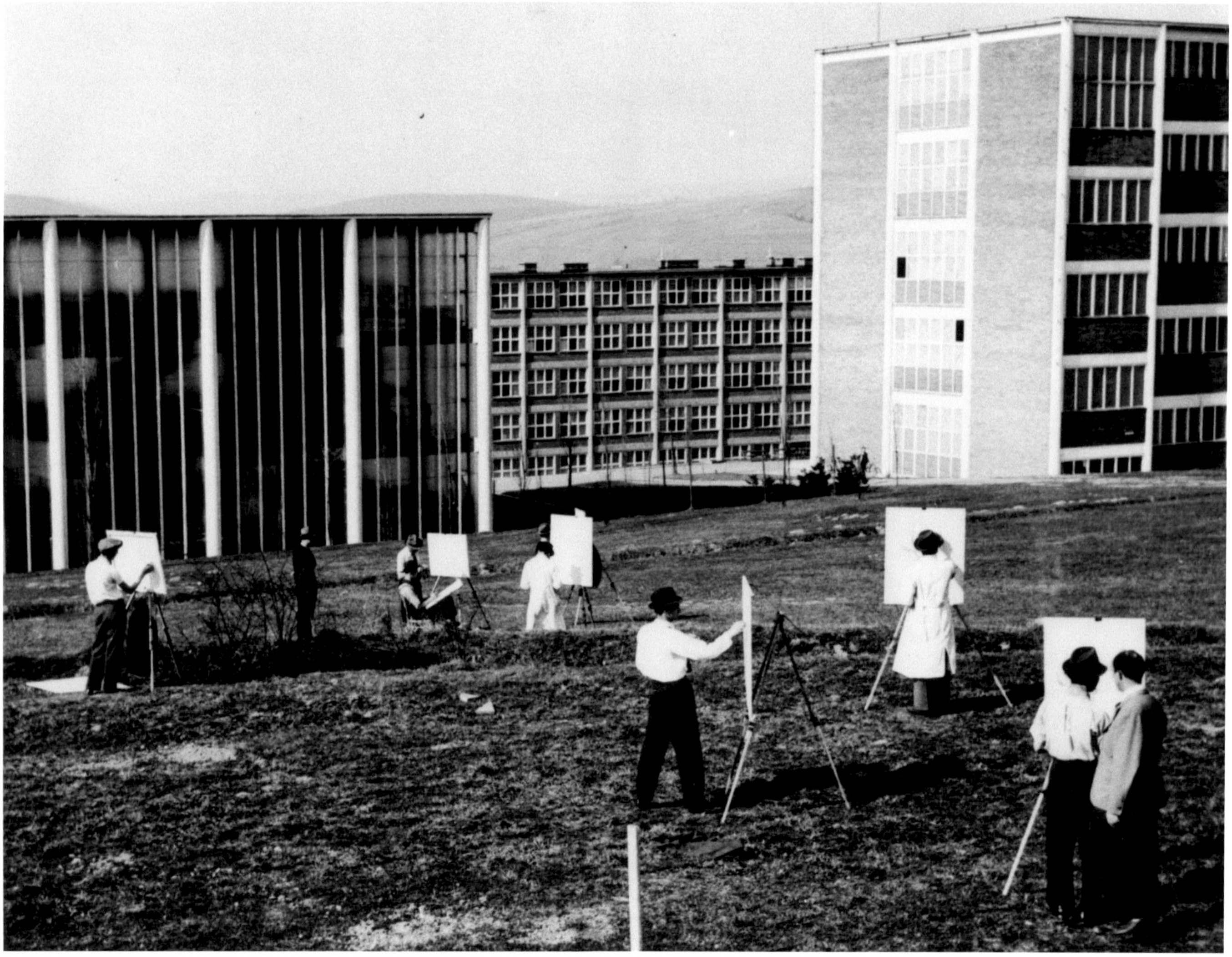

Malende Arbeiterinnen und Arbeiter in Zlín, Anfang der 1940er Jahre. Regional Gallery of Fine Arts in Zlín

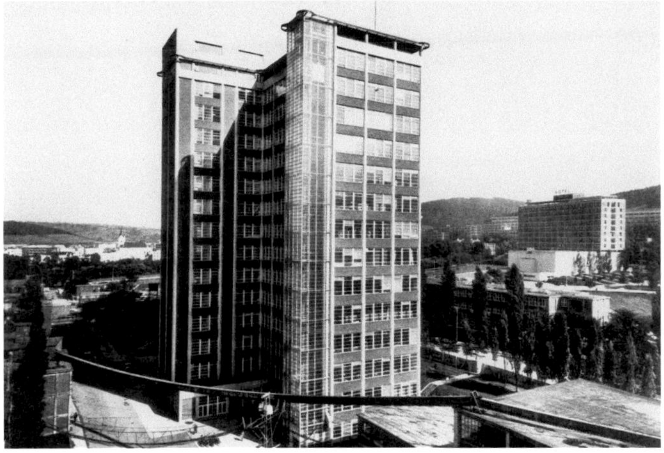

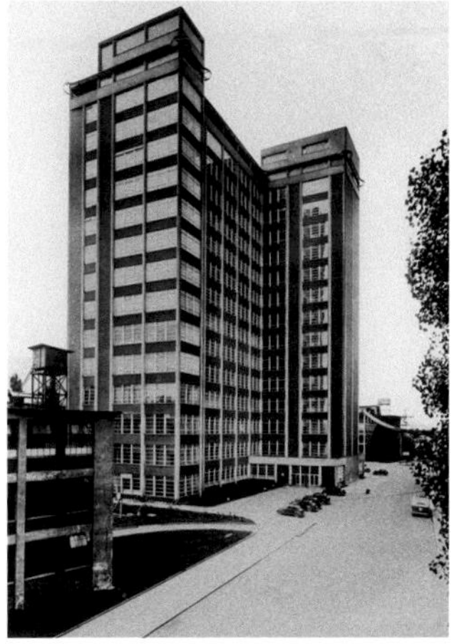

Vladimír Karfík, Baťa-Verwaltungsgebäude Nr. 21 in Zlín, 1938. Regional Gallery of Fine Arts in Zlín

entstanden mehrere Siedlungen für die Arbeiterinnen und Arbeiter. Wie Baťa in der Produktion auf Rationalisierung und Standardisierung setzte, so forderte er dies auch von seinen Architekten. Alle Bauten wurden auf der Grundlage der Stahlbetonskelettbauweise errichtet und dabei das Rastersystem von 6,15 × 6,15 Metern verwendet. Das Betonskelett wurde dann mit Ziegelmauerwerk ausgefacht. Die Gebäude konnten so in Rekordzeit hochgezogen werden, weil auch immer die gleichen Materialien verwendet wurden. Dies führte natürlich im Umkehrschluss zu einer gewissen Normierung und Eintönigkeit im Gesamterscheinungsbild der neuen Stadt.

Neben der Altstadt von Zlín entstand eine neue moderne Stadt der Industrie, in deren Zentrum der Platz der Arbeit liegt. Um ihn herum gruppieren sich das Gesellschaftshaus, das große Kino, das Baťa-Kaufhaus, und etwas oberhalb des Platzes liegen die Masaryk-Schulen sowie die Baťa-Studieninstitute und -Internatsgebäude. In den Schulen wurden zum einen die Kinder der Arbeiterinnen und Arbeiter unterrichtet, zum anderen die zukünftigen Nachwuchskräfte praxisorientiert ausgebildet. Das System Baťa kümmerte sich um alle Belange der Mitarbeiterinnen und Mitarbeiter. Die Kinder wurden in Baťa-Schulen unterrichtet, die Arbeiterinnen und Arbeiter kauften in Baťa-Geschäften ihre Lebensmittel, es gab ein Baťa-Fürsorgesystem und natürlich auch ein Baťa-Krankenhaus. Das Gesellschaftshaus und das Kino — damals das größte in Mitteleuropa — dienten der Freizeit der Mitarbeiterinnen und Mitarbeiter, für die es auch einen Baťa-Sportverein gab. Unterhalb des Platzes der Arbeit, getrennt durch eine Straße, liegt das weitflächige Fabrikgelände. Ab 1936 wurde dort als *point de vue* zum Platz das große Verwaltungsgebäude der Firma Baťa mit dem Büro des Firmenchefs unter der Leitung des Architekten Vladimír Karfík (1901—1996) errichtet. Mit 14 Stockwerken war es damals eines der höchsten Gebäude Europas und verfügte bereits über klimatisierte Büros. Mit seiner vor allem für damalige Verhältnisse ungewöhnlichen Höhe von 77,5 Metern strahlt es Dominanz aus, ordnet sich aber gleichzeitig in die Gesamtstruktur ein. Weil das Gelände zum Platz der Arbeit hin ansteigt und damit Kino, Gesellschaftshaus und Kaufhaus deutlich höher stehen als das Verwaltungsgebäude, wird die Wirkung der schieren Höhe dieses Baus etwas relativiert. So sehr sich das Verwaltungsgebäude äußerlich in die Gesamtästhetik der Baťa-Stadt eingliederte, mit seinem Büro erlaubte sich Jan Antonín Baťa (1898—1965), der seinem Halbbruder Tomáš 1932[5] als Firmenchef nachfolgte, eine Extravaganz. Der Raum des Büros selbst ist eine überdimensionierte Fahrstuhlkabine, mit der der Chef je nach Thema an den einzelnen Stockwerken und Abteilungen des Unternehmens andocken konnte. Das Büro selbst ist von einer erstaunlichen Nüchternheit, es fehlt jeder Pomp und jedes Imponiergehabe, wie man es bei einem Chefbüro eines Weltkonzerns erwarten würde.

5 Tomáš Baťa kam am 12. Juli 1932 bei einem Flugzeugabsturz ums Leben.

Um das Projekt Baťa in Zlín und die Leistung von Tomáš Baťa und seinen Architekten richtig einzuschätzen, muss man sich den Kontext der Zeit und der Entwicklungen in Europa verdeutlichen. Als Baťa Zlín Anfang der 1920er Jahre entwickelte, blickte man in Europa schon auf rund 50 Jahre Industrialisierung zurück, gleichzeitig erreichte sie durch technische Innovation einen neuen Höhepunkt. Geht man vom Startpunkt der englischen Arts-and-Crafts-Bewegung aus, so war zu diesem Zeitpunkt auch das Projekt Moderne schon mehrere Jahrzehnte alt. Untrennbar mit der Industrialisierung verbunden, hatte die Moderne schon eine ganz Reihe von Ideen und Konzepten für das Leben in der industrialisierten Welt entwickelt. Baťa scheint all dies intensiv studiert zu haben und kombinierte mehrere Ansätze, als er die Weiterentwicklung seines Konzerns plante.

1. Die Gartenstadt

„Die Wiesenflächen ziehen sich tief in die Stadt hinein; mittags strecken sich auf ihnen die Leute aus. Die Arbeiterhäuser stehen ohne Zaun in geräumigen Abständen im Grünen bis in den Waldrand. Mit Erfolg wird die Herausbildung eines städtischen Charakters verhindert.“[6]

Der Planung der Baťa-Stadt lag das Konzept der Gartenstadt zugrunde. Man kann damit Zlín als konsequente Weiterentwicklung von Richard Riemerschmids und auch Karl Schmidts Konzepten für die Deutschen Werkstätten in Hellerau (1909—1911) sehen. In Dresden-Hellerau wurde für Fabrik und Arbeitersiedlung erstmals in Deutschland das Grundkonzept der Gartenstadt angewandt. Der Unternehmer Karl Schmidt sorgte für gute Wohnungen und Bildungsangebote für die Arbeiterschaft. In Zlín übertrug man dies aber nun von der reinen Wohnbebauung auf das Konzept für eine Fabrik und letztlich eine Stadt. Ausgehend von Kotěras Grundkonzept der Gartenstadt prägte Gahura schon 1924 das Schlagwort „Die Fabrik im Grünen“[7]. Damit war das Projekt in Zlín auf Augenhöhe mit Le Corbusiers „Plan Voisin“, wenn nicht sogar eine Nasenlänge voraus. Le Corbusier präsentierte seine urbanistische Studie einer Stadt mit Hochhäusern im Grünen 1925 auf der „Exposition internationale des arts décoratifs et industriels modernes“, als in Zlín schon vieles im Bau war.

6 Natonek, Hans: Fabrikstadt Zlín. In: Der Pionier, Nr. 27 (1936), S. 16, zit. nach Platzer, Monika: Zlín — ein architektonischer Sonderfall. In: Nerdinger, Winfried (Hg.): Zlín. Modellstadt der Moderne, Ausst.-Kat. Architekturmuseum der TU München, Berlin 2009, S. 94—100, hier S. 99.

7 Gahura, František: Továrna v zahradách [Die Fabrik im Grünen], Handschrift Plánováni Zlína, 1924, S. 1, Archiv KGVUZ, Nachlassfond F. L. Gahura.

2. Die Arbeitersiedlung und das Bauen für das Existenzminimum

„Jeder Mensch, sofern er nicht in der Großstadt wohnt, sollte für sich selbst ein Haus haben, das ihm ein gesundes Wohnen ermöglicht. Es müsste ein Haus sein, welches er von den Jahreseinnahmen seiner Arbeit erbauen könnte.“[8]

Diesem Grundgedanken folgend, machte sich Baťa auch an die Realisierung von Wohnungen für seine Arbeiterschaft. Durch das Aufblühen der Fabrik wuchs die Einwohner-

8 Baťa, Tomáš: Bauten, Schulen, Wohnungen, Eine Rede aus dem Jahr 1931, zit. nach Platzer 2009 (wie Anm. 6), S. 96.

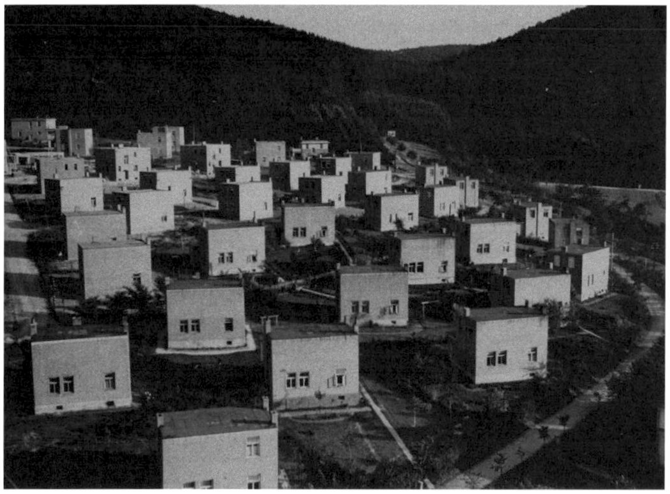

Einfamilienhäuser im Stadtteil Ovčírna, Zlín, 1932. Regional Gallery of Fine Arts in Zlín

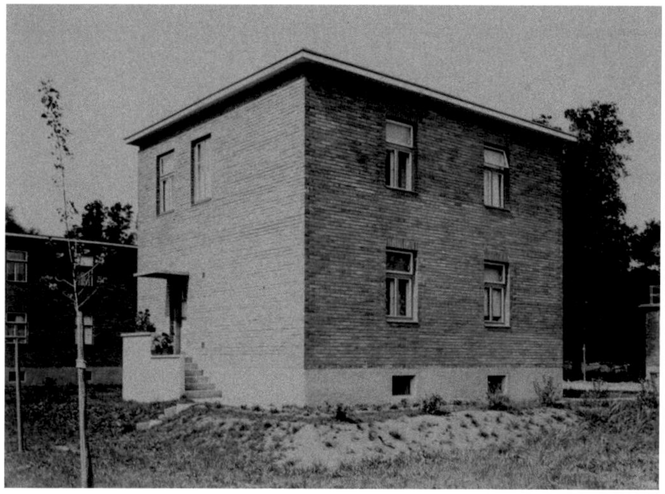

Doppelhaustyp der Firma Baťa für Angestellte, Zlín, 1935. Regional Gallery of Fine Arts in Zlín

schaft Zlíns von 2834 im Jahr 1894 auf 40 000 im Jahr 1935 — es gab also dringenden Handlungsbedarf. Schon vor 1926 waren erste Wohnungen für die Arbeiterinnen und Arbeiter errichtet worden, aber nun begann der massive Ausbau von mehreren Wohnsiedlungen, die sich um die gesamte Altstadt gruppierten. Baťa bevorzugte das Einfamilienhaus — bei den frühesten Siedlungen noch mit Satteldach; es entstanden allerdings auch eine Reihe von Wohnblocks. Dass in Zlín das Einfamilienhaus bevorzugt wurde, hatte auch politische Gründe. Tomáš Baťa gab die Maxime aus: „Arbeite als Kollektivmensch, lebe als Individuum."[9] Die Russische Revolution mit ihren Auswirkungen saß gerade den Unternehmen als Schock in den Knochen. Deshalb galt es alles zu unternehmen, was verhindern konnte, dass die kommunistischen Gedanken in der Arbeiterschaft auf fruchtbaren Boden fielen. Neben der Bekämpfung der unübersehbaren Wohnungsnot und durchaus einem allgemeinen sozialen Aspekt in Baťas Denken war dies sicherlich auch ein entscheidender Bewegrund: „Der Chef glaubt, dass der Mensch, der in einem Haus mit Garten wohnt, stabiler sei, denn er arbeite oder ruhe lieber in seinem Garten, anstelle sich in Kneipen herumzutreiben oder am politischen Leben aktiv teilzunehmen."[10]

— Es gab gerade im tschechischen Landesteil eine starke kommunistische Bewegung, der sich viele Intellektuelle angeschlossen hatten.[11] Das Bauen für das Existenzminimum wurde natürlich gerade von den linken Intellektuellen intensiv diskutiert. Die Arbeitersiedlungen von Zlín, die fast gleichzeitig mit dem Projekt „Das neue Frankfurt" in Deutschland entwickelt wurden, müssen natürlich auch in diesem Kontext gesehen werden. Tomáš Baťa behob die Wohnungsnot seiner Arbeiterinnen und Arbeiter, er sorgte für die Zufriedenheit seiner Beschäftigten, was ihm politische Ruhe in Zlín garantierte, und er lieferte sehr früh einen eigenen Beitrag zur internationalen Diskussion über

9 Zit. nach Karfík, Vladimír: Die Architektur von Baťa in Zlín. In: Šlapeta, Vladimír (Hg.): Baťa. Architecture and Urbanism 1910—1950, Ausst.-Kat. Státní galerie ve Zlíne, Zlín 1992, S. 116.

10 František Gahura in einem Gespräch mit Vladimír Karfík, zit. nach ebd., S. 116.

11 Schon die 1920 gegründete Gruppe Devětsil war sehr links geprägt. Als sich 1929 die Gruppe Levá fronta gründete, hatten die Anhängerinnen und Anhänger des tschechischen Kommunismus unter den Intellektuellen eine starke Interessenvertretung mit eigenem Publikationsorgan („Levá fronta"). Karel Teige leitete die Architektursektion der Levá fronta.

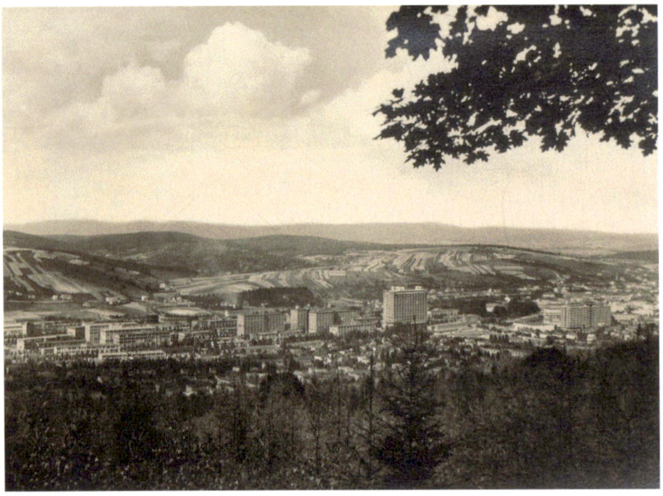
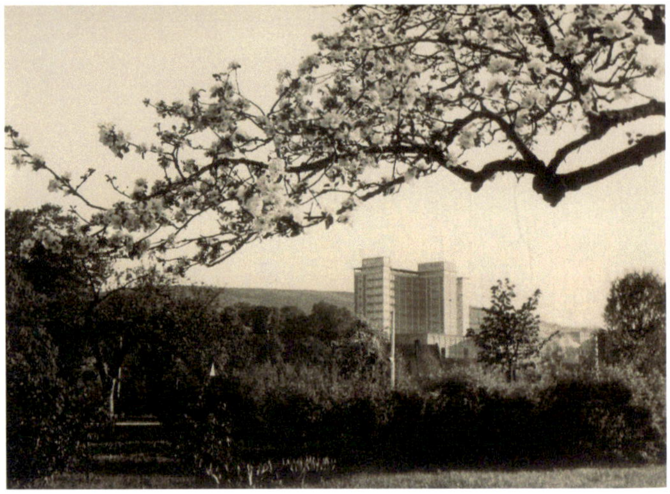
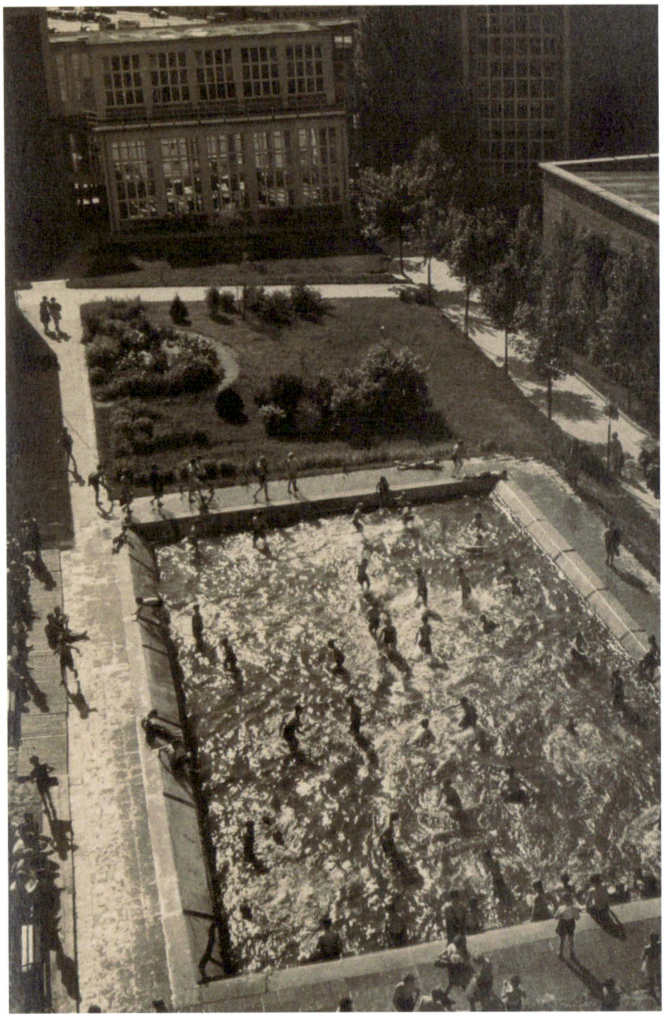
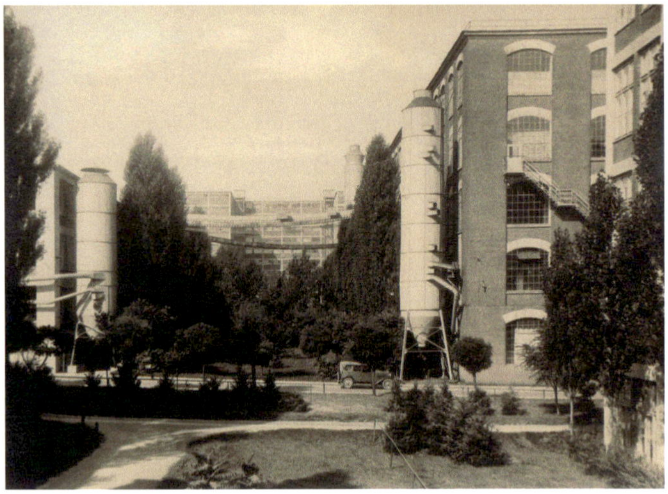
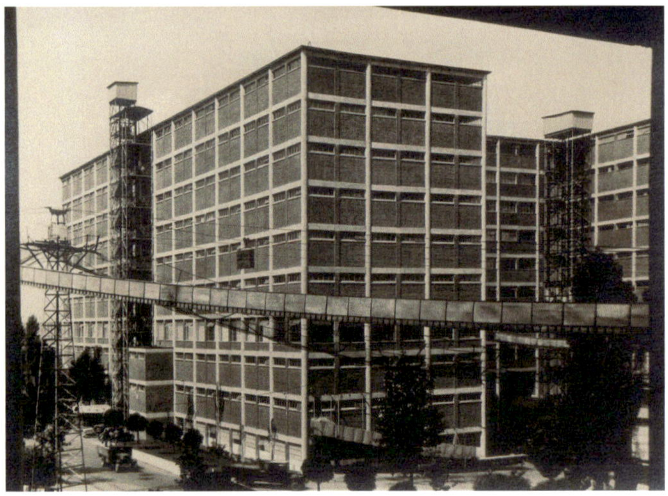

Aus einem deutschsprachigen Album der tschechischen Schuhfirma Baťa und der Produktionsstätte Zlín. Sammlung Kunstpalast, Düsseldorf

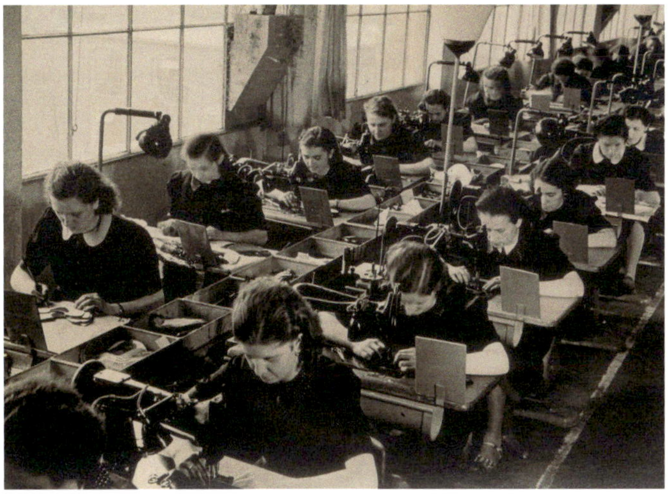

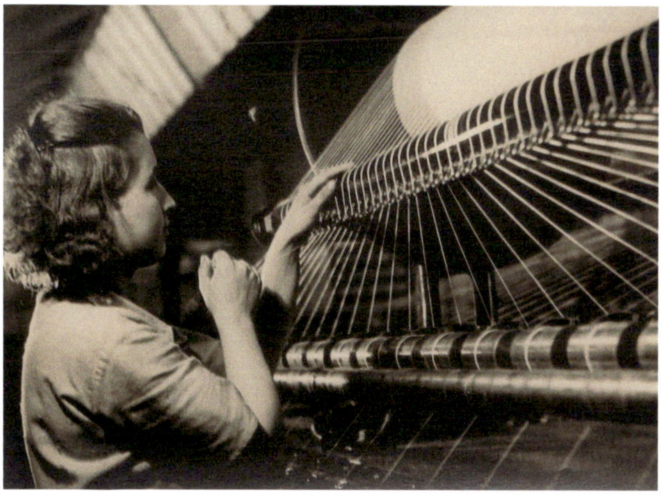

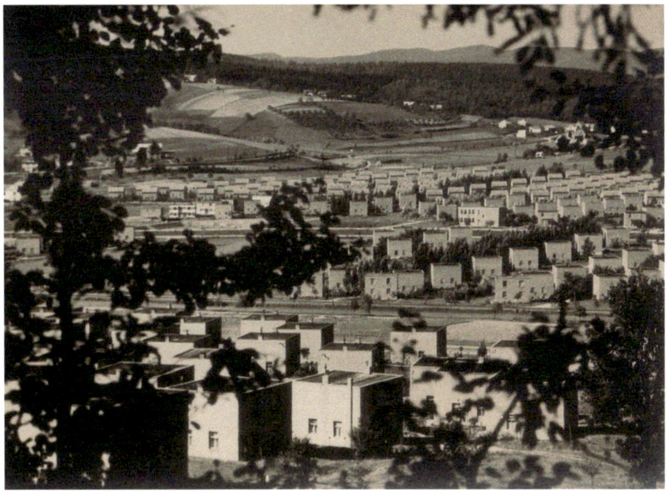

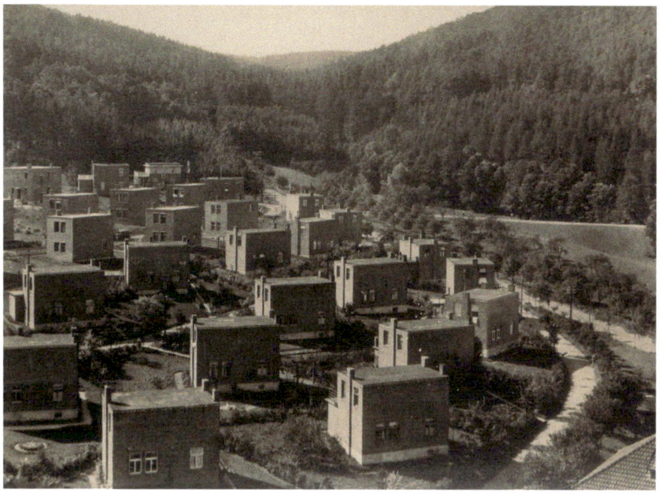

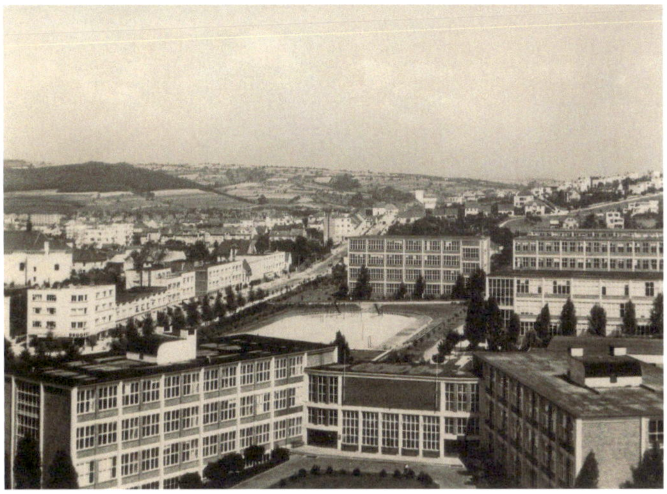

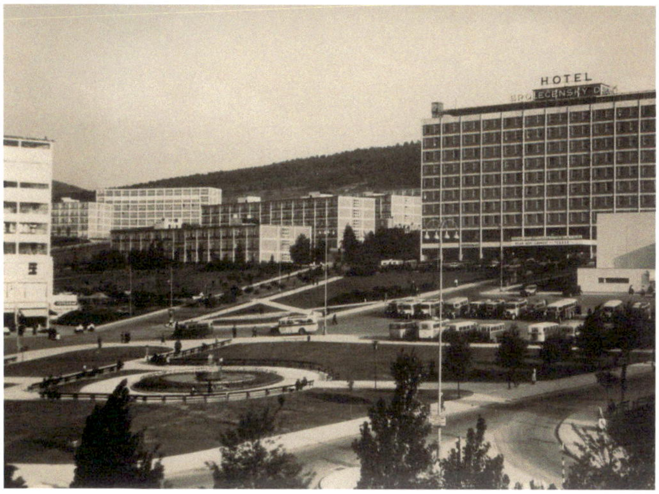
HOTEL

das Bauen für das Existenzminimum. Den linken Intellektuellen und der Levá fronta [Linke Front] nahm er damit den Wind aus den Segeln, was ihn noch mehr zum Feindbild der Linken machte. Teige mäkelte an Baťas Leitspruch über den Arbeiter, der sich von seinem Jahreslohn ein Haus leisten können sollte, herum.[12] Er kritisierte das System Baťa als autoritär, Baťa selbst wurde in der kritischen Presse als „Schuhdiktator" oder gar als „Mussolini des Schuhs" bezeichnet.[13]

— International erregte das Projekt vor allem ab den 1930er Jahren große Aufmerksamkeit.[14] 1935 fand in Zlín unter der Schirmherrschaft der Zeitschrift „L'Architecture d'aujourd'hui" ein von ihrem Chefredakteur Pierre Vago organisiertes Treffen von CIAM-Mitgliedern statt.[15] Und im gleichen Jahr wurde ein internationaler Wettbewerb für eine weitere Arbeitersiedlung ausgeschrieben, für den Le Corbusier in der Jury mitarbeitete. Einer der teilnehmenden Architekten, Emanuel Josef Margold, fasste die Aufgabe zusammen:

„Die Lösung dieser Aufgabe war daher eine schwierige; denn es lagen in erster Linie wirtschaftliche Momente vor und in zweiter Linie galt es, die Grundrissgestaltung und den ganzen Hausausbau so zu formen, damit der Bau in möglichst eigener Regie und eigener Herstellung durchgeführt werden kann, da die Baťa A.-G. außer dem bereits Angeführten auch die Baustoffe und die Bauteile selbst erzeugt, und zwar nach einem besonderen rationellen und maschinellen Herstellungssystem. Dabei war eine möglichste Ausschaltung von Eisen- und Stahlkonstruktion vorzusehen, da diese Bauelemente nach der C.S.R. eingeführt werden müssen. Es war weiter zu berücksichtigen, dass dieser Typ nicht nur für die klimatischen Verhältnisse der C.S.R. verwendet werden kann, sondern auch für die Siedlungen der Baťa A.-G. im Ausland. [...] Bemerkenswert für die Grundrissgestaltung war weiter, dass die Häuser den Angestellten wohn- bzw. bezugsfertig überlassen werden, d. h. einschließlich des Mobiliars. Die Miete ist unter Zugrundelegung einer 30-jährigen Abschreibung des Objekts so niedrig, dass die Betreffenden fast ohne nennenswerte Mietzahlung wohnen."[16]

„Baťa schlägt Ford. Zlín schlägt Detroit",[17] wurde 1928 geurteilt. Der Vergleich mit Detroit zeigt zum einen, dass Baťa in Sachen Rationalisierung der Produktionsprozesse und hinsichtlich des betriebswirtschaftlichen Konzepts in Europa absoluter Spitzenreiter war. Er verdeutlicht aber auch, was Baťa und Zlín Detroit voraus hatten, nämlich das soziale Engagement. Im Kontext der Zeit kann man Zlín auch als Gegenentwurf zum System der Sowjetunion und auch zu den Architektur- und Gesellschaftstheorien der Levá fronta verstehen. Monika Platzer spricht davon, Baťa habe individuelle Arbeiterinnen und Arbeiter in „zehntausend kleine Kapitalisten" umformen wollen.[18] Ja, Baťa kombinierte Methoden des sozialistischen Kollektivs, die er mit dem Kapitalismus fusionierte. Sicherlich war auch Zlín nicht das Paradies der Werktätigen, aber deshalb gleich von einer Diktatur zu sprechen, scheint überzogen.

„Von Anfang an haben wir uns bemüht, die Stadt so aufzubauen, dass sie sich organisch aus den Formen der Industriearchitektur entwickelt und dass sie den neuen Konzepten des Lebens und der Arbeit in einer Industriestadt entspricht. Den größten Einfluss auf das Stadtbild hat das Industriegebäude selbst. Es ist das Leitmotiv der Architektur von Zlín."[19]

12 „In der Praxis sieht dieser Slogan etwas anders aus: Es werden standardisierte Häuser aus billigen Materialien gebaut; sieben Arbeiter montieren ein einziges Haus in einer Woche. Das Badezimmer ist mit einer Badewanne ausgestattet, aber die Heizungsanlage muss der Arbeiter-Besitzer auf eigene Kosten bereitstellen und darüber hinaus die Kosten für alle Anschlüsse in der Straße usw. aus eigener Tasche tragen." Teige, Karel: The Minimum Dwelling, Cambridge, MA 2002, S. 50 (Übers. TH).

13 S. hierzu Nerdinger, Winfried: Zlín: Sozial gelackte Modernität — Architektur und Leben im Gleichschritt. In: Nerdinger 2009 (wie Anm. 6), S. 16—22, hier S. 17—18.

14 „Man kann die Dinge sehr wohl standardisieren, bis auf genau das, was man in Zlín standardisieren wollte: Die Projekte, die immer individuelle Entwürfe bleiben werden. Aber von diesem kleinen Fehler abgesehen, ist Zlín eine geniale Initiative, eine Versuchszelle einer neuen Organisationsform von Arbeit, Wirtschaft und sozialem Leben, die unsere ganze Aufmerksamkeit verdient und uns geradezu zur Bewunderung nötigt." Joseph Vago 1935, zit. nach: Cohen, Jean-Louis: „Unser Kunde ist unser Herr": Le Corbusier trifft Baťa. In: Nerdinger 2009 (wie Anm. 6), S. 112—133, hier S. 122.

15 Ebd.

16 Margold, Emanuel Josef: Beamtensiedlung der Baťa A.G. in Zlín. In: Deutsche Bauzei-

Baťa-Kaufhaus am Wenzelsplatz in Prag, 1928. Regional Gallery of Fine Arts in Zlín

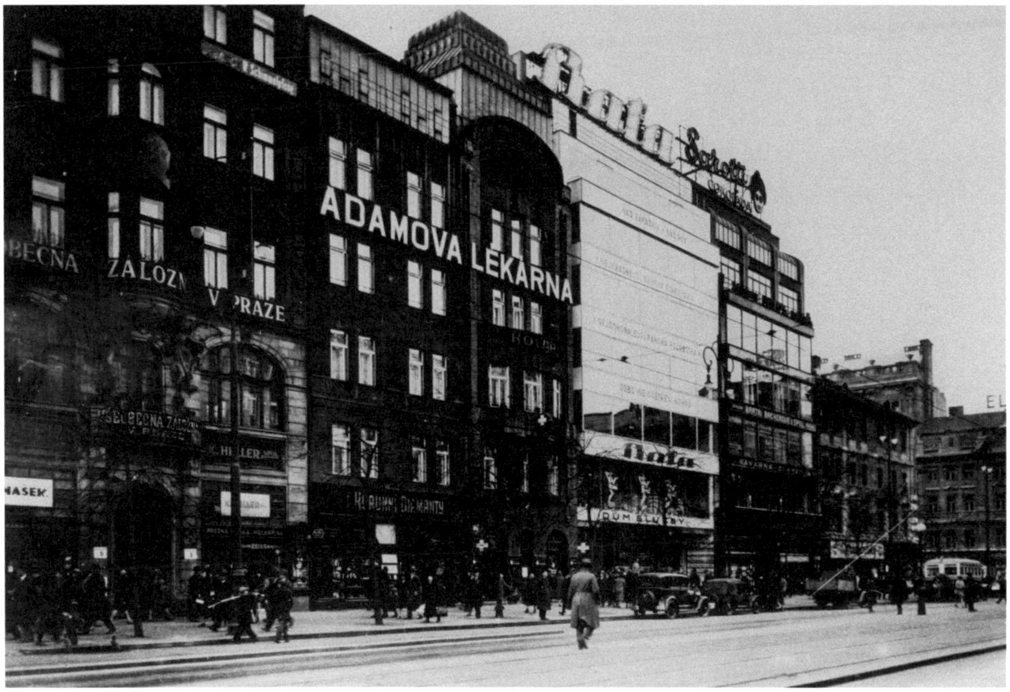

Folgende Doppelseite:

Vladimír Karfík, Baťa-Warenhaus in Amsterdam, 1937. Regional Gallery of Fine Arts in Zlín

Vladimír Karfík, Baťa-Warenhaus in Liberec, 1931. Regional Gallery of Fine Arts in Zlín

In den 1930er Jahren expandierte Baťa international und baute weltweit Produktionsstätten auf, die organisatorisch wie architektonisch Zwillinge von Zlín waren.[20] Das architektonische System Zlín, wie Gahura es beschreibt, wurde ebenso exportiert wie die Schuhe. Zlín wurde zum Vorreiter des standardisierten und industriellen Bauens und ist das konsequenteste Projekt des ausschließlich funktionalistisch orientierten Flügels der Zwischenkriegsmoderne. Mit der konsequenten Rationalisierung und Normierung verlor die Moderne in Zlín jedoch jegliche Verspieltheit und viel von ihrer Raffinesse. Zlín weist damit weit voraus auf die Großsiedlungen der 1970er und 1980er Jahre. — Baťa kann jedoch auch anders! Denn in einer zweiten Expansionswelle wurden zunächst in der Tschechoslowakei und dann auch in anderen europäischen Städten repräsentative Baťa-Kaufhäuser errichtet. Hier nun durfte sich die Architektur der Moderne mit all ihrer Raffinesse und Vielfalt austoben. Der Prototyp wurde 1929 von Ludvík Kysela (1883—1960) in Prag am Wenzelsplatz errichtet.

Tobias Hoffmann

tung, Nr. 27 (1936), S. 550—554, zit. nach Platzer 2009 (wie Anm. 6), S. 97—98.

17 Philipp, Rudolph: Der unbekannte Diktator Thomas Baťa, Wien/Berlin 1928, S. 36.

18 Platzer 2009 (wie Anm. 6), S. 96.

19 Gahura, František: Baťas Zlín bauen. In: Stavitel, Nr. 14 (1933—34), zit. nach Šlapeta 1992 (wie Anm. 9), S. 7.

20 Batadorp bei Best (Niederlande), Baťovany in der Slowakei, Batawa bei Quinte West in Kanada, Bataville in Frankreich, Bata Park in der Schweiz, East Tilburry in Großbritannien, Batanagar in Indien und Bataville in Kroatien.

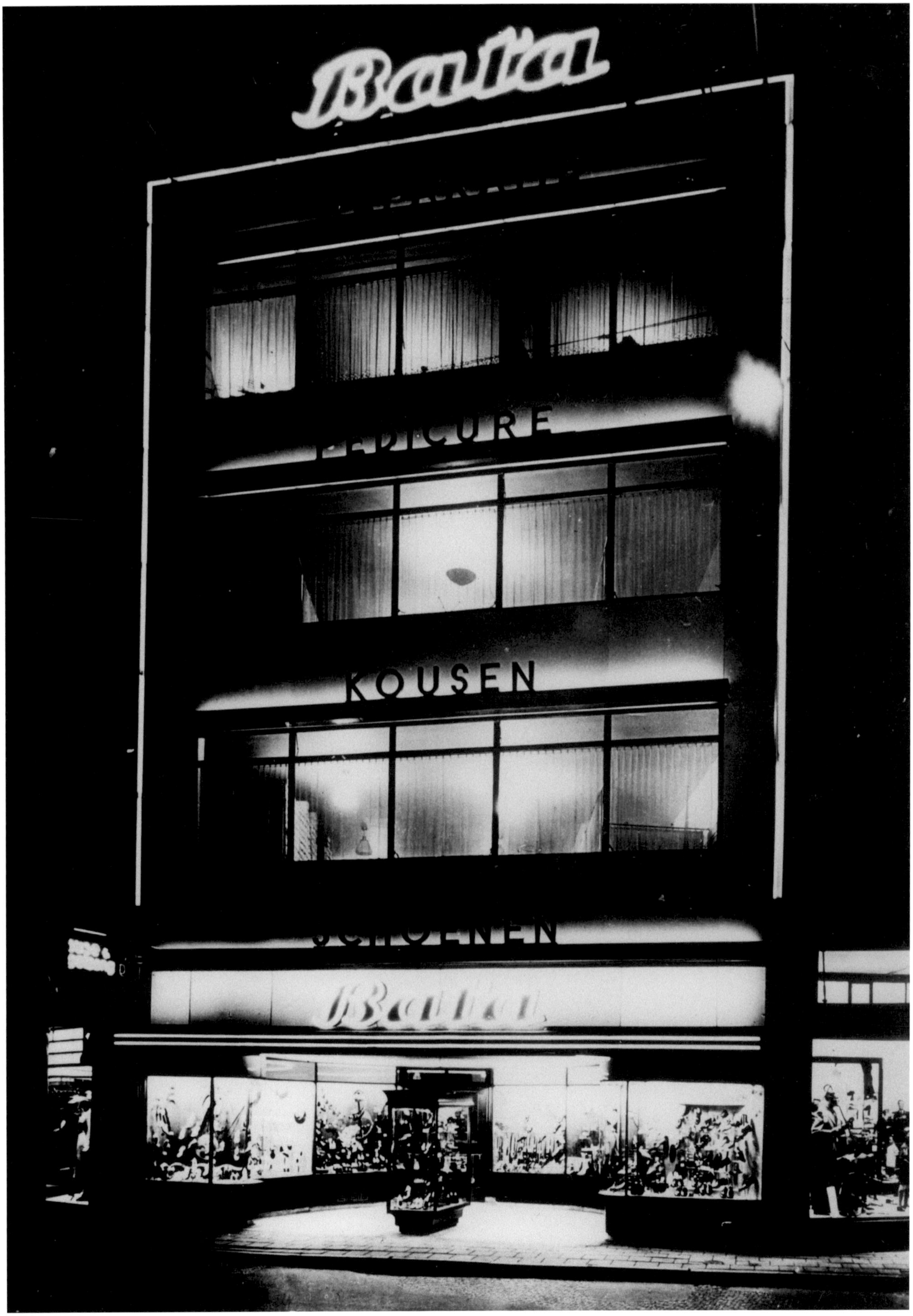
Bata
KOUSEN
Bata

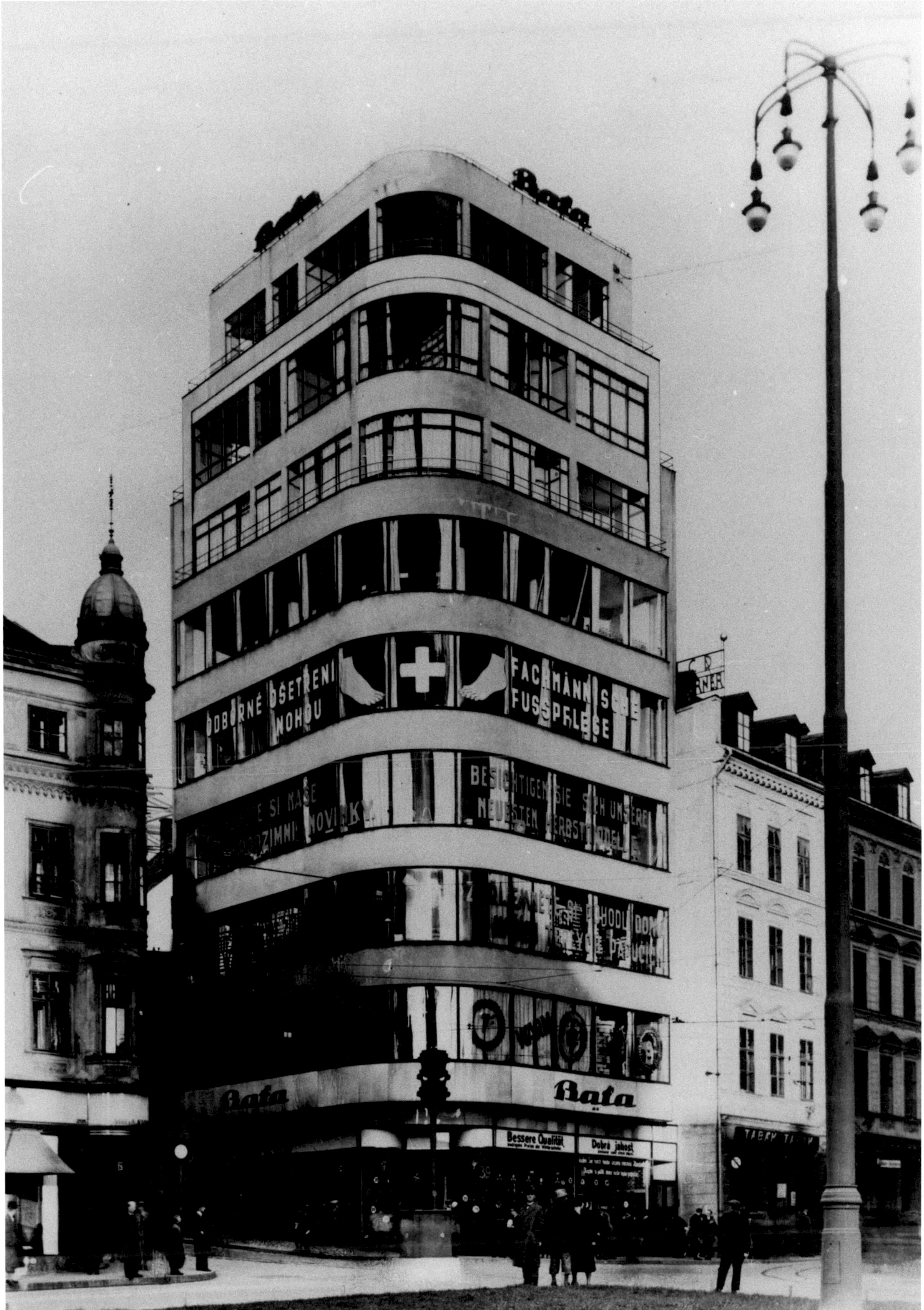

Bata
Bata
ODBORNÉ OŠETŘENÍ NOHOU
FACHMÄNNISCHE FUSSPFLEGE
Bata
Bessere Qualität
Dobrá jakost

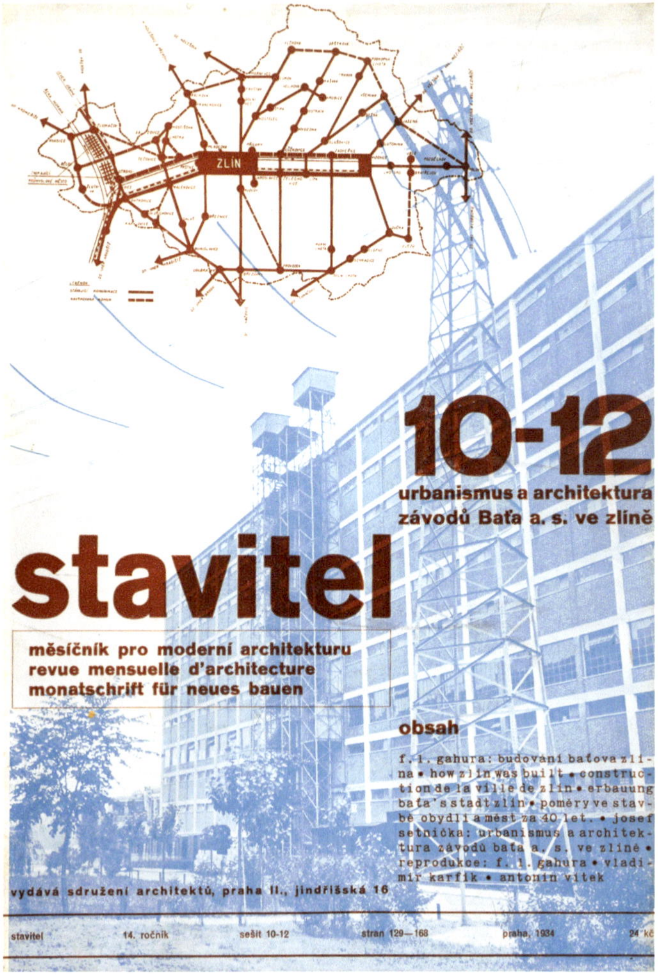

Kat. 116 Zeitschrift Stavitel, Monatsschrift für neues Bauen, herausgegeben von der Architektenvereinigung in Prag, Heft 10—12, 1934. Private Collection NL

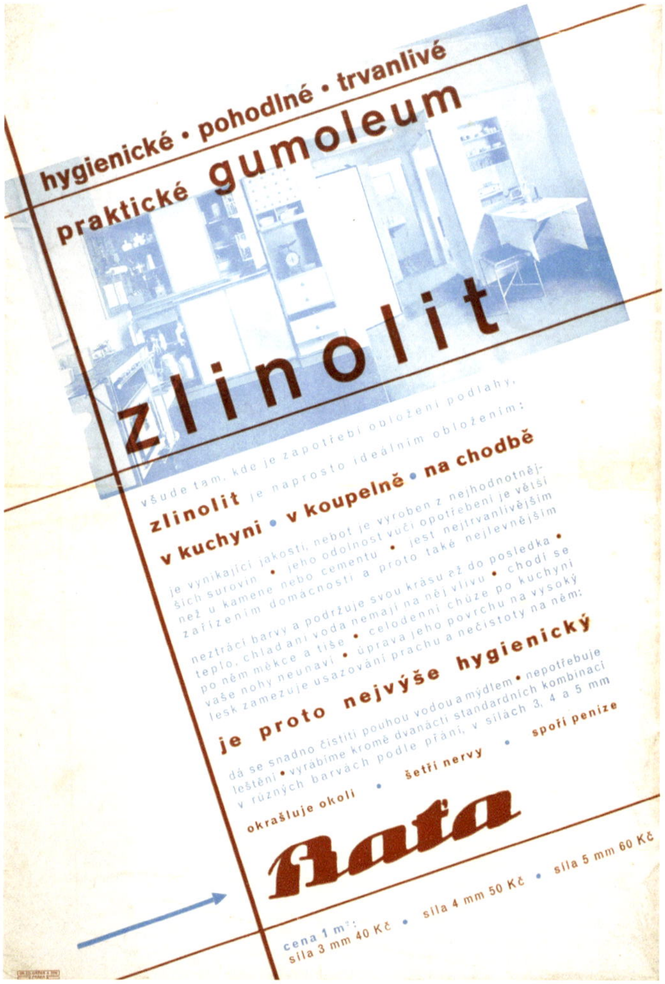

Kat. 117 Karel Teige, Stavba a báseň, umění dnes a zítra [Bau und Poesie, Kunst heute und morgen], Prag 1927. Private Collection NL

karel
teige

stavba a báseň

edice olymp

svazek
7-8

praha
1927

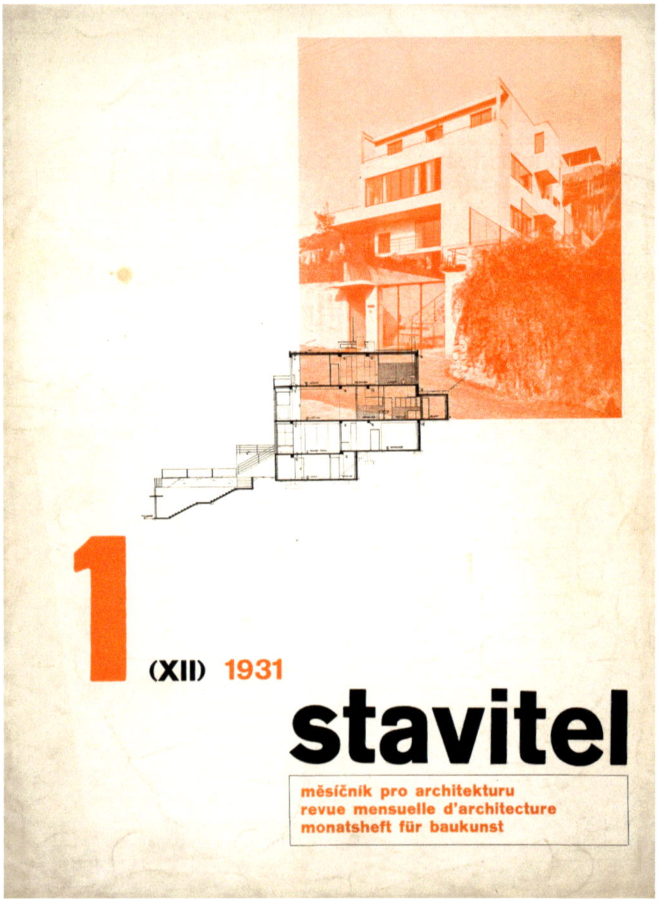

Kat. 118 Zeitschrift Stavitel, Monatsheft für Baukunst, herausgegeben von der Architektenvereinigung in Prag, Heft 1, 1931. Private Collection NL

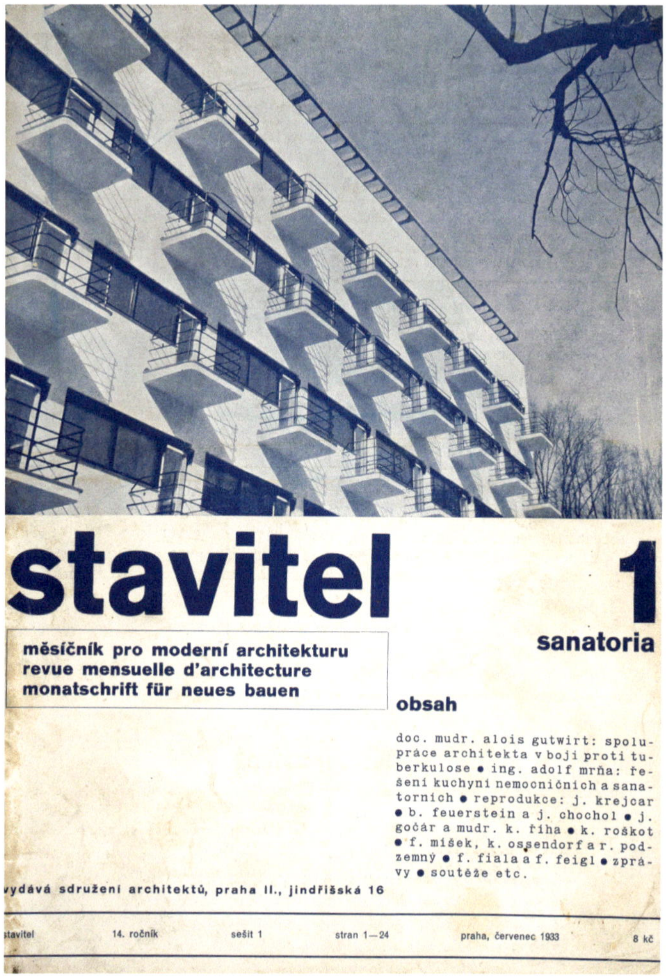

Kat. 119 Zeitschrift Stavitel, Monatsschrift für neues Bauen, herausgegeben von der Architektenvereinigung in Prag, Heft 1, 1933. Private Collection NL

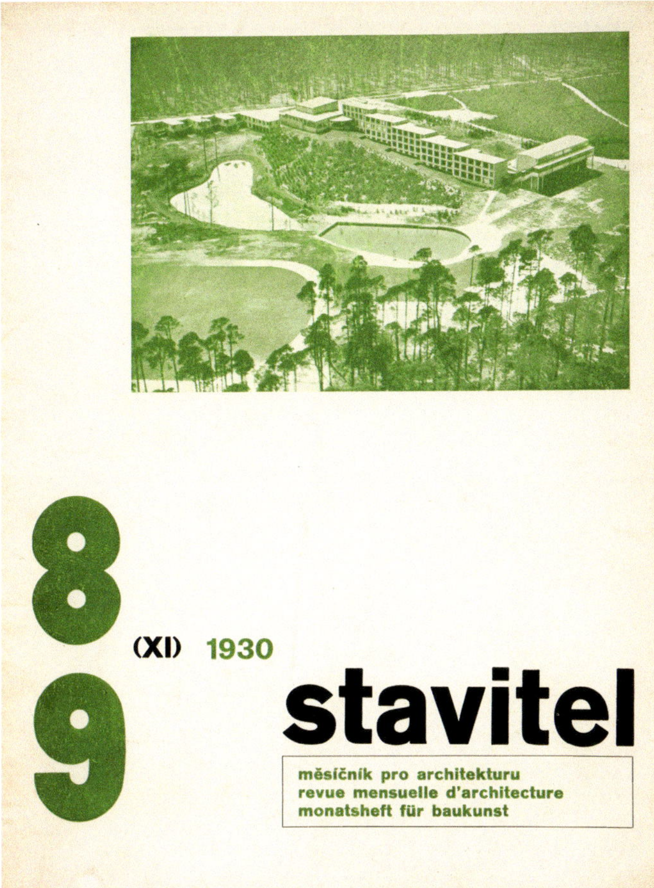

Kat. 120 Zeitschrift Stavitel, Monatsheft für Baukunst, herausgegeben von der Architektenvereinigung in Prag, Heft 8/9, 1930. Private Collection NL

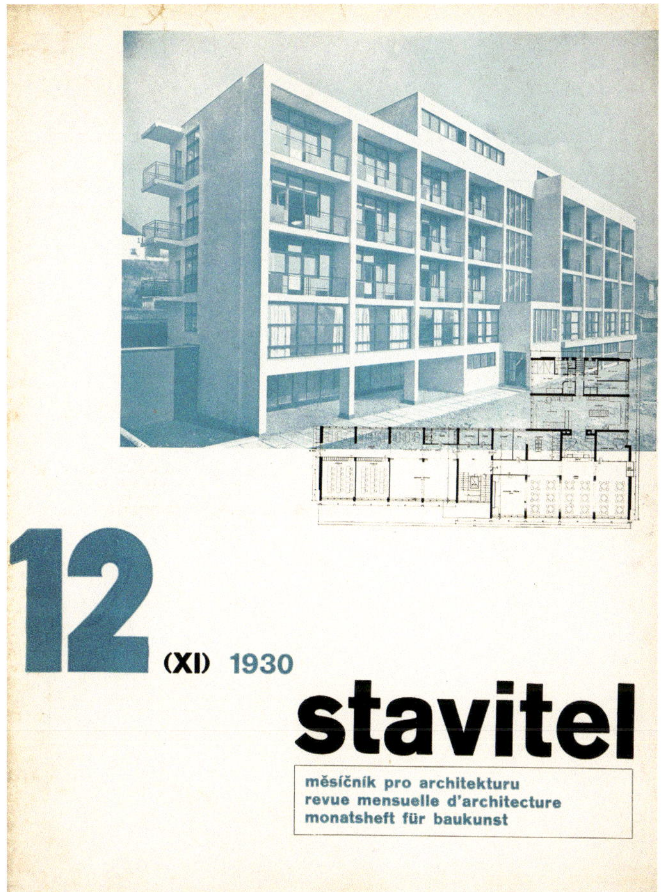

Kat. 121 Zeitschrift Stavitel, Monatsheft für Baukunst, herausgegeben von der Architektenvereinigung in Prag, Heft 12, 1930. Private Collection NL

Karel Teige, Manifest des
Poetismus (1928), zitiert nach:
Karel Teige, Liquidierung
der „Kunst“. Analysen, Manifeste,
Frankfurt a. M. 1968, S. 109.

„Wir begreifen die Unmöglichkeit apriorischer Normen als Postulate; wir fordern aus Tatsachen abgeleitete Gesetze als Resultate von Analyse und Experiment."

Klein-Berlin in Groß-Prag

Malý Berlín bzw. Klein-Berlin wurde in der Zeit zwischen den beiden Weltkriegen ein überwiegend deutschsprachiges Viertel in Prag genannt, das heutige Bubny. Gleichzeitig ist Klein-Berlin auch der Spitzname für eines der markantesten Gebäude (bzw. einen ganzen Häuserblock) dort, das Ende der 1930er Jahre von den deutschsprachigen Architekten Adolf Foehr und Franz Hruschka entworfen wurde. Velká Praha bzw. Groß-Prag ist die Bezeichnung für eine grundlegende verwaltungstechnische Erweiterung Prags. Groß-Prag entstand am 1. Januar 1922 durch die Eingemeindung von 37 Ortschaften und Gemeinden.

Nach 1918, also nach dem Zerfall Österreich-Ungarns, wurde Prag die dynamisch sich entwickelnde Metropole eines neuen, ambitionierten Nationalstaats in Zentraleuropa. Wie schon der Name andeutet, gründete die Tschechoslowakei ihre Identität hauptsächlich auf die Verbindung von „Čechy" [Böhmen] als Land der „Tschechinnen und Tschechen"[1] und der Slowakei. Bei der Volkszählung 1921 war sogar eine Eintragung mit der Bezeichnung „tschechoslowakische" Sprache angegeben. Eine solche Sprache hat es jedoch nie gegeben — wir kennen entweder das Tschechische oder das Slowakische. Immerhin hatte die einstige Monarchie trotz all ihrer Probleme und Fehler über lange Jahrhunderte hinweg viele zentral- und osteuropäische Völker unter sich versammelt, auch noch, als diese im 18. und 19. Jahrhundert in einen Prozess eintraten, der zumeist als „nationale Wiedergeburt" bezeichnet wird. In den böhmischen Ländern definierte sich diese Wiedergeburt teilweise über die Abgrenzung vom „Deutschtum". Man maß der deutschsprachigen Einflusssphäre zum einen eine politische Dimension zu — die in der Abgrenzung von der österreichischen Regierung in Wien ihren Ausdruck fand —, zum anderen eine kulturelle. Jahrhundertelang war das Staatsgebiet der Tschechoslowakei zwischen den Weltkriegen von einer sowohl tschechisch- als auch deutschsprachigen Bevölkerung bewohnt gewesen. Erst 1897 war eine Sprachverordnung erlassen worden, die im inneren amtlichen Verkehr das Tschechische mit dem Deutschen gleichstellte.[2] Zwar wandelte sich die sozialökonomische Struktur im Laufe der Jahrhunderte, aber dennoch wurden aus historischer Perspektive der deutschsprachige Adel und die deutschsprachige Bildungsschicht mit als Hauptträger der kulturellen Entwicklung angesehen. Der Abgrenzungsprozess zwischen „Tschechinnen und Tschechen" und „Deutschen" auf dem Gebiet der Tschechoslowakei bekam nach 1918 eine neue Richtung. Aus der privilegierten Stellung der Deutschen wurde die Stellung einer Minderheit (die Deutschen bildeten eine Minderheit von ca. einem Drittel der Bevölkerung der Tschechoslowakischen Republik), und die Machtkämpfe wurden auf eine neue Ebene gehoben.

1 Böhmen, Mähren und Schlesien.

2 Die sogenannten Badenischen Sprachenverordnungen, die schon 1898 auf Druck der deutschen Seite durch die Gautsch-Verordnungen wieder aufgehoben wurden.

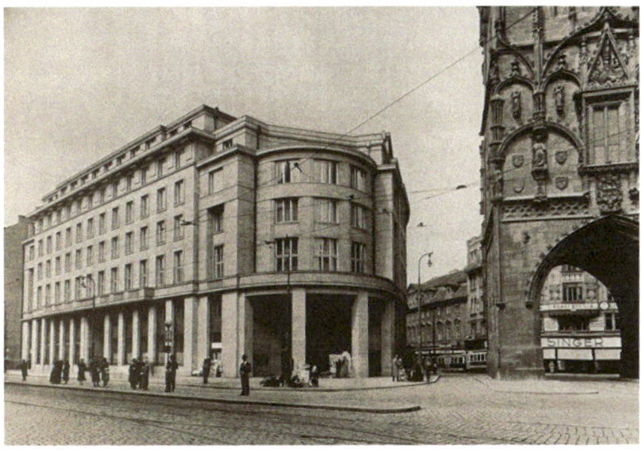

Rudolf Hildebrand, Karl Járay, Josef Sakař, Gotthilf und Neumann, Neubau der Böhmischen Escompte-Bank und Kreditanstalt, Na Příkopech 33, Prag 1, 1933. Architekturzentrum Wien, Sammlung

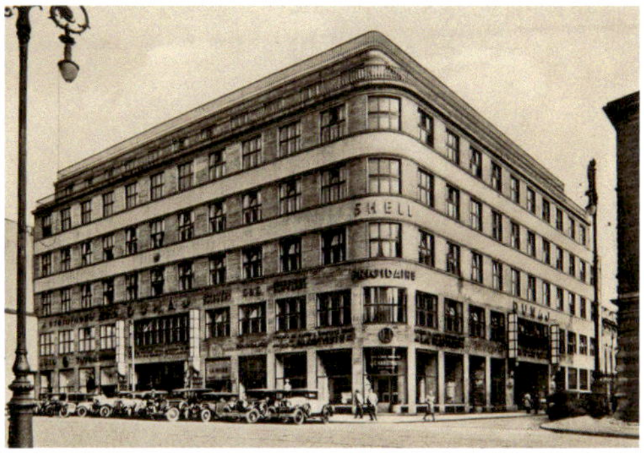

Adolf Foehr, Donau-Palast, Národní třída 10, Prag 1, 1928—1930, in: Adolf Foehr, Bauten und Entwürfe aus fünfundzwanzig Jahren, Prag, 1934

— Forschungen zu den Prager Bauten deutschsprachiger Architekten aus der Zeit zwischen den Weltkriegen haben in den letzten Jahren gezeigt, dass die Situation verhältnismäßig kompliziert war und sich der Anwendung vereinheitlichender Klassifizierungen entzieht.[3] Prag hatte innerhalb der Tschechoslowakischen Republik eine Sonderstellung inne — es war nicht nur die Hauptstadt der Republik, sondern auch ein Zentrum, das sich wirklich wie ein Zentrum verhielt (man spricht auch vom Pragozentrismus). Dies hatte auch seine Nachteile, so etwa zentralisierte Institutionen, die mit ihren Entscheidungen den Rest des Landes zu „kolonisieren" imstande waren, wie sich z. B. in der Slowakei zeigte.[4] Dennoch wirkte das starke Zentrum wie ein Magnet, der nicht nur Unternehmer und Künstlerinnen und Künstler, sondern auch Architektinnen und Architekten anzog, und viele von ihnen kamen aus dem deutschsprachigen Raum (also aus Deutschland, Österreich oder den deutschsprachigen Gebieten Böhmens, Mährens, Ungarns und der Slowakei).

Auf die Frage, ob das multikulturelle und multiethnische Zentrum verschiedene Durchdringungen von Kulturen und Religionen ermöglichte oder ob es im Gegenteil imaginäre Mauern zwischen den einzelnen „Gruppen" errichtete, bieten sich nach über hundert Jahren zwei Antworten an: Sowohl das eine als auch das andere ist der Fall. Das erste Narrativ, das z. B. von Felix Weltsch oder Vilém Flusser präsentiert wurde, sieht Prag als „Tripolis" (Stadt dreier Kulturen, dreier Nationen) an, bzw. auch als „Stadt der Mitte", in der sich die tschechische, die deutsche und die jüdische Kultur in engstmöglicher Berührung befanden. Das Aufeinandertreffen dieser verschiedenen Kulturen wird hier als für alle Beteiligten positiv verstanden. Demgegenüber spricht das zweite Narrativ, wie es z. B. Oskar Schürer vorgelegt hat,[5] von der isolierten Parallelexistenz zweier oder dreier Kulturen, die trotz der engen räumlichen Nähe nebeneinanderstehen. Bei diesem Narrativ steht dann das Thema des „Nationalitätenkampfes" im Vordergrund. Parallel hierzu existieren auch zwei unterschiedliche Betrachtungsweisen, wie die historischen „Verdienste" der Tschechinnen und Tschechen und der Deutschen beim Aufbau des Bildes ihres geliebten Prag zu bewerten sind.
— Auch in der Prager Architekturszene zwischen den Weltkriegen lassen sich anhand der kulturellen Orientierung zwei Architektenkreise unterscheiden. Zum ersten gehören diejenigen, die sich bewusst auf ein deutsches Umfeld beschränkten.[6] Unter ihnen waren starke Persönlichkeiten wie Fritz Lehmann (1889—1957), Rudolf Hildebrand (1886—1947) oder Adolf Foehr (1880—1943), denen es gelang, bedeutende Aufträge aus dem öffentlichen Sektor zu akquirieren. Zu ihren Bauaufträgen im Stadtzentrum zählten Bankpaläste (z. B. die Böhmische Escompte-Bank am Graben) und Firmensitze (z. B. für die Versicherung Donau Securitas). Der zweite Architektenkreis bewegte sich

3 Kerdová, Lenka: Malý Berlín ve Velké Praze. Pražská meziválečná architektura německy mluvících architektů / Klein-Berlin in Groß-Prag. Die Prager Architektur deutschsprachiger Architekten in der Zwischenkriegszeit, Prag 2022.
4 Hnídková, Vendula (Hg.): Duch, který pracuje. Architektura a česká politika 1918—1945 / A Spirit at Work. Architecture and Czech Politics 1918—1945, Prag 2020.

5 Schürer, Oskar: Prag. Kultur — Kunst — Geschichte, Wien 1930, S. 303.

6 Kerdová, Lenka: Pražská architektonická scéna dvacátých a třicátých let z pozice architektů německého kulturního okruhu / 1920s and 1930s Prague Architecture with Special Focus on the German Culture Circle. In: Umění, Jg. 68 (2020), Nr. 4, S. 365—377.

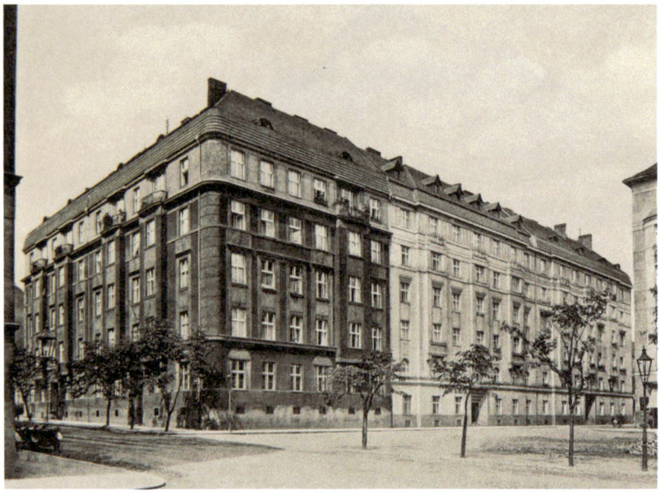

Adolf Foehr, Řezáčovo náměstí, Prag 7, erste Hälfte der 1920er Jahre, in: Adolf Foehr, Bauten und Entwürfe, Prag 1925

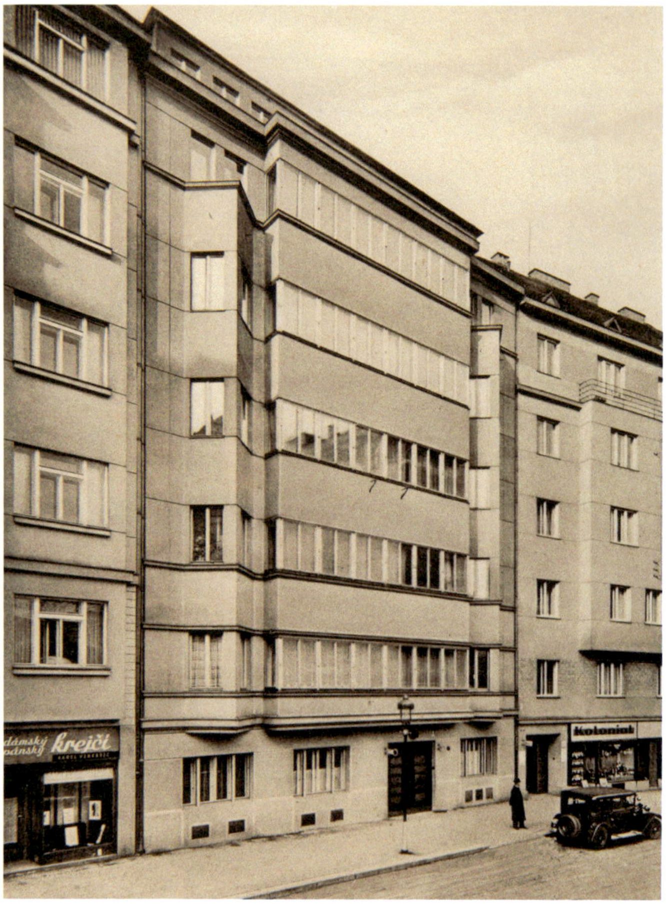

Adolf Foehr, Mietshaus, Veverkova 9, Prag 7, 1932, in: Adolf Foehr, Bauten und Entwürfe aus fünfundzwanzig Jahren, Prag 1934

im Grenzbereich zwischen dem deutschen und dem tschechischen Kulturmilieu,[7] und die Arbeit dieser Architekten kann größtenteils als modern bezeichnet werden. Hierher gehören natürlich auch Architekten jüdischer Herkunft wie Rudolf Wels (1882–1944), die Brüder Kohn (Karl Kohn, 1894–1979, und Otto Kohn, 1877–1965) oder das Duo Ernst Mühlstein (1893–1968) und Viktor Fürth (1893–1984). Für beide Kreise ist bezeichnend, dass sie kaum öffentlichen Bauaufträge realisierten (und zwar weder staatliche noch städtische), außerdem war ein bedeutender Teil ihrer Arbeit auf Wohnarchitektur ausgerichtet. Sie bauten sowohl Luxusvillen für die reiche Klientel – häufig im historisierenden Stil – als auch Mietshäuser für deutsche Wohnbaugenossenschaften oder für private Investoren. Eines der repräsentativen Beispiele, anhand dessen wir wenigstens flüchtig Einblick in die Situation der deutschen Architektur im Prag der Zwischenkriegszeit erhalten, ist das im Titel dieses Beitrags angekündigte „Klein-Berlin". Es handelt sich um den letzten großen realisierten Bau des deutschsprachigen Prager Architekten Adolf Foehr und seines etwas jüngeren Kollegen Franz Hruschka (František Hruška, 1900–1982).

7 Die Zugehörigkeit richtete sich danach, in welchem Kreis jemand seine Arbeiten veröffentlichte, welche Sprache dort gesprochen wurde, wer die Klienten waren, ggf. auch wer Mitarbeiter der Architekten waren, wo sie studiert hatten, auf welches Umfeld sie sich selbst bezogen und ähnliches.

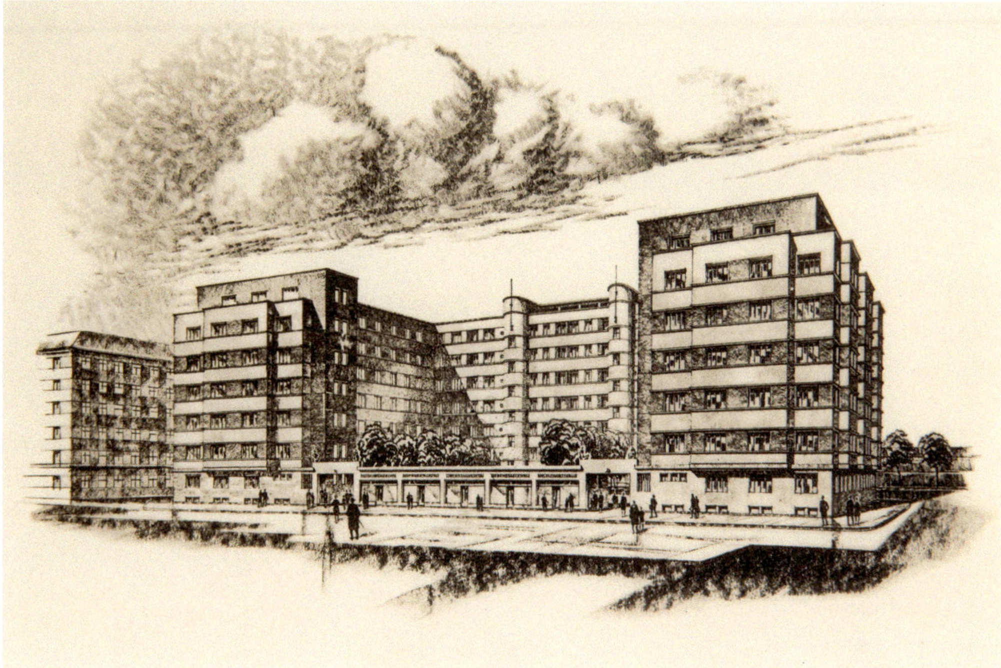

Wettbewerbsentwurf für die Baugenossenschaft der Bank- und Sparkassenbeamten in Prag 7, 1932, in: Adolf Foehr, Bauten und Entwürfe aus fünfundzwanzig Jahren, Prag, 1934

— Der erstgenannte Architekt, Adolf Foehr, hatte in der Zwischenkriegszeit eines der größten Projektionsbüros Prags. Geboren wurde er in Nürnberg, seine Familie übersiedelte jedoch bald darauf nach Prag. Foehr besuchte die Realschule in Pilsen und setzte seine Ausbildung dann bei Friedrich Ohmann und Jan Kotěra an der UMPRUM (die Kunstgewerbeschule, heute Akademie für Kunst, Architektur und Design) in Prag fort. Er schloss sein Studium an der prestigeträchtigen ETH in Zürich ab, und dort begann er auch praktisch zu arbeiten.[8] Die längste Zeit seines aktiven Berufslebens war er in Prag tätig, wo er eine große Zahl von Aufträgen realisierte, angefangen bei einer kleinen Friedhofskapelle über die Gestaltung der Interieurs für die bedeutendsten Bankiers der Stadt (Bankhaus Petschek), Projekte für Villen bis zu großen Palästen im Stadtzentrum (für die Versicherung Donau Securitas). Ein besonderes Kapitel seines Schaffens sind die zahlreichen Mietshäuser im Stadtbezirk Prag 7, deren Bau von deutschen Baugenossenschaften vorangetrieben wurde — am bedeutendsten waren hier der Prager Volkswohnungsverein (PVWV) und die Baugenossenschaft für Bank- und Sparkassenbeamte in Prag (BGBSB). So verwandelte Foehr ab Mitte der 1920er Jahre grundlegend das Gesicht eines ganzen Prager Viertels rund um den heutigen Platz Řezáčovo náměstí. Bezeichnend ist, dass er diese Arbeiten selbst auf eigene Kosten in zwei Bänden veröffentlichte, die seine Tätigkeit in den 1920er Jahren zusammenfassen.[9] An Foehrs Bauten in Prag 7 lässt sich auch die stilistische Entwicklung des Architekten nachvollziehen, von den frühen 1920er Jahren, als er mit Vorliebe historisierende Elemente verwendete, die auf den Barock, die Renaissance oder die klassizistische Architektur verweisen, über die Umbruchszeit um 1931 (seine USA-Reise)

8 Österreichisches Biographisches Lexikon, www.biographien.ac.at (abgerufen am 26.01.2020).

9 Foehr, Adolf: Bauten und Entwürfe I, Prag 1925; Ders., Bauten und Entwürfe II, Prag 1928. 1932 erschien noch ein dritter Band.

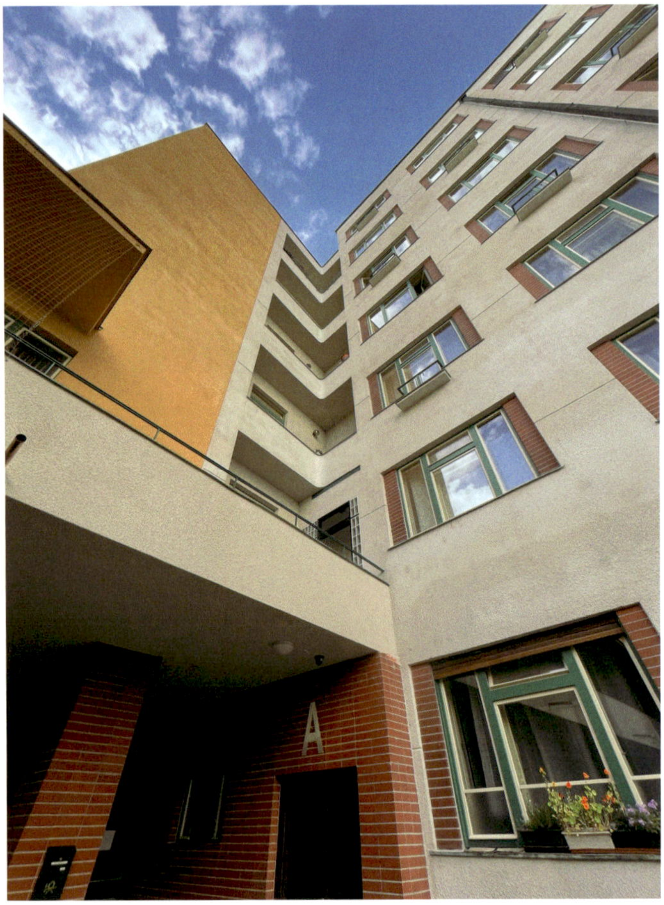

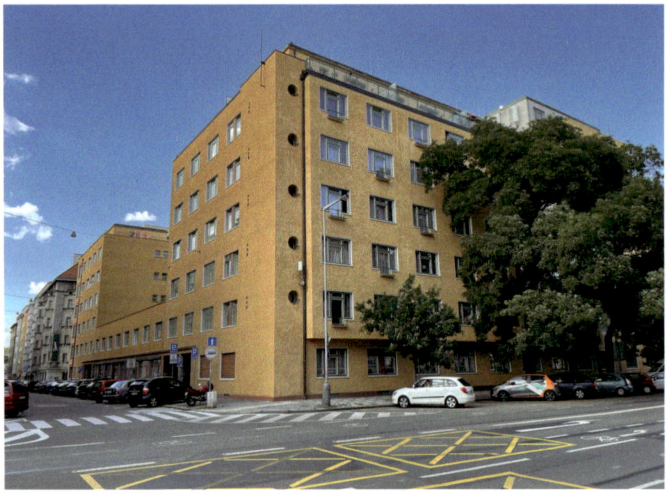

Franz Hruschka, Adolf Foehr,
Braunes Haus in Klein-Berlin,
Prag 7

Franz Hruschka, Adolf Foehr,
Braunes Haus in Klein-Berlin,
Prag 7

bis zu seinem Spätwerk Ende der 30er Jahre, in dem er verschiedene Arbeitsweisen kombinierte. Die Arbeiten deutschsprachiger Architekten, vor allem solcher aus dem Kreis mit Bezug zum deutschen Kulturumfeld, wurden fast nie in tschechoslowakischen Fachzeitschriften publiziert. Die realisierten Entwürfe Foehrs z. B. tauchten nur ab und zu in der Beilage der deutschsprachigen Prager Tageszeitung „Prager Tagblatt" auf. Gleichzeitig engagierte sich Foehr in der Kommunalpolitik — ab den 1920er Jahren war er Mitglied der Deutschen Demokratischen Freiheitspartei (DDFP).[10] 1928 fusionierte die DDFP mit dem aktivistischen Flügel der Deutschen Nationalpartei zu der neuen Partei Deutsche Arbeit und Wirtschaftsgemeinschaft (DAWG), die noch mehrere Jahre lang in der Prager Szene eine dominante Stellung innehatte. Foehr bevorzugte eine gemäßigte politische Herangehensweise. Er konzentrierte sich auf konkrete, praktische Probleme, wie etwa den Zustand der Gehwege, freien Eintritt ins Schwimmbad für Schülerinnen und Schüler, die Einrichtung von Raucherwaggons in Straßenbahnen u. ä. Eine der wenigen nationalpolitischen Entscheidungen, an denen Foehr beteiligt war, war die Einführung eines Kunstpreises der Stadt Prag für die deutsche Minderheit. Mit der Wirtschaftskrise kamen die problematischen Momente in

10 http://biography.hiu.cas.cz/Personal/index.php/FOEHR_Adolf_20. 6.1880-7.10.1943 (abgerufen am 26.01.2020).

Foehrs politischer Aktivität. Die Krise hatte zwar in Prag keine dramatischen Auswirkungen, aber in ihrer Folge zogen viele Sudetendeutsche in die Hauptstadt, um neue, radikale Forderungen zu stellen. Mit dem zunehmenden Antisemitismus und Nationalismus waren die einheimischen deutschen Liberalen in Prag, zu denen Foehr gehörte, nicht einverstanden. Unter Foehrs Führung war die DAWG den Nationalisten zu liberal und zu intellektuell, aus der Perspektive der Prager Liberalen erschien sie aber als prosudetendeutsche Gruppierung. Während Foehrs aktiver Zeit wurde die Partei finanziell aus jüdischen Unternehmerkreisen unterstützt, zu denen er gute Beziehungen unterhielt. Mit der wachsenden Spannung wurde die politische Situation für Foehr wohl unhaltbar, und er zog sich nach den Wahlen von 1938 aus der Kommunalpolitik zurück.[11] Wahrscheinlich trug Foehrs politisches Engagement auch dazu bei, dass der Architekt keine besonders großen Schwierigkeiten hatte, vom Prager Magistrat Baugenehmigungen zu erhalten, was insgesamt eher ungewöhnlich gewesen zu sein scheint. Adolf Foehr starb am 7. Oktober 1943 im Stadtteil Bohnice an Gehirnblutungen und Herzschwäche.[12]

— Der zweite erwähnte Architekt, Franz Hruschka, ab 1932 František Hruška, wurde in Wien geboren und kam dann, ähnlich wie auch Foehr, bald mit seiner Familie nach Prag.[13] Er stammte — typisch wienerisch — aus einer gemischten tschechisch-österreichischen Familie. Unter anderem war er der Cousin des möglicherweise etwas berühmteren tschechischen Avantgardearchitekten und Stadtplaners Emanuel Hruška. Später heiratete er eine Tschechin. Aufgrund seiner Zweisprachigkeit war er einer der führenden Vermittler zwischen tschechisch- und deutschsprachigen Architekten, was sich u. a. darin ausdrückte, dass er den Vorsitz der Organisation Gemeinschaft deutscher Architekten in der Tschechoslowakischen Republik (GDA) innehatte und für das Ústředí architektů československých [Zentrum der tschechoslowakischen Architekten] aktiv war, das den Dachverband der tschechoslowakischen Architektenverbände bildete. Interessant ist, dass Hruschka einer der wenigen nicht-jüdischen Architekten war, der sich vollwertig sowohl im tschechischsprachigen als auch im deutschsprachigen Umfeld bewegte. Er arbeitete mit den tschechischen Architekten Bohumír Kozák (1885—1978) und Jan Šebánek (1899—?) zusammen. Neue Erkenntnisse Martin Tománeks zeigen, dass Hruschka sowohl einzeln als auch gemeinsam mit seinem tschechischen Kollegen Šebánek an mehreren öffentlichen Wettbewerben teilnahm. Sie lieferten beispielsweise Entwürfe für den Bau der Prager Finanzbörse, des Landesamts in Bratislava oder des Prager Flughafens in Ruzyně. Tománek schreibt, der Architekt sei sogar Mitglied der Kommissionen gewesen, realisiert worden sei aber nur ein Entwurf für die Stadt Děčín (im deutschsprachigen Gebiet von Westböhmen, später Reichsgau Sudetenland). Diese Tatsache bestätigt erneut die ursprüngliche These, dass im Prag der Zwischenkriegszeit eine spezifische Situation herrschte, in der es auch aufgrund der inoffiziellen Einstellung des Magistrats für deutschsprachige Architekten sehr schwierig war, Projekte zu realisieren, erst recht, wenn es sich um öffentliche Bauten handelte.

— Aus den überlieferten Erinnerungen des österreichischen Architekten Rudolf Hildebrand (eines Zeitzeugen, der die gesamte Zwischenkriegszeit in Prag verbrachte und der in meiner Forschung dem deutschen Kulturkreis zugeordnet ist) wissen wir, dass Hruschka auch mit Karl Járay (1878—1947), einem weiteren österreichischen Architekten, zusammenarbeitete, der in Prag bis 1928 sein Büro hatte. Anders als Hruschka versuchte Járay jedoch nicht, Zutritt zu den tschechischsprachigen Kreisen zu finden.

11 Adam, Alfons: Ein Nürnberger im Prager Stadtrat. Adolf Foehr (1880—1943) — Architekt und Kommunalpolitiker in der Ersten Republik. In: Pešek, Jiří, Václav Ledvinka und Olga Fejtová: Ztracená blízkost. Praha — Norimberk v proměnách staletí [Verlorene Nähe: Prag — Nürnberg im Wandel der Jahrhunderte], Documenta Pragensia 29, Prag 2010, S. 681—694.

12 NA ČR [Nationalarchiv der Tschechischen Republik], Policejní ředitelství — prezidium II [Polizeidirektion — Präsidium II], Prag, Sign. 42/F-25/84, Kart. 713, Schreiben der Begräbnisanstalt der Hauptstadt Prag, 09.10.1943.

13 Neue Informationen zu diesem Architekten hat Martin Tománek gesammelt und 2020 publiziert, s. www.praha7.cz/architekt-ktery-nezmizel (abgerufen am 27.05.2023).

Járay und Hruschka sind beispielhafte Ausnahmen, die zeigen, dass man nicht generell davon ausgehen kann, dass alle Architekten, die sich zwischen dem deutschen und tschechischen Milieu bewegten, jüdischer Herkunft waren. Járay hielt sich zwar an die jüdischen Kreise, die einen bedeutenden Teil seiner Klientel bildeten, gehörte aber zugleich nur dem deutschsprachigen kulturellen Umfeld an. 1928 ging er nach Wien zurück, wie es heißt aufgrund der antisemitischen Stimmung an der Prager Deutschen Technischen Hochschule, an der er jahrelang gelehrt hatte. Hruschka näherte sich im Laufe der 1930er Jahre höchstwahrscheinlich gezielt dem tschechischen Umfeld an (wovon auch die Tatsache zeugt, dass er zur tschechischen Schreibweise seines Namens überging) und wurde Ende der 1930er Jahre sogar von der staatlichen Kommission aufgefordert, sich an dem ausgerufenen Wettbewerb für die Weltausstellung in New York 1939 zu beteiligen. Sein Entwurf sollte mit demjenigen Kamil Roškots, der als Sieger aus dem Wettbewerb hervorging, kombiniert und umgesetzt werden. Allerdings führte die Entwicklung der politischen Ereignisse dazu, dass das Projekt deutlich verkleinert und ohne das geplante Restaurant verwirklicht wurde, an dem Hruschka gearbeitet hatte. Interessant ist Hruschkas Schicksal nach 1945. Er wurde nicht sofort nach 1945 zwangsausgesiedelt, nicht einmal, nachdem nachgewiesen worden war, dass er ab 1940 Kandidat für eine NSDAP-Mitgliedschaft gewesen war. Hier sei seine Motivation vor allem gewesen, nahestehende Personen zu schützen und gegebenenfalls verfolgten Jüdinnen und Juden zu helfen. Damit ist Hruschka (Hruška) neben Martin Reiner der zweite Architekt aus der gesamten untersuchten deutschsprachigen Prager Szene, der nach dem Krieg in Prag bleiben durfte. Dennoch wurde Hruschkas Besitz konfisziert, als Architekt hatte er Berufsverbot, und wahrscheinlich musste er auch die Wohnung wechseln. Dies war höchstwahrscheinlich der Grund dafür, dass er im April 1946 freiwillig nach München ausreiste, wo er eine Stelle als Architekt bei der Münchner Gemeinnützigen Wohnungsfürsorge annahm.[14] Dort machte er anscheinend rasch Karriere — von 1949 bis 1963 war er Mitglied ihres Vorstands.[15]

14 https://collections.arolsen-archives.org/en/document/81266950 (abgerufen am 05.06.2023).

15 www.praha7.cz/architekt-ktery-nezmizel (abgerufen am 27.05.2023).

Dies ist die Kurzfassung der Schicksale der beiden Architekten von Klein-Berlin, in denen zumindest andeutungsweise einige allgemeinere Erscheinungen in der Prager Architekturszene aus der Zeit zwischen den Weltkriegen aufscheinen. Betrachten wir die Architektur als solche, so stammt der erste Entwurf von Klein-Berlin schon aus dem Jahr 1932 (Abb. S. 223). Hier muss angemerkt werden, dass wir über die Zusammenarbeit der beiden Architekten nicht alles wissen und immer noch die Frage ist, wem welcher Anteil am Entwurfsprozess und der nachfolgenden architektonischen Gestaltung des Bauwerks zukam. Martin Tománek[16] führt Franz Hruschka als einzigen Urheber an und argumentiert damit, dass sich Foehrs Name nicht in der Baudokumentation findet. Es war jedoch relativ üblich, dass diese Dokumentationen für das Bauamt nur von einem Architekten unterschrieben wurden — und dies geschah manchmal auch mit voller Absicht, um die Erteilung der Baugenehmigung durch den Magistrat zu erleichtern. Ende der 1930er Jahre, in der turbulenten Zeit vor und nach der Unterzeichnung des Münchner Abkommens, mag Adolf Foehr auch Persona non grata gewesen sein. Sein 1932 publizierter Entwurf weist bereits viele typische Elemente des späteren Neubaus auf, und Foehr kehrte Ende der 1930er Jahre wegen dieses Auftrags auch aus Karlsbad nach Prag zurück. Wir wissen nicht, ob Hruschka schon 1932 an dem Entwurf beteiligt war, aber ich persönlich gehe davon aus, dass beide einen großen Anteil am abschließenden Ergebnis hatten.

16 www.praha7.cz/maly-berlin-ii (abgerufen am 04.06.2023).

— Insgesamt handelt es sich um einen puristischen Bau, dessen Grundkorpus mit abgesenktem Mittelteil an einige Wohnbauten in Wien und Hamburg anschließt und sich sowohl durch funktionalistische als auch traditionalistische Elemente auszeichnet. Die interessante Kombination von runden Fenstern funktionalistischer Machart mit einer puristisch vereinfachten Variante von Foehrs „Baldachin"-Balkonen und Elementen von Ziegelmauerwerk findet sich — ein wenig versteckt — im Inneren des Blocks. Ungewöhnlich für Prag ist der Wohnblock Klein-Berlin vor allem aufgrund der urbanistischen Lösung, einen ganzen Block anhand eines einheitlichen Plans zu bauen. Eine solche Lösung war vor allem typisch für das Wien der Zwischenkriegszeit, wobei die Wiener Höfe zumeist zur Umgebung hin offen waren, also Durchgänge bildeten. Dies ist bei Klein-Berlin nicht der Fall, wo der einzige Zugang zum Blockinneren an der Portiersloge vorbeiführt. Für Prager Verhältnisse außergewöhnlich war auch die gewählte Farbgebung — gelbbrauner Putz mit Ziegelelementen und grünen Fenstern. Etwas gewagt könnte man sogar einen Berliner Einfluss durch Bruno Taut in Betracht ziehen, auch im Hinblick auf dessen traditionalistische Wurzeln in der Schule Theodor Fischers. Eine ambivalente Version der Erklärung für diese ungewöhnliche Farbgebung findet sich im Nationalarchiv, wo sich die Äußerung von Josef Rohm, dem damaligen Vorsitzenden des PVWV, erhalten hat:

„Es kam zur größten Bauaktion, die von der Baugenossenschaft je durchgeführt wurde und in der für Baudurchführungen schwersten Zeit. Als die tschechische Boulevardpresse angesichts des fertigen, imposanten Rohbaues von einer „Henlein-Burg" schrieb, gab ich den Befehl, die Fassade braun zu machen; ein „Braunes Haus" sollte die Deutschen beim Einmarsch begrüßen und seine 177 Wohnungen ihnen ein schönes Heim bieten. Trotz größter Schwierigkeiten (meine technischen Mitarbeiter waren teils geflüchtet, teils zur tschech. Armee eingerückt) gelang es mir noch, 2 Häuser des Prager Volks-Wohnungsvereins zum April-Termine 1939 zu vollenden."[17]

17 NA [Nationalarchiv der Tschechischen Republik], fond Státní tajemník u říšského protektora v Čechách a na Moravě [Bestand Staatssekretär beim Reichsprotektor in Böhmen und Mähren], Inv. č. 1498, Sign. 109-4/1252.

Dieses Zeugnis bestätigt nur, dass Klein-Berlin bzw. das „Braune Haus" [Hnědý dům] in einer höchst dramatischen Zeit erbaut wurde, was sich dann auch in der Geschichte seiner Nutzung spiegelt — größtenteils wurde es von der nationalsozialistischen Verwaltung besetzt, teilweise arisiert.[18] Interessant ist, dass der zweite Architekt von Klein-Berlin, Franz Hruschka, im Juli 1939 mit seiner Familie in eine Wohnung mit Terrasse im 6. Stock im Aufgang G einzog.

— Im Juni 1939 wurden die beiden zuvor erwähnten Baugenossenschaften, die das Braune Haus gebaut hatten (der PVWV und die BGBSB), dem SS-Obersturmführer Jochen Tostmann unterstellt.[19] Dieser wurde im Jahr darauf aufgrund seiner Korruptionsaffären durch Josef Rohm ersetzt, der ein fähiger Manager war, aber der nationalsozialistischen Verwaltung als „politisch unzuverlässig" galt. 1941 wurde die Zusammenlegung der vormaligen BGBSB mit dem PVWV beschlossen, der damit zum größten Immobilieneigentümer von Prag 7 wurde. Von den Ereignissen während des Prager Aufstands berichtet Stanislav Kokoška in seinem Buch „Praha v květnu 1945. Historie jednoho povstání" [Prag im Mai 1945. Die Geschichte eines Aufstands],[20] wo von Klein-Berlin im engeren Sinne als vom „Braunen Haus" die Rede ist, das schnell erobert wurde. Demgegenüber wird dort mit Klein-Berlin der gesamte Bereich des heutigen Prag 7 (der Stadtteil Bubny) bezeichnet. Wie auch Martin Tománek, der gegenwärtige Bewohner der Wohnung Franz Hruschkas, angemerkt hat, zeigen diese Zeugnisse, dass

18 Tománek, Martin: Malý Berlín I und II, www.praha7.cz/maly-berlin-ii (abgerufen am 28.01.2020).
19 Ebd. (abgerufen am 04.06.2023).

20 Kokoška, Stanislav: Praha v květnu 1945. Historie jednoho povstání, Prag 2005.

die Bezeichnung „Klein-Berlin" von den Zeitgenossinnen und Zeitgenossen auf den gesamten Bezirk angewendet wurde, während das Haus, das heute Klein-Berlin heißt, „Braunes Haus" genannt wurde. Dies bestätigt auch meine eigene Erfahrung: 2016 habe ich den Kurzfilm „Messestraße Elf" gedreht, dessen Ausgangspunkt ein Treffen mit Elisabeth Günther war, der früheren Bewohnerin meiner Wohnung, die gegenüber dem Braunen Haus bzw. Klein-Berlin gelegen ist. Dabei bezeichnete Günther das Haus ebenfalls als „Braunes Haus".

In diesem kurzen Beitrag habe ich versucht zu klären, was Klein-Berlin in Groß-Prag war, ist und sein kann. Einige konkrete Beispiele lassen zumindest die Abgründe erahnen, die die Arbeit eines deutschsprachigen Architekten in Prag zwischen den Weltkriegen mit sich brachte, und zeigen wohl auch, warum es schwierig ist, von der deutschen Architektur in Prag als einem Ganzen zu sprechen. Bezüglich der Schicksale der deutschsprachigen Architekten in der Kriegs- und Nachkriegszeit — die jüdischen wurden ermordet oder emigrierten noch vor dem Jahr 1938/39, die NSDAP-Mitglieder mussten nach 1945 fliehen oder wurden vertrieben, und die Architekten deutscher Nationalität wurden allesamt ebenfalls ausgewiesen, z. B. Josef Zasche — scheint es so, als sei eine gesamte Schicht der Prager Architektur verschwunden. Die Häuser stehen noch und dienen ihrem Zweck, aber was ihre Vergangenheit und ihre Architekten betrifft, ist viel verloren gegangen oder vergessen worden. Der Bezirk Prag 7 — schon wieder Klein-Berlin genannt — ist somit heute ein außerordentlich gut erhaltenes und besonderes Zeugnis für das widerspruchsvolle, aber äußerst reiche und diverse Prag der Zeit zwischen den Weltkriegen.

Der Text entstand mit der Unterstützung von Ernst-Mach-Stipendien weltweit.

Lenka Kerdová

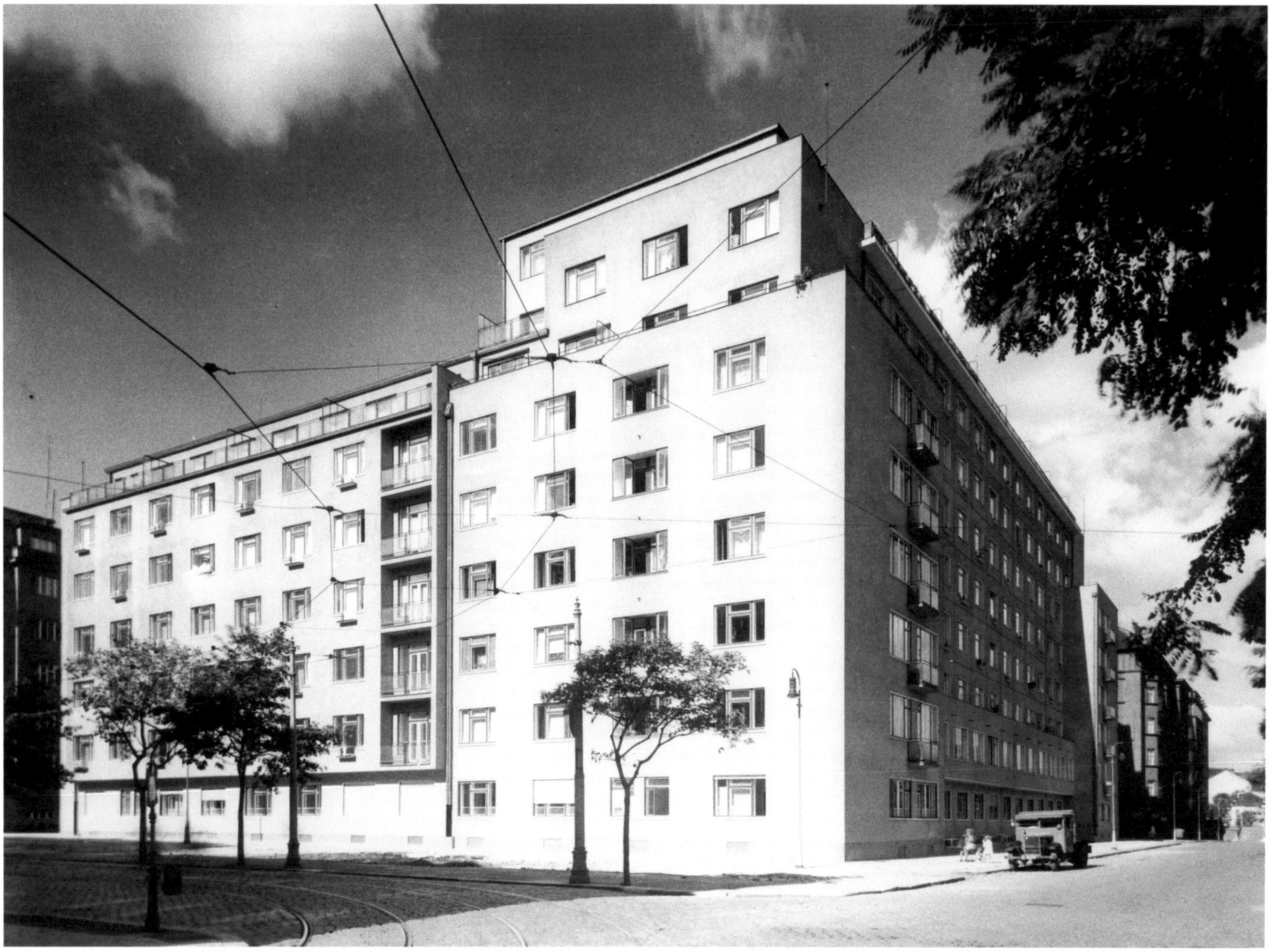

Franz Hruschka, Adolf Foehr,
Braunes Haus in Klein-Berlin,
1939, Prag 7. IPR Praha

Karel Teige, Manifest des Poetismus (1928), zitiert nach: Karel Teige, Liquidierung der „Kunst“. Analysen, Manifeste. Frankfurt a. M. 1968, S. 106–108.

Poesie fürs Sehen
Poesie fürs Hören
Poesie fürs Riechen
Poesie für den Geschmack
Poesie für den Tastsinn
Poesie der intersensoriellen Äquivalenzen
Poesie der körperlichen und räumlichen Sinne
Poesie des Sinns fürs Komische

Katalognummern

Kat. 1—3 Bilder zur Werkbundsiedlung Nový dům in Brünn, 1928, aus dem Katalog „Nový dům“, gestaltet von Zdeněk Rossmann, 1928, 23,3 × 15,5 cm, Sammlung K, Berlin — **Kat. 4** Augustin Tschinkel, Zeměpisné rebusy [Geografische Bilderrätsel], 1936, Holzschnitt, 15 × 21 cm, Galerie Berinson, Berlin — **Kat. 5** Augustin Tschinkel, Ohne Titel, 1928, Holzschnitt, handkoloriert, 23 × 32 cm, Galerie Berinson, Berlin — **Kat. 6** Jan Štursa, Der Verwundete 1916/17, Bronze, 50,5 cm, Privatsammlung — **Kat. 7** Umbo, Umschlagillustration für Egon Erwin Kisch, „Zuřivý reportér“ [Der rasende Reporter], 1929, 19 × 12,5 cm, Private Collection NL — **Kat. 8** Bohuslav Fuchs, Masarykův studentský domov Brno [Masaryk-Studentenwohnheim in Brünn], Umschlagfoto Jaromír Funke, 1930, 26 × 19,5 cm, Private Collection NL — **Kat. 9** Zdeněk Rossmann, Umschlagillustration für „Civilisovaná žena“ [Zivilisierte Frau], Brünn 1929, Private Collection NL — **Kat. 10** Zdeněk Rossmann, Ohne Titel (Entwurf für ein Bühnenbild), ca. 1929, Aquarell über Bleistift und Collage auf Papier, montiert unter Passepartout aus schwarzem Papier, 14,7 × 16,4 cm, Arkudes Foundation — **Kat. 11** Jiří Kroha, Entwurf für eine Kapelle, 1919, Zeichnung, Farbstift auf Papier, 27,5 × 21,5 cm, Arkudes Foundation — **Kat. 12** Jiří Kroha, Axonometrische Studie für das Krematorium Pardubice, 1919, Zeichnung, Zeichenkreide auf Papier, 44 × 28,8 cm, Arkudes Foundation — **Kat. 13** Jiří Kroha, Architekturstudie, 1917, Zeichnung, Farbstift auf Pergament, 21 × 28,9 cm, Arkudes Foundation — **Kat. 14** Jiří Kroha, Entwurf für eine Kapelle 1917, Zeichnung, Kohle und Farbstift auf Papier, 22 × 26,5 cm, Arkudes Foundation — **Kat. 15** Jiří Kroha, Plakatentwurf für das Cabaret Červená Sedma, 1918, Zeichnung, Farbstift auf Papier, 44 × 28,5 cm, Arkudes Foundation — **Kat. 16** Jiří Kroha, Gepolsteter Stuhl, 1927, Nussbaumholz, Wollbezug, 76 × 56 × 58 cm, Kicken Berlin — **Kat. 17** Jiří Kroha, Ohne Titel (Wohninterieur mit Blick zum Essbereich, Haus Kroha, Brünn), ca. 1931, Silbergelatineabzug, ca. 1931, 16,7 × 22,9 cm, Arkudes Foundation — **Kat. 18** Jiří Kroha, Ohne Titel (Wohninterieur mit Stühlen und Leuchte), Haus Kroha, Brünn), ca. 1931, Silbergelatineabzug, ca. 1931 im Atelier Faden, Brünn, 15,8 × 22 cm, Arkudes Foundation — **Kat. 19** Jiří Kroha, Stehleuchte, 1928—29, vernickeltes Metall, Glas, 180 × 34 cm, Kicken Berlin — **Kat. 20** Vlastislav Hofman, Sessel, Teil der Esszimmereinrichtung des Bildhauers Josef Mařatka, 1912, gebeiztes Eichenholz, Leder, 90 × 53 × 57 cm, The Museum of Decorative Arts in Prague — **Kat. 21** Pavel Janák, Hexagonale Deckeldose, 1911, Ausführung: Graniton, Rydl & Thon, Svijany-Podolí für Artěl, Prag, Steingut, bemalt und glasiert, 12 × 14 cm, The Museum of Decorative Arts in Prague — **Kat. 22** Pavel Janák, Gepolsteter Stuhl, 1912, Ausführung: Prager Kunstwerkstätte (PUD), gebeiztes Eichenholz, Textilbezug, 100 × 46 × 51 cm, The Museum of Decorative Arts in Prague — **Kat. 23** Josef Gočár, Schreibtisch aus dem Mobiliar des Ophtalmologen Jan Deyl, 1913, Ausführung: Prager Kunstwerkstätte (PUD), Eschenholz, Glas, Leder, 111 × 142 × 80 cm, The Museum of Decorative Arts in Prague — **Kat. 24** Josef Gočár, Schreibtischstuhl aus dem Mobiliar des Ophtalmologen Jan Deyl, 1913, Ausführung: Prager Kunstwerkstätte (PUD), Eschenholz, Leder, 90 × 52 × 57 cm, The Museum of Decorative Arts in Prague — **Kat. 25** František Muzika, Landschaft, 1929, Öl auf Leinwand, 60 × 81 cm, National Gallery Prague — **Kat. 26** Antonín Procházka, Vase mit Blume, 1917, Öl auf Leinwand, 46,5 × 31 cm, National Gallery Prague — **Kat. 27** Antonín Procházka, Frauenbüste, 1915, Öl auf Leinwand, 50 × 38 cm, National Gallery Prague — **Kat. 28** Václav Špála, Ungarische Landschaft, 1918, Öl auf Leinwand, 75,5 × 88,5 cm, National Gallery Prague — **Kat. 29** Václav Špála, Badende, 1920, Öl auf Leinwand, 48 × 56 cm, National Gallery Prague — **Kat. 30** Emil Filla, Stillleben mit Pfeife und Glas, 1914, Öl auf Holz, 15,5 × 11,5 cm, Kunsthalle Praha — **Kat. 31** Emil Filla, Leser, 1913, Öl auf Leinwand, 80,5 × 48,5 cm, National Gallery Prague — **Kat. 32** Stefan Bedřich, Sitzende II, 1930, Bronze, 55 × 36 × 32 cm, National Gallery Prague — **Kat. 33** Zeitschrift ReD (Revue des Devětsil), internationale Monatsschrift für moderne Gestaltung, Heft 1, 1927, Schriftleiter: Karel Teige, Herausgeber: Verein für moderne Kultur „Devětsil“, Prag, 23 × 18,5 cm, Private Collection NL — **Kat. 34** Zeitschrift ReD (Revue des Devětsil), internationale Monatsschrift für moderne Gestaltung, Sonderheft „Sowjetische Werke der Kultur“, Jahrgang 1, Heft 2, 1927, Schriftleiter: Karel Teige, Herausgeber: Verein für moderne Kultur „Devětsil“, Prag, 23 × 18,5 cm, Private Collection NL — **Kat. 35** Zeitschrift ReD (Revue des Devětsil), internationale Monatsschrift für moderne Gestaltung, Jahrgang 2, Heft 10, 1928. Schriftleiter: Karel Teige, Herausgeber: Verein für moderne Kultur „Devětsil“, Prag, 23 × 18,5 cm, Private Collection NL — **Kat. 36** Zeitschrift ReD

(Revue des Devětsil), internationale Monatsschrift für moderne Gestaltung, 1. Bauhaus-Sonderheft, Jahrgang 3, Heft 5, 1930. Schriftleiter: Karel Teige, Herausgeber: Verein für moderne Kultur „Devětsil“, Prag, 23 × 18,5 cm, Private Collection NL — **Kat. 37** Firmenkatalog des Messing- und Sanitärmöbelherstellers SAB, Prag, um 1933, 14 × 21 cm, Archiv Bröhan-Museum, Berlin — **Kat. 38** Links: Josef Havlíček, Armlehnstuhl, Modell 525, um 1932, Ausführung: SAB Messing- und Sanitärmöbelhersteller S.R.O., Prag, Stahlrohr verchromt, Federstahl verchromt, Eisengarn, 88,5 × 53 × 65 cm, Rechts: Ladislav Žák, Beistelltisch, 1931, Ausführung: Metallmöbelfabrik Hynek Gottwald, Prag, Blech und Stahlrohr verchromt, Glas, 71 × 39,5 cm, Bröhan-Museum, Berlin — **Kat. 39** Werkentwurf, Armlehnstuhl, Modell 524, um 1932, Ausführung: SAB Messing- und Sanitärmöbelhersteller S.R.O., Prag, Stahlrohr verchromt, Eisengarnbezug, Holzarmlehnen, 86 × 53 × 59 cm, Bröhan-Museum, Berlin — **Kat. 40** František Langer, Stahlrohrregal, Modell 610, 1930, Ausführung: SAB Messing- und Sanitärmöbelhersteller S.R.O., Prag, gebogenes Stahlrohr, furnierte Tablare, 90 × 80 × 40 cm, Bröhan-Museum, Berlin — **Kat. 41** Werkentwurf, Stahlrohrtisch, Modell 580, um 1932, Ausführung: SAB Messing- und Sanitärmöbelhersteller S.R.O., Prag, Stahlrohr verchromt, Tischlerplatte, lackiert, 67 × 75 cm, Bröhan-Museum, Berlin — **Kat. 42** Werkentwurf, Servierwagen, um 1935, Ausführung: unbekannt, Metall, Glas, 64,5 × 50,3 × 61,5 cm, Private Collection NL — **Kat. 43** Firmenkatalog von Závody Mücke-Melder, Möbel aus verchromtem Stahlrohr, 1930er Jahre, 15 × 21 cm, Archiv Bröhan-Museum, Berlin — **Kat. 44** Firmenkatalog der Metallmöbelfabrik Robert Slezák, um 1934, 21 × 14 cm, Archiv Bröhan-Museum, Berlin — **Kat. 45** Werkentwurf, Stuhl „1931“, 1931, Ausführung: Metallmöbelfabrik Robert Slezák, Bystřice pod Hostýnem, verchromtes Stahlrohr, gebeiztes und lackiertes Sperrholz, 82,5 × 52 × 42 cm, Bröhan-Museum, Berlin — **Kat. 46** Werkentwurf, Armlehnsessel „1931“, 1931. Ausführung: Metallmöbelfabrik Robert Slezák, Bystřice pod Hostýnem, verchromtes Stahlrohr, gebeiztes und lackiertes Holz, Sperrholz, 90 × 62 × 60,5 cm, Bröhan-Museum, Berlin — **Kat. 47** Karel E. Ort, Armlehnstuhl, Modell 1610, 1930, Ausführung: Metallmöbelfabrik Hynek Gottwald, Prag, verchromtes Stahlrohr, Massivholz, Sperrholz, 90 × 62 × 60,5 cm, Bröhan-Museum, Berlin — **Kat. 48** Karel E. Ort, Armlehnstuhl, um 1931, Ausführung: Metallmöbelfabrik Hynek Gottwald, Prag, Stahlrohr verchromt, Eisengarnbezug, 92 × 50 × 65 cm, Bröhan-Museum, Berlin — **Kat. 49** Ladislav Žák, Stahlrohrsessel „Siesta“, 1931, Stoffentwurf: Antonín Kybal, verchromtes Stahlrohr, handgewobener Stoff, 81 × 56 × 77 cm, Sammlung Gerald Fingerle — **Kat. 50** Ladislav Sutnar, Umschlagillustration für „Byt“ [Wohnung], herausgegeben von Václav Petr, Prag 1934, 28 × 20 cm, Private Collection NL — **Kat. 51** Ladislav Sutnar, Teeservice, 1928, Ausführung: EPIAG (Erste Porzellan-Industrie AG), Loket, Porzellan mit rotem Fond, Bröhan-Museum, Berlin — **Kat. 52** Ladislav Sutnar, Teeservice, 1931, Ausführung: Kavalierglass a.s., Sázava. Vertrieb: Krásná jizba, Prag, feuerfestes Laborglas, Bröhan-Museum, Berlin — **Kat. 53** Ladislav Sutnar, Umschlagillustration der Zeitschrift Žijeme, Jahrgang 1, Heft 2, 1931, 25 × 18 cm, Archiv Bröhan-Museum, Berlin — **Kat. 54** Ladislav Sutnar, Umschlagillustration der Zeitschrift Žijeme, Jahrgang 1, Heft 1, 1931, 25 × 18 cm, Private Collection NL — **Kat. 55** Ladislav Sutnar, Umschlagillustration der Zeitschrift Žijeme, Jahrgang 1, Heft 4—5, 1931, 25 × 18 cm, Private Collection NL — **Kat. 56** Ladislav Sutnar, Umschlagillustration der Zeitschrift Žijeme, Jahrgang 1, Heft 9, 1931, 25 × 18 cm, Private Collection NL — **Kat. 57** Ladislav Sutnar, Umschlagillustration der Zeitschrift Žijeme, Jahrgang 2, Heft 1, 1932, 25 × 18 cm, Private Collection NL — **Kat. 58** Ladislav Sutnar, Umschlagillustration der Zeitschrift Žijeme, Jahrgang 2, Heft 5, 1932, 25 × 18 cm, Private Collection NL — **Kat. 59** Ladislav Sutnar, Umschlagillustration für George Bernard Shaw, Obrácení kapitána Brassbounda, 1932, 19 × 14,5 cm, Private Collection NL — **Kat. 60** Ladislav Sutnar, Umschlagillustration für George Bernard Shaw, Drobnosti II., Výstřižky z novin, Prohlédnutí Blanco Posneta, 1933, 19 × 14,5 cm, Private Collection NL — **Kat. 61** Ladislav Sutnar, Umschlagillustration für George Bernard Shaw, Trakař jablek, Americký císař, 1932, 19 × 14,5 cm, Private Collection NL — **Kat. 62** Ladislav Sutnar, Umschlagillustration für George Bernard Shaw, Ženění a vdávání, 1931, 19 × 14,5 cm, Private Collection NL — **Kat. 63** Ladislav Sutnar, Nejmenší dům [Das kleinste Haus], 1931, 29,5 × 21 cm, Private Collection NL — **Kat. 64** Ladislav Sutnar, Duha, Der Regenbogen, Zyklus von sechs Liedern für mittlere Stimme und Klavier, 1930, Notenheft, Private Collection NL — **Kat. 65** Jindřich Halabala, Armlehnstuhl, Modell H-80, 1930, Ausführung: Vereinigte UP-Werke, Brünn, verchromtes Stahlrohr, Eisengarnbezug, lackierte Holzarmlehnen, 85 × 56,5 × 80 cm, Bröhan-Museum, Berlin — **Kat. 66** Jindřich Halabala, Stahlrohrstuhl, Modell H-79, um 1930, Ausführung: Vereinigte UP-Werke, Brünn, verchromtes Stahlrohr, Eisengarnbezug, 90 × 50 × 65 cm, Bröhan-Museum, Berlin — **Kat. 67** Jindřich Halabala, Servierwagen, 1930, vernickeltes Stahlrohr, lackiertes Sperrholz, Gummi, Opaxit-Glas, 81 × 115 × 50 cm, Sammlung Gerald Fingerle — **Kat. 68** Jindřich Halabala, Tisch mit Ablagen, Modell H-113, um 1933, Ausführung: Vereinigte UP-Werke, Brünn, Stahlrohr verchromt, Sperrholz, Tischlerplatte lackiert, 66 × 70 cm, Bröhan-Museum, Berlin — **Kat. 69** Miloslav Prokop, Stehleuchte, um 1931, Ausführung: Napako, Prag, Stahl, 170 × 31 cm, Bröhan-Museum, Berlin — **Kat. 70** Miloslav Prokop, Deckenleuchte „Modul“, Typ K1, um 1931, Ausführung: Josef Inwald, Prag, Metall, Glas, stoffummanteltes Kabel, 93 × 25 cm, Bröhan-Museum, Berlin — **Kat. 71** Miloslav Prokop, Deckenleuchte „Modul“, Typ L1, um 1931, Ausführung: Josef Inwald, Prag, Metall, Glas, 140 × 32 cm, Bröhan-Museum, Berlin — **Kat. 72** Miloslav Prokop, Tischleuchte, um 1931, Ausführung: Napako, Prag, Messing, 50 × 25 × 35 cm, Bröhan-Museum, Berlin — **Kat. 73** Miloslav Prokop, Deckenleuchte „Mirax-Maxa“, um 1931, Metall, Glas,

140 × 27 cm, Bröhan-Museum, Berlin — **Kat. 74** Miloslav Prokop, Wandleuchte, 1930, Metallblech vernickelt, 13 × 30 × 21 cm, Bröhan-Museum, Berlin — **Kat. 75** Miloslav Prokop, Deckenleuchte „Modul", Typ L2, um 1931, Ausführung: Josef Inwald, Prag, Holz, Metallblech vernickelt, Glas, 43 × 33 cm, Bröhan-Museum, Berlin — **Kat. 76** Entwurf und Ausführung unbekannt, Ovale Deckenleuchte mit Linestraröhren, um 1936, vernickeltes Messing und Linienlampen, 160 × 70 cm, Bröhan-Museum, Berlin — **Kat. 77** Jaroslav Anýž, Tischleuchte Typ 5839, 1929, Ausführung: Franta Anýž, Prag, vernickeltes Messing, Glas, 41 × 33 cm, Bröhan-Museum, Berlin — **Kat. 78** Jaroslav Anýž, Tischleuchte, 1932, Ausführung: Franta Anýž, Prag, vernickeltes und lackiertes Messing, 24 × 20 cm, Bröhan-Museum, Berlin — **Kat. 79** Jaroslav Anýž, Tischleuchte, 1932, Ausführung: Franta Anýž, Prag, vernickeltes und lackiertes Messing, 40 × 28 cm, Bröhan-Museum, Berlin — **Kat. 80** Werkentwurf, Stehleuchte mit Tisch, um 1930, Ausführung: Robert Slezák, verchromtes Stahlrohr, Holz, Glas, stoffummanteltes Kabel, 167 × 51 × 35 cm, Bröhan-Museum, Berlin — **Kat. 81** Bohumil Južnič, Aschenbecher, 1934, Ausführung: Sandrik dp Alpaka, Dolné Hámre für Krásná jizba, Prag, vernickeltes Metall, 5,5 × 11,5 × 11,5 cm, galerie ulrich fiedler, Berlin — **Kat. 82** Bohumil Južnič, Tortenheber, um 1932, Ausführung: Sandrik dp Alpaka, Dolné Hámre, vernickeltes Metall, 1,5 × 4 × 19,3 cm, Bröhan-Museum, Berlin — **Kat. 83** Antonín Kybal (?), Teppich, 1930, Flachgewebe, Wolle, 320 × 200 cm, Bröhan-Museum, Berlin — **Kat. 84** Fotografie von Josef Sudek, Stuhl von Marcel Breuer auf einem Teppich von Antonín Kybal, 1930, Silbergelatineabzug, 23 × 17,2 cm, galerie ulrich fiedler, Berlin — **Kat. 85** Josef Místecký, Teppich aus der Villa Místecký in Polična, 1931, Baumwolle und Wolle, 320 × 250 cm, galerie ulrich fiedler, Berlin — **Kat. 86** Werkentwurf, Tatra-Sessel, um 1930, Ausführung: Möbelfabrik Tatra Martin, Buchenholz, 76,5 × 58 × 57 cm, Sammlung Fritz Zuschlag, Bodo Wieneke-Zuschlag, Köln — **Kat. 87** Werkentwurf, Schreibtisch, Modell FP 10, um 1933, Ausführung: Metallmöbelfabrik Hynek Gottwald, Prag, verchromtes Stahlrohr, Tischlerplatte lackiert, Gummi, 77 × 170 × 70 cm, Bröhan-Museum, Berlin — **Kat. 88** Toyen, Am Waldrand, 1945, Öl auf Leinwand, 107 × 71 cm, Sammlung Kunstmuseum Bochum — **Kat. 89** František Janoušek, Pilger, 1935, Öl auf Leinwand, 62 × 83 cm, Kunsthalle Praha — **Kat. 90** František Janoušek, Ein Blatt gezeugt – die Liebe zur Küste endet, 1936–42, Öl auf Leinwand, 97 × 146 cm, Kunsthalle Praha — **Kat. 91** Emil Filla, Drei Grazien (Drei Frauen), 1937, Öl auf Leinwand, 146 × 114 cm, Kunsthalle Praha — **Kat. 92** Emil Filla, Liegende, 1932, Öl auf Leinwand, 95 × 138 cm, Kunsthalle Praha — **Kat. 93** Emil Filla, Rotes Ass, 1908, Öl auf Leinwand, 65 × 75 cm, National Gallery Prague — **Kat. 94** Jaromír Funke, Komposition, 1927–29, montierter Silbergelatineprint, ca. 1927–29, 29,5 × 23,4 cm, Howard Greenberg Gallery / Kicken Berlin — **Kat. 95** Jaroslav Rössler, Ohne Titel (Krebs), Silbergelatineprint, ca. 1930, 26,9 × 23,7 cm, Howard Greenberg Gallery / Kicken Berlin — **Kat. 96** Jaroslava Hatláková, Körper im Raum, 1936, Silbergelatineprint, ca. 1950–60, 23,7 × 18,1 cm, Kicken Berlin — **Kat. 97** Jaroslava Hatláková, Objekt im Raum, 1936, Silbergelatineprint, ca. 1950–60, 23,4 × 18,3 cm, Howard Greenberg Gallery / Kicken Berlin — **Kat. 98** Miloš Koreček, Fokalk, 1944, Silbergelatineprint, ca. 1944, 23,4 × 14 cm, Kicken Berlin — **Kat. 99** František Drtikol, Ohne Titel (Akt), 1927–29, Pigmentdruck, ca. 1927–29, 28,4 × 22,7 cm, Kicken Berlin — **Kat. 100** Jaromír Funke, Stillleben (Vera-Violetta), 1923, Bromsilberdruck, ca. 1923, 15,3 × 10,9 cm, Howard Greenberg Gallery / Kicken Berlin — **Kat. 101** Jaroslav Rössler, Abstraktion (Kartons), 1923–25, Silbergelatineprint, ca. 1923–25, 8,6 × 8,3 cm, Howard Greenberg Gallery / Kicken Berlin — **Kat. 102** Karel Teige, Collage No. 326, 1947, Collage, 49,6 × 36 cm mit Passepartout, Museum der tschechischen Literatur, Prag — **Kat. 103** Karel Teige, Collage No. 142, 1940, Collage, 41,9 × 30,3 cm mit Passepartout, Museum der tschechischen Literatur, Prag — **Kat. 104** Karel Teige (Typografie), Karel Paspa (Fotografie), Vítězslav Nezval (Text), Milča Mayerová (Tanz), Buchstaben aus dem „Abeceda", 1926, Buch, 31 × 23,5 cm, Museum der tschechischen Literatur, Prag — **Kat. 105** Karel Teige, Komposition, 1941, Collage, 49,6 × 36 cm mit Passepartout, Museum der tschechischen Literatur, Prag — **Kat. 106** Toyen, Jindřich Štyrský, Umschlagillustration für das Buch „Falešný Mariás" von Vítězslav Nezval, 1925, Buch, 20 × 13 cm, Museum der tschechischen Literatur, Prag — **Kat. 107** Eugen Wiškovský, Isolator und Spirale, 1935, Vintage Print, 38,4 × 27,8 cm, Galerie Berinson, Berlin — **Kat. 108** Zdeněk Rossmann, Písmo a fotografie v reklamě, 1938, Buch, 21 × 15 cm, Private Collection NL — **Kat. 109** Karel Teige, Am Bauhaus, in: ReD (Revue des Devětsil), internationale Monatsschrift für moderne Gestaltung, Jahrgang 3, Heft 5, 1930, Schriftleiter: Karel Teige, Herausgeber: Verein für moderne Kultur „Devětsil", Prag, 23 × 18,5 cm, Museum der tschechischen Literatur, Prag — **Kat. 110** Karel Teige, Umschlagillustration für eine Publikation von Paul Éluard, 1946, 49,5 × 35,9 cm, Private Collection NL — **Kat. 111** Karel Teige, Umschlagillustration der Zeitschrift ReD (Revue des Devětsil), internationale Monatsschrift für moderne Gestaltung, Jahrgang 2, Heft 9, 1928, Schriftleiter: Karel Teige, Herausgeber: Verein für moderne Kultur „Devětsil", Prag, 23 × 18,5 cm, Museum der tschechischen Literatur, Prag — **Kat. 112** Unbekannt, Ohne Titel (Nordböhmische Ausstellungshalle von Jiří Kroha), ca. 1928, Silbergelatineprint auf Postkartenpapier, ca. 1928, 8 × 13,1 cm, Arkudes Foundation — **Kat. 113** Unbekannt, Ohne Titel (Nordböhmische Ausstellungshalle von Jiří Kroha), ca. 1928, Silbergelatineprint, ca. 1928, 5,4 × 8 cm, Arkudes Foundation — **Kat. 114** Jiří Kroha, Nordböhmische Ausstellungshalle, ca. 1928, gedruckte Postkarte, 9,1 × 14 cm, Arkudes Foundation — **Kat. 115** Karel Teige, Umschlagillustration für sein Buch Nejmenší byt [Die Kleinstwohnung], 1932, 26 × 18,5 cm, Private Collection NL — **Kat. 116** Zeitschrift Stavitel, Monatsschrift für

neues Bauen, herausgegeben von der Architektenvereinigung in Prag, Heft 10—12, 1934, 31 × 23,5 cm, Private Collection NL — **Kat. 117** Karel Teige, Stavba a báseň, umění dnes a zítra [Bau und Poesie, Kunst heute und morgen], 1919—27, 24 × 16 cm, Private Collection NL — **Kat. 118** Zeitschrift Stavitel, Monatsheft für Baukunst, herausgegeben von der Architektenvereinigung in Prag, Heft 1, 1931, 31 × 23,5 cm, Private Collection NL — **Kat. 119** Zeitschrift Stavitel, Monatsschrift für neues Bauen, herausgegeben von der Architektenvereinigung in Prag, Heft 1, 1933, 31 × 23,5 cm, Private Collection NL — **Kat. 120** Zeitschrift Stavitel, Monatsheft für Baukunst, herausgegeben von der Architektenvereinigung in Prag, Heft 8/9, 1930, 31 × 23,5 cm, Private Collection NL — **Kat. 121** Zeitschrift Stavitel, Monatsheft für Baukunst, herausgegeben von der Architektenvereinigung in Prag, Heft 12, 1930, 31 × 23,5 cm, Private Collection NL

Bildnachweis

Fotonachweis: Martin Adam, Berlin (Kat. 42, 49, 67, 81) — Colya Zucker (Kat. 19, 38—41, 45—48, 51, 52, 65, 66, 68, 69—80, 82, 83, 86, 87) — Christoph Petras (Kat. 1—3, 7—9, 33—37, 43, 44, 50, 53—64, 108, 110, 115—121, S. 9 rechts, 10, 12, 79, 88, 91, 97, 106, 116, 181) — Lutz Leitmann (Kat. 88) — Jan Malý (S. 26 links) — Gabriel Urbánek (S. 30 links, 36) — Linde Burkhardt (S. 26 rechts unten, 36 rechts oben) — Lenka Kerdová (S. 224) — František Illek (S. 229)

Die Herausgeber danken allen Inhaberinnen und Inhabern von Abbildungsrechten für die freundlich gewährte Abdruckgenehmigung.
Dort, wo trotz sorgfältiger Recherche kein Nachweis gefunden wurde, bitten wir um Benachrichtigung.

Dank

Wir danken folgenden Institutionen und Personen, die uns durch Leihgaben unterstützt haben:

Antiquariat Günter Linke, Berlin
Arkudes Foundation, Köln
Galerie Berinson, Berlin
Galerie Derda, Berlin
galerie ulrich fiedler, Berlin
Kunstgewerbemuseum, Prag
Kunsthalle, Prag
Museum für Südostmähren, Zlín
Museum der tschechischen Literatur, Prag
Nationalgalerie, Prag
Private Collection Netherlands
Regionale Galerie für bildende Kunst, Zlín
Sammlung Fritz Zuschlag, Bodo Wieneke-Zuschlag, Köln
Sammlung Gerald Fingerle, Esslingen
Sammlung K, Berlin
Sammlung Kunstmuseum Bochum
Sammlung Linde und François Burkhardt

Unser ausdrücklicher Dank gilt den Mitarbeiterinnen und Mitarbeitern dieser Institutionen sowie den privaten Leihgebern, die nicht genannt werden möchten.

Ein besonderer Dank gilt der Galerie Kicken sowie deren Mitarbeiterinnen für ihren herausragenden Einsatz in der Vorbereitung auf das Projekt.

— Die Vermittlung der tschechischen Avantgarde im 20. Jahrhundert war früh ein zentrales Anliegen von Rudolf Kickens Galeriearbeit. Die Vielfalt der künstlerischen Positionen zwischen Art déco, Neuem Sehen, Neuer Sachlichkeit und Surrealismus veranlasste ihn seit Mitte der 1970er Jahre, immer wieder die damals noch hinter dem Eisernen Vorhang verborgenen Schauplätze zwischen Brünn und Prag aufzusuchen. Im Dialog mit den historischen Protagonistinnen und Protagonisten der Fotografie, Architektur und des Designs knüpfte er neue Verbindungen, um auch diesen im Westen wenig bekannten Künstlerinnen und Künstlern Sichtbarkeit zu verschaffen.

— Die Ausstellungskataloge der Galerie Kicken waren nicht selten die ersten westlichen Publikationen zu Künstlern wie Josef Sudek (1976), Jaromír Funke (1977, 1984) oder František Drtikol (1983). Die langjährige Auseinandersetzung mit der tschechischen Fotografie führte zu einer engen Zusammenarbeit mit den maßgeblichen tschechischen Fotohistorikerinnen und Fotohistorikern Anna Fárová, Vladimír Birgus oder Antonín Dufek. Die Auflage von Künstlerportfolios etwa von Jaroslav Rössler oder Josef Sudek (1982) verschaffte zusätzlich einer breiteren Öffentlichkeit Zugang zu lange vergessenen Werkkomplexen.

— Einen leidenschaftlich engagierten Mitstreiter fand Kicken seit den späten 1980er Jahren in dem New Yorker Galeristen Howard Greenberg. Die Kooperation der beiden Galerien mündete 2007 in die umfassende Buchpublikation „Czech Vision. Avantgarde Photography in Czechoslovakia“. So konnten zahlreiche Werke an internationale Museen und Sammlungen vermittelt und die Strahlkraft einer besonderen Ausprägung der mitteleuropäischen Moderne ins Bewusstsein der Öffentlichkeit gebracht werden.

— Der interdisziplinäre Ansatz einer Erforschung der Avantgarden im 20. Jahrhundert wird auch in der Arkudes Foundation umgesetzt. Die Stiftung, gegründet 2009 von Annette und Rudolf Kicken sowie dem Kölner Christoph Eiting, vereint medienübergreifend Werke aus Architektur, Kunst und Design. Anlässlich der Ausstellung „Hej rup! Die Tschechische Avantgarde“ gibt die Arkudes Foundation eine umfangreiche Dauerleihgabe an das Bröhan-Museum. Ihr Schwerpunkt liegt auf der tschechischen Moderne: Zeichnungen, Fotografien und Plakatentwürfe der Architekten Jiří Kroha, Karel Řepa, Zdeněk Rossmann und anderen. Daneben sind Künstler der 1920er bis 1940er Jahre wie Konrad Wachsmann, der Architekt des Potsdamer Einstein-Hauses, u. a. vertreten.

Impressum

Dieser Katalog erscheint anlässlich der Ausstellung „Hej rup! Die Tschechische Avantgarde“ vom 12. Oktober 2023 bis zum 3. März 2024 im Bröhan-Museum, Landesmuseum für Jugendstil, Art Deco und Funktionalismus, Berlin.

Katalog
Herausgeber: *Tobias Hoffmann, Julia Meyer-Brehm*
Texte: *François Burkhardt, Thomas Edelmann, Tobias Hoffmann, Alena Janatková, Lenka Kerdová, Julia Meyer-Brehm, Anna Pravdová*
Redaktion und Lektorat: *Tobias Hoffmann, Julia Meyer-Brehm, Markus Zehentbauer*
Bildredaktion: *Christopher Heise, Julia Meyer-Brehm*
Gestaltung: *Gerwin Schmidt*
Projektmanagement Verlag: *David Fesser*
Herstellung Verlag: *Stefanie Kruszyk*
Lithografie: *LVD Gesellschaft für Datenverarbeitung mbH, Berlin*
Druck und Bindung: *Grafisches Centrum Cuno GmbH und Co. KG, Calbe*
Schriften: *Neutrif Pro (Medium, Medium Italic, Bold und Bold Italic)*
Papier: *Magno Volume 150 g/m²*

Ausstellung
Kuration: *Tobias Hoffmann, Julia Meyer-Brehm*
Projektmanagement: *Nadine Pfessdorf-Raif*
Gestaltung Werbemedien: *Gerwin Schmidt*
Ausstellungsgestaltung: *Katleen Arthen*
Ausstellungsgrafik: *Colya Zucker*
Ausstellungsbau: *Julian Breuer, Jens-Peter Carolus, Rohé von Seckendorff GbR*
Restauratorische Betreuung: *Anna Adam*
Presse- und Öffentlichkeitsarbeit: *Jana Marie Jarzembowski, Corinna Kleis*
Bildung und Vermittlung: *Jana Marie Jarzembowski, Nils Martin Müller*
Archiv: *Christopher Heise*
Finanzen: *Susanne Friedrich, Verena Thole-Kamps, Kirsten Wegner-Jungclaus*
Teamassistenz: *Birgitta Schmidt*

Bibliografische Information der Deutschen Nationalbibliothek:
Die Deutsche Nationalbibliothek verzeichnet diese Publikation in der Deutschen Nationalbibliografie; detaillierte bibliografische Daten sind im Internet über http://dnb.de abrufbar.

Printed in Germany

Veröffentlichung des Bröhan-Museums Nr. 47

Verlag
Deutscher Kunstverlag
Ein Verlag der Walter de Gruyter GmbH, Berlin/Boston
www.degruyter.com
www.deutscherkunstverlag.de

ISBN: 978-3-422-80184-4

Umschlagabbildung
Gerwin Schmidt, unter Verwendung folgender Materialien: Karel Teige (Typografie), Karel Paspa (Fotografie), Vítězslav Nezval (Text), Milča Mayerová (Tanz): Buchstaben aus dem „Abeceda“, 1926. Museum der tschechischen Literatur, Prag / Karel E. Ort: Armlehnstuhl, um 1931. Bröhan-Museum, Berlin. Foto: Colya Zucker.

Abb. Vorsatz / Buchrücken
Karel Teige (Typografie), Karel Paspa (Fotografie), Vítězslav Nezval (Text), Milča Mayerová (Tanz): Buchstaben aus dem „Abeceda“, 1926, Museum der tschechischen Literatur, Prag